U0450572

见识城邦

更新知识地图　拓展认知边界

1917年3月
改变世界的一个月

〔美〕威尔·英格伦（Will Englund）/ 著

孟驰 / 译

中信出版集团 | 北京

图书在版编目（CIP）数据

1917年3月：改变世界的一个月 /（美）威尔·英格伦著；孟驰译. -- 北京：中信出版社，2022.7
书名原文：March 1917
ISBN 978-7-5217-4215-2

Ⅰ.①1… Ⅱ.①威… ②孟… Ⅲ.①美国－现代史－1917 Ⅳ.① K712.51

中国版本图书馆 CIP 数据核字（2022）第 070329 号

March 1917: On the Brink of War and Revolution
Copyright © 2017 by Will Englund
Published in agreement with The Ross Yoon Agency, through The Grayhawk Agency.
Simplified Chinese translation copyright © 2022 by CITIC Press Corporation
ALL RIGHTS RESERVED

1917年3月：改变世界的一个月
著者： ［美］威尔·英格伦
译者： 孟 驰
出版发行：中信出版集团股份有限公司
（北京市朝阳区惠新东街甲4号富盛大厦2座 邮编 100029）
承印者： 北京中科印刷有限公司

开本：880mm×1230mm 1/32　　印张：13　　字数：302千字
版次：2022年7月第1版　　印次：2022年7月第1次印刷
书号：ISBN 978-7-5217-4215-2
定价：78.00元

版权所有·侵权必究
如有印刷、装订问题，本公司负责调换。
服务热线：400-600-8099
投稿邮箱：author@citicpub.com

致西奥和奥古斯特

愿下个世纪因理智的决策而不同以往

目　录

编写说明　*I*

第 1 章　"上吧！"　*001*

第 2 章　"反文明罪行"　*025*

第 3 章　"肥沃的泥土，腐败的落叶"　*042*

第 4 章　"你们这帮家伙要蹲大牢了"　*061*

第 5 章　"我们必须在后面推啊推"　*078*

第 6 章　"他们认为：革命到来之日，即是尸山血海之时"　*092*

第 7 章　"边缘地带"　*107*

第 8 章　"我不要，先生，老板"　*126*

第 9 章　"一种令人身临其境的愉悦氛围"　*140*

第 10 章　"我们正坐在火山口上"　*157*

第 11 章 "哥萨克们驱着马儿，到处横冲直撞" *172*

第 12 章 "为了让全人类都能过上更好的日子" *190*

第 13 章 "除了不幸的生命外，再也没有什么可以失去" *205*

第 14 章 "伟大的世界解放运动领袖" *218*

第 15 章 "您衣兜里揣着一支小手枪是一点问题也没有的" *233*

第 16 章 "如同一条发洪水的河流一般" *252*

第 17 章 "痛斥一场地震" *267*

第 18 章 "表面上装作很爱国" *284*

第 19 章 "日子好过起来" *300*

第 20 章 "盖子一直被捂得紧紧的" *312*

第 21 章 "当人类世界因战争而疯狂的时候" *324*

第 22 章 "历史会认为你是对的" *341*

致　谢 *355*

注　释 *361*

参考书目 *395*

编写说明

100多年前俄国名字的英文拼写有别于现在。为了符合现代用法，我对拼写进行了通篇调整，涉及的印刷材料也不例外。因此，对于第6章中精神错乱的俄国首相的名字亚历山大·普罗托波波夫，我采用的是"Protopopov"这种写法，而不是"Protopopoff"。但也并非都是如此，"沙皇"一词，我坚持使用传统拼写"czar"，而不是更准确的音译"tsar"，在1917年它的通用写法就是"czar"。

1917年，俄国仍在使用儒略历，它比世界其他地区使用的公历落后13天。发生在彼得格勒的起义，在我们看来是在3月的第二周爆发的，却被称为"二月革命"，原因也在于此。为避免混淆，所有日期我都用现在通行的公历予以呈现，引用的材料也如此。

如今，乌克兰（Ukraine）本身就是一个国家，但在1917年3月它是俄罗斯帝国的一部分。那个年代，它在英语中被普遍称为"the Ukraine"①，在第3章描述布鲁姆卡（Bouromka）的康塔屈泽

---

① 比现在的用法多个the。——译者注（以下如无特殊说明，脚注均为译者注）

纳（Cantacuzène）庄园时我保留了这种用法。

"Colored"、"Negro"和"negro"[①]在1917年都被认为是可以接受。一些段落中，我试图呈现人们一个世纪前的思维方式，所以使用了这些词。我这样做是想避免出现看似不合时宜的用法，我也不想表现得比美国有色人种协进会的创始人W. E. B. 杜波依斯（W. E. B. Du Bois）更正确。他出现在第17章，在这一章中，我们显然是立足于21世纪的有利位置回顾过去，所以我使用了"black"（"黑人"）和"African-American"（"非洲裔美国人"）的说法。

写作本书时，我做了非常武断的假设：报纸文章中所用的引文应该准确无误。而根据我的经验，即使在今天，严格来说也并非如此。然而，与其用各种限定词把文章弄得乱七八糟，还不如让我在这里给大家提个醒，仅此一次。此外，我有理由相信，在媒体上公开发表的演讲稿和演讲者的实际用词应该是一致的，因为和现在一样，当时的政治家等演讲者也会提前分发自己的演讲稿。有几次我得以将报纸报道与演讲者实际所用文字进行比较，结果发现报道确为忠实记录。即兴演讲则更难比较。对于有些即兴演讲，多家报纸都进行了报道，例如，珍妮特·兰琦（Jeannette Rankin，也译珍妮特·兰金）赴任国会议员时在华盛顿联合车站的演讲（见第21章）。比较的结果再次显示这些报道所载演讲内容与实际相差无几。在只有一名记者在场的情况下，我相信该记者至少较好地捕捉到了演讲者的讲话主旨。因此，我们让罗斯福在第15章惊呼："就是这么回事——在这个问题上，没有任何折中的余地！"有人对此有异议吗？

---

① 现在这些词均含贬义，意为"黑鬼"。

第 1 章

"上吧!"

"你们得去看看存放在那里的藏书。"尼古拉说。

"我们刚下船。"列昂道。

"快去看看。那些藏书是免费阅读的,而且彻夜开放阅览。"

"我们3点钟就起来了。"

"它们读起来棒极了。这就是美国,你会见识到的。"

他们照办了。列昂、娜塔莎和他们的两个儿子——此时他们疲惫不堪、心烦意乱——将自己的纽约之行的首站定为亚斯特坊广场附近的公共图书馆。"看看这个国家提供了些啥,"尼古拉喊道,"想象一下吧!"

列昂名叫列昂·托洛茨基(Leon Trotsky)——职业为革命家,此君逃离沙俄帝国的魔爪后,先后遭到奥地利、法国和西班牙的驱逐。尼古拉的名字是尼古拉·布哈林(Nikolai Bukharin),他比托洛茨基早到美国几个月。这位28岁的编辑热情似火,经营着一份号召人们起来进行武装斗争的报刊《新世界报》(俄文作Novy

Mir），出版发行地位于圣马克广场的一座赤褐色砂石建筑内。由于远隔重洋，再加上1914年开始的世界大战将欧洲弄得支离破碎，革命的准备工作难以开展。现在两人终于安全相会了，可以开始有条不紊地为俄国革命做准备了。革命迟早会到来，这是毋庸置疑的，但还有大量的筹备工作要做。当前的时间为1917年1月。

在纽约，社会主义者随处可见，但托洛茨基认为他们不够凶悍。有车阶级是哪类社会主义者呢？他很赞同纽约是资本的堡垒——它在资本主义走向更高阶段的道路上一马当先——的观点，马克思应当也是这么认为的，资本主义者反而不这样想。托洛茨基对"定居在敌人心脏地带"的想法欣赏有加。

"在纽约，社会主义革命是我的唯一事业，"他日后写道，"在那些日子里，我干的事儿和私酒商人一样无可指责。"[1]

但是，他们还是在布朗克斯区的维斯大道找到了住处。公寓配有几盏电灯、一个煤气炉、一间浴室、一部电话（谢廖沙和列夫这两个男孩对它爱不释手）、一部电梯，甚至还有一条用于倾倒垃圾的坡道。管理员是个黑人，手脚不太干净，但他的作案对象是房东，不是租客——托洛茨基在自己的作品中提及此事时带着赞许。两个男孩都上了学，很快学会了英语，热爱着这座远离硝烟的喧嚣都市的一切。

纽约的物质生活实在是太富足了，何况还有强有力的改革运动推动着它向前发展。但托洛茨基不为所动。他在《新世界报》上写道："我离开了在血泊中打滚的欧洲，但我是带着一种信仰，一种革命即将到来的坚定信仰离开的。当我踏上这片历史悠久的新大陆的时候，完全不曾为民主'幻象'所迷惑。"[2]

你不能为了过上更好的生活而改变自己的主张。你必须砸烂整个旧制度，再砸烂整个旧世界。你需要的是一场革命。欧洲可以说已被世界大战折腾得虚弱无力。大战已然加速了历史进程。无论纽约的幻象多么诱人，欧洲才是未来。

就这样，当儿子们每天无师自通地从布朗克斯的新朋友那里学到最新的俚语时，职业革命家先生乘着"区间特快"列车从第174大街前往亚斯特坊广场。他更愿意将纽约抽象地理解为"一座单调而虚幻的城市，资本主义自主性的体现，这里的街道是立体主义的结晶，这里的道德哲学是美元的哲学"。他曾写过自己想扮成衣衫褴褛的老者在圣马克广场的垃圾桶内翻找腐烂面包皮，以这种方式观察这座城市，但他只是想想，并未实施。他并不热衷个人观察这种事。"纽约之所以能给我留下深刻印象，是因为它比世界上任何一座城市都适合作为这个时代的标志。"

那么，1917年的前几个月纽约到底发生了哪些事？粮食骚乱是其中之一。托洛茨基注意到了这件事，但他并未利用它来煽动暴力，而是选了别的事。一系列综合因素导致了粮食的普遍短缺，接下来粮价便顺理成章地被人抬高。如果遥远的欧洲没有战争，这事也不会发生。与此同时，自世界大战于1914年爆发起，美欧之间的贸易蓬勃发展，财富如潮水般涌入纽约。1913—1916年，美国的出口总额从23亿美元激增至43亿美元。而到了1917年，这个数字已达63亿美元，当年美国的贸易顺差超过30亿美元。美国对英出口额比对德出口额要高上1 000倍。[3]

战火已在欧洲燃烧了31个月——这场旷日持久的暴力冲突的严重程度堪称史无前例。正如某个俄国人所说，战争狂魔已将整个欧洲大陆奴役。[4]从比利时到瑞士，从波罗的海到黑海，数百万人流离失所，数百万人身心受创，还有数百万人命赴黄泉。就连阿尔卑斯山南麓地区——这片土地被工业时代的高爆炸药炸得支离破碎——亦被祸及。然而在纽约，四季仍在轮回交替，阳光依旧明媚无比，各式各样的人——不安分的人、爱吵架的人、温良敦厚的人、野心勃勃的人——的生活也仍在继续。对于他们而言，战争只是远隔重洋的壮观场景。但大西洋真的宽广到无垠的地步吗？在美国人看来，世界的痛苦与在大洋彼岸安然度日的他们无缘，但这样的日子还能持续多久？

毫无疑问，这座城市是个杂乱无章的矛盾结合体。全世界最高的摩天大厦——57层高，于4年前落成的伍尔沃斯大楼——矗立在这里，而下东区那层层叠叠的廉租房也坐落在这里。鳞次栉比的巧克力色褐石建筑沿着曼哈顿的十字街头排列成行。这里既是金融家J. P. 摩根（J. P. Morgan）的天然生意场，也是激进的《大众报》(*The Masses*)编辑马克斯·伊斯门（Max Eastman）的工作场所。南方黑人在哈莱姆区（Harlem）定居，一直不断的意大利天主教徒及俄国犹太教徒的移民潮已因战争而停止。在上东区的约克维尔，德裔美国人阅读着德文报纸，享用着德式餐馆里的醋焖牛肉和果馅卷饼，爱尔兰裔美国人为政治权力争斗不休，出身西西里的犯罪团伙则已经开始集聚新势力。卡茨基尔输水管道（The Catskill Aqueduct）将于几个月后开通，这一巨大的公共工程为这座城市带来了北部的清洁用水。房地产开发商将目光投向更加宽敞的外区。

纽约污秽、拥挤，对神明的启示不理不睬，却总是在追名逐利。就在6年前，发生在三角内衣厂（Triangle Shirtwaist Factory）的大火共夺去了145个犹太人和意大利人的生命，死者大多是在那里工作的妇女，当时的情景触目惊心。位于第五大道的公寓的气派程度不亚于世界上任何城市的住宅。辛克莱·刘易斯（Sinclair Lewis）于1917年提到这座城市时称："各种力量在这里野蛮滋生。"⁵

寒冬时节，滑冰者涌向中央公园；夏季，科尼岛吸引着数百万游客的到来。可供纽约人选择支持的棒球队有3支，一支在布鲁克林，两支在曼哈顿，不过只有巨人队的战绩要好一点儿。其他地方的人们以怀疑的眼光看待纽约的社会变革、纽约移民、纽约的奢侈生活、纽约艺术、纽约所拥有的能量以及纽约式的价值观。华尔街则是举国嫌恶的对象。

在不埋头于《新世界报》的出版工作时，托洛茨基马不停蹄地参加着一个又一个会议——上至哈莱姆区，下至下东区，甚至远至费城。他与纽约社会党领袖莫里斯·希尔奎特（Morris Hillquit）讨论争辩。他与尤金·V.德布斯（Eugene V. Debs）进行了一次友好的会面，后者以社会党候选人的身份参加了1912年的总统竞选。他撰写了大量俄文文章，并用俄语和德语发表演说，试图在华尔街的阴影中建立起一个社会主义王国，也试图在俄国煽动革命。沙皇帝国——专制独裁、腐化堕落，厚颜无耻式的愚蠢是其统治阶层的特征——已经在国内培养出了整整一代的革命者。美国人从俄国对本国犹太人的处置手段中学到了一个词："大屠杀"（pogrom）。但除了那帮来自俄国的流亡者外，没有一个美国人对俄国的命运表现出哪怕一丁点的兴趣。

这一切都将在3月中旬被改变。这次改变将突如其来、出人意料、令人震惊。在没有从托洛茨基或其他赤色革命分子——他们自称布尔什维克——那里得到任何帮助的情况下，革命在俄国首都彼得格勒（圣彼得堡的旧称）爆发。人们揭竿而起。这场起义将铸就一个新的俄国,同时它也给美国人呈现了被许多人视为机会的东西——重塑世界。在太平洋的这一端,旧俄政权的垮台被誉为斗争道路上的一次大跃进,而斗争道路的终点则是让世界沐浴在民主的光辉之下。

托洛茨基不得不奋起直追。俄罗斯已燃起激情,如今必须努力将革命推动至下一阶段。9岁的谢廖沙患了白喉,但现在已有所好转。[6] 一想到要回国,托洛茨基夫妇就兴奋不已。父母的热情让谢廖沙也受到感染。

3月26日,托洛茨基一家动身前一天,谢廖沙出去散步——他没有回来。托洛茨基简直要疯了。他在颠沛流离中奋斗了这么多年,为的就是最终有这样一天,自己能为建设新世界而献身。如今谢廖沙踪影全无。托洛茨基的妻子娜塔莉亚·谢多娃（Natalia Sedova,即前文的娜塔莎）一面收拾行装,一面担心不已。在过去的时光中,她已有过多次这样的经历。

他们计划搭乘轮船——敢于以自己为赌注,与当时在海中四处潜行的德国U型潜艇捉迷藏——横渡大西洋。倘若托洛茨基没能搭上这艘船,革命洪流还将继续,但他的戏份就没了。3个小时的时间在"焦虑不安"中过去——托洛茨基是这么形容这段时间的,但他对自身革命抱持的忧虑之情或许不亚于他对儿子人身安全的忧虑之情。

就在这个时候,电话铃声响了。"我在这儿。"说话的是谢廖沙,他当时正在离这里很远的一个警察局。他显然还记得父母的电话号码。托洛茨基夫妇后来发现,这个男孩决定在离开纽约前解决一个一直在困扰他的问题:如果维斯大街不远处是第174大街的话,会不会有个第173大街连着它？如果他一路走到底的话，能否走到第1大街？但革命家的儿子尚未查明真相，警察就找到了他。谢廖沙将自己的所在方位告诉了父母，他们立刻一路狂奔去找他，而此时谢廖沙正在警察局里，一面与一个身材高大、身穿带铜纽扣的蓝色短上衣的纽约警察下西洋跳棋，一面乐滋滋地咀嚼着一块黑色口香糖。谢廖沙——谢尔盖·利沃维奇·谢多夫（Sergei Lvovich Sedov）的美国化进程在这一天画上了句号，但无论是他，还是他的双亲都无法确知这一点。第二天早上，他们登上了前往加拿大的船，而后从那里取道前往革命中的彼得格勒，踏上了改造世界之旅。甚至在离开美国的时候，托洛茨基还希望有朝一日能回到这里。

3月初发生在纽约的粮食骚乱以一种怪异的形式，映射了彼得格勒那场将沙皇赶下台的斗争的最初情形。愤怒的妇女动手打砸停放在斯坦顿和休斯敦大街的手推车。在第114大街和第一大道，一群暴民丧失了理智。另一群暴民强行进入布鲁姆大街和诺福克大街交界处的一座犹太会堂，但被警察驱散，10人被捕。被控哄抬物价的食品杂货店遭抵制。200个妇女组织的代表举行了一场集会，决定敦促市政府绕开零售商将食品直接出售给消费者。市长约翰·珀罗伊·米切尔（Mayor John Purroy Mitchel）收到数以千计的请愿书，其中一些声称人们正在挨饿。乔治·帕金斯（George Perkins）——他是市长的食品委员会的主席，也是西奥多·罗斯福（Theodore Roosevelt）的朋友——强烈要求富裕人家减省购买食品，以便给其他人多留一点儿。卫生专员在拉菲逸大街（Lafayette Street）——离托洛茨基的办公地点只有几步之遥——的克林顿大厅（Clinton Hall）向2 000名来自东部的家庭主妇演讲时，建议她们给家人吃稻米和玉米粥，结果他差点被人嘘下台。"专员抓紧了自己的帽子和外套，但社会党律师雅各布·潘肯（Jacob Panken）让妇女们安静了下来。"报纸如是报道。[7]

一些官员很想知道"外国"间谍——也就是德国人——是不是这次粮食短缺的幕后黑手。美、德两国已于2月断交，打那以后，德国人将几艘倒霉的、同协约国做生意的美国船只送进了海底。美国铁路协会（The American Railway Association）否认缺乏货运火车是引发粮食危机的原因——但几乎可以肯定，这就是真正的原因。到了1917年，由于战争导致货运量激增，美国铁路运输系统开始走向崩溃。当年伊始，运营中的铁路长度即达254 000英里①，可谓前无古人——或是后无来者（即使到了今天，运营中的美国铁路也只有约140 000英里）。但美国人没有足够的箱车，而现有的箱车却在东部海岸的港口堆积如山：自战争爆发以来，美国对欧出口额逐年猛增，如今却因潜艇战陷入停滞。由于车皮短缺，品食乐（Pillsbury）公司被迫关闭两家位于明尼苏达的面粉厂，而人们深深担心新英格兰地区的面粉在几周之内就会消耗殆尽。

战时的繁荣发展令美国众多地区（亦包括纽约的众多地区）的经济得到了改善。但华尔街如今正忧心忡忡：自1914年末起，股票价格翻了近一番，然而近来人们愈来愈担心协约国一方将被迫求和，股票随之开始急剧下跌，好日子结束了。

宛如巨大的洪峰即将到来，动荡、茫然的美国被一步步卷入战争中。当初它决心置身事外，眼下这一想法正在动摇。战争在缓慢地进行着，美国人开始意识到：他们的命运同战争的结局息息相关。

---

① 1英里≈1.609344千米。

现在的问题是如何尽可能地利用美国的影响力来左右遥远的战争的进程，这场战争该如何收场，才能最大程度地符合美国人的利益。美利坚合众国已经是个辽阔而富裕的国家，如今美国人开始自问：幅员和财富能在世界事务中赋予自己的国家什么样的角色？他们一直在享受一种另类、喜人而棘手的和平。

在东48街的一座摄影棚内，一位名叫巴斯特·基顿（Buster Keaton）的青年轻歌舞剧明星正在拍摄自己的第一部电影——由喜剧演员法蒂·阿巴寇（Fatty Arbuckle）执导的《屠夫男孩》（*Butcher Boy*）。在片场度过的第一天结束以后，基顿将摄像机带回家，而后将它拆解开来，这样他就能彻底弄清这台魔术机器的运作原理了。一些作风浪荡，被人称为"沙龙精灵"的男子出没于百老汇一带的咖啡厅，寻找富婆包养自己。全美收入最高的棒球手途经纽约；这个叫格鲁夫·克里夫兰·亚历山大（Grover Cleveland Alexander）的球员在过去的3个赛季一直是费城人队（Philadelphia Phillies）的投手，也一直称霸全国棒球联盟（National League）。如今他的薪水达到前所未闻的地步——12 500美元/年。《费城纪事晚报》（*Philadelphia Evening Ledger*）称其为"本地的富豪投手"[8]。1917年，费城人队前往佛罗里达的圣彼得斯堡春训，他们搭乘一艘近海轮船，从纽约出发，路上频频拿德国潜艇开涮。

纽约还经历了一次性革命。《名利场》（价格为25美分）3月刊的封面特写是一幅裸女像，画中人立于绿草地之上，并以紫色山丘为背景。她的一只胳膊搁在自己的脑袋上，手掌则呈古怪的水平状。出于艺术需要，裸女身上覆盖着一层完全透明的织物，这种织物或许可追溯到古希腊时期，而它什么也遮盖不住。

去年秋天，玛格丽特·桑格尔（Margaret Sanger）在布鲁克林的布朗斯维尔开办了一家节育诊所。正如玛格丽特所预料的那样，她因此遭到逮捕、定罪，并被转移至皇后区监狱的女牢。[9]当她于3月被释放的时候，她的支持者唱起《马赛曲》来。由于德尔蒙尼克（Delmonico）饭店拒绝接待她们，桑格尔和她的支持者将午餐场所改在拉斐特酒店（Lafayette Hotel）。3月末，她将约翰·里德（John Reed）位于马萨诸塞普罗温斯敦（Provincetown）的别墅买了下来。里德是一位激进派记者，因在《大众报》上报道1913年发生于新泽西帕特森（Paterson）的一场丝织工人罢工，以及欧洲战事头几个月的战况而一举成名。他用这笔钱去俄国报道革命。

在战争刚刚开始的那几年，《时髦人士》(*The Smart Set*)的编辑 H. L. 门肯（H. L. Mencken）着力使这份杂志跻身全国最具影响力杂志的行列。埃德娜·圣文森特·米莱（Edna St. Vincent Millay）、西奥多·德莱塞（Theodore Dreiser）、奥尔德斯·赫胥黎（Aldous Huxley）、辛克莱·刘易斯、尤金·奥尼尔（Eugene O'Neill）、达希尔·哈米特（Dashiell Hammett）的作品均在杂志上发表。其中，门肯尤其大力支持德莱塞。1915年5月，《时髦人士》上刊登了詹姆斯·乔伊斯（James Joyce）的短篇小说集《都柏林人》(*Dubliners*)中的两篇小说，从而将这位作家介绍给美国读者。门肯为人尖刻、富有见地且老于世故。他厌恶伍德罗·威尔逊（Woodrow Wilson）的崇高品格，将总统形容为"自欺欺人的长老会成员、右翼思想家、伟大的道德政治家、无赖基督徒的完美典范"。[10]

一股舞蹈热席卷了整个纽约及美国的众多地区。在公开场合跳舞——就是那些提供鸡尾酒的地方——是一件震撼人心、令人兴奋、乐趣无穷的事,年轻情侣们乐在其中。弗农·卡叟和伊琳娜·卡叟组合(Vernon and Irene Castle)是这股热潮的领头人——他们当时的地位相当于稍后时代的弗雷德·阿斯泰尔(Fred Astaire)和金吉·罗杰斯(Ginger Rogers)。当他们冲破种族藩篱,聘请黑人作曲家、乐队指挥詹姆斯·里斯·尤罗普(James Reese Europe)担任乐队指挥的时候,他们的事业开始如火一般燃烧起来。

流行音乐在剧院和音乐厅扎根的时间尚不足10年,黑人音乐剧市场即已呈生机勃勃之势,但电影艺术的横空出世给了它沉重一击。失业的黑人音乐家转而在咖啡馆谋求出路。在华盛顿——离进行曲之王约翰·菲利普·苏萨(John Philip Sousa)住处仅有4个门口之隔——长大的尤罗普抓住了这波机遇,大获成功。对于他而言,非洲裔美国人的音乐才是真正的美国音乐,而且只有黑人作曲家才能将这种音乐的真正魅力淋漓尽致地展现出来。到了1917年,尤罗普用音乐令卡叟夫妇和大部分精通丝竹之道的听众相信:他是对的。

"毫不夸张地说",尤罗普在接受《纽约论坛报》(它将尤罗普的名字错写成"杰西·里斯·尤罗普")采访时称,黑人乐师"对美国音乐的把握强于白人乐师,只因一切音乐对于他们而言都是本土音乐。韵律是黑人创造的,而对于现代舞蹈而言,韵律高于一切"[11]。他认为黑人"尤为适合从事现代舞蹈艺术"。

尤罗普正是那种被人们称作"种族斗士"(race man)的人。他相信美国黑人有朝一日必将与大多数白人平起平坐——他知道要实现这一点,必须依靠黑人的努力争取,而非白人的恩赐。由于这位作曲家是黑人,因此他的版税收入比别人少,在谈到这个问题时,尤罗普说:"我对此并无怨言。说到底,与整个黑人族群为争取公正待遇而必然付出的代价相比,我的遭遇根本不值一提。尽管这条抗争之路有时显得几无希望,但总有一天,情况会有所不同,正义将赢得胜利。"

尽管每个人都将自己的音乐称为"拉格泰姆",但尤罗普对这个名词的好感却逐日递减。他认为它是白人作曲家抄袭黑人音乐的产物。1917年3月,黑人拉格泰姆音乐巨匠斯科特·乔普林(Scott Joplin)已是气若游丝,罹患梅毒引发的痴呆的他被关进了沃德岛(Wards Island)的曼哈顿州立医院,世界已将他忘却。推动黑人音乐前行的责任落到了尤罗普肩上。

1912年,尤罗普已是卡内基音乐厅(Carnegie Hall)的一支纯黑人管弦乐队的指挥。他梦想自己有一天能指挥大型乐团,演奏来自非洲的严肃音乐。然而,江山代有才人出,1917年3月,胜利唱片公司发行了一张唱片,它是由一支来自新奥尔良的小乐队制作的。这支乐队自称"正宗狄克西兰爵士乐队"(Original Dixieland Jass Band),成员全是白人,而这张唱片则是世界上第一张商用爵士乐唱片。

这股乐坛的新生力量引起了尤罗普的注意,它将音乐变成了演出者而非作曲者的艺术。1917年,这支乐队突然走红。爵士乐该何去何从,尤罗普日后自有想法,但在当时,他另有计划,也另有烦恼。

1916年,搁置已久的在哈莱姆区男性中组建国民警卫队新团的计划终于启动。尽管已30多岁,但尤罗普却认为自己应当报名参加。他觉得,如果美国卷入战争的话,那黑人就必须证明自己。但即便美国没有参战,这个警卫团的设立也提供了一个机会,一个将一群黑人组织起来，给他们逐步灌输自尊和纪律的机会。1916年9月18日，尤罗普应征入伍，成了纽约国民警卫队第15团的一名列兵。一周后，他成了一名中士。没过多久，他又当上中尉，负责指挥一个机枪班。

这个团的白人指挥官威廉·海沃德上校（Colonel William Hayward）在装备这个团时遇到了重重困难，他担心倘若本团士兵达不到美国陆军标准，后果将无法想象，于是，他想到了一个别出心裁的方法。他问尤罗普：要组建全美最好的乐队，需付出什么样的代价？尤罗普的答复是共需1万美元——这在当时是一大笔钱。尤罗普故意说了个很大的金额，希望后者能放弃他的计划。但上校却加倍努力，从自己的富人朋友那里弄到了这笔钱。于是尤罗普现在需要组建一支乐队了，一支军乐队。

还有一些纽约人意识到美国即将参战，因而也加入了国民警卫队。来自布法罗的华尔街律师威廉·J. 多诺万（William J. Donovan）——他自大学时代起就得了个"狂野比尔"的绰号——报名参加了第69战斗分队，这个以爱尔兰人为主的团在内战中名声大噪。多诺万入伍后结识了诗人乔伊斯·基尔默（Joyce Kilmer），他是《咏树》的作者。

美国是中立国，因而国内风平浪静。但这个国家对德国充满敌意，现在这种敌视情绪正在开花结果。在纽约，一些人声嘶力竭地鼓吹战争。报纸支持美国参战，华尔街也支持美国参战，一些人组织集会，宣扬主战论，其中就有前国务卿及前共和党政府战争部长伊莱休·鲁特（Elihu Root），此人曾担任以实现国际和平为宗旨的卡内基国际和平基金会主席，并因此获得诺贝尔和平奖。他们对西奥多·罗斯福赞不绝口。这位居住在牡蛎湾附近的前总统迫切希望美国能加入世界大战的洪流中去。

但纽约的反战派同样声势浩大。这座城市拥有庞大的德裔族群，而它的政治机器则操纵在爱尔兰裔手中，后者中的很多人反对与英国并肩作战。纽约是和平主义者和激进主义者的大本营，约翰·里德和玛格丽特·桑格尔都是其中的一员，在他们看来，战争就是帝国主义政权之间的罪恶冲突。

2月末，36岁的蒙大拿人珍妮特·兰琦来到纽约。她在1916年11月当选为国会议员，成为美国历史上首位女性国会议员。她固执、暴躁，但富有效率。2年来，她一直在领导着蒙大拿州的竞选活动。当1914年11月3日的全民公决将选举权扩大到部分州的妇女群体时，她立刻决定竞选下一届国会议员——蒙大拿州在国会拥有2个席位。她的竞选足迹遍布整个蒙大拿州（当时它是美国的第三大州），在蒙大拿东部平原会见路德教农民的妻子，在比尤特（这座山城在内战时期饱受战火蹂躏却顽强不屈，后得名"联邦主义的直布罗陀"）与爱尔兰裔铜矿工人翩翩起舞。尽管她喜欢汽车，但在必要时她会跨上马。在广阔无垠的蒙大拿，一条条山脉构成了一座座宽阔、矮小的峡谷。站在高处时，你可以望见20英里外的城镇。这就是兰琦支持者口中的"长空之州"，但真正令人印象深刻的是意识到这里的长空之"长"的过程——在这样的地形环境下，慢吞吞踱步的马又怎能及得上时速30英里的汽车？在一张1913年的照片中，兰琦站在一辆溅满泥点的敞篷车的后方，车的后轮系着防滑铁链（即使是米苏拉城的街道，也是到了1911年才铺上砖石）。她手中擎着的旗帜在微风中猎猎作响。

在蒙大拿还是准州的时候,兰琦的父亲就在一个名为格兰特克里克(Grant Creek)的地方经营一座锯木厂,并借此发家致富,后又获得了几家银行的控股权,资产因而愈发丰饶。早年——当时印第安战争依旧很不顺利——他经常与美国军队打交道,这使得他对兵戈之事心怀成见。这种偏见传给了他女儿。一次接受采访时,她说:"成长过程中,我就逐渐懂得——战争为邪恶之事。"[12]

她起初定居于格兰特克里克的一座大农场内,而后住在麦迪逊大街的一座带坡屋顶的砖房内。此地毗邻米苏拉,背靠拉特尔斯内克溪(Rattlesnake Creek),离克拉克福克河(Clark Fork River)略远。米苏拉是一座平坦如镜的城市,四面为群山环绕。在兰琦的童年时代,整座小镇日日笼罩在一动不动的煤烟之下,这是北太平洋铁路公司(Northern Pacific)的蒸汽机车和几乎家家都使用的煤炉的"杰作"。兰琦是个平庸的学生,六年级时,她的第一学期分数为:阅读76分、写作74分、地理64分、口语90分、操行98分。那一学年,兰琦的成绩基本没有什么变化,只有操行成绩在春天下降到了84分。[13]

据说在22岁那年,兰琦在日记中写道:"上吧!只要你勇敢地上,在哪儿都一样。记住,一旦机会出现,就要毫不犹豫地冲上去。"[14] 1908年,她动身前往纽约,在当地的一所慈善学院就读的两年中,她的性格逐渐成形。那所学校中既有进步主义者,也有极端主义者。兰琦与一些人成了朋友,这些人对她的余生有着重要影响。在纽约时,她成了一名组织者,走上了为妇女争取选举权的道路。[15] 1911年,她在海伦娜(Helena)的蒙大拿州众议院就选举权问题发表演讲。

"她既没有乞求别人支持她,也没有用威胁、哄骗或求助的语气让男人们展现他们的骑士风度。她只是提出自己的想法，而后请求众议院以诚挚、认真的态度加以考虑。"《海伦娜独立报》的报道这样写道。[16]

"当一位母亲身患伤寒却仍坚持给孩子喂奶时，这一幕是动人而正义的。"那一天，兰琦如是说，"但是，当一位母亲有权控制引发伤寒的奶源时，这一幕同样是动人而正义的。"

她赶往奥尔巴尼（Albany）——在那里，年轻的州议员富兰克林·D. 罗斯福（Franklin D. Roosevelt）放下架子，和她平等对话——特拉华、佛罗里达、新罕布什尔和北达科他指挥竞选活动。1913年，她前往国会，展开游说。

她是个富有主见的人，坚信四处奔走、组织活动的效果比依靠公共宣传及领袖魅力的效果更要好。她的弟弟韦林顿无论在资金还是个人情感上都支持她，后者远比兰琦保守，而且也怀有自己的政治野心。他一直在密切关注她的个人形象。兰琦年轻时曾自己为自己设计服饰，她总是很注重穿着的得体性。她小心谨慎，从不以自负或阳刚的形象示人。

她曾于1915年访问新西兰，想看看这个已制定《工人赔偿法》《养老金法》《儿童保护法》并给予妇女选举权的国家是什么样的。游历期间，她自负开销，为此，她在当地做起了裁缝。

1916年，她以共和党候选人的身份参选众议院议员，但她后来声称自己从未登记为该党成员。一年后，威尔逊和民主党在蒙大拿和全国范围内获得了压倒性胜利，兰琦轻而易举地从7名男性候选人和1名女性候选人中脱颖而出，顺风顺水地赢得了蒙大拿州2个众议院名额中的1个。由于兰琦是进步人士，她自然而然地成了由标准石油公司（Standard Oil）控股的阿纳康达铜业公司（the

Anaconda Copper Mining Company），也就是洛克菲勒家族的对手。将近20年的时间里，阿纳康达铜业公司利用当地人口中的"铜项圈"①（the copper collar），将自己的触角伸入蒙大拿州议会和大部分地方报纸。兰琦在竞选纲领中呼吁给予妇女和儿童更多的帮助，呼吁推行禁酒令，呼吁降低农民贷款的门槛，呼吁实行税改。但她的真实目的只有一个，那就是成为妇女代表。她不仅仅要当蒙大拿的妇女代表，还要成为全美妇女代表。至于战争，她不置一词。

"当你意识到自己已成为一位历史性人物的时候，你难道不会有头晕目眩的感觉吗？"兰琦的朋友玛丽·阿特沃特（Mary Atwater）在选举结束几天后写道，"我们帮你赢得了这份重任，因为我们都相信你能够胜任。让我们为'我们的珍妮特'欢呼三声。"[17]

一位来自伊利诺州开罗市（Cairo）的崇拜者从报纸上读到：兰琦一直不让别人摄录关于她的影像，原因在于蒙大拿的共和党领袖认为一旦她得到宣传，"人们可能会将她归入怪人一列"[18]。这位名叫威妮弗雷德·沃德（Winifred Warder）的崇拜者大为震惊。"这个伊利诺伊女孩认为（也许这话不应由她来说）：如果这真是'蒙大拿的共和党领袖'的观点的话，我无法赞同。像您这样备受尊敬的人物，根本不用担心哪家报纸会诋毁您的名声。因为就算再受人轻视，女性选举权得到法律认可一事也足以成为世代传颂的佳话，对于美国妇女而言，您的照片就是'希望'的化身。"

整个国家都为这个意气风发的西部女子所倾倒。美国的许多地区仍生活在"厅堂与痰盂"的文化模式下，可供大部分美国妇女选择的职业就那么可怜巴巴的几种：教师、护士、修女或血汗工厂里

---

① 意指被阿纳康达铜业公司直接控制的人员和机构。

的女裁缝师——当然,她们也可以选择待在家里,照顾家庭。那时针对女性的就业限制已经开始有所放宽,然而,就在这个时候,一个女人却以迅雷不及掩耳之势,走出蒙大拿,走出这个荒凉又崎岖、淳朴又极度开放、近乎乌托邦一般的州,踏进了政治殿堂。

如今,兰琦开始在20个城市进行巡回演讲,她的起点是卡内基音乐厅。"马上就要对一大群纽约听众讲话了,我的心情自然是很激动的,"她在给蒙大拿雷德洛奇(Red Lodge)的一位朋友的信中写道,"在众目睽睽之下被追捧,被催着讲话对我来说也是件新鲜事,在这之前,一直是我恳求人们听我发言,我简直不知道该如何处理这一切。"[19]

3月2日,她站到了3 000名听众的面前,这些满心好奇的人渴望着亲自向这位女政治家表达他们的支持之情。她手中的演讲稿出自韦林顿之手,后者无论是在当时还是在将来,都希望改变姐姐的某些较为激进的观点。

"她言辞流利,宛如微风,把她身上的白色雪纺连衣裙都带动得飘扬起来。"《纽约论坛报》在报道兰琦的卡内基音乐厅演说时写道。报纸一直在讨论她的仪表。"她的白色缎子外套搁在椅背上,她的白色缎子舞鞋小巧而精致。从打扮上看,她俨然一副少女初次参加社交派对、刚要接触现实社会的样子。但在昨晚,当珍妮特议员在听众面前陈述己见时,我们却完全无法感受到与她那身雪纺裙相配的幼稚模样。"[20]

这场集会由卡丽·查普曼·卡特(Carrie Chapman Catt)主持召开,她是妇女选举权运动最重要的领袖之一。兰琦的这次脱稿演讲中,几乎没有谈及欧洲战事,只是简略提到美国参战的可能性。对于U型潜艇对美国船只的袭击,她未置一词。在当月的其他公开活动中,她同样没有提及此事。

"昨天晚上,一个瘦弱的年轻女子,"《纽约论坛报》的报道写道,"在卡内基音乐厅听众的掌声中走上台,她的样子就像是一个即将作告别致辞,却不确定是否还记得头一句话的最后一个词的中学毕业生。"

兰琦声称:"如今纽约妇女考虑、讨论、为之奋斗的目标只有一个,那就是获得投票权,迈出赢得自由的第一步。这一状况将持续到目标实现为止。"

考虑、讨论——而后为了选举权而奋斗,这就是兰琦演讲中最为重要的信息,也是她所认定的最为迫切的需要。

在演讲中,兰琦表示自己赞同的主流进步思想包括公投连署制、公民投票制、比例代表制、直接初选制和总统公选制。她支持实行禁酒令。她向纽约听众讲述蒙大拿的奇闻逸事:生产58蒲式耳①上等小麦需要多少英亩土地,全国每人18条面包得多少面粉才够,以及仍然施行的免费赠送土地政策。(哈里·杜鲁门于两年前离开密苏里,来到蒙大拿考察,最后他认为自己对这里不感兴趣。)她谈到蒙大拿的电力:由于那里拥有丰富的水力及天然气资源,电价很便宜。她还提起一件事:在竞选期间,自己搭乘运送木材的马车行了16英里,在马背上颠簸了60英里(搭乘火车和汽车的行程可能达到数千英里)。

"我为我们西部感到骄傲!"她说,"它属于我,我很高兴!"

在与阿纳康达铜业公司竞争的那些年,兰琦对经济的力量有了新的看法。

---

① 1美蒲式耳≈35.24升。

"产业民主比政治民主更为重要。"她表示。这就是她认为妇女选举权只是自由之路第一步的寓意所在。她希望美国人能够支配自己的生活,超越她所称的现有的"金钱体系"。

西奥多·罗斯福当晚发出一封电报,这份电报被当众朗读。"我以最为诚挚的态度,希望你和你的支持者能让共和党始终忠于亚伯拉罕·林肯精神。"他写道,"并且,使其成为并一直是一个民族主义政党,一个真正的民主政党,一直代表着本国境内每个男人、女人和孩子权利的政党,而反过来,它也要求每个成年男女——无论是在战时还是在和平时期——都必须充分履行他们对这个国家的义务。"

在兰琦离开纽约前,她与另一位新当选的共和党议员费奥里罗·拉瓜迪亚(Fiorello LaGuardia)共进午餐,他代表的地区包括西村(West Village)。他们建立了持续多年的亲密友谊。兰琦告诉一位朋友,拉瓜迪亚曾向她求婚。[21] 他在心情愉悦的时候承认了此事。

离开纽约后,兰琦前往康涅狄格的布里奇波特(Bridgeport),而后返回布鲁克林,然后赶往哈特福德(Hartford),在当地的州议会举行演讲。结束哈特福德之行后,兰琦去了新泽西的特伦顿(Trenton),而后赶赴西部。每到一处,人们都对她充满好奇,就好像他们想了解一个人是怎样做到既是女人又是国会议员的。

她告诉一名记者,自己喜欢看电影,但不觉得自己是个轻佻的女人。艾奥瓦州基奥卡克(Keokuk)的《盖特城宪法民主日报》(*Daily Gate City and Constitution-Democrat*)发表社论表示赞同,并引用《纽约论坛报》的演讲报道作为依据。"她的穿着女人味十足,完全没有知识女性常见的朴素风格。"社论中写道。[22]

"'她的鞋子特别小,鞋跟为法国式。'……'她的栗色头发的造型很精致'……'她的礼服柔软、贴身,露出赏心悦目的浑圆喉部和颈部。'……每个迹象都表明兰琦小姐是一个正常而富有女人味的20世纪女性。作为一名议员,我们对她的性格和能力仍了解得很不够,但公众似乎乐于用想当然的眼光来看她,毕竟一个女性国会议员的想法并不会太有趣。"

兰琦和罗斯福一样,都是共和党进步人士。她在卡内基音乐厅初次登台前,于3月1日同这位前"莽骑士"①见了一面。在那天早些时候,罗斯福对一位记者说,战斗"必须靠拳头来赢得,如果我们同德国人开战的话,我们就必须痛揍他们一顿"[23]。就在两天前,他轻蔑地写道:"在过去的两年半间,这个国家的一切反战运动实际上便宜的是德国的军国主义政策……损害的是我国的荣誉和至关重要的国际利益。"[24]但兰琦决心利用自己的地位来扩大妇女群体的普选权,对于战争,她并未透露自己的看法。

"我甚至不知道她是不是一个和平主义者。"[25]《纽约夜生活》的一名记者在一篇文章中写道。那篇文章的大标题为《美国首任女议员:厨艺好、懂穿搭,却只字不提战争问题》。这位记者对兰琦在烘焙馅饼方面的兴趣赞不绝口,对她的头发并非传闻中的红色表示失望。而后他问道:如果国会提出战争议案,她会投票吗?"她只会这么回答:'我相信妇女们是最坚定的爱国者,她们的爱国情愫是最强烈、最真挚的。她们会做她们认为对这个国家最有利的事,为这个国家牺牲自己的一切。'"

无论如何,她弟弟韦林顿说服了李·基迪克代理公司,也就是

---

① 罗斯福的外号。

正在赞助兰琦巡回演讲的公司,并威胁,如果她发表反战言论,将取消后续演讲。

罗斯福一直在试着给自己的嘴巴贴上封条,但收效甚微。他正处于不可遏制的狂怒中。德国已于2月1日宣布在西欧及地中海周边地区重启无限制潜艇战。如今就连那些挂着中立国旗帜(包括美国旗帜)的船只都成了德国潜艇的目标。威尔逊总统已经中止了与德国的外交关系,但罗斯福认为美国以英国皇家海军为屏障,自己却无所作为,这是可耻的。他声称要是没有大西洋的英国军舰,德国人就要在纽约登陆了。

在他看来,德国已经把自己变成了美国的敌人,在大西洋同德国人开战比在本土开战要强得多。

在那年的早些时候,他已经给国务卿罗伯特·兰辛(Robert Lansing)的言论打上"邪恶的谎言"[26]的标签,后者断言各个交战国的战争目标没什么两样。罗斯福还认为,威尔逊总统"让米罗斯①的诅咒落到了这个国家的头上,因为他不敢站在上帝一方,同为非作歹的强大势力做斗争"[27]。

他指责德国人在公海执行谋杀政策。他还警告说:"由于我们财富累累,所以招来外人的妒忌;由于我们软弱无能,所以招来外人的轻视。"[28]而美国正面临着沦为"这些人的待宰羔羊"的危险。

当俄亥俄州的沃伦·G. 哈丁(Warren G. Harding)宣称,倘若TR②仍是美国总统的话,就根本不会有德国U型潜艇的威胁时,

---

① 米罗斯是《圣经·士师记》中的一座城市,因居民拒绝帮助以色列人作战而遭到上帝的天使的诅咒。
② 即西奥多·罗斯福。

参议员们一齐高喊罗斯福的名字。罗斯福一再强调美国缺乏准备，在同兰琦见面前，他去了哈特福德一趟，所见所闻令他兴奋不已。康涅狄格是第一个着手进行"兵役普查"（military census）的州，每个达到兵役年龄的男性都被登记在案，记录中包括他们的健康状况和职业信息。该州的所有工业厂房也被登记造册。《纽约时报》的一位记者惊讶地发现，所有信息都是根据某种代码以在卡片上打孔的形式记录下来的，然后卡片通过分类机器加以解读。[29]

罗斯福为这种意义匪浅的"普遍义务兵役制"鼓掌叫好。

他告诉记者："这就意味着，每个条件合适、有能力充分履行兵役义务的年轻人都应当被送到前线去。这就意味着，每个农夫、铁道工人和兵工厂工人都必须尽可能地履行自身义务。总而言之，这就意味着每个国民，无论男女，无论岗位，只要国家认为他（或她）在战争期间能提供最大价值，这个人就负有为国效力的绝对义务。"

时年58岁的罗斯福一直心怀梦想，希望能将25万名志愿兵整合成一支光荣的军团，在自己的率领下前往法国，挽回美国人的名誉。这样一来，美西战争的英雄罗斯福将再一次树立自己的"莽骑兵"形象。他计划从全国各地征集最好的兵员（其中既有黑人也有白人），组建这支军团——报名信雪片般地涌入罗斯福位于长岛酋长山的住所，其中甚至包括来自阿拉斯加的信。当正规军在整军备战时——如果国会对德宣战的话——光荣军团就会以远征军的身份前往西线作战。罗斯福在私人信件中承认：倘若美国不想参战的话，他或许会在加拿大编组这支志愿军，而后赴法作战。

他不断向法国驻美大使朱尔·朱瑟朗（Jules Jusserand）透露自己的计划。毫不令人意外的是，朱瑟朗以极大的热情同巴黎方面商谈志愿军团计划的相关事宜，但他也不得不时刻牢记：必须同白宫保持友好关系。他于2月23日致罗斯福的信以这样一句话作为结尾："我们将亲眼见证大事的发生，自由将赢得胜利。"[30]

记者喜欢罗斯福。他们天天跟在他的屁股后面。罗斯福知道，如果自己将太多心思用在威尔逊身上，那他永远也不可能得到华盛顿的建军许可。威尔逊已经承诺，美国绝不会介入这场战争。但罗斯福的信透露了他当时的想法。

"形势岌岌可危，威尔逊却犹豫不决，这真让我痛心疾首，"罗斯福写道，"他扮演的是一个卑鄙透顶的角色。"[31] 他认为，总统在危机面前表现得像个懦夫。

这位前莽骑士坚信，美国在富裕起来后，就失去了血性。该到让美国人民展示自身力量的时候了。

第 2 章

"反文明罪行"

1914年8月6日,世界大战的硝烟刚刚升起9天。这一天奥匈帝国向俄罗斯宣战,而塞尔维亚则向德国宣战。法国军队正整装待发,准备于第二天早上进攻德国占领的阿尔萨斯地区。德国将于3天后朝比利时的列日(Liège)发动攻势。在不列颠,陆军部发出通知:马匹征用即将开始。欧洲大陆大批常备军厉兵秣马,而后奔赴前线。

在华盛顿,埃伦·亚克森·威尔逊(Ellen Axson Wilson)与世长辞,夺去她生命的是一种当时名为布莱特氏病的肾功能衰竭疾病。那一年,她54岁。她的丈夫,时任美国总统伍德罗·威尔逊心情悲痛,茫然若失。从普林斯顿大学校长到新泽西州州长,再到白宫候选人,最终成为国家"首席执行官",一路走来,暖心、深情、能干的埃伦一直是威尔逊的支柱,在这个女人的帮助下,他成功地战胜了一次又一次危机。

"我无法向你描述威尔逊的家庭生活有多么美好,"威尔逊的堂姐妹玛丽·霍伊特(Mary Hoyt)曾写道,"那里充满了友爱而殷勤的氛围,埃伦和我的堂兄弟伍德罗是那样相爱,就连空气中似乎都常常闪耀着爱的火花。"[1]

埃伦的兄弟斯托克顿·亚克森写道:"爱永远(是)他们的婚姻法则。"[2] 与家人在一起,威尔逊会尽情释放自己的爱和幽默。他喜欢毫无意义的押韵诗和低俗的俏皮话。佐治亚女孩埃伦曾就读于纽约艺术学生联盟(Art Students League),她与威尔逊是一对完美的互补。他们育有3个女儿。对于威尔逊而言,在家里陪伴家人永远是世界上最快乐的事。他的姐夫回忆,每当威尔逊大着胆子陈述自己的看法时,埃伦就会惊叫起来:"伍德罗,你知道你不是这么想的!"此时威尔逊便微笑着回答:"太太,您要是不纠正我,我还斗胆以为这就是我的真实想法。"

在她去世后,威尔逊心中疑虑:上帝将她带走,是为了不让她看到欧洲遭受战火摧残的可怕景象吗?"他是全世界最孤独的人,"亚克森写道,"如今我可以看到,总统形单影只地走在长长的走廊内,他的头发在短短几个月内就全白了。"

如今威尔逊告知他最亲密的顾问爱德华·M. 豪斯(Colonel Edward M. House,尊称豪斯上校)——一个老谋深算、诡计多端,却很有原则的现实主义者,他很怀疑第一届任期结束后,自己还能不能连任下去。他曾在1913年取得过辉煌的成就,这一切要归功于当年的国会会议,那是迄今为止最有成效的一届,内容涵盖一系列国内改革。如今他还能做些什么?尤其是现在埃伦已不在人世了。

豪斯为威尔逊找到了机会,这个机会隐藏在一个总统之前几乎从未关心过的领域——外交事务。但威尔逊对欧洲战事极为反感,视其为贪婪的帝国主义国家之间的冲突。他痛恨这种基于均势理论的自私自利的愚昧行为。1898年美国向西班牙发动帝国主义战争，大多数美国理想主义者对此感到失望，威尔逊也是如此。他不是个和平主义者，却认为战争野蛮残忍，且往往毫无必要。他确实于1915年派海军陆战队前去占领海地，但他由衷地认为，一个建立在自然和谐、自然正义和公平竞争基础上的国际关系新体系是有可能问世的。

悲痛令这位白宫鳏夫心烦意乱，他无法让自己振作起来，将其他人争取到自己这一边，呼吁交战国放弃一己私利的艰巨使命自是无从谈起。

一战之初，美国一直在袖手旁观。当战争爆发的消息于1914年传来的时候，珍妮特·兰琦正在蒙大拿州的一座小镇上。"当时我们正坐在那里，觉得这一消息令人难以置信。"[3]她在多年后回忆道。兰琦起初觉得自己很傻：战争正在到来，而她却毫不知情。随后她意识到整个美国都是这样。国王、德皇、沙皇，宫廷与阴谋，以及各大帝国在非洲、巴尔干和东亚的行动——谁会愿意与这些玩意儿扯上关系？战争很有趣，很可怕，但也很遥远。威尔逊要求美国人在情感和行动上保持中立。那些在乎这场战争的美国人分成两个阵营：一派支持德国或是反对英国，另一派则对英国怀有强烈的历史及文化情结。几乎无人支持俄罗斯。但还有很多美国人——可能是大部分美国人，至少国会议员的估计显示如此（那些年尚未实行民意调查）——对战争没有多大兴趣。

一些美国人奔赴战场。弗吉尼亚大学学生詹姆斯·罗杰斯·麦康奈尔（James Rogers McConnell）为协约国的事业深深吸引，加入了拉法叶中队（Lafayette Escadrille），他们是一队为法国而战的美国飞行员。他于1917年3月被击落，壮烈牺牲。17岁的孤儿朱立叶·希瓦利埃（Julier Chevalier）负责照看从得克萨斯边境运往西线的一船骡子。英国人对美国骡子甚为珍视，因为它们不像马那样容易受到炮声的惊扰，结果是骡子成了美国出口量最大的农产品之一。1914年，美国输出骡子4 883匹；1916年，出口数达111 915匹；1917年，这个数字上升到136 000多匹。[4]下船之后，无事可做的朱立叶加入皇家炮兵部队。到了1917年，他以中士的身份在泥泞不堪的马其顿前线与保加利亚人僵持。

1914年至1917年，美国经济蓬勃发展。农场主、工厂主和那些有能力经受股市暴跌打击的金融家从战争中获利匪浅。由于大批农民被征兵，俄罗斯的小麦产量一落千丈，导致世界小麦价格高涨，以至于在美国，农民禁不住诱惑而前往高地平原（High Plains）种植小麦，而那里曾一度被认为没有足够的降水量，无法获得良好收成。在战争的前3年，浓缩牛奶的出口量增加了6倍多，腌牛肉和熏猪肉的出口量将近翻了一番。棉花的海外销量下降了三分之一，但由于棉花价格日益高涨，棉花种植者发现他们的出口收入增加了50%。[5]

为了维持本国火车的运营，美国铁路公司雇用了285 000名司机、消防员、售票员和司闸员，他们的年均工资为1 300美元多一点。客运列车司机的平均工资为90美分/时，而货运列车司机的薪水只有60美分/时。[6]1915年至1916年间，铁路公司的运营收入达37亿美元，上升了43%。[7]新火车头的订购数量从1914年的1 491个上升至1916年的5 487个。[8]

巴尔的摩和俄亥俄铁路公司于1917年3月在巴尔的摩的柯蒂斯湾段建设了据说是世界上最大的煤炭输出码头，以满足煤炭的出口（特别是出口欧洲）需求。[9]码头的造价为250万美元，它每小时能清空 40 辆运煤漏斗车的载货，每年能处理 1 200 万吨阿巴拉契亚煤炭。就在同一个月，横跨东河（East River）的地狱门大桥（the Hell Gate Bridge）对火车开放，新英格兰人终于可以乘列车直接前往华盛顿及其以南的诸多站点。

1917 年初，法国政府向位于宾夕法尼亚艾迪斯通（Eddystone）的鲍德温机车厂（Baldwin Locomotive Works）订购了 350 个火车头。[10] 英国政府向美国的多家制造商订购了 705 个火车头，俄罗斯政府则订购了 735 个。

除了火车头外，鲍德温机车厂每天还为俄国人生产 25 000 发炮弹，为法国人制造 8 000 发炮弹。[11] 美国电线公司向协约国销售了数十万英里的铜质电话线。[12]

战争带来的财富推动了这个国家的繁荣发展。事实上，各地区的发展并不均衡。底特律地区能做的就是生产汽车以满足国内的需求。电影业亦欣欣向荣。

随着时间的推移，美国人的情感天平开始向协约国一方倾斜。价值数十亿美元的军火、火车头、牛肉罐头和骡子大多被运往英国和法国，德国或奥地利几乎一无所得。那些运抵同盟国的货物必须先假装运往斯堪的纳维亚，然后再转船运往德国，这样是为了绕过英国海军的封锁线——它设立于 1914 年，并于 1915 年得到加强。但这不单单是为了钱。德国人的暴行传闻曾一度被美国人无视，因为起初他们认为这只是英国方面的宣传。然而，美国人对这些传闻的态度已经有所改变。到了 1915 年，西线战事进入静态阶段。对于大部分美国人来说，英国人对德国港口的封锁固然过分，但还不及德国人的反制措施那样令人愤慨：他们部署 U 型潜艇，无差别地击沉各国船只。1915 年 5 月，"卢西塔尼亚号"（Lusitania）在爱尔兰海岸被击沉，128名美国人丧生，大大震动了美国。威尔逊向柏林发去多份措辞强硬的照会。前任总统罗斯福当然觉得这还不够强硬，大约在这一时期，他开始认为美国应当参战。德国人最终服软，但许多美国人已将他们视为这场战争的非正义方。

这场战争对世界的改变之彻底，是任何人都无法想象的，即使对数千英里以外的地区也一样。1914年，汤姆和玛格丽特·哈里森已是衣食无忧。汤姆看上去似乎是个成功的年轻商人，而玛格丽特则是轮船大亨的女儿。她是在一座名为英格尔赛德的住宅内长大的，这座房屋位于巴尔的摩郊外的卡顿斯维尔（Catonsville），它的庭院占地面积极广，从一座小山向下延伸向远处的B&O铁路[①]。童年时代的玛格丽特是个活泼而大胆的孩子，长大后受过正规学校的教育。她曾在意大利和奥地利有过一次漫长的旅行，这次旅行为的是给她与房东太太的儿子之间的丑闻画上句号，在这之后，她就结婚了，安定下来，并生了个儿子——托马斯二世（Thomas Ⅱ）。她的生活回到正常轨道。

尽管美国经济呈全面繁荣之势，国民信心也普遍有了巨大的增长，但已走过而立之年的哈里森却自觉陷入困境——不管是在自身期望，还是在声誉，抑或是在巴尔的摩的社会地位上。在欧洲战事爆发后不久，她丈夫的行为开始变得不可捉摸起来，他时而大动肝火，时而情绪突变。约翰斯·霍普金斯医院的医生诊断他患上了脑肿瘤。当他于1915年秋去世时，哈里森发现丈夫由于生意上的判断失误，给自己留下的债务达7万美元之多，当时这笔钱远超过今天的100万美元。

---

① 即巴尔的摩和俄亥俄铁路。

36岁的玛格丽特成了寡妇,带着一个13岁的儿子,身无分文。她的社交和职场生活依然受到限制,毫无经商经验,也没有什么受欢迎的技能。她一面要做到收支平衡,一面要维持上流社会的生活。为此她当上了包租婆,寄宿者中包括新近就职的政府雇员(威尔逊那雄心勃勃的计划给了他们饭碗),以及工作在华盛顿的人。她开始与一位朋友一起做花卉生意,但经营所得仅勉强维持成本。幸运的是,她结识了范·李尔·布莱克(Van Lear Black),他是《巴尔的摩太阳报》(Baltimore Sun)的发行人,这份报纸为巴尔的摩的精英阶层服务,由于它对华盛顿新闻和国内政治做了大量报道,因而影响范围远远超出马里兰州。当1912年民主党全国代表大会在巴尔的摩举行的时候,《巴尔的摩太阳报》扮演了一个重要角色:用令人信服的笔调为威尔逊提供强有力的支持。1910年,报纸的经营者开始发行一份名为《巴尔的摩夕阳》(Baltimore Evening Sun)的晚报(也称《巴尔的摩太阳晚报》)。此时,随着战争的进行,《巴尔的摩太阳报》利用大西洋两岸的时差,为对战争愈来愈感兴趣的读者提供当日的战事报道。这份报纸的销量增长到空前的地步,同时它需要雇用更多的工作人员。布莱克来自马里兰一个显赫的商人家庭,因此他与哈里森有着共同的社交圈子。哈里森与他取得了联系,他邀请她于下周一来报社上班。

新闻业几乎完全是男人的天下,但在某种程度上,受战争及其给报业带来的繁荣发展的影响,这种风气正在发生改变。尽管人们认为战争与他们无关,但他们喜欢阅读这方面的东西。战争是一种娱乐消遣,报业正好乐意帮忙。这就意味着必须雇用更多的人手,编写更多的逸闻趣事,来满足这些对战争新闻感兴趣的新读者的需要。

当哈里森找到布莱克时,《巴尔的摩太阳报》的社会版正需要人来帮忙打理。哈里森对这座城市的重要人物都了如指掌。尽管她之前从未接触过打字机,但报社还是雇用了她。来到《巴尔的摩太阳报》后,哈里森体验到了编辑部那种俏皮话满天飞的工作氛围,体会到了生气勃勃、喧嚣吵闹、虚张声势的感觉,也领略到了编写一篇优秀文章时那股肾上腺素上升的滋味。20美元的周薪并不算丰厚,但她给老板们留下了深刻印象。不久之后,她就说服他们让她去撰写有关戏剧和电影的文章——同时给她加薪。如今她开始采访那些影视明星,并得以亲眼见识繁荣兴盛中的美国电影工业。她的姐夫阿尔伯特·里奇(Albert Ritchie)是马里兰州的首席检察官,他安排她在州电影审查委员会任职。想要上映的电影都必须经过委员会的审核和删改。早期的电影审查委员会只关心接吻片段是否过长,或反面角色是否逃脱惩罚等问题,但随着战争的逼近,情况变了。哈里森在姐夫的帮助下得到这份工作,她同时还有给《巴尔的摩太阳报》写影评的正式工作。在今天的人们看来,哈里森至少脚踏两条船——还是两条针锋相对的船,但她心安理得地接受了。她声称自己需要钱。她在多年后写道,自己其实并不信任电影审查制度。事实上,委员会的其他成员也都是如此。但2 500美元的年度津贴实在是太具吸引力了,令人无法拒绝。

在战争爆发前,哈里森有过一段充满深情回忆的奥地利之旅,这次旅程的目的是让她忘掉女房东的儿子。1914年,她曾为那些同俄军作战的奥地利士兵编织袜子,但1915年"卢西塔尼亚号"被击沉的消息让她大为震惊。当历史的车轮从1916年驶入1917年的时候,她对电影愈来愈熟悉,她目睹了英国人将电影制作得越来越精心,并用电影来影响美国观众的思想。这类电影里掺杂了某些新的元素——来自外国政权的直接求助。同时，由于这类电影具有影响情感的能力，它们还能使美国观众本能地产生帮助英国人的想法。相比之下，哈里森从未发现德国宣传机构运用过这种巧妙的手段。[13] 她认为这对德国而言或许弊大于利。在德国生活过并对德国人抱有好感的 H. L. 门肯所持看法与哈里森相同："你对他们的宣传手段观察得越多，你就越为他们的愚蠢感到吃惊。他们根本就没有任何宣传意识。在这方面，英国人每次都能战胜他们。"[14]

1915 年夏，战争已经持续了一年，威尔逊总统坠入了爱河。他正在追求伊迪丝·高尔特（Edith Galt），这个弗吉尼亚寡妇令他神魂颠倒。一到早上，他就会唱起一首 1911 年的流行歌曲《哦，你这美丽的洋娃娃》。伊迪丝一开始拒绝了威尔逊，但后来她接受了他的求婚。"她全身上下都是那么可爱、讨喜，"威尔逊在给一位朋友的信中写道，"这里人人都知道她是个完美无瑕的人，不带一点市井小民的俗气。"[15] 反过来，威尔逊那"闪闪发亮、无所畏惧的目光"[16] 也给伊迪丝留下了深刻印象。11 月 22 日，豪斯在日记里抱怨说，威尔逊将精力全放在他的未婚妻身上，把自身职责都给遗忘了。[17] 12 月，他们结婚了。

在伊迪丝眼中，威尔逊有着"孩童般的单纯"，这与公务生活所需的严谨刻板完全两样。她觉得他"对他人友谊的渴望，就像饥饿的人对面包的渴望一样"[18]。她非常希望自己能满足他在这方面的需求。

威尔逊的两任妻子都是南方人，他自己也一样。他出生在弗吉尼亚，在佐治亚和南卡罗来纳长大。8 岁那年，美国内战落下帷幕，威尔逊成了最后一任童年时代得到奴隶照料的美国总统。他出生在弗吉尼亚斯汤顿（Staunton）的谢南多厄河谷（Shenandoah Valley）镇，他父亲是当地长老会的牧师，长老会从当地一户农家租来3个奴隶服侍威尔逊家。等到他当上总统，他下令在联邦雇员中实行种族隔离制度。

作为一名深情的丈夫和父亲，这位信奉进步主义的总统实行了一系列影响深远的改革——其中包括税收改革和建立美国联邦储备系统（Federal Reserve）——目的在于进一步推动中产阶级的发展，培养深刻的种族隔离观。他并不是一个邪恶的种族迫害狂，但他身边的一些人是。伍德罗和伊迪丝相识后不久，在威尔逊的堂姐妹海伦·博恩斯（Helen Bones）的引导下，他们以各自的童年时代为话题，进行了一次交流。"他们发现，双方在南方、内战后全民皆贫，以及旧式黑人对主人的忠诚等话题上有着许多共同看法。"[19]

1915年，威尔逊在白宫观看了 D. W. 格里菲斯执导的电影《一个国家的诞生》（*Birth of a Nation*），影片讲述的是一个三K党人在南方重建时期的英雄故事。尽管美国有色人种协进会组织了一次抗议活动，非洲裔美国人也在波士顿举行大规模示威，但威尔逊仍选定了这部影片。这是有史以来第一部在白宫上映的电影。

持续了几十年的欧洲移民潮令威尔逊这样的人对自己的盎格鲁-撒克逊人身份极为敏感。1910年的人口普查显示，七分之一的美国人——1 350万人——是在海外出生的，仅1914年就有120万移民进入美国。自19世纪90年代开始在美国广为实行的威尔逊支持的《吉姆·克劳法》（The Jim Crow Laws）①是这种不安感攀升至顶峰的体现。当时有人认为联邦和邦联这对昔日的仇家必须

---

① 泛指美国各州对有色人种实行种族隔离制度的法律。

在思想和行动层面重新携起手来。尽管威尔逊的政治起点在新泽西，他的父亲则来自俄亥俄，但他仍被认为是首位在内战前出生的南方籍总统。然而，他与他领导的民主党一样，肩负着将一个笨拙的联盟团结在一起的使命，这个联盟中有南方籍绅士和爱尔兰裔警察，有乡村律师和波兰裔煤矿工人，也有浸信会传教士和犹太裁缝。

威尔逊确信，欧洲战事对美国一点好处也没有。在1915年之前，他的国务卿一直是和平主义者威廉·詹宁斯·布莱恩（William Jennings Bryan）。威尔逊认为欧洲战事是对人类文明的威胁——他的意思是这场战争对白种人的未来是一种威胁。他想知道，如果欧洲自我毁灭的话，全世界白种人的命运将会如何。日本在1905年的对俄战争中已经尝到了胜利的滋味，一旦欧洲灭亡，它无疑将崛起。

在一次内阁会议上，威尔逊称"自己对某个观点的印象越来越深刻，这个观点认为'白人文明'和它对这个世界的统治能否维持下去，很大程度上取决于我们是否有能力保证本国的完整无损。因为战争，我们将不得不重建那些惨遭战火蹂躏的国家"[20]。他的言外之意是美国不能卷入战争。

威尔逊认为自己代表着正义。尽管他在深思熟虑后才会做出决策，但他一旦拿定主意，就不会更改，也绝不可能做出妥协。按照他的说法，所有反对自己的人无疑都是自私鬼、卑鄙小人和伪君子。这一独特作风将在战争结束时将他推向毁灭。

但在其职业生涯期间，威尔逊也展现了他的成长能力。天生就是一个保守主义者的他于1910年以民主党候选人的身份参选新泽西州州长，他的对手是一名自由主义者。但他一当选，就立刻弹劾了那些将他送上州长宝座的政党领袖——为的是更上一层楼，他在州议会击败了他们，从此成了廉洁政治的带头人。

伊迪丝·威尔逊不喜欢豪斯，威尔逊对此人言听计从，这让她感到妒忌。她相当肯定，此人在 1915 年的时候曾试图阻止威尔逊和自己结婚，因为他认为这场婚姻将在政治上对自己的老板不利。豪斯是个极度谄媚的人物。当他写信给威尔逊的时候，他总能找到威尔逊昔日的一些丰功伟绩。但他的建议并非不可靠。他能够察觉到那套左右威尔逊想法的正义价值观在这个世界上是行不通的。他动身前往欧洲，试图让各参战国握手言和——这一计划在很大程度上是与英国人共同策划的结果——但无功而返。最后，总统夫人将他逐出白宫。他搬到纽约，住在东 53 街，但他与华盛顿之间的联系却始终没有中断过，他几乎每天都要与国务院的某个成员通信。此外，他还充当一些英国官员与英国驻美大使塞西尔·斯普林·赖斯（Cecil Spring Rice）之间的调解人，这些官员试图绕过那位情绪亢奋又庸碌无能的大使，直接和华盛顿打交道。豪斯认为斯普林·赖斯不适合自己的职位，斯普林·赖斯曾高声辱骂国务卿罗伯特·兰辛。[21]

1916 年，威尔逊终于下定决心寻求连任，他对一系列进步主义改革予以支持，并在"他让我们远离战争"的口号中再次当选总统。但到了这年年末，英国的黄金储备即将耗尽，而德国人却重新开始了潜艇战。通过海路将金块运往纽约购买作战物资变得极度冒险，风险难以令英国承受。[22] 一旦英国沦陷，那美国就再也得不到皇家海军的保护了。几乎可以肯定的是，美国在战争期间享受的经济繁荣时光将就此走到尽头。美国驻英国大使沃尔特·海因斯·佩奇（Walter Hines Page）于 1917 年致信威尔逊。他警告说："法国和英国一定要在美国储备足够多的存款，以防世界贸易体系和全欧金融体系的崩溃。"²³ 信中还写道："如果我们要维持我们在贸易体系中的重要地位，避免本国爆发恐慌的话，参战或许是唯一可行的办法。"

然而威尔逊——按照他自己的想法——是不会被那些出于一己私欲而提出的建议说服的。事实上，在1917年初的时候，豪斯就认为威尔逊对参战几乎毫无兴趣。至于英国人，他们设法让豪斯明白他们已经开始失去耐心了；如果美国人真像他们所宣称的那样相信民主的话，那他们就必须去战斗。²⁴ 国务院参事弗兰克·波尔克（Frank Polk）告诉豪斯，威尔逊"认为自己为了实现和平，几乎不惜任何代价"²⁵，然而事实上他并没有付出太多努力。

但在1月3日，豪斯乘火车前往华盛顿——"火车照常晚点了"²⁶——同威尔逊在白宫共进晚餐。之后，他与总统进行了一番漫长的谈话。起初他们谈的是联邦法官的任命。接下来是同外国救济协会协调的事。威尔逊将佩奇大使从伦敦发出的过于耸人听闻的电报嘲笑了一番。随后，他变得严肃起来。豪斯将英国政治家乔赛亚·韦奇伍德（Josiah Wedgwood）的一份备忘录交给他，并用"异想天开"来形容它。他的意思是这份备忘录实在是太荒诞不经了。威尔逊问，你为什么这么认为？是不是韦奇伍德觉得威尔逊总统是唯一有能力制定终战协议的人？豪斯说自己在这一点上与韦奇伍德看法一致，但他不认为美国政府自身具备解决当前根本问题的实力。这个问题就是已落入各交战国之手的领土归属。

领土的归属争议或许会成为困扰这个世界的难题，它对和平进程的妨害将持续百年——也许很可能会长达至少两百年——之久。1917年，德国占领了比利时和法国北部部分地区，德军最东已达立陶宛。俄罗斯人已挺进至奥地利的加利西亚；奥地利在与意大利的交锋中处于下风,但它攻占了罗马尼亚全境和塞尔维亚大部分地区。英军正在向奥斯曼帝国的巴格达行省推进。解决这些领土的归属是项艰巨的任务,此外,还需解决赔款问题、难民返乡问题,以及各国杂居族群的区分问题,这只会让情况更加复杂。

威尔逊将这个问题丢到一边。他声称自己现在考虑的是发表一份公开声明,声明中将对和平协议的一般条款进行概述,并建议设立一个令世界不再遭受战火侵害的机构——民主国家联盟。他认为领土争端是次要问题。豪斯对这个想法满怀热情,他可能一直热衷于此道,因为他在约一星期前向威尔逊提出的建议正是如此。豪斯在自己的日记中写道,威尔逊以其特有的风格,把这个点子的出处忘得一干二净。但这个点子实在是太棒了,因此豪斯一笑置之。

"如今你手中的筹码是最值钱的,但如果你坐在那里不动,任由历史大潮将你吞没的话,那它们就完全发挥不了作用。"豪斯告诉威尔逊,"你最好将主动权抓到手里,由自己来坐庄。"

第二天,豪斯见到兰辛,后者说威尔逊从未同他讨论过外国事务。他声称威尔逊事实上极少和人详谈此类话题。兰辛还说当豪斯不在华盛顿的时候,总统"根本没有什么想法"。[27] 当天晚些时候,威廉·麦卡杜(William McAdoo,他是财政部长,也是威尔逊的女婿之一)向豪斯抱怨:总统不但对国事放任自流,对部门事务也漠不关心,或者对这些事务"处理结果的好坏"视而不见。

之后,上校返回白宫吃午餐,他试图刺激威尔逊,宣称美国缺乏战争准备。

"战争不属于美国,"威尔逊答道,"这个国家并不打算卷入这场战争。我们是当今唯一一个远离战火的伟大的白人国家。对于我们而言,参加战争是一种反文明罪行。"

一周以后，豪斯再次乘火车从纽约赶赴华盛顿。（"说来也怪，这列火车准点到站了。"[28]）他走进威尔逊的办公室，总统把门关了起来，然后向豪斯出示了一份草稿，里面是他预备发表的演讲内容——他从未将它给其他人看过。豪斯对演讲稿的措辞做了几处微调，但他打心眼里高兴。豪斯认为威尔逊最好将各交战国的人民，而非政府作为自己的演讲对象。

此时豪斯领悟，威尔逊决心终结战争。他认为："看来总统终于意识到国外局势的重要性了。"[29] 但他相当肯定，华盛顿几乎没人认识到这一点。"总统身边的小圈子似乎收缩到只剩我们两个了：威尔逊夫人和我自己。"

时间就是生命。倘若和平之路不能在未来两周内——截至3月中旬——铺设完毕的话，那么东、西线就将发动春季攻势，而威尔逊的和平倡议也将化为泡影。欧洲将在厮杀中度过又一年，甚至更可能引发一场无法想象的全球性灾难。1917年的前几个月是个机会，而且机不可失，时不再来。豪斯在与交战双方的外交官谈话时得知，拟出一份停战协议并非全无希望。但一旦签署协议，各交战国已经付出的数百万人的伤亡代价，就成了白白流血，这一点交战双方都不是很想承认。在所有人中，或许只有威尔逊有勇气捅破这层窗户纸，将这一令人难以接受的事实摆在大家面前。他有机会在3月之前完成这一任务。

1月15日，回到纽约的豪斯接待了德国大使约翰·海因里希·格拉夫·冯·伯恩斯托夫（Johann Heinrich Graf von Bernstorff），一个"快快乐乐、无忧无虑的上流社会之人"[30]。此人髭须的两角原先呈"德国式"的上翘状，1917年的时候，他将它们剪掉了。伯恩斯托夫告诉豪斯，德国很乐意通过国际仲裁的方式来停止战争，也有兴趣参加和平会谈——如果威尔逊主导组织这样的会谈的话。豪斯认为，包括所有交战国在内，这次是自战争爆发以来发起的最重要的一次沟通。他觉得德国现在已是摇摇欲坠，而法国国力显然即将枯竭，仍处在沙皇统治下的俄罗斯情况尚不确定，大不列颠——它现在在自己的道路上走得稳稳当当，对外界的吁请充耳不闻——或许是实现和平的最大障碍。

豪斯在英国方面的最佳联系人威廉·怀斯曼爵士（Sir William Wiseman）告诉他，英国人确信他们已胜利在望。出生于澳大利亚的皇家海军军官盖伊·冈特（Guy Gaunt）在美国经营着一个情报收集网络，他对豪斯说，如果美国不立即参战的话，将来德日结盟对付美国，它就不应指望英国出手相帮。"我告诉他，即使德日联手，美国也不怕。因此我们并不需要英国的帮助。"豪斯说道。[31]

1月20日，威尔逊已准备完毕。最终稿是他亲手书写的。他与伊迪丝走进书房；她大声朗读给他听，而他则用打字机将内容打下来。[32] 他将呼吁的发出时间定在两天后，届时他会在参议院发表演讲。威尔逊号召欧洲人放下武器。他宣称，"没有胜利的和平"是解决冲突的唯一办法。美国已经做好了担当和平谈判中间人的准备，如果有必要的话，它会将和平条款强加在交战国身上。

这是个极为严肃的提议。它将迫使交战双方评估"没有胜利的和平"的含义。这种和平将在各国本土——巴黎、维也纳、伦敦和柏林——引发什么样的政治后果？各国军队又将有着什么样的反应？

在接下来的日子里，豪斯告知怀斯曼：威尔逊确信战争将以平手告终。[33] 总统在内阁会议上忧心忡忡，认为德国一旦遭到灭顶之灾，那欧洲也不会有好下场。已退休的布莱恩自迈阿密——为了逃避家乡奥马哈的放荡生活而把家搬到了那里——致信威尔逊，对他"及时向那些好战成狂的欧洲统治者发出和平呼吁的勇敢行为"[34]大加赞赏。布莱恩预言这一提议将令威尔逊"流芳百世"。

时间在一分一秒地流逝。积雪开始融化，转眼间3月的脚步越来越近了。"如果德国真的想要和平的话，她是可以如愿以偿的。"威尔逊在给豪斯的信中写道。[35] 随后，英国方面让豪斯捎话给威尔逊，说他们对他的提议并不是太感兴趣。[36] 按照他们的估计，他们仍可赢得战争。几天后，伯恩斯托夫对豪斯的和平试探工作为柏林方面的一项已经执行了一段时间的决议所取代。德国人在大西洋重启无限制潜艇战，作为对威尔逊和平呼吁的答复。

第 3 章

"肥沃的泥土，腐败的落叶"

让我们将指针拨回到多年以前，当时沙皇的统治仍坚如磐石，而俄罗斯正满怀信心地盼望着新世纪——20 世纪的到来。1901 年冬，康塔屈泽纳公爵夫人（Princess Cantacuzène）赶赴圣彼得堡的弗拉基米尔大公宫殿，参加那里举行的一场小型私人舞会。作为一名刚嫁到这里没多久的外国人，公爵夫人仍在设法跻身俄国上层社会，但她明白，这种私人舞会的正式程度不如公开舞会。她挑选了一件自己钟爱的深方领礼服，怀着万分期待的心情动身。舞会上一切可能发生的情形都被她预料到了，除了皇后亚历山德拉的不期而至。大公夫人玛丽挽住公爵夫人的手，将她介绍给皇后。这样一来，她就跳过了那些常人被引见入宫前不得不忍受的繁文缛节。看起来她似乎已经成功了——或者说她觉得自己已经达到了目的。

但在这之后，流言传开了：皇后亚历山德拉对年轻的公爵夫人大加指责，批评她穿了件不合时宜的礼服——她穿的是比较过时的爱德华时代的露肩礼服，而不是时下流行的一字领款式。在场的其他女子亦有身穿方领礼服者，但只有公爵夫人被介绍给皇后。对于这种小道消息，公爵夫人打算以不屑一顾的态度应对，但它旋即引发了圣彼得堡社会的反应。富有教养的贵族女性一齐挺身而出，为公爵夫人说话。毕竟她不仅仅是个新来者，不仅仅是个外国人，还是个美国人。25年前，康塔屈泽纳公爵夫人降生于白宫之家，被取名为朱莉娅·格兰特（Julia Grant）。她的祖父是当时的美利坚合众国总统。皇后对她的批评意味着她处事还不够老练，甚至可能有失教养。在下一场要正式得多的宫廷舞会上，四五名俄罗斯年轻女性穿上了方领礼服，这只是为了表明她们与公爵夫人团结一致，以及对在德国出生的皇后的轻鄙。公爵夫人于多年后写道："流言和怨言接踵而至，似乎令人吃惊且毫无必要，但却从中可以看出1901年的风向。"[1]

康塔屈泽纳公爵夫人（她还拥有斯佩兰斯基伯爵夫人的头衔，但所有人都称她为乔伊）敏锐地感觉到，沙皇俄国已是日薄西山。对共和党没多少印象（尽管她出身于共和党之家）的她对俄国的贵族阶级和财富印象深刻。在她看来，在丈夫位于乌克兰的巨大领地上劳作的农民乃是社会中坚力量，他们忠诚、尽责、迷信，偶尔显得滑稽，这些人需要某个睿智、有力的人加以引导。他们至少不会像邻近村庄的那些流氓那样，成天喝得醉醺醺的。

乔伊的父亲弗雷德里克·格兰特（Frederick Grant）是纽约共和党的一名重要人物。她在结婚前认识了后来成为参议员的伊莱休·鲁特和纽约警察局长西奥多·罗斯福，当时她的父母邀请这二人前来吃饭。"罗斯福是个幽默、风趣的人物，他会迅速产生温暖人心的怜悯之情，拥有一种与生俱来的魅力。这个人极度敏锐、热情，是个急性子。"[2] 她还记得，他说起话来语速极快，且极具说服力。

她与精力十足的米哈伊①·康塔屈泽纳公爵是在意大利认识的。几周后他们就决定结婚。在这之前，她很喜欢同各种年轻男人调情的感觉，但从未认真对待过他们中的任何一位。婚礼在罗得岛州纽波特（Newport）城的一座新教圣公会教堂，在美、俄两国牧师的共同主持下举行。婚礼结束后，乔伊和米哈伊搭乘一艘私人游艇，自纽波特前往欧洲。

他们从最近（位于70俄里外，1俄里约等于1.07千米）的一座火车站出发，在马车上颠簸了老长一段才抵达布鲁姆卡，也就是康塔屈泽纳-斯佩兰斯基庄园。所有仆人都出来迎接他们，一支乐队开始奏乐，根据礼仪，仆人还奉上了面包和盐。乔伊认为自己是幸运的，能从泽西肖尔的一座海滨住宅和曼哈顿中区的一座褐砂石房屋来到这里。对于如何经营这座巨大的俄罗斯庄园，她事前完全没有想法。她的婆婆是法国人，这让家中氛围变得轻松了些。

在庄园内，几个仆人终日忙于抽水、运水。有两个仆人除了负责将煤油灯擦亮、续煤油外什么也不干。其他人的工作内容则是以双膝跪地的姿势，将蜂蜡涂在精心镶嵌的木质地板上。乔伊曾滑倒过一次，仆人认为问题出在她脚上的美国鞋子上，而不是俄罗斯的蜂蜡上。

冬天，乔伊待在圣彼得堡，令人昏昏欲睡的漫长夏季则是在乌克兰度过。看起来，她的生活大抵都是如此度过。她有一个儿子、两个女儿。他们分别是米哈伊尔公爵、贝莎女公爵和季娜伊达女公爵。乔伊则称他们为麦克、贝莎和艾达。

孩提时代的记忆常常萦绕在她的心头。"我突然回想起一天晚

---

① 这个名字透露了他出身于一个罗马尼亚裔家族的事实。

上，有人叫醒我，给我穿衣服，我当时坐在火车上，火车则在一群高声叫嚷的人群中缓缓行驶……无数火炬突然燃烧起来，浓烟滚滚。而后，火光在风中一边摇曳，一边黯淡了下去。不断变幻的光芒将人们的面庞映照得清清楚楚，在童年时代的我的想象中，他们脸上的表情兴奋到发狂。"[3] 那些男男女女推挤着，伸手将她托起，上了一辆马车。震天的喧嚣声和那些人的情绪把她吓得魂不附体，她惊声尖叫，紧紧地贴在母亲的身上。

在乔伊的祖父尤利西斯·辛普森·格兰特从总统位置上退下来后，乔伊与她的祖父母在欧洲待了一年，然后回国。而后他们为了庆祝胜利，开始周游美国各地，这件事就发生在他们走到科罗拉多的时候。那些人之所以高声咆哮，是为了向尤利西斯将军表示赞许，是他在危难之际拯救了他们的国家，但对于一个小姑娘而言，他们的做法是奇怪而骇人的。近40年后，她再度目睹了类似的狂暴场面，此时沙俄帝国正在分崩离析，而这一次，人群对她不再友好。

罗曼·罗森（Roman Rosen）住在圣彼得堡大海街31号（31 Bolshaya Morskaya）的一座俱乐部内，这座俱乐部离宫殿广场不远，那里屹立着高耸入云、用花岗岩打造的亚历山大一世纪念碑，他的军队于一个世纪前挡住了拿破仑，而后越过欧洲，进军法国。此时罗曼·罗森正陷入深深的沮丧中。他自然不是一个乐观主义者——他的洞察力实在是太强了，何况他还目睹了沙俄这几十年来的昏招迭出——但到了1917年冬末的时候，明眼人都能看出俄国已毫无希望。尼古拉二世此时已赶往前线，亲自担任军队指挥。这是一种自掘坟墓的愚行。

1917年2月24日的时候，罗森就70岁了；他是个很瘦弱的人，患有轻度肩关节炎。他蓄着范·戴克式的络腮胡，胡子已经变白了，但络腮胡上方的髭须还是黑色的，这种搭配让他显得对任何事都会持反对意见。罗森男爵出身于波罗的海的贵族阶层，他为人保守，对政府服务充满信任。他认为庞大的俄罗斯官僚机构尽管有着各式各样的缺点，却为这个国家的现状承担了太多责任；沙皇身边的反改革派圈子愚蠢不堪，而改革派和知识分子联系本国实际的能力又弱到可笑的地步。

反对俄罗斯参加1914年战争的俄国知名人士并不多，罗森是其中之一。他和他的同僚谢尔久斯·维特（Sergius Witte）向来对战争前景的悲观看法直言不讳，以至于被人指责为亲德派；这种说法几乎毫无根据。但他们两人都不认为俄国能从对德或对奥战争中获利。罗森主张，俄罗斯未来的幸福与繁荣取决于东方，取决于西伯利亚和中亚的广袤土地。但在第一次俄国革命（1905年爆发，以失败告终）后，沙皇政权立刻启动了将帝国境内的诸多民族俄罗斯化的进程，并开始强调某个在我们这个时代再度浮现的观念（这是俄国对外政策导致的必然结局）——俄罗斯是全体斯拉夫人的保护者。如此一来，尼古拉二世政府不仅成功引起了本国少数民族的憎恨，也引发了各个邻国的警觉——特别是奥匈帝国，它是数百万斯拉夫人的家园。甚至德国也有不满。罗森坚称，俄国与这两个国家无论在领土还是在其他方面都没有固有的冲突。对同盟国的敌意促使俄国同法国结盟，后者渴望收复之前丧失的阿尔萨斯及洛林。按照巴黎方面的观点，这次结盟极为明智；但彼得格勒方面却完全没有这种感觉。接下来，罗森指出了一个可能更为深刻的问题，这个问题至今仍困扰着俄罗斯及其邻国。简而言之，大部分斯拉夫人，包括波兰人、乌克兰人、斯洛伐克人、保加利亚人，都不需要俄罗斯人的保护。许多斯拉夫人认为，对俄国应加以抵抗，而不是投入它的怀抱。

然而，罗森来自波罗的海，而维特则是荷兰人后裔，平民出身的他提拔自国家铁路系统，他的妻子有犹太背景。因此两人的意见被轻而易举地忽视了。与皇室亲近又持反战观点的俄罗斯人可能只有疯僧格雷戈里·拉斯普金（Grigori Rasputin）了，然而就连他也在1914年夏遭到无视。据说当时有10万名俄罗斯人在宫殿广场朝沙皇下跪致敬，这件事将后者的1905年之耻永久抹除了。

当灾难于1915年及1916年降临到俄罗斯军队头上时，男爵丝毫没有称心如意的感觉。但他对战争引发的灾难，或俄罗斯人民的绝望情绪并非全无了解，但维特已于1915年过世，而拉斯普金则在1916年12月被人谋杀，因而罗森成了孤家寡人。1916年秋，他遭帝国会议除名，这是一个由贵族阶层成员组成的顾问机构。

这年冬天，他有了两个小小的希望。第一个希望出现在12月，当时德国声称自己准备和谈，并签订一份条件宽松的和解协议。但正如罗森所预料的那样，协约国轻蔑地答复说，德国人的提议并非出自真心。俄国军方认为，既然如今他们已经付出了巨大的牺牲——超过100万人阵亡，那么本国就必须将战争继续下去，用一场彻底的胜利来挽回人员伤亡的损失。沙俄政府宣称打算再动员数百万农村人口来提供国家所需粮食，但这些地区由于先前接受征兵，处境已是十分艰难。随后，政府做出了一项被罗森称为"疯狂之举"[4]的决定，它声明：自己的战争目标包括解放波兰（先前被德国和奥地利控制的波兰地区），以及从奥斯曼帝国手中夺取博斯普鲁斯海峡，好打通前往地中海的通道。

"政府想象只要用'我们必须去战斗，去攻占君士坦丁堡和博斯普鲁斯海峡,或为波兰拿下波兹南和加利西亚'这样的设想来鼓动人民,人们的热情就会熊熊燃烧起来,但这种想法只体现了一点:这个国家的少数上层阶级和绝大多数民众之间互不理解的鸿沟是多么不可逾越。"罗森写道。他指出,这份声明还促使德国人、奥地利人和土耳其人坚定了同俄国人战斗下去的决心。

德国人已彻底失去了试探的希望,但罗森的第二个希望于1月到来,当时威尔逊呼吁交战各方实现"没有胜利的和平"。这正是罗森想看到的解决方案,他有充分的理由认为这一方案能够实现,因为他以前曾亲眼看到美国人进行调停,而且他相信美国的调停可以奏效。

12年前,即1905年夏,罗森被任命为俄国驻美国大使,他的办公地点不在华盛顿,而是位于新罕布什尔州的朴次茅斯(Portsmouth)外围。[5] 俄国海军已在日俄战争中被歼灭,一整支舰队在对马海峡海战中覆灭了。俄军被迫从中国撤回。俄国将领先前曾嘲笑过日本人——毕竟他们不是欧洲白人——但日本人却抽了他们的脸。

经过谨慎调查后,西奥多·罗斯福意识到日本已经达到了它的战争目的,无意进军俄国,因此他邀请交战双方前来参加和谈。罗森日后肯定多次回忆起1905年新英格兰的多雨夏季里的这次海边和谈。随后,拜美国的厚恩,俄罗斯从崩溃边缘被拉了回来。美国不仅中立,而且强大、能干。尽管罗斯福曾与日方的一名谈判代表一同在哈佛求学并结为朋友,但在谈判期间,罗斯福总统一直严守公平原则,这委实令人感激不尽。双方谈判代表的初次会面地点位于总统的游艇"五月花号",游艇停泊在罗斯福的避暑别墅附近的牡蛎湾。自助式午宴是在甲板上进行的,双方都站着吃饭,这样他们就不会就座位安排问题而产生争执，或是闹得不愉快。

两国代表团经海路自牡蛎湾前往新罕布什尔，但俄方代表团联合团长谢尔久斯·维特易于晕船，因而在纽波特上岸，而后搭乘火车走完余下的旅程。代表团的另一位外交官康斯坦丁·纳博科夫（Konstantin Nabokov）是个古板而神经紧张的人物，他那6岁的外甥弗拉基米尔与他的双亲和兄弟姐妹们在圣彼得堡以南50英里处的家族采邑度夏。① 实际谈判在缅因州基特里（Kittery）附近的一座岛屿上进行，此地通过一座桥梁同北美大陆相连。双方代表团都住在位于新罕布什尔州纽斯卡尔（New Castle）的温特沃斯旅馆（Wentworth Hotel），这座宏伟的古式避暑建筑至今仍屹立于此地。当他们要离开的时候，俄国人动身前往马萨诸塞州曼彻斯特附近的马格诺利亚（Magnolia），罗森已经在当地租下了一栋房子。

罗斯福是在圣彼得斯堡同一名英国外交官匆匆会谈一番后发出和谈邀请的，此人是罗斯福的一位老朋友，他渡海前往纽约，参加一场为期一天的会议，而后乘坐来时的轮船返回欧洲。罗斯福得知俄罗斯准备和谈，这对于美国人而言是个好消息。俄罗斯和美国之间并无利益冲突，事实上，它们至少从内战时期起就保持着良好的关系，当时俄罗斯是唯一一个站在联邦一边的欧洲国家。但美日之间的未来关系困难重重，它们都希望在太平洋地区建立霸权。1898年的时候，美国在马尼拉击败了西班牙人，这对东京方面是一个刺激。如今日本人在与俄国人的对决中大获全胜，这又让华盛顿方面忧心忡忡起来。

---

① 康斯坦丁·纳博科夫的形象出现在美国自然历史博物馆主廊的一幅装饰用壁画上，在画中，他与两名前往朴次茅斯的日方代表及西奥多·罗斯福在一起。——作者注

日本是挟着军事胜利之威走上谈判桌的。但俄国人却逐渐赢得了美国新闻界的支持，并借此赢得了美国公众的支持。终于，一名记者当面询问罗森：他能获得正面报道是不是因为他是个白人？在这个记者看来，事实可能正是如此。

谈判持续了一个月多一点，末了众人一致认为俄国人在谈判桌上的表现比他们在战场上的表现要出彩得多。俄国的赔偿并不以货币的形式支付。东京方面赢得了半个库页岛的控制权，以及在朝鲜自行其是的权力。这正是日本人追求的战争目标，当他们如愿以偿的时候，日方谈判代表立刻被说服，把俄国逼上绝路是毫无必要的。

罗森和维特随即在美国东北部做了一次短暂而快乐的旅行。他们落脚的瑞吉酒店（St. Regis Hotel）位于纽约。这座喧嚣的大都市历史只比圣彼得堡稍长一点。纽约同圣彼得堡一样，都是面向欧洲的多彩橱窗，但它又有着众多截然不同的地方；这座城市热闹非凡、追名逐利、注重实干而非表面文章。他们乘坐一辆白色汽车，风驰电掣地穿过中央公园，维特异常享受这种感觉，他坚决要求以更快的速度再来一次。这回警察试图拦下这些人，但尾随其后的特工挥手把他们赶走了。维特想参观哥伦比亚大学和纽约市监狱（the Tombs）——一座位于市中心的大型牢房。令他感到惊讶的是，监狱里一个政治犯也没有。他们搭乘 J. P. 摩根的游艇"海盗号"（Corsair），驶向西点军校；维特在确信哈得孙河河面波澜不惊后，才同意坐船前往。途中他们与日方代表团再度不期而遇（这绝非意外），这次相遇持续的时间很短，但双方都表现得彬彬有礼。罗斯福让他们前往牡蛎湾吃晚餐，众人度过了一个温暖而闲适的夜晚。由于维特不会说英语，总统整晚都用法语交谈。

离开牡蛎湾后，他们直趋华盛顿，拜访了弗农山庄（Mount

Vernon）。随后维特回国，而罗森则正式以沙皇尼古拉二世派驻美利坚合众国新任大使的身份开始履行自己的职责。

常驻美国后，罗森成了华盛顿外交及社交舞台上的一个备受欢迎的人物。他深深仰慕美国式的生活方式，但他认为这种生活方式永远无法在俄国复制。他对罗斯福的敬重和好感始终不变。

如今威尔逊能够实现同样的壮举吗？罗森对美国，以及美国的实力、财富抱有信心，他相信这个国家能够用强制手段解决欧洲问题。他的想法与威尔逊在1月的想法极其类似。但罗森已于1911年返俄，他可能并没有意识到：现在的美国和自己赴任时已经大不一样了，这个国家弥漫着一股更为好战的情绪；罗斯福坚信，参战是美国唯一光荣体面的做法。

1月已成为过去，2月已经到来。德国重启无限制潜艇战，没有一个交战国对威尔逊的提议采取任何行动。罗森在心情烦闷之余，想起了一个关于世界大战结局的预言，这个预言是列昂·托洛茨基在约一年前做出的。忠心耿耿的老外交官发现，马克思主义革命家的警句恰恰是对自己想法的反映：

工人手中的锤子被人强行夺去，并换成了剑。工人的手脚原本忙于使用资本主义经济体系的工具，现在这些工具突然被统统剥夺了。他们还被教导要将集体利益置于家庭幸福和个人生命之上。手持自己打造兵器的工人，被置于这样一种境地：国家的政治命运直接放在了他们的肩上……他们原本平静的思想如今变得活跃起来。重炮的轰隆声给他们的脑中灌输了这样的思想：如果有什么障碍绕不过去的话，那就只能将它捣碎。几乎所有成年男性一方面对自己所处社会的现实充满恐惧，一方面都接受过这种战争思维的教育，这是一种新型人类的教育。[6]

战争已经持续了 30 个月，但当人们回顾往事的时候，就会觉得两年半与人的一生相比并不算漫长。在 19 世纪 60 年代起就为沙皇政权效力的罗森男爵看来，这段时间无疑就和车祸事故一样，不过是一瞬间的事情。只要动作稍一出错、精力稍一不集中、对汽车的状况稍一不留神——这辆车子就彻底报废了，乘客血肉模糊，而司机也会受到致命伤害。

罗森男爵位于大海街的寓所是一栋极为简陋的古典式建筑，坐落于战前圣彼得堡的中心地带。向西漫步一小段，越过阿斯托利亚酒店和若隐若现、带有巨型穹顶及孔雀石制内柱的圣艾萨克大教堂，就到了一座粉色的意式房屋，弗拉基米尔·纳博科夫就是在这栋 4 层高的住宅内出生、长大的。与美国的联排式住宅不同的是，俄罗斯的城市住宅是纵向面向街道的。标准俄式住宅的屋后建有附楼、库房、马棚，到了 20 世纪 20 年代，偶尔会配有车库。这种布局给房屋窗户带来了良好的采光条件。在圣彼得堡的高纬度地区，每逢 6 月的白夜，天不会彻底变黑，此时室内无处不处于光照之下。但在 11 月至次年 2 月间，太阳低垂于天空——尽管只会持续很短的时间——从波罗的海涌来的云层不屈不挠地笼罩在空中，将一切都变得更加灰暗。

假定在 1913 年，也就是罗曼诺夫家族登上皇位 300 周年的时候，有人在宫殿广场和马林斯基剧院（Mariinsky Theater）之间的大海街上行走的话，他就会经过弗兰齐亚旅馆及附属的马雷·雅罗斯拉夫维特斯（Maly Yaroslavets）饭店。此外，街道上还有一家法式面包店，那里的牛角面包和卷边果酱饼"同人们在巴黎见到的一模一样"[7]；博林记珠宝行的门外站着个看门人；还有一家烟草店，"那里立着几名头戴尖顶帽子的信差"；接下来是一家制作弯木家具的工厂。涅夫斯基大街（Nevsky Prospekt）的对面坐落着一家咖啡馆；一家专门销售肥皂、水果蛋糕、扑克牌、嗅盐、条纹上衣和滑石白网球的英国商店（"各种令人感到舒心、满意的东西"[8]）；一家法国商人开的花店，里面的花卉是从尼斯（Nice）进货的；一家雪茄店；一家艺术用品商店；一家名为"丘巴"（Kyuba）的餐厅，据说它是唯一一家"令有身份的女士无须保镖护送"[9]的餐厅。

1913年，大海街下半段的悬空街灯被人用闪闪发亮的沙皇花押字装饰了起来，到了冬天，五颜六色的灯光就映照在被积雪覆盖的屋檐上。沿街而下，漆成亮红色和亮黄色的有轨电车取代了上个世纪那些黄褐色和蓝灰色的马车。售票员用钟声给司机发出信号，而后司机将一只硕大的铜铃摇得叮当作响，以通知行人避让。一到夏天，这片空旷的平台就成了骑马的好去处。

穿着名为"拉普蒂"（lapti）的桦树皮皮鞋的年轻人用篙子撑着满载薪柴或砖块的驳船，沿着运河行进。在波涛汹涌、泛着银色光泽的涅瓦河上，来自遥远北方的船只同一些游轮混杂在一起，驶向芬兰湾。有时皇家游艇"军旗号"（Shtandart）会停靠在通风条件良好的冬宫附近的堤岸上。这艘船在当时是暗红色的，常常空着没人，见不到灯光，因为皇后亚历山德拉非常不愿意住在这里。

涅夫斯基大街上，屹立着特列乌曼家的文具店，以及3家影院（分别名为帕里夏那、索莱伊和皮卡迪利），引座员戴着扑粉的假发。玩具店里出售一种名为"美国居民"的玩具：一些玻璃小人在装满五彩液体的玻璃筒内上上下下，用以模仿新世界摩天大楼的电梯及上班时的光景。圣彼得堡曾限制过（现在仍然如此）市内建筑的高度，这使得它成了一座"远景之城"，市内多是5层高的无电梯大楼。最为引人注目的现代建筑于1913年在涅夫斯基大街落成，它的名字叫胜家大楼（俄罗斯人称其为辛格尔大楼），是胜家缝纫机公司的总部，也是美国驻俄使馆的卫星办公楼，这座生气勃勃、光滑锃亮的古铜色曲线形建筑体现了建筑学新艺术派的本质——形式大于功用。

报童们高声叫喊着最新新闻的标题。浓烟从砖砌的火炉、厨房的炉灶、工厂和汽船的烟囱内袅袅升起，随风飘过街道和屋顶。在每一户人家、每一间办公室和每一辆有轨电车上，都搁着一把俄式茶壶，不断有人朝火炉内添加木柴或煤炭，让壶内的水保持热度用来泡茶。尽管听起来很不可思议，"成千上万匹马儿散发出的热气飘到行人的身上，使得这座城市的空气显得不那么'官方气'……不那么冷冰冰。"一部回忆录写道。[10]

在宏伟的蓝色马林斯基剧院内，舞蹈家玛蒂尔达·克舍欣斯卡娅（Mathilde Kschessinska）——她是沙皇的前情人——"会飞到舞台上，满身钻石，珠光宝气"[11]。某种程度上看，台下也一样，"一排排坐着的妇女摇动着扇子，试图将低领装上的钻石弄得闪闪发光"。

战前那些年，俄国社会流行晚归之风；有人回忆：当时的人们最早也要在卡巴莱餐厅①待到凌晨3点才回家，不管在雪橇上等着

---

① 指那些有歌舞表演的餐厅。

自己的私人雪橇驾驶员,任由他们在寒冷刺骨的冬夜里自行保暖。①
一家名为"流浪狗"(Stray Dog)的场所备受欢迎。诗人安娜·阿赫玛托娃(Anna Akhmatova)常常在那里现身。她和她丈夫尼古拉·古米廖夫是白银时代(Silver Age)末期的诗坛领袖。在那个时代,现代主义主题在俄罗斯文学、艺术领域出现,圣彼得堡的文艺创作呈百花齐放之势。

在战前时代,乡村地区的人们同样有着充分的理由保持乐观。作物收成良好;尽职尽责的地主们以广袤庄园内的田地、村庄和村民的管理者自居。纳博科夫回忆,他曾坐在自家餐厅桌子旁,看到父亲几次三番地以平躺的姿势出现在窗外空中:父亲做出的某些决定令农民欢天喜地,所以被高高抛起。改革的目的是在未来某个时刻创造一个从未在俄罗斯存在过的富民阶层。

每逢雨季,远离田野的森林地带会飘荡着一股蘑菇的香气,"俄罗斯人的鼻孔为之扩张——一股阴暗、潮湿,混杂了充满水气的苔藓、肥沃的泥土、腐败的落叶的气味,闻之令人愉悦"[12]。

俄国上流社会成员的本国语言往往很糟,说话时靠的不是一些被用烂的词汇,就是从仆人那里学来的民俗谚语。纳博科夫和他的兄弟学习英语读写的日子要早于学习俄语读写的日子。他们被告知:

---

① 这方面尤为典型的回忆录是德米特里·S.利哈乔夫(Dmitry S. Likhachev)的作品,此人生于1907年,著有《俄罗斯的灵魂倒影》。还是个孩子的时候,他曾看到过患有血友病的皇太子经过圣彼得堡的一条街道。他于20世纪20年代被投入古拉格集中营,并在纳粹围攻列宁格勒的时候幸存了下来,最终成为俄罗斯文化史学界的领军人物。利哈乔夫晚年曾担任过鲍里斯·N.叶利钦总统(President Boris N. Yeltsin)的特别顾问。幸运的是,因机缘巧合,笔者曾在1998年对此人进行为期2天的采访。利哈乔夫于1999年去世,享年92岁。——作者注

不要和庄园里的农民厮混。"透过窗子,就可以看到包着头巾的农家女孩在花园的小道上手膝并用地除草,或是轻轻地将光影斑驳的沙子耙平;对于她们而言,如果有朝一日能为国效力,去清扫街道或发掘运河的话,那将是一件很快乐的事,但这样的欢乐时光仍远在天边。"13

在看似令人满意的和平时光下,隐藏着一层层错综复杂的不满、愤怒与疏离情绪。刚从农村出来的很多工人认为自己受到了虐待,他们加班加点,工资却很低。这个国家的非俄罗斯族人觉得自己在沙皇实施的俄罗斯化进程中遭受到了压迫,特别是波兰人和犹太人,他们遭到了接连不断的大屠杀——芬兰人乃至乌克兰人也成了受害者。好管闲事的官僚大军想在进程中横插一脚,却又处置不当,结果反而扮演了绊脚石的角色。俄罗斯在痛苦中开倒车,是个"令人毛骨悚然、惊讶不已的国度"14。激进的社会主义者梦想着用一场暴力革命来推翻现有体制,并为此孜孜不倦地奋斗着——但最具说服力的两位社会主义思想家列昂·托洛茨基和弗拉基米尔·列宁都在国外;而约瑟夫·斯大林正将大量的时间花在西伯利亚的流亡之路上。

纳博科夫的父亲——也叫弗拉基米尔——因对1905年起义的目标持赞成态度,在至今仍臭名昭著的圣彼得堡克列斯特监狱(Kresty Prison)的单身囚室内度过了3个月的时光。这位坚定的自由主义者是一份具有影响力的反对派报纸《演讲报》(*Rech*)的主编,他于1916年在国家杜马赢得了一个席位,并成了立宪民主党(Kadets)的一员。他以雄辩的姿态支持建立一个真正的立宪政体,一个民主政体,即使要实现这一点只能诉诸革命。他的儿子将在多年后被美国人激怒,后者无意间发表评论,认为苏维埃政权并不比被它取代的沙皇政权好到哪去——在苏维埃治下的列宁格勒，连一个自由主义反对党的影子都见不到。

只有激进主义者和保守主义者才明白，俄国革命可不是什么文雅之事。罗森男爵的观点与纳博科夫的祖母一致；她无法理解他父亲的作为，"她知道，他父亲作为充分领略过巨大财富带来的种种快乐的人，一旦成为一名自由主义者，就有可能将这些乐趣破坏殆尽。正如她准确预见的那样，弗拉基米尔推动革命的后果是让自己陷入赤贫境地"[15]。

战争爆发前，俄国的艺术家及数量更多的知识分子已做好了迎接其到来的准备；他们认为，它将铸就一个更新、更强大的俄国。诗人古米廖夫迫不及待地加入了骑兵团。在这之后不久，他与阿赫玛托娃之间的婚姻破裂了。

战争令俄罗斯最糟糕的一面暴露无遗：统治阶层固执而愚蠢，对士兵和臣民们的福祉漠不关心；它昏聩无能，做出的决策糟糕透顶，结果在战场上连遭败绩。

俄国人的士气一落千丈，意志消沉。在城市，粮食开始出现短缺，因为农民们都被征去当兵了，而且铁路系统由于疏于管理、超负荷运转、缺乏长远规划而彻底陷入混乱之中。彼得格勒①挤满了从波罗的海战区逃难而来的民众。现在士兵们可以免费乘坐电车了，他们将正在褪色的、红黄相间的电车塞得满满当当，以至于车厢内几乎再也塞不下一个人了。一些乘客紧紧攥着将狭小、破旧的车厢

---

① 它在1914年被重新命名，新名字多了几分俄罗斯风味，少了几分德国风味。——作者注

两两相连的粗电缆（"腊肠"[16]）。昔日光鲜亮丽的城市如今变得一片灰暗。

白银时代的诗人有半数都逃难去了。先前在古米廖夫帮助下，一个名为"阿克梅派"的组织得以建立，奥西普·曼德尔施塔姆（Osip Mandelstam）是这个组织的成员之一，此人可能与阿赫玛托娃有暧昧不清的关系，后者声称他们是亲密的友谊关系。如今阿克梅派和达达主义派诗人都渴望着逃离战火。他们开始聚集在位于高加索南部的格鲁吉亚首府第比利斯。阿赫玛托娃则留了下来。她不再书写过于矫揉造作的诗篇，而是精心创作了一首为全体遭受战争创伤的俄罗斯人发声的作品。

到了1916年，这场战争每天要消耗掉俄罗斯4 000万卢布。[17]这个国家超过四分之一的高炉被迫关闭，原因是交通崩溃了。铁路近乎瘫痪，煤炭不再被需要，它们堆积如山，而且越积越高。俄国铁路在车厢和火车头方面的缺口至少分别达到8万个和2 000个。

国家杜马的自由派政治家与罗森一样，陷入绝望中，但双方的观点截然相反。自由派不认为发动战争是错的，而是将责任归于沙皇政府，这个可悲的政府能力不足，无力控制战争的走向。立宪民主党的成员瓦西里·马克拉科夫（Vasily Maklakov）将俄罗斯比作一辆汽车，认为这辆车正七歪八扭地沿着山路向下行驶，而驾驶它的偏偏是个拙劣无能的司机。他声称，与被动期待局势好转相比，试图夺取车辆控制权的做法似乎更危险一些。[18]1916年11月，自由派领袖帕维尔·米留可夫（Pavel Milyukov）在国家杜马发表了一场令人痛苦的演说，他历数俄国在战争中遭受的挫折和逆转，而后问道：这样做愚蠢吗？这样做是在背叛国家吗？[19]这场演讲引发了轰动。就连罗曼诺夫家族的一些高级成员也认真听取了要求改革的呼声。

保守派国家杜马议员亚历山大·古契科夫（Alexander Guchkov）同其他人冒冒失失地开始讨论起发动一场宫廷政变的必要性来。他们想限制，或者干脆夺走沙皇的权力。他们的目的不是退出战争，而是将它推向高潮。他们意识到，满是农村征召人员的士兵队伍是不太可能掉转枪口反对本国君主的。但如今充斥着前市民的军官团就不会被狭隘的军事思想牵着鼻子走，他们将很乐意为这个国家谋求福利。

但国家杜马是没有权力的。"我们只能用空口白话来充当硬通货了。"米留可夫承认。一些人不得不采取行动。国家杜马领袖拒绝主动出击。亲王和左翼分子亦是如此，后者认为他们想要的那种革命的时机尚未成熟。

"革命气氛已然存在，人们对此议论纷纷，但无人展现自己坚定的意志。阴谋的中心不过是些闲谈的沙龙而已。"失望的自由主义者 A. F. 伊久莫夫（A. F. Iziumov）写道。[20]

"在盲目、任性、愚蠢的国家领袖们的劝阻下，"一名英国通讯记者写道，"俄罗斯的厌战情绪还不算太重。"[21] 富人雇用了更多的仆人，而这些人的工作只是替主人在面包店和食品店排队。为了预防投机行为，政府禁止在无许可的情况下将一个行省的粮食运往另一行省，这导致食品短缺现象进一步恶化。被驱往前线充作军队口粮的家畜有三分之二于途中倒毙。坏血病（维生素 C 缺乏病）在士兵群体中盛行。

一条裸麦面包的价格从 2 戈比上涨到 17 戈比，一磅（1 磅约合 0.45 千克）土豆的价格从 8 戈比上涨到 80 戈比。俄罗斯已停止出口粮食——它一度是外贸收入的主要来源——但国内情况依旧没有多少好转。它还停止进口煤炭，因而木柴被专用于各家工厂，这样一来，彼得格勒的私宅、公寓的火炉就无柴可烧了。然而，当城市居民愈发饥寒交迫的时候，他们不可避免地注意到在街道上奔驰的汽车似乎变得愈发豪华了。关于有人投机倒把、牟取暴利的谣言开始到处流传，尽管这些消息根本无法得到证实。罢工在各家工坊蔓延开来。到了1917年初，人们普遍认为势必要发生点什么了。

第 4 章

"你们这帮家伙要蹲大牢了"

在一个名为新亚历山德罗（Novo Alexandrovsk）的地方的政府食堂内，H. L. 门肯抓起几根肝泥香肠，塞进自己的口袋里。此时的他正身处立陶宛维尔纽斯的外围，他来到这里后，一直在造访德国的东部边境。俄国人驻扎在无人区的另一头。

《时髦人士》这份杂志已有规定，不得刊登有关 1914 年起的欧洲战事的文章，而编辑门肯已申请休假，这样他就可以去给自己的老东家《巴尔的摩太阳报》当一名战地记者。[1] 他是德国人的后裔，因而在情感上完全倒向同盟国。他在和平时期曾去过德国两次，如今年已 36 岁的他想去见识一下这场战争究竟是什么样的。这是个沉闷而严肃的使命，当他目睹德国已破败到何等程度时，他大吃一惊。这个国家同样天寒地冻，而且食物极为稀缺。

门肯使用欺骗手段，满足了自己前往前线的愿望，但他的所见所闻算不上丰富，也没有产生太过强烈的将这段旅程付诸笔端的念头。如今他正掉头折返柏林。"一场沉闷、凄凉之旅。"他在自己的日记里匆匆写道——但随后他就用充满深情的笔调，描写自己帮助德国飞行员消耗法国香槟和英国黑啤酒（这是他们的日常口粮）的事。[2]"它们都是偷来的商品，因此喝起来格外爽口。"[3] 当他不在战壕内的时候，他就待在一栋木屋里，这是俄国战俘为军官建造的。一家军队屠宰场制作的德国香肠比他在商店里见到的任何一种香肠都要好，他多拿了几根，打算送给自己的同事——他们都隶属一个小型美国战地记者团。

1月31日深夜，"筋疲力尽，冻得半僵，还患着风湿"[4]的门肯回到了自己位于柏林阿德隆酒店的房间。翌日早晨醒来后，他步行前往林登大道的一间办公室，前去探望《芝加哥每日新闻》（*Chicago Daily News*）的雷蒙德·斯温（Raymond Swing）。门肯前往立陶宛的时候，曾向斯温借了一件厚重的大衣和几件皮裹腿，现在他把这些东西还给斯温，顺便给他带去一根肝泥香肠。他发现斯温在"操作一台打字机"。一条重大新闻就要出炉了。"收拾好你的行李！"斯温嚷道，"一切都完了。"

尽管门肯称自己德语非常差，但他还是看懂了，《日报》（*Tageblatt*）头版顶部的横版标题正是他"期待已久的，将这个动荡不安的世界搅得更加混乱的宣战公告：Verkündung des uneingeschränkten U-Boot-Krieges!"这句话的意思是：无限制U型潜艇战开始！"德国人过去曾用'rücksichtlos'（不计后果的）一词来形容这次作战，而后的用词变成了'vershärften'（更为严厉的），如今变成了'uneingeschränkten'：在不受约束、无限制、高效而随意、不需教会批准的情况下，打倒、驱逐敌人。但不管他们用什么样的词汇来给这次行动定性，行动本身依然在继续。另外，如果我没猜错，这次行动将招致巨大的灾难。"

德国人重新采用他们在"卢西塔尼亚号"事件之前的政策，宣布大西洋的不列颠、法兰西海洋沿线及地中海大片海域内的一切船只都是德方潜艇的合法攻击目标。门肯（此时他已从参观前线之旅带来的劳顿中恢复过来）认为，这势必会将美国卷入战争，或早或晚。"我看得出，已经没有其他路可走了。"他在日记里写道，"照会、抗议、承诺和道义规劝的日子就此到头。如今只剩下硬碰硬的战斗了。"

其他记者的态度没有那么肯定，一些人甚至乐观地认为：德国人的做法能够加快战争的结束。门肯怀疑自己最终会沦落到平民收容所里。他动身前往位于威廉街（Wilhelmstrasse）的德国外交部，并在那里找到了负责同外国记者打交道的新闻发布官——大家都只知道他叫勒迪格博士（Dr. Roediger）。此人毕业于牛津大学，脸蛋刮得干干净净。他那间乱糟糟的办公室的大门没有一天不被美国记者叩得砰砰作响。这些人前来寻求消息、帮助（如何应付官样文章）、建议和安慰。

"你们在期待些什么？"门肯问他。

"期待？我们不期待什么。我们只是在等待而已。"勒迪格答道。

德国人的战略计划是由本国军事领袖保罗·冯·兴登堡（Paul von Hindenburg）和埃里希·鲁登道夫（Erich Ludendorff）推行的，建立在直接评估的基础上：由于英国人的封锁给德国带来了持续的且很严重的物资短缺，因此重启无限制潜艇战可令英国陷入饥馑之中，并迫使它求和；法国和俄国无疑将步英国的后尘。这样做要冒着与美国和其他中立国家开战的风险，但美国陆军兵力单薄，海军也好不了多少，所以德国人决定赌上一把，在美国给他们制造麻烦前逼迫英国退出战争。德国人认为，这一计划的打击对象是英国，而非美国。他们并没有特别针对美国的意思。一些官员声称：他们希望美国人也能这么看，并继续保持中立。但德国人并不盲目，他们懂得自己在冒什么样的风险；他们只是认为赌上这一把也是合理的。

外交部对此持反对意见，但在辩论中败下阵来。确切地说，此事并不算什么秘密，早在1月2日的时候，兰辛就将一份警告转达给威尔逊：德国人有可能发动新一轮"不计后果"的潜艇战。[5] 之后的情报甚至准确提供了德国人的时间规划。1月下旬，在帝国国会进行的辩论中，潜艇战议案被提了出来。尽管当时并未公布，但相关决议制定时间为1月的第三周（此时门肯正在前线采访），也就是在威尔逊尚未提出和平议案的时候。在声明发布前，伯恩斯托夫和豪斯在纽约再度会面。这一次，德国人的态度明显变得强硬起来。大使告知豪斯：德国人坚持立即实现和平，否则问题就将被拖延到秋季。[6] 豪斯则声称协约国在秋季前对和平谈判毫无兴趣，因为他们不相信德国还能挨过一个冬天。伯恩斯托夫警告说，德国将在春季重启潜艇战，但豪斯明白，德国人的目标是协约国船只，他们自始至终都是这样干的。

伯恩斯托夫仍然希望能够避免最坏的结局，他在给身在柏林的外交部长阿瑟·齐默尔曼（Arthur Zimmermann）的信中称："如果我们现在毫不迟疑地发动潜艇战的话，美国总统将会认为自己遭到了侮辱，那么同美国的战争将不可避免……在我看来，这样战争何时结束就无法预料了，因为美国的实力和资源是极为雄厚的——尽管有很多理由可以反驳我的观点，但事实就是如此。"[7]

伯恩斯托夫还认为，从另一方面来看，如果德国接受了威尔逊的提议，但因协约国的固执己见而导致和谈未能取得任何成果的话，那么美国考虑同德国开战的可能性就很小了。

柏林方面于1月27日收到伯恩斯托夫的照会。3天后,齐默尔曼召见了美国驻德大使詹姆斯·杰勒德,将U型潜艇战计划告知。齐默尔曼称,外交部已经警告过,不要实施这一计划,但陆军和海军人士则认为这是德国最后的机会——这个国家已经没有能力再撑一年了。

杰勒德在提交给兰辛的备忘录中记录了这次会谈,并附上自己的评论:"毫无疑问,德国认为美国人是一个富有多金、毫无荣誉感的民族。他们觉得我们已经准备为置身事外不惜一切代价了……德国人认为,总统纯粹是出于恐惧才进行和平调解的,他们的报纸也是如此评论的。"[8]

公开声明于2月1日发表。那天早上,在华盛顿,豪斯上校前往白宫,同威尔逊共进早餐。"总统的情绪悲伤而沮丧……我们曾有充分的理由相信,各交战国在一个月内就会展开和平对话……总统说,他感觉就像世界突然倒转过来一般……总统坚持认为,只要可以避免,他绝不允许美国被引向战争。他再三重申,在他看来,倘若美国卷入战争,以至于欧洲局势从此变得不可挽回的话,那就是一种犯罪。在提到德国人时,他说他们'是一群必须加以约束的疯子'。我问他:我们光要求协约国约束德国,自己却不肯分担责任,你觉得这样对他们公平吗?对此,他显然不敢回应。"[9]

威尔逊极度心烦意乱,根本没有心情打高尔夫,因此他与豪斯打了几局台球。在翌日(周五)的内阁会议上,兰辛直言不讳,宣称对于协约国和民主主义小国而言,最好的结果是团结起来,击败德国军国主义。威尔逊的发言令参会的一些人感到震惊。"对于这一点,我还不敢十分肯定。"他说。[10] 也许战争以平局收场,才会更公平。

两天后,威尔逊决定同德国断交,并将伯恩斯托夫驱逐。这就意味着杰勒德也得回美国去,而门肯和其他美国人则不得不考虑该如何应对目前的局势。一名新闻记者若想成功,必须天生就拥有击败竞争对手的强烈欲望,但当他身处海外时,这种欲望往往会淡化。战时的德国局势紧张,而且可能愈来愈紧张,在这种环境下,竞争意识会完全消失。记者们彼此交换意见——是留下来,还是离开?如果他们选择离开的话,那该走哪条路?门肯喜欢柏林,对德国人的立场也持支持态度,但他毕竟是个美国人,在这里过得也不算太开心。

"这里冷得异乎寻常,"他在2月1日写道,"步行赶赴林登大道无疑是件痛苦的事。军人、学童、老人、妇女,甚至小姑娘都在清理着冻雪。"[11] 他步履蹒跚地穿过"冰封、阴郁"[12]的城市,大部分时候他都打不到车。煤炭供应不足,马车也是如此,当局决定对柏林居民开放铁路站场,他们可以把想拿的东西统统带回家去。这座城市先前"充斥着俗丽的夜生活,如今安静得和蓝色波士顿一样"。咖啡馆仍在营业,但那里的食物让人提不起胃口。到了晚上,他看到"依旧是那么一群人,依旧是那么麻木不仁,依旧冷心铁血地要享受有所限制的娱乐活动——有无战争对他们来说没有区别"。[13] 动物园的大象被征到街上拉雪橇。电梯停止运行,不过幸运的是,柏林最高的建筑只有6层。门肯又做了一次对比:"柏林曾是一座干净整洁的城市,如今脏得和费城一样。"[14]

与圣彼得堡一样,战前的柏林是一座壮观华丽的帝国橱窗。这座城市拥有宽敞的大街、引人注目的广场，十分繁荣。柏林的另一特征亦与俄国首都、巴黎以及华盛顿相同：对市内建筑的高度有所限制。这使得柏林的屋顶处于同一水平线上。公寓住宅围成的庭院要么铺着石板，要么有一至两条鹅卵石路。生于1892年的评论家瓦尔特·本杰明（Walter Benjamin）日后回忆，未经装饰的朴实庭院承载着柏林市民的日常生活。他在回忆录中写道，自己是听着沉闷而有节奏的列车行进声，和自家窗下的拍打地毯声长大的。[15]

战争爆发前，装有配备强力弹簧的厚重转门的巨大室内食品市场拥有一种奇特的魅力。"当你盯着这里看的时候，你的目光首先会落到那些石板上，它们被鱼身上滴下来的水或泔水弄得黏糊糊的，走在上面的人们很容易就会被胡萝卜或生菜叶弄得滑上一跤。"本杰明写道。[16] 而后，你会注意到那些坐在铁丝网隔断后面的摊贩，她们动作迟缓，如同女祭司一般，"农田和果园内出产的每一样水果，世界上每一种可食用的鸟类、鱼类和哺乳动物，她们都能提供——这些身穿结实毛衣的女巨人或通过闪亮的巨大纽扣的光芒，或利用拍击围裙时发出的啪啪声，或通过从胸腔内涌出的叹息声，来实现各个摊位之间的交流沟通"。

柏林是一座军乐之城。[17] 青年情侣的调情方式是在蒂尔加滕公园（Tiergarten）内的"丑闻巷"（Scandal Lane）中欣赏军队进行曲。这座城市的孩子们有一门必修课：在有专人指导的情况下学骑自行车。本杰明家所在社区吸引了一些同本杰明家一样家境殷实，且已被德国同化的犹太家庭的到来。那里有一条排水沟，"水缓缓地从黑咕隆咚的沟内流淌而过，好像它对人世间一切悲哀都了然于胸一般"[18]。

然而，战争尽管离柏林很遥远，却已掘开了虚假的表象。食物是许多人唯一的念想，但它的配给却受到了严格限制。[19]当你可以得到一些面粉的时候，你还必须得把里面的虫子筛掉。提供土豆、猪油和果酱的黑市经营得红红火火（那里一直都能买到鱼）。商店的货架上有人造黄油、鸡蛋和糖果。"新德国是一个瘦子王国。"门肯写道。[20]到了1917年春，这座城市的垃圾回收效率变得愈来愈低下，而排水设备已经开始生锈。同彼得格勒一样，柏林的有轨电车也经常被请假回家的军人挤得水泄不通，而同他们紧挨在一起的市民则不得不把心悬在嗓子眼里，生怕这些人从前线带回的虱子跑到自己身上。在服装面料的成分中，羊毛和纸之比为1：2。一位来自波士顿的年轻音乐系学生注意到人们在盯着她的美国鞋子看。[21]柏林人的恬淡寡欲给门肯留下了深刻印象，但他们的精神也已经到了崩溃边缘，他们与商店店员、电车售票员之间，或他们自己之间，会突然爆发争吵。

市政当局试图以提高效率为借口，劝说市民去公共食堂用餐，不要自家开伙。这样做的原理是可以更为充分地利用可用的食材，并节约柏林市民搜寻食品与在家做饭的时间。这种苏维埃式的创意是超前于时代的。但没人把它太当一回事。门肯认为："这一政策将使德国变成彻头彻尾的社会主义国家。"[22]

当然，有时人们也会享受到淡淡的快乐，由于到处凄风冷雨，这种感觉便愈发令人愉悦。一天，门肯看到林登大道的一扇商店橱窗内陈列着一束兰花，据门肯统计有18个人聚集在那里，惊讶地望着它。一天晚上，他顺道前往大都会剧院（Metropol Theater），想看看自己是否能赶上轻歌剧《吉卜赛公主》（*Die Czardasfürstin*）。"剧院内人头攒动，笑声阵阵……当我赶到那里的时候，票已售罄，但大厅内有个士兵将自己用不上的票以1马克的价格卖给了我。他是个实在人。让我们祝愿他能免受弹片的伤害。"[23]

门肯一次又一次地为平静表象所打动。面对即将同美国开战的事实，柏林人既不恐慌，也不兴奋，更没有流露出兴高采烈的情绪。"公众对这场危机委实没多大兴趣……在柏林的300个美国人比300万个德国人要兴奋得多。德国人沉默、庄重有礼到了几近过犹不及的程度。我在城里晃来晃去，四处展示那口蹩脚的德语，只要我一开口，我的国籍立马暴露无遗，但从未有人对我说过一个无礼的字眼。"[24]

柏林城内从未出现过飘扬的旗帜。[25] 荒芜的蒂尔加滕公园内也没有了丝竹之声，因为再也没有人对爱国进行曲感兴趣了。

在新一轮潜艇战计划公布的第二天，报纸上发表了一份由冯·兴登堡做出的声明，声明中明明白白地暗示：可能会有更多国家加入对德作战。"我们的战线固若金汤，毫无弱点，"声明中宣称，"我们已经在每个地段都布置了必要的预备队。我军士气稳如泰山，不可动摇。战场上的总体局势即是如此，因此无论无限制潜艇战的结局如何，我们都能安然接受。U型潜艇战可以给敌人造成最为严重的损失，因此我们必须立即开始行动。"[26]

大部分报纸都将这份声明放在内页，而非头版。"报纸引领舆论，公众随声附和。外交部的一点点散碎言论，传到外面就成了它客客气气地希望——显然并非出自真心——美国能接受这一新计划，并在英国被击溃时保持中立。"[27]

门肯四处联系军、政官员，想从他们那里得知德国人发动潜艇战的理由。（他将自己搜集到的信息统统发表在《巴尔的摩太阳报》

的 13 篇连载上。连载时间从 3 月 10 日起，至 3 月 22 日止，此时美国的反德情绪变得尤为猛烈。门肯不得不等到自己离开欧洲后才将这些长篇报道用电报发送出去，原因在于所有通过跨大西洋电缆传输的信号都要经过德国人的审查，在取道荷兰或另一中立国家抵达伦敦后，还需接受英国人的审查。驻柏林通讯记者通常都会遵守审查制度，他们会托付信差，将自己的作品经海路送往美国。偶尔遇到大新闻时，他们会向德国人支付过分高昂的费用，用无线电来发送稿子。)他的采访对象都用逻辑、理性的词汇来表达自己的分析，没人咆哮，也没人愤怒。

采访的第一天中午，门肯顺道前往外交部军事事务局（the Military Bureau of the Foreign Office），拜访了冯·普勒滕贝格男爵（Rittmeister Freiherr von Plettenberg），此人负责应付打探军情的记者。普勒滕贝格在北德劳埃德航运公司设在新泽西霍博肯（Hoboken）的船埠工作过多年，能说一口流利的美式英语。

普勒滕贝格告诉门肯，如今德国已无法回头，只能将战火引向英国。"的确，"普勒滕贝格说，"这可能导致美国参战，实乃憾事，但我们别无选择。"[28] 他点燃了一支香烟，并为自己的客人倒了些威士忌。"也许美国会理解我们的立场，毕竟，我们并不想伤害美国人的感情。希望美国能在我们对付英国的时候置身事外，这是我们唯一的要求。"

其他官员的说法与普勒滕贝格一模一样。"很难准确描述他们的心境，"他写道，"我觉得其中掺杂着一定的焦虑成分，因为他们都意识到，自己正站在一个十字路口上，但他们没能找到路。他们养成了坚忍、沉着、冷静的性格。空气中布满了电离子，却并未擦出火花。"

外交部位于威廉街的一栋古老而破旧的谷仓内，其显著特征为"散发着一股令人昏昏欲睡的啤酒味"[29]。访客先得摁响门铃，获准入内后，他们将踏进铺着石板的门廊。走上一段楼梯后，呈现在他们眼前的是一条黑洞洞的走廊。走廊的尽头是一间小小的休息室，内有一个瓷炉、一张脏兮兮的沙发和一个盛着一些发黄饮用水的玻璃水瓶。接待工作由两名"极度威严"的报信人负责。

门肯与外交部的官员蒂尔交流了一番，后者被门肯描述为外交部唯一一个真正了解美国和美国人思考方式的人。此时蒂尔正在整理行装，他的专长显然再也派不上用场，再也没有市场了。

蒂尔告诉门肯："新一轮潜艇战是早日实现和平的唯一手段。"[30] 他认为德国人在去年12月提出的和平建议是真诚的，给出的条件也并不过分。但协约国不仅予以回绝，还以任何一个国家都无法忍受的无礼行径作为回应。"如今我们认命了。正如人们所说，这场战争一定要决出胜负——我们非常希望最终胜利属于我们。"

蒂尔称，如果美国加入战局的话，他会觉得很遗憾，但这一状况似乎是不可避免。"事实上，美国长期以来一直站在我们的敌人那边，它给我们造成的损失已经超过了大多数敌国。至少对我来说，美国参战似乎是件非常自然的事。一个国家的同情心与该国的利益是一致的，而让英国掌控制海权正符合美国的利益。"

他还说，德国人已经没有其他选择，只能给英国及其盟国施以尽可能沉重的打击。蒂尔认为美国仍可保持中立。

"我们不曾与美国人民发生冲突，也不想伤害他们，"他说，"我们对他们的唯一要求是不要再向我们的头号敌人提供积极援助。"蒂尔称，倘若美国真的决定宣战，那他们要花上6个月的时间来完成对德进行有效打击的准备工作，德国可以趁这段时间实施对英作战计划。

那接下来呢？门肯问道。德国将被迫同美国开战，后者有能力组建一支 500 万人的军队。

"的确如此，"蒂尔答道，"但美国要如何将这些军队投放到欧洲呢？"

一位德国官员是这样为 U 型潜艇战计划辩护的：他声称，如果将这场战争比作一场拳击赛的话，那美国就是裁判员，它所做出的每一个裁决都对德国不利。如今英国从背后勒住了德国的喉咙，但"裁判员"没有判定英国犯规，而是给予它事实上的帮助。"很好，这样一来我们只有一个选择了，而我们也照办了。那就是用拳头狠击对手腰部以下部位。①" 31

然而，并非所有人都认同这一观点。一位海军军官告诉门肯："新一轮 U 型潜艇战计划的麻烦在于，人们对它寄予了太大的希望。德国人可能希望能在 6 个月内肃清英国商船队。他们可能要失望了。假使一天有 40 艘船从某座海港内驶出，我们能击沉一艘就算走运了。让英国人挨饿是很难办到的——或许就像让德国人挨饿一样，简直就是天方夜谭。" 32

门肯日记以及发表于当年 3 月的《巴尔的摩太阳报》上的那些资料的惊人之处在于，它们实在是太直白了。时至今日，人们记忆中的门肯是个快乐、嘴毒、气量狭小的人，是 20 世纪 20 年代的新闻业英雄，他提倡破除旧习、痛斥私刑行为，但有时也会把黑人和犹太人说成令人烦恼的群体。（公众已经淡忘了他的文学评论家

---

① 这一招在拳击赛中属犯规行为，德国官员的意思是以牙还牙，以不正当手段应对不正当手段。

兼英语语言学者身份。）他最好的作品都有翔实的观察做基础，但也不乏炫耀卖弄的成分。他喜欢玩文字游戏，有时世界上没有人比他更像游戏人间的纳博科夫——或者说，是纳博科夫像他。然而，若与某些行文风格天马行空的作家相比的话，门肯的日记算是非常克制的。就好像他想确保自己的作品能准确无误地反映当时柏林的情况，而不仅仅是 H. L. 门肯在柏林的情况一般。

在美国同德国断交的第二天，门肯与一位记者同行在阿德隆酒店共进午餐，后者已经在柏林待了多年。这位记者告诉他，如果两国扮演的角色颠倒过来的话，"你可以轻而易举地猜想到，美国将一片哗然"[33]，但德国却依旧平静，而且未来还将继续平静下去。这并不是因为德国人缺乏智慧，"而是因为他们已经被折腾得没脾气了。所有可以想象到的瞠目之事、震惊之事、骇人之事，他们都经历过了。他们的感官处于疲倦状态……淡泊世事成了德国人的一种民族哲学，宣泄情绪则为人所嫌恶。"

门肯延续了这一观点。"德国依旧平静到出奇的地步。人们从未举行过一场反美游行。他们表现得实在是太温文有礼了，以至于有人几乎开始认为他们根本不知道两国断交的事。显而易见的是，在纽约时而见诸报端的骚动和游行，在这里连一点点征兆都不曾出现过。街上看不到飘扬的旗帜，也见不到游行的人群。"[34]

门肯将注意力转向某个自己特别感兴趣的目标。"罗斯福的情绪爆发完全在意料之中。社会氛围无疑已沸腾了起来。"[35]他如是说。几天后他又写道："罗斯福自愿出任少将一职的新闻令各家报社兴奋不已。一家报纸于当晚刊载了一首长诗，描述了德军在知悉这一消息后瑟瑟发抖的情景。"[36]

美国人可以操着英语在德国街头闲庭信步，没人会注意或非难他们。报纸上很自然地出现了一些将矛头直指华盛顿或华尔街的讽刺文章。《福斯报》(Vossische Zeitung)发表了一篇关于"美国式理想主义"[37]的长文,该文以高人一等的语调驳斥了威尔逊,说他已被爱默生式陈词滥调毒害。《福斯报》的另一篇文章的主题为"美元政治"[38],它声称华尔街担心自己提供给英国的贷款白白丧失。"威尔逊先生偏袒英国的做法已经在德国人的记忆里留下了不可磨灭的烙印。"《柏林日报》写道。[39]

当威尔逊同德国断交时,他声称已经不需要再有下一步动作了;罗斯福随即表示反对,他认为美国应当趁此机会,狠狠修理德国一顿。[40]门肯尽管并不希望美、德两国兵戎相见,但他确信,战争即使不在几天内,也会在几个星期内爆发。但威尔逊是认真的,或者说在罗斯福看来,威尔逊打算把时机白白放走。到了2月8日,事态开始变得明显起来:美国并不打算参战。此时《福斯报》发表了一篇文章,题为"威尔逊的消极战争"。

2月4日,外交部长齐默尔曼接见了一批美国记者,"他表现得极为激动,用拳头将桌子捶得砰砰作响,并宣称华盛顿的行动令他极为震惊",门肯写道,当时他并不在场。"即便如此,记者们离去时都觉得齐默尔曼只是在逢场作戏而已。"[41]"这个高大粗壮,拳头粗得像火腿一样的家伙"向记者致谢,并同他们一一握手。平民出身的齐默尔曼当时正在将旧式的容克阶层①从外交部清除出去,但门肯并不觉得那里的氛围有什么太大的不同。齐默尔曼同他的前任一样,"其特点为对外国人的思维方式极度无知,对外国人的偏见极不关心"。

---

① 普鲁士贵族地主阶级。德意志1848年革命后,长期垄断军政要职。

2月的头10天对于在柏林的美国人来说，是一段忐忑、焦虑的日子。两国一断交，伯恩斯托夫就无法利用外交电缆同柏林联络了，德国人声称他们无法得知他那里究竟发生了些什么。杰勒德同样与国务院断了联系，也收不到指令了。谣言在柏林流传：美国人正在没收德国人的资产，并将德国公民投入监狱。在尚未确定美国形势的时候，德国政府不愿放杰勒德及其随员离开，也不会将护照发给他们。杰勒德一度被告知他可以离开，但记者们必须留下，他们实际上被当作人质了。

"你们这帮家伙要蹲大牢了，"他告诉记者们，"在事情结束前，你们统统会被关押起来。"[42]

同记者会谈时，杰勒德显得轻松自在，尽管他几乎无法掩饰对其中几人的嫌恶之情。偶尔会有前来拜访杰勒德的德国记者加入其中，杰勒德的态度让他们解除了心防。他是外交官中最不拘泥于礼节的一个，他也已厌倦了德国。在两年半的大使生涯里，他一直在关照英国的在德利益，拥挤不堪的大使馆中的舞厅内堆叠着一纸箱一纸箱的英国书籍和报纸，如今这些物事即将被转交给瑞士人，而美国人的善后事宜则交给西班牙人来处理。如今大使馆天天被美国人挤得水泄不通，这些人想拿到护照，好离开德国；他们或怒气冲冲，或百无聊赖，或痛苦不已。"他是个很有钱的人，已经彻底跻身所谓的上流社会了，但他的演说和姿态表明，他是个坦慕尼派政治领袖，"门肯在描述杰勒德时称，"他经常在不经意间说起俚语来……他对德国人的憎恶显然是永无止境的。他指责他们犯下各式各样的

暴行。"① 43

当记者们还在争论他们该怎么办的时候,又一个问题已经摆在了门肯面前:按照他在参观前线时订立的协议条款,他在8周之内,或者说在3月25日之前不得离开德国。"即使我接触了某个军事机密,我也根本看不懂。"他指出。44 外交部的人对此也表示赞同,但规定就是规定。

门肯于1月中旬抵达,当时他是搭乘一艘丹麦轮船横跨大西洋的,那艘船将他载到了哥本哈根。他注意到,丹麦尽管是中立方,但同样担心自己可能会被拖入战争,因而沿着丹德边境线一路挖掘堑壕。如今原路返回已不可能,因为面对U型潜艇的威胁,丹麦已将本国船只尽数召回港内。他觉得横穿俄罗斯,而后自海路越过大西洋的想法是荒谬可笑的,尽管其他美国人都在讨论这一方案。一些记者认为无论情况如何,他们都必须留下来。但门肯已算不上全职记者了;他在懊悔之余,称自己就是个"文学家"45。继续待在这里可不是什么明智的选择。

2月9日,事情终于有了突破性进展。《纽约时报》的总编卡尔·范·安达向柏林拍去一封电报,描述了美国的状况,驳斥了德国人被扣押、财产被没收的谣言。德国当局对此表示满意,称将对使馆随员放行,他们可于次日搭乘一趟专列前往瑞士。少数记者亦可同行。10日,门肯在用午餐的时候获知,针对他的禁令已经解除,他可以离开德国了。他当即决定加入去瑞士的队伍。门肯赶紧收拾行装,整理文件,同德国告别。此时街道上的泥泞已没及脚踝。当

---

① 有趣的是,3月发行的《巴尔的摩太阳报》的连载文章中,这段关于杰勒德的描写被删去了。——作者注

晚 8 点 10 分，在几名外交部工作人员的目送下，专列驶出柏林。

在列车穿过图林根森林（Thuringian Forest）的时候，门肯可以看到一棵棵被积雪覆盖的冷杉木，在月光的映照下，它们如幽灵般模糊不清。到了早上，他们已经抵达德国南部的巴伐利亚，一座座美丽的山谷和位于山腰处的葡萄园从他们身边飞驰而过。之前门肯已数次拜访过此地，并且喜欢上了这里和这里的人，他们无拘无束，待人友好，同冷若冰霜的北德人形成了鲜明的对比。"在维尔茨堡，我们拼命寻找'Würzburger'①，但过去经常在月台出现的啤酒摊如今已无影无踪。战争改变了一切。摆在我们面前的，是一个比以前萧条得多，也可悲得多的新欧洲。列车经过一个又一个几近被废弃的车站。那里不再有端着一盘盘三明治的男孩子，不再有兜售明信片的老太太，不再有一群群为排队而争吵的农民。到处都是军人，以及军人式的严谨、军人式的冷酷和军人式的安静。"[45]

当晚 6 点 30 分，门肯在苏黎世下车。"晚餐是丰富的：有'Schweinsrippen'②和德国泡菜——高高满满的一大份，如今只是对德国的回忆了。"[46] 他并不打算在瑞士逗留下去。如今只有一条路能避开德国 U 型潜艇的活动区域，能安全可靠地渡过大西洋。门肯接下来必须前往西班牙，那里会有一艘船将他带往哈瓦那。

---

① 当地的一种风味烤肠。
② 猪肋排。

第 5 章

"我们必须在后面推啊推"

新一轮 U 型潜艇战是发动了，但第一艘被击沉的船只却是德国船。隶属德国汉萨轮船公司的"皮克胡本号"（Pickhuben）于 1890 年下水，后更名为"佐治亚号"（Georgia），在 20 世纪的头 10 年间，它一直在敖德萨（Odessa）和纽约之间航行，将成批的移民从俄国黑海港口运往美洲。[1] 这些航线运载的乘客很多（或是大部分）是犹太人。这艘船长 331 英尺①，装有一根烟囱和一个直上直下的船头。船上拥有可容纳 10 人的头等舱和可容纳 200 人的统舱。

战争爆发后，德国船主让这艘船待在一座美国港口内躲避英国皇家海军。9 个月后，也就是 1915 年 4 月，一群美国人以 85 000 美元的价格将其购下，其中几个人与德国的商船公司有联系。新船主将这艘船更名为"胡萨托尼克号"（Housatonic），并将它登记为美国船，重新作为货轮使用。

---

① 1 英尺 =12 英寸，约合 0.3048 米。

1917年1月6日,"胡萨托尼克号"从得克萨斯州的加尔维斯顿(Galveston)起航,它的第一站是弗吉尼亚州的纽波特纽斯(Newport News)。1月16日,它载着14.42万蒲式耳小麦离开弗吉尼亚,驶向大不列颠。此时,距离柏林方面宣布重启无限制潜艇战还有2周。

但"胡萨托尼克号"是一艘慢吞吞的旧船。它的最高航速也不过11节,显然要大大低于潜艇在水面上的时速。2月3日,经历了漫长的横渡大西洋北部之旅后,"胡萨托尼克号"已经在托马斯·A.恩索尔船长(Captain Thomas A. Ensor)带领下一步步驶近英国。它目前位于锡利群岛东北60海里处,只要穿过这里,就进入英国本土了。此时为周六上午10点30分。

"我们看到一艘没有悬挂旗帜的潜艇,距离船尾约250码。"恩索尔在日志中写道。(他后来又告诉记者,那艘潜艇已经跑到船只的左舷前方去了。[2])"它开了两炮,第二发炮弹紧贴着船身呼啸而过,击中了正前方的水面。我们把引擎停了下来。"

恩索尔被勒令将船证带到潜艇上,接受检查。他记录说,艇长操着一口流利的英语。他的名字叫汉斯·罗泽(Hans Rose),中尉军衔,潜艇编号为U-53。就在4个月前,罗泽还去过美国,他以锐利、有力的姿态,指挥潜艇驶入罗得岛的纽波特港口。他相貌周正、彬彬有礼,蓄着短短的髭须,长着一双蓝眼睛。他在同记者会面时,曾托其中一人将自己的一封信寄给伯恩斯托夫大使。按照当时的海战法规,他的潜艇可以在中立国港口停留不超过24小时,以补充必需的储备物资或进行维修。罗泽说他并不需要这些服务,寄信就是他的唯一使命。但他的真实目的是向美国公众展示一个事实:德国的新式U型潜艇拥有横渡大西洋——这片海洋已经不再像以前那样不可逾越,也不再是以前那道固若金汤的屏障了——的能力。离开纽波特后,罗泽的潜艇来到楠塔基特岛附近的国际水域,接下来,它击沉了5艘商船——没有一艘是美国船。在场的美国驱逐舰将乘客救起。在这之后,威尔逊向伯恩斯托夫发去一封照会,坚决要求德国制止这类在美国近海发动攻击的行为。

如今,罗泽同恩索尔面对面了。"我发现这艘船载着运往伦敦的谷物,"他对美国船长说,"所以我有义务击沉它。"

恩索尔提出"强烈"抗议。罗泽最初予以无视,后来他发话:"你的船将粮食运往我国的敌国。因此,尽管我感到很抱歉,但仍有义务将你们的船击沉。"

潜艇艇员登上"胡萨托尼克号",将他们所能找到的肥皂统统带走,在甲板下方安放了爆炸物,敲掉海水旋塞,让海水涌入,并将舱口拆掉。37名货船船员登上两艘救生艇,而后U-53号潜艇向货轮发射了一枚鱼雷。然后,罗泽命令艇员朝救生艇丢去一根拖绳,并让潜艇在水面航行。U-53号就这样拽着救生艇一路向北,朝英国驶去。约90分钟后,罗泽发现了一艘英国巡逻艇。他发射了两发甲板炮,好吸引英国军舰的注意。随后潜艇松开拖绳,潜入海中,消失不见了。恩索尔及手下船员被救起,后在彭赞斯(Penzance)登岸。

在此事的应对问题上,美国人显得犹豫不决。"胡萨托尼克号"沉入海底数小时后,在它被击沉的消息传到华盛顿前,白宫就已经宣布同德国断绝外交关系。但在相关声明中,威尔逊宣称,除非德国"明目张胆地"挑衅美国,否则美国不会参战,也不会采取进一步行动。

"胡萨托尼克号"被击沉一事似乎并未上升到"公开侵略"的

高度。没有人因此负伤或遇难。船员们得到了罗泽中尉的礼待和照顾。驻普利茅斯的美国领事判定："胡萨托尼克号"装载的小麦确实等同于战时违禁品，罗泽有权将它击沉。

2月12日，纵帆船"莱曼·M.劳号"（Lyman M. Law）——一种老式帆船——在撒丁海域被U-35号潜艇截停。[3]这艘由富有航海经验的缅因人斯蒂芬·W.麦克多诺（Stephen W. McDonough）指挥的美国船当时正将大批板材——用于制作柠檬板条箱——运往意大利，后者已加入协约国阵营，同德、奥作战。U-35号潜艇的指挥官，德国海军最有才华的潜艇艇长洛塔尔·冯·阿尔诺·德拉佩里埃（Lothar von Arnauld de la Perière）最初犹豫了一下，但随后还是判定船上的货物等同于战时违禁品。麦克多诺称自己傲然拒绝向德国人求饶。[4]美国籍船员搭乘救生艇登岸，这次事件中同样无人负伤。而"莱曼·M.劳号"则与"胡萨托尼克号"一样，遭到了被击沉的命运。

纵帆船的船主怒不可遏，但威尔逊却宣称这两起击沉船只事件均不构成"明目张胆的挑衅行为"。同西奥多·罗斯福有往来的《展望》杂志抨击威尔逊实际上是"宽恕"了德国人的击沉行为。罗斯福在信中坚称：美国的荣耀染上了擦拭不去的污点。但威尔逊只要自己还能做决定，就不愿让美国卷入战争之中，何况为了几艘又老又破的不定期货轮就互兴兵革，未免显得粗鲁而不光彩。

"在面临险境时，不论是在肉体还是在精神上，他始终无法鼓起勇气，"罗斯福在给来自马萨诸塞州的共和党参议员亨利·卡伯特·洛奇（Henry Cabot Lodge）的信中写道，"只要对方是个好勇斗狠之徒，无论受到怎样的侮辱或伤害，他都会忍气吞声。我可不信他能理解'国家骄傲'意味着什么。"[5]

专门揭发丑闻的新闻记者艾达·塔贝尔（Ida Tarbell）此时正在中西部地区旅行，她从得梅因（Des Moines）写信给豪斯上校，称自己已经与"各式各样的人物"交流过，并相信他们已经做好了在必要时候奔赴战场的准备。"他们既不感到兴奋，也不觉得不安，但一旦到了该去作战的时候，他们会毫不犹豫地拿起枪杆，就像处理自己的日常事务那样简单、自然。这件事给我留下了极为深刻的印象，也让我心情大为愉快。不管怎样，你总该明白这个国家还是可以指望的。"[6]

但值此群情激愤之际，美国人仍在思考该如何应对这几起击沉事件。没人能保证别的U型潜艇指挥官也会表现得如此绅士。这类攻击即使不至于令跨大西洋贸易航线就此中断，也会造成严重的利润损失。尽管U型潜艇不可能将海上的每一艘船都击沉，但航运公司在获得保险费方面会有麻烦。荷兰—美国、斯堪的纳维亚—美国、挪威—美国及美国近海航线的轮船均已停运，这些船上均满载着未送达的货物。瑞典—美国航线只有一班货轮，即"斯德哥尔摩号"。装载着货物、原计划发往欧洲的火车车厢被闲置在纽约和其他东海岸港口的车场里，使得当时全国范围内的车厢短缺情况雪上加霜。[7]

隶属丘纳德航运公司（the Cunard Line）的英国班轮"拉科尼亚号"（Laconia）于2月中旬离开纽约，冒着危险驶向利物浦。2月25日，德国潜艇U-50号朝它的舷侧发射了2枚鱼雷，班轮遭击沉，12人死于非命，其中包括一名美国妇女和她的女儿。这起事件被美国新闻界广为报道，尽管"拉科尼亚号"的英国船籍在一定程度上缓和了美国人的愤怒情绪，但它的沉没还是导致舆论向威尔逊进一步施压，迫使其做出回应。

麦克多诺船长曾吹嘘，如果他的"莱曼·M.劳号"上装有一门5磅重的火炮的话，他就能"像给一片面包涂上黄油那样轻而易举地"[8]击沉U-35号。到了2月26日，也就是"拉科尼亚号"沉没一天后，威尔逊要求国会通过一项授权法案，好让他可以命令美国商船自备武装。这或许只是为了让德国人知难而退。

这一提案立刻遭到反对。批评者认为武装本国商船是一种挑衅行为，很可能会加大美国卷入战争的可能性。他们宣称这样做将适得其反。其他人则吵吵嚷嚷地要求通过提案，并出言指责反对者，说他们全无爱国心。国会的任期仅余6天，因而议员们在选择自身立场前几乎没有时间来讨论议案。在美国历史上，曾多次发生过导致国内分歧尖锐化和显著化的事件，授权法案的提出就是其中之一。

对于某些人而言，两起沉船事件似乎只是微不足道的小事。大约一年前，美、墨关系最为紧张的时候，威尔逊就展示了令人钦佩的克制力，将那次本可引发一场热战的危机消弭于无形。批评家质疑：凭什么认为沉船事件的重要性比那次危机要大得多？特别是在西部，人们认为要解决这事很简单：下令让所有美国船只都避开潜艇战区域就是了。

但其他人认为这种攻击行为是对美国国家荣誉的侮辱，他们断言，如果美国什么也不做的话，只会招来变本加厉的潜艇袭击。他们还认为，这样下去，总有一天，美国人一觉醒来会发现德国人已经开进了纽约城。鹰派已对威尔逊失去信心，但就要求商船自备武装这件事而言，总统先生的态度显然比鸽派要强硬得多。

保守派议员洛奇只能将咬紧的牙关隐藏在尖尖的胡子后面。他对威尔逊的厌恶感已难以用语言形容。总有一天，他会向这位白宫教授①算账。但在 3 月 2 日的时候，他不得不接受一个令人不快的事实：他和总统是站在一起的。

"我不得不用这种办法来适应形势的需要，这真令人不舒服，但他是美国总统，因此他对我们来说是独一无二的。"洛奇在给罗斯福的一封信中写道。⁹

但到了要求通过武装商船法案的时候，威尔逊意识到一个或许重要得多的转折点如今已近在眼前。他掌握着一个受到严格保守、可能带来巨大影响的秘密。两天前，即 2 月 24 日，沃尔特·海因斯·佩奇大使从驻伦敦使馆拍来一封编号为 5747 的电报，上面标有"机密文件，呈总统与国务卿阅"¹⁰字样。佩奇在电报中写道：他已与英国外交部长阿瑟·贝尔福（Arthur Balfour）会面，后者将一封截获的电报交给了他。

电报是柏林发出的，经由德国驻华盛顿使馆送出，包含发给德国驻墨西哥大使海因里希·冯·埃克哈特（Heinrich von Eckhardt）的指示。电报上标注的日期是 1 月 19 日，它当时就被秘密破译、解读了德国发出的所有无线电报的英国情报机关截获并破译了。电报中包含有一段冯·埃克哈特准备告知墨西哥总统贝努斯蒂亚诺·卡兰萨（Venustiano Carranza）的信息。电报称，德国已经决定重新发动无限制潜艇战——威尔逊无疑会惊讶地注意到，电报是在德国公开这一决议两周前发出的——"尽管如此，我们还是得努力使美利坚合众国保持中立。万一努力宣告失败，我们就寻求与墨西哥结盟，提议结盟将遵循以下基本原则：盟国之间须并肩

---

① 威尔逊曾担任过普林斯顿大学法学及政治学教授。

作战、并肩和谈，我方应慷慨地给予墨西哥财政资助，并支持它收复得克萨斯、新墨西哥和亚利桑那失地的立场。"

"一旦同美利坚合众国之间的战争成为必然"，这一提议将递交给卡兰萨。此外，电报还建议，墨西哥可以扮演德国与已加入协约国战线的日本之间的调停者的角色，并说服东京方面反戈一击，进攻美国。

电报的署名为"97556"，这是身在柏林的德国外交部长阿瑟·齐默尔曼的代号。这封被后人称为"齐默尔曼电报"的密电在结尾指示冯·埃克哈特大使告知卡兰萨："我们的潜艇的无情行动如今有可能迫使英国在几个月内求和。"

佩奇在发给威尔逊和兰辛的电文中称，早在战争刚刚爆发的时候他就得知，英国人已经获得了德国人的通信密码副本。他们小心翼翼地将这个秘密保守到现在。"如今只是因为英国政府考虑到情况特殊，再加上对美国怀有友好感情，才向您透露了这件事。"

一连4天，威尔逊都在同人讨论该怎么做。在这种时候，他一向很珍惜同伊迪丝协商讨论的机会，但伊迪丝的姐姐于26日手术后不久便去世了，伊迪丝本人目前正心烦意乱（这是可理解的），还要忙于照料濒临崩溃的母亲。她把母亲接进白宫居住。除了对豪斯上校、年轻的白宫医师卡里·T.格雷森（Cary T. Grayson）（偶尔对其透露），总统极少在非正式谈话中对他人透露自己的想法。

他明白，只有美国加入战争，这封电报才会被交给卡兰萨；柏林方面并没有煽动墨西哥抢先进攻美国的打算。但电报披露的内容仍是令人愤慨的，同时似乎也有其合理性：早在1916年初的时候，美国就曾将联邦国民警卫队部署在美墨边境沿线，并多次进入墨西哥境内追捕革命者潘丘·维拉（Pancho Villa），后无果而终。来自纽约的第69战斗分队在那里待过一段时间，绰号"狂野比尔"的多诺万上尉就是在这个时候首次体验到了执行侦察任务的滋味。这支远征军的指挥官叫约翰·J.潘兴（John J. Pershing），是位秉性固执的将军。潘兴的妻子和女儿在一场火灾中遇难，此时的他仍沉浸在悲痛中。墨西哥人对美国的介入并不感到高兴，直到当年3月，最后两支分别来自宾夕法尼亚和北卡罗来纳的美军部队才被召回国内。

除此之外，这封电报并不完全让人感到意外。当它被公之于众的时候，至少有一部分美国官员在公开场合表达的震惊之情并非出自真心。2月5日，《华盛顿邮报》报道称，一些美国官员认为德国正试图谋求墨西哥的支持，好让它在德、美两国发生冲突时站在德国那边。当时距两国断交刚过去两天，19天后，佩奇将齐默尔曼电报发送给威尔逊。

"在过去的3天内，事态如野火一般迅速发展，外交官们予以密切关注。昨天一份显然有着可靠依据的报告在他们中间流传着，按照这份报告的说法，德国试图在墨西哥煽动更多的骚乱，这样美国要面对的就不止一场，而是两场严重的外交危机。"[11]报道在开头如是说。报道声称，司法部的特工也掌握了同样的情报。

按照这篇报道的说法，"几个月来，司法部一直在收集证据"，事实上，它已经以一些小罪名逮捕了几个人。坦皮科海港成了美国的重点关注对象。一旦骚乱在那里爆发，"美国海军将不得不派出军舰，保护定居在那里的外国人，情况就像夺取韦拉克鲁斯（Vera Cruz）时一样。如果两国公开敌对的话，至少大西洋舰队将会把用于对付德国潜艇及其他军舰的部分兵力转用于此"。

4天后，《普罗维登斯日报》报道，一批德国军官正在墨西哥聚集——据说他们中的一些人是从俄国战俘营内逃出来的，而后取道中国，再横渡太平洋抵达墨西哥。报道称，假使美德战争爆发，这些德国军官将负责指挥墨西哥人对美作战。[12]

2月19日，《纽约时报》的一名驻华盛顿记者提供了疑似德国在墨计划的更多相关细节。

"华盛顿已经得到一份情报，而一些官员显然认为这份情报是可靠的，"《纽约时报》报道称，"大批德国预备役军人已经加入卡兰萨的军队，而维拉的军队中也有少数德国籍预备役军人。有报道称加入卡兰萨军队的预备役军人人数在200至300之间，但这份报道无法得到任何官方消息的证实。"[13]

"那些已获知此事的人很清楚，一旦美国与德国之间发生战争，在卡兰萨和维拉军队服役的德国籍预备役军人将会设法让这两支彼此敌对的军队联合起来，将矛头对准美国。"

联邦特工在得克萨斯、加利福尼亚和墨西哥境内忙碌着，以查明德国人的计划。整个2月间，他们都在不停地向华盛顿发送绝密报告。后来发生的事件表明，与德国阴谋有关的传闻大大夸大了事实，但当时的美国人根本无法确认这一点。报纸读者所知道的是，几周或几个月下来，负责的华盛顿官员都有理由怀疑德国人正在策划一个与煽动墨西哥反美有关的阴谋。

此外，认为日本可能会改变阵营的想法似乎并非牵强附会。美国战略家早已预见到本国将来有可能与日本爆发冲突，一些军人则认为，日本完全可以从墨西哥长驱直入，打到美国的中心地带。

在威尔逊得知齐默尔曼电报一事的前一天，即2月23日的内阁会议上，有人提议，美国海军应护送本国商船横渡大西洋。海军部长约瑟夫斯·丹尼尔斯（Josephus Daniels）认为这样做未免太冒险。"总统声称任何可能导致美国卷入战争的举动都不符合国家意志。"[14] 几名内阁成员表示反对，威尔逊的女婿、财政部长威廉·麦卡杜也在其中，威尔逊开始斥责他们过于好战。"他觉得我们一心想把国家推入战火之中，我们无法使他摆脱这一想法，"内政部长富兰克林·奈特·莱恩认为，"为了让他向前迈出一步，我们必须在后面推啊推。"莱恩写道，威尔逊的表现与他当年进行包括设立联邦贸易委员会（the Federal Trade Commission）和关税委员会（the Tariff Commission）在内的国内改革时一模一样。"尽管他做事的结果不错，但他的动作比冰山移动还要缓慢，于是只要遇到什么非做不可的事，过程中都会闹得很不愉快。如今由于这个缘故，共和党人把他骂得狗血淋头，这或许能产生一点好的效果，尽管他可能因此变得更加顽固。"

这件事发生在周五。在该周周一，威尔逊即已召开国会联席会议，要求国会通过一项授权法案，让他在必要的时候下令武装本国的商船。他承认离国会休会已为期不远，但他觉得这项议案实在是太过紧迫，绝不能等到下届国会就职的时候再做讨论。

威尔逊在演讲中称，迄今为止发生的击沉事件并不算是"明目张胆的挑衅行为"，也不会引发美国更为激烈的反应。他强调，当美国同德国断交的时候，其他中立国家并未响应。他还认为，U型潜艇带来的威胁甚至足以让跨大西洋航运停运，这样一来，德国人的战争目标就接近达成了。他警告说，在击沉"胡萨托尼克号"和"莱曼·M.劳号"时，U型潜艇艇长表现得甚为体贴周到，但这种情形不可能一再发生。因此美国必须做好准备，以便在局势恶化时能立即采取行动。所以他才会要求国会授权于他，这样一旦他觉得必要，他就能立即武装本国商船。

"值此局势艰难之际，我们有义务保卫本国商业和人民的生命安全。我们必须慎之又慎，但必须明确自己的目标，坚定自身的意志。"威尔逊说。[15] "武装中立"或许就是他心中的答案。

"我衷心希望美国的武装部队不必再到世界上任何地方作战。这不符合美国人民的心愿，而我们的心愿与他们没有区别……我是和平女神的朋友，我想尽我的能力，把她留在美国。如今我并不考虑诉诸战争，也不打算采取任何必然引发战争的措施。"

而后，他将自己的论点升华到一个新的高度。"我们考虑的不仅仅是物质利益问题，还涉及基本人权问题，尤其是生命权问题。我所考虑的不光是美国人往来大洋两岸做正当生意的权利，还有某些更深层次的东西，这些东西比经营权重要得多。我考虑的是这样一些人权：没有了它们，文明将不复存在……我们谈论的不是自私的物质权利，而是那些我们打心眼里拥护的权利，这些权利的基础是我们对正义的崇高追求，所有法律，所有家庭、国家、人类之类的组织，都必须建立在这一追求之上，正如必须建立在我们的生存和自由这些根本基础上一样。"

因此，威尔逊所讨论的不是商船或商业问题，而是"人权问题"。他巧妙地将美国下个世纪对外政策的重要标志之一纳入演讲中的一段。人权问题——捍卫人权、维护人权、拓展人权——将成为美国的行动指南。在巴黎，将于当年晚些时候成为总理的乔治·克列孟梭（Georges Clemenceau）对威尔逊将"人权"列为其政策核心的无畏精神留下了深刻印象。[16] 他声称：我们的子孙后代绝不能忽视这种精神。在1917年及接下来的几年内，华盛顿方面多半无法做到这一点，但这种思想再也没有远离美国战略家的思想体系，即人权成为美国政策制定的终极动力，也成为白宫所奉行的任一政策的终极理由。

整整一个冬天,威尔逊一直都在遭受主战派共和党人的抨击,他们人数不多,但言辞却很激烈。如今他在参议院遭到同样由共和党领导的另一派的坚决抵制,他们不希望看到美国采取任何可能导致它卷入战争(无论是有意还是无意)的政策。威斯康星州参议员罗伯特·拉福莱特(Robert La Follette)曾于1912年为竞选共和党总统提名人而与西奥多·罗斯福争夺进步主义者的支持,结果失利。拉福莱特下定决心绝不能让威尔逊将国家拖入战火,他因而成为反战派的领袖。他在给妻子的信中写道,"威尔逊的攻击性政策将导致我们立时陷入战争的深渊",而自己的目标就是"延阻这一政策,直到危机如我所希望的那般过去、我们在神的眷顾下躲过这场可怕灾难为止"。[17]

罗斯福则称拉福莱特是"一个还没被吊死的叛国者,如果战争爆发的话,他就该上绞刑架"[18]。

威尔逊倒没有那么过激,但他对参议院的阻挠感到震惊。2月28日,当一些国会成员正在大发牢骚,抱怨政府企图利用国会即将休会之机,不经协商就匆匆通过武装商船法案的时候,威尔逊将齐默尔曼电报交给了美联社,这封电报于翌日早晨登上了美国大部分报纸的版面。

美国一片哗然。"这个国家即将被迫卷入战火,"一篇社论写道,"我们不应再抱着娱乐的心态去冒险;我们应当做点严肃的事。我们处事的态度愈严肃,结果就愈好。"[19]

翌日,《巴尔的摩太阳报》发表了一篇来自华盛顿的题为"令人震惊的阴谋"的新闻报道,报道称:"今天,各党各派的人们意识到了一些自己之前从未意识到的东西。他们发现,无论从任何意义、任何角度来看，美国如今都已处于同德国交战的状态。"[20]

然而，这一说法并非事实，威尔逊也肯定不是这么想的。法国哲学家亨利·伯格森（Henri Bergson）同威尔逊会面后，给巴黎政府发去一条信息，警告说威尔逊并不急于参战。他在信息中写道：舆论分为几派，西部地区的人们强烈要求和平。威尔逊对英国的态度很警觉：英国人首先考虑的似乎是把战争进行下去，以维持他们的商业优势，"看上去他并不急于做出保证"[21]。而总统也声称，他相信德国人已经厌倦了普鲁士式的军国主义。"恐怕我并没有使他打消这一想法。"伯格森写道。

凭着直觉，洛奇感觉到威尔逊还未做好参加战争的准备，但他也意识到电报事件提供了一个契机。"我认为这是个好机会，"他在给罗斯福的信中写道，"我们已经查明，德国人竟然在分裂我们的国家，还将我们的领土送给墨西哥，作为它的参战回报。如今我们已是理直气壮，威尔逊无法再拒绝我们的要求。"[22] 洛奇对参议院的主和派嗤之以鼻，他现在找到机会破坏他们与总统之间的关系了。

"他无意加入战局，但我觉得他正在被形势牵着鼻子走，我要尽可能地驱着他大步向前。"

第 6 章

"他们认为：革命到来之日，即是尸山血海之时"

准确地说，美国人从未成群结队地涌入俄罗斯过。它太过辽阔，太过遥远，条件也太过艰苦了。在这个国家旅行是一件令人生畏的事。俄国政府布下的陷阱无处不在。文化上的联系是将那些有着旅游意向的美国人吸引至英国、法国和意大利的因素，而在战争爆发前，他们并没有感受到这种联系。而俄罗斯在美国人的眼里不仅是个落后的国家，还是个被极度无聊的独裁政府统治的国家。当然，那里仍驻有为数不多的外交人员。而报道俄罗斯之事的记者往往只去那里稍稍转上几圈，然后就离开。几个冒险家在西伯利亚四处活动。当地最大的城市总是散布着一些美国侨民，他们在这里找到了属于自己的世界，因此无意返乡。几家美国公司在俄国建立了分公司，如胜家缝纫机公司和国际收割机公司。战争爆发后，一个美国组织设立基金，用于支援俄军的救护工作。但即使说得委婉些，这个国家也并无吸引人之处，此外，它长期对外国访客持不信任态度。到了 1917 年初，由于战争的缘故，俄国大部分领土都与外界断了联系，它成了更为令人生畏的目的地。

美国人若想前往彼得格勒，有两个选择：他们可以尝试前往中立国瑞典，而后从那里一路向北，越过瑞典与芬兰的陆上边界，芬兰当时是俄罗斯帝国境内的一个大公国。此外，他们还可以经海路横穿太平洋，抵达日本后再取道前往海参崴（今符拉迪沃斯托克）或哈尔滨，而后搭乘火车向西越过西伯利亚的漫漫长路。在最好的情况下，这段火车之旅要花上一周时间。但1917年初完全没有这种可能性。无论在哪里，都能见到赶火车的平民和为搭免费车而强行借道的军人，这些人乱作一团，毫无秩序可言。

《莱斯利周刊》的记者弗洛伦斯·麦克劳德·哈珀（Florence MacLeod Harper）选择了看似更为审慎的太平洋—西伯利亚路线。她所乘坐的俄国火车速度堪比蜗牛爬，车厢内肮脏不堪，冷得刺骨。她所在的四铺位卧铺的电灯出了故障，因而售票员交给她和同行旅客一支蜡烛。厕所的水管冻裂了，好在列车上另有一间厕所。每列车厢的尽头都有几座用于取暖的火炉，车厢通过台处高高地堆着柴火，乘客不得不从上面爬过，只有柴火耗尽的时候例外，此时车厢内的气温将跌落至零度以下。

一连几天的车程将会让你体验到西伯利亚广袤到何等不可思议的地步。铁路的大部分路段是沿着西伯利亚最南端铺设的，经过的是西伯利亚人口最为稠密、气候最为温和的区域——但毕竟还是西伯利亚。哈珀经过时正值隆冬时节,零下40华氏度(零下40摄氏度)的气温司空见惯。在各个小镇之间，森林绵延达十几、几十，乃至上百英里。穿行于这些小镇时的感觉极为类似，就像坐船穿过一片孤寂的海洋一般。身为加拿大人的哈珀构想着这么一幅画面：猎人和设陷阱的捕兽者站在遥远的山脊上，眺望着哐当哐当奋力向前的列车。而在载着俄国和外国乘客的列车上，大家混在一起，为了给自己弄到更多的空间,他们时而相互协作,时而彼此争夺,道路就这样在他们脚下延伸,一直伸向正为战火笼罩的遥远欧洲。

与俄国所有的蒸汽机车一样,哈珀所乘列车的车头以桦木为燃料,这种树木在西伯利亚乃至整个俄罗斯数不胜数。"我们宛如上帝的选民,白天在云团似的烟雾中,晚上在立柱似的火光的指引下前进。在一个孤独的眺望者看来,我们就像是从无尽头的地狱里冒出来的:数以百万计的巨大火星如同彗尾一般,拖曳在我们的身后。你完全忘却了人群熙攘之处是什么样的,也完全丧失了方向感。只有在下午的时候,当我们冲过无垠的白色平原,驶向火红的太阳时,方才意识到我们正在朝西进发。"[1]

在列车停靠的小镇,一座座温暖舒适的木屋被漆成淡粉色和淡蓝色。当列车到来时,镇民们会站在站台上迎接。妇女们售卖着黄油、一桶桶牛奶、香肠、面包、烤猪肉和烤鹅。睿智的乘客"毫不吝惜地掏钱买下"[2]。他们离欧洲越近,离战争就越近,食物的数量和质量就越差。等火车穿过乌拉尔山脉,最终进入欧洲的时候,站台上出售的面包的颜色开始发灰。一天夜里,一个车轮轴承出现过热问题,乘务员用一把杂酚油火炬照明,东拼西凑地修补了下。又有一天,一名负责给机车锅炉添加燃料的司炉厌倦了自己的工作,独自闹起了罢工。他抛下自己的岗位,离开了,从此再也没有出现过。4个小时后,列车员找到了愿意接班的人,旅程得以继续。

在晚点一天后,列车于午夜时分抵达彼得格勒。哈珀对车站的繁忙与混乱惊讶不已,下车的乘客们背负着一瓦罐一瓦罐黄油和一对对烤鹅,行李搬运工们在与人争论扯皮,一座座圣像耸立站内,一群群士兵、乞丐和扒手来来往往。饥饿疲惫的哈珀和同事们雇了两架雪橇,赶往旅馆。结果那里一个房间也没有了——在经历了一番严肃的讨价还价加哄骗后，旅馆方面到底腾出了几个小房间。几乎粒米未进的哈珀爬进了"被褥、旅行毯、皮大衣、毛衣，以及所有我能堆在床上的衣物的下面，好暖和下身子"[3]，就这样度过了她在俄国首都的第一夜。

詹姆斯·L. 小霍特林走的是瑞典路线。时年33岁的他是芝加哥一位显赫的银行家的儿子，受雇于美国商务部。他还是首次造访俄罗斯，他在日记中透露：自己在动身时本打算将这次经历作为一次消遣的。但他同时也是个感觉敏锐的人，只几个星期后，当他对俄罗斯有所了解，他早期日记中的那种傲慢语气逐渐消失了。起初，你可以从他的作品中看出，他想知道俄罗斯为何不能更像美国一点，然而，在这之后，1917年3月事件——俄罗斯历史长廊的一幅独特画卷开始朝世人展开，机智的小霍特林清清楚楚地见证了它的进程。

他于北极圈以南15英里处进入俄罗斯帝国境内。当时的气温为零下20华氏度（约零下28.9摄氏度）。他和同伴乘雪橇越过一条冰封的河流，将瑞典甩在后面，而后径直穿过一道关口，进入一座小小的海关。主事官员彬彬有礼地用英语与他们交谈，与此同时，他的下属则将他们的行李缓慢而粗略地检查了一遍。当他们在一间肮脏的食堂内喝着一杯杯茶的时候，听说了一件事：就在几天前，俄罗斯驻斯德哥尔摩使馆的一名外交信使从这条路上经过，他的一些东西引起了他人的怀疑，尽管这名信使威胁说要让主事官员丢乌纱帽，他的包裹还是遭到了搜查，一些"写给俄国农民的亲德的、革命性质的"小册子被发现了。"那个信使自然被带出去枪毙了。这种毫无意义的使命竟让一个人付出了生命的代价！"[4]

另一架雪橇将这群美国人载到了位于托尔尼奥（Tornio）的火车站。"空气中的清新味道和斜映在雪地上的阳光"[5]——即使是到了中午时分，在遥远的北方地平线上，太阳与地面之间的角度也只有20度左右——令人心情愉悦。在经过一条河流的时候，他们从一支长长的旅行队身边掠过，一支支马队拖曳着旅行队的载物雪橇，奔驰在为白雪覆盖的冰面上。托尔尼奥开出的火车只晚点了两个小时。

周五的时候（1月19日），他们抵达了位于彼得格勒的芬兰车站。预订好的汽车连个影子都没见着，因此他们被安排上了另一架雪橇。"但这是一座何等杂乱的城镇啊！建筑散发着一种颓废的色调！"在小霍特林下榻的酒店，"墙壁黑乎乎的，壁纸被撕裂，家具是黄褐色的"，大堂"闻起来就像芝加哥的三等公寓"。[6]但身为一名外交官，他至少可以享受到一间套房的待遇。涌入彼得格勒的人实在太多了，以至于旅馆只能让他们挤在公共浴室里过夜。

翌日，他向美国大使馆报到，大使馆位于辎重兵大街15号，离圣安妮大教堂①不远。他发现，"这栋双层建筑令人大失所望，它的门面毫无庄重感。建筑体强行挤入一座街区的中央，街区的一侧屹立着一栋高大的公寓楼，而另一侧则是中等大小的住宅"[7]。此时大使馆的旗帜正处于下半旗位置，为的是悼念1898年马尼拉湾战役的英雄——海军上将杜威。美国人可以选择买下杰米多夫家族的有70个房间的豪宅，作为新使馆使用；这座住宅拥有美轮美奂的宴会厅和会客室，以及富丽堂皇的暖房。无论是谁，在见识到

---

① 20世纪50年代，弗拉基米尔·普京就是在离这里只有一箭之遥的地方长大的。——作者注

它的高贵典雅后，都会感到激动不已。霍特林没有记录被认为是全俄第二富有家族的杰米多夫家族为何会急于出售此宅。无论如何，即将降临在俄国的剧变将此事变成了一桩悬案。杰米多夫家族逃往芬兰，美国人最后在俄国新都莫斯科设立了一座大使馆。

霍特林开始找公寓，他的俄语实在太差，以至于不敢乘坐有轨电车或用手势招呼雪橇。因此他只能用双脚走，一英里又一英里地走。他发现，这座城市又脏又破，生活也很不方便。一天，他经过圣艾萨克广场的原德国使馆，这栋巨大的石质建筑为原现代风格，至今仍散发着一股霸气；原使馆于1914年遭到一群俄国暴民（纳博科夫的一个叔叔也在其中）的破坏。霍特林看到它的时候，它仍是一栋损毁严重的废屋。

1月24日午餐时分，他第一次听到有人谈论革命。"那里有些人认为革命很快就会到来。"[8]问题是它将以何种方式到来？到来的时间会有多快？这些话有多少能当真？这些都是难以估计的。俄国显然正处于动荡不安中。霍特林唯一能做的就是安排好自己在战时首都的日常生活，并时刻保持高度戒备，这也是彼得格勒的每个个体唯一能做的事。

餐厅和酒店一样拥挤不堪，食物却平淡无奇。霍特林前往马林斯基剧院，观赏西班牙芭蕾舞剧《帕蒂塔》（*Paxita*），但他对舞剧本身并没有什么好感，皇家包厢门口的哨兵倒给他留下了更为深刻的印象："他们彼此面对面，如同雕像一般立在那里，坑坑洼洼的俄国式面庞上挂着极度空洞、虚伪的笑容。"

一个周五晚上，霍特林参加了一场于11点举办的晚宴，跳舞一直跳到凌晨3点。几近头晕眼花的他发觉，自己的心境即将发生强烈的变化。翌日晨，霍特林在上班路上经过殉道者圣潘捷列伊蒙教堂，此时教堂内排钟奏响。"我从未听过比这更好听的拉格泰姆，"他装出一副美国小青年的姿态，用漫不经心、傲慢无礼的笔调写道，"当大钟隆隆作响时，小钟的叮当声汇聚成一首切分音节奏的赞美诗，敲钟人心中那股真正的'教堂钟版拉格泰姆'精神在乐声中展现无遗。"9

这里恶劣的服务态度把他惹火了。"俄罗斯是个很棒的地方，但千万别在这里买东西。店员们完全没有任何服务意识，他们根本不会管你是不是来买东西的……最好的商店配备英国籍、比利时籍、瑞典籍和波罗的海籍店员。而在以前，俄国的好店主都是德国人。"物价高得吓人。大约在同一时期，弗洛伦斯·哈珀花 14 美元买了一双鞋，同样的价格在纽约差不多能买到 3 双鞋子。

为了欣赏瓦西里·韦列夏金（Vasily Vereshchagin）的巨幅画作，霍特林拜访了亚历山大三世博物馆（Alexander Ⅲ Museum）。这位画家于 19 世纪末前往中亚，他本想记录俄国帝国主义在中亚大获全胜的情形，结果却在目睹了战争中的种种残忍、毫无意义的行径，在对战争进行种种冷嘲热讽之后，走上了反战之路。霍特林不喜欢他的艺术。

其后，在 2 月的一个周六傍晚，他走出一条名为"百万街"的街道，走进宫殿广场，并在那里欣赏了西下的夕阳隐没在海事法院尖顶，"圣艾萨克大教堂那完美无瑕的穹顶，在红艳欲滴、赏心悦目的天空的映衬下显得格外醒目"10。天空很快就暗了下来，霍特林周围的政府建筑"全都被淡化成了一道柔和的阴影"，就连"古老、阴森"的冬宫也不例外。在目睹了俄国丑陋至极的一面后，几乎所有外国人都会对它感到灰心、失望。而霍特林却转变视角，看到了它美丽的一面，此后，这个国家在他眼里再也不是以前的模样。

"毫无疑问,革命正在到来。"1月31日,一个俄国人告诉他,"在一些省份,人们对此深信不疑,他们认为:革命到来之日,即是尸山血海之时。"[11]

别的外国人也听到了类似的言论。一位兴奋的外交官告知哈珀:天下随时可能大乱。彼得格勒的大街小巷已遍张告示,警告人们不要举行示威游行。"没人知道接下来会发生些什么,但人人都知道接下来肯定会发生些什么。他们都在念叨着同一句话——等着瞧吧!"[12]

预感具有蔓延性。在熟悉了彼得格勒后,哈珀写道:"由于我在俄国待得还不够久,我不知道为何会这样,但我和这里的每一个人一样,知道动乱即将到来。事实上,我对这一点确信无疑,因此我在城里到处徘徊,在涅夫斯基大街上来回转悠。我一面观察,一面期待着它的到来,就像期待马戏团上街巡游一样。"[13]

在俄国刚刚待了两个星期,霍特林就开始追寻这一切的原因了。俄军后勤在很大程度上是由一个名为"地方自治会"的协会负责的,这个团体是由各个地方和地区的管理委员会自发组织的。它给士兵提供食物和服装,照顾伤员,经营制革厂、鞋店和军用品商店。由于地方自治会是战争期间俄国唯一能有效运作的团体之一,帝国政府的官僚对它极为仇视,频频干预它的活动。志愿团体在俄国一直备受猜疑——现在仍是这样。这种状况容易让人想起自治制度的可能性。

多年来,企业主们一直忍受着官僚机构的干预,因为他们觉得官僚主义总比社会主义革命要好些。如今他们开始转而反对尼古拉政府。"俄国法律部门执法不严,腐败堕落,都没有人敢到这里投资花钱了。"¹⁴ 老板们心中已有定论：已经到了必须改朝换代的时候了。"每个人都逐渐意识到，这个不公、无能的政府必须滚蛋。"

在皇后亚历山德拉的游说下，沙皇任命一个名叫亚历山大·普罗托波波夫的反动分子为首相。他上任后的第一件事就是禁止地方自治会的任一分会在没有警察出席的情况下开会。不止一个人怀疑普罗托波波夫患有精神错乱，罗森男爵就是其中之一。他知道革命爆发的可能性很大；有传言称，他曾声称自己欢迎革命的到来，那样他就可以镇压反对派，关闭国家杜马，并永远成为沙皇的宠臣。这个自负而天真的谀臣是沙皇倚重的人物。"拥护沙皇的人与日俱减。"霍特林写道。¹⁵

美国驻俄大使是前圣路易斯市（St. Louis）市长及前密苏里总督戴维·弗朗西斯。他拍给国务院的电报总带有几分傻气。2月22日，他在一封电报中向威尔逊汇报了那个冬天俄国国内怨声载道的情况。"但我觉得，革命或暴动并不会立即爆发。"

尽管在秋季发表了一场"要么就是不忠，要么就是不智"的演说，但自由派国家杜马议员帕维尔·米留可夫还是希望能说服沙皇政府进行自我改革。到目前为止，他仍是一个君主主义者。他相信自由派政治家能够起到制约作用，也只有他们有能力调解政府与"无数狂暴的民众"¹⁶ 之间的关系。

然而，他的盟友尼古拉·涅克拉索夫（Nikolai Nekrasov）郑重声明：立宪民主党人不但不会阻止革命的发生，还会尽力利用它。另一个立宪民主党人亚历山大·基泽韦捷尔（Alexander Kizevetter）评论道，即使沙皇政权选择了自取灭亡的道路，"人们也不应成为它的牺牲品，而应自救"¹⁷。

当俄罗斯人正为即将到来的危机而心烦意乱的时候，在海外，历史潮流正滚滚向前。"我们刚刚听说了一个令人难以置信的消息——德国公布了实行潜艇战的海域范围,"霍特林于2月1日写道,"毫无疑问,这意味着我们要加入战局了。"

霍特林曾两次造访莫斯科。他负责商业及经济方面的业务,而莫斯科作为这个国家的旧都,至今仍是俄国的商业中心。他发现坐火车出行"是一件乐事"[18]。尽管历时13小时的行程漫长而缓慢,但横贯两座城市的长450英里的铁轨极为笔直,以至于霍特林可以轻而易举地睡着。笔直的铁轨引出了一个极具俄国特色的传说。据说在19世纪40年代,俄国工程师计划修建铁路,他们带来一张地图,想和沙皇讨论下最佳路线,不料沙皇却一把夺过地图,抓起一把尺子,然后在彼得格勒和莫斯科之间画了条直线。在画线时,由于沙皇的拇指按在地图上,因而直线中段留下了一个上凸的痕迹,或许这就是这条铁路从头笔直到尾,而小维舍拉镇附近路段却呈微凸起状的原因所在。

他获悉,全俄一半的有轨电车都在莫斯科。在这座生机勃勃的城市,汽车总数仍只有1 500辆。他还得知,一项十字形地铁工程正处于计划阶段,这样一来,该城的交通负担就能减轻,而莫斯科也能与伦敦、巴黎、柏林、纽约这类蓬勃发展的城市一样,拥有新近出现的地下交通业。①

一天,霍特林在克里姆林宫附近看到一群人聚在一座圣母升天教堂内,一面点燃蜡烛,一面祈祷,在自己胸前画着十字,亲吻圣

---

① 莫斯科确实修建了一条地铁——修建日期为20世纪30年代,监督者则是尼基塔·赫鲁晓夫,而在1917年的时候,此人是一个获得免役权的金属工人,一个将矛头指向资本家和战争的煽动者,还是一个新生男婴的父亲。——作者注

像。一群男男女女跪在教堂外的雪地里祷告着，尽管顶着严寒，男人们却光着头。"这是一幅令人惊讶、振奋的景象，它展示了一种宗教热忱，这种热忱充满真诚和信任，不带一丝迷信的畏惧。"[19]

那天下午，他与俄方的一位业务联络人在普拉加餐厅（Praga restaurant）共进午餐，餐厅坐落于阿尔巴特大街（the Arbat）和林荫环路（the Boulevard Ring）的交界处。他的同伴告诉他："俄国商界认为革命是不可避免的，也赞成来一场革命，因为他们对现状已经无法忍受了。"[20] "事实上，除了宫廷和官僚机构以外，没人支持旧秩序。所有人都对它恨之入骨，只有少数农民除外；包括许多军官在内的军队内部充斥着共和主义思想；商人阶层愤愤不平；大部分贵族也已厌倦了贪腐无能的政府。"这位与霍特林共同进餐的俄国人说，所有人都希望革命早日到来，而且他们"认为这场革命将血腥异常，且极具毁灭性"。

霍特林是个年轻人，自然渴望着刺激的感觉。但日子一天天过去，堤坝却坚固如初。空气中弥漫着某种气息，但你唯一能做的就是等待。谢肉节（大斋节前的节日）期间的一天下午，他前往一座名为柳别尔齐（Lyubertsy）的企业小镇滑雪，这座小镇坐落于莫斯科郊外，由国际收割机公司建造。他在晚宴上拈花惹草——尽管他已经订婚了。对于"老板是个黑人，庸俗艳丽的马克西姆歌舞剧院"[21]，他觉得很无聊。

在一座义卖市场内，他遇到了一位打扮成吉卜赛人模样的俄国姑娘，她的名字叫娜塔莎。他们一起去外面共进晚餐，并用法语交谈。他喜欢莫斯科。3月初的一天晚上，当他步行回酒店时，路过《战争与和平》中的罗斯托夫之家，这座房子坐落于波瓦斯卡亚街，此时四周万籁俱寂，只有俄罗斯才有这种程度的寂静。"这是个瑰丽的夜晚，一轮满月挂在空中，俯视着羽绒般的新雪……我沿着位于克里姆林宫城垛下方的莫霍瓦亚大街行走，在月光的作用下，伊凡·韦利基之塔、教堂的穹顶和宫殿散发着令人惊叹的美丽。在这样一个夜晚，你会觉得活着真好。"[22]

霍特林参加了救世主大教堂的礼拜仪式，这位年轻的旅行者一星期前还以玩笑的口气，将教堂钟声比作拉格泰姆，如今这次经历却令他感动不已。"我从未见过比这位可敬的老人更和蔼的面孔，他的白胡子一直垂到腰上。"他这里写的是大主教，负责在两个男声合唱团的歌声伴奏下，率领游行队伍行进。"当他朗读祷文的时候，他的声音同样显得悲哀而动听，祷文来自一本巨大的金色书籍，这本书是经过一大堆烦琐仪式后，从圣殿内取来的。大主教在朗读祷文的时候，书由一名跪着的牧师捧在手中。两名黑胡子牧师唱着答唱咏，其中一人嗓音低沉，如雷鸣般有力，声音环绕于上方高高的穹顶处，连墙壁上方的四位福音传道者及密密麻麻的圣徒像似乎都为之颤抖；另一人面相懦弱，戴着一副眼镜，他的嗓音很低，如号角般清亮。"[23]

他拜访了地方自治会的总部。"这个地方让某个美国人心中充满欣喜，"他写道，"这里的氛围与彼得格勒那些'填报申请然后等上三个星期'的部门大楼完全不同，没有那里的空气中弥漫着的压抑的霉烂气息。"[24]

有一天，面包店里的面包全卖光了。聚集在店门外的人群瞥见店铺后方的庭院内停着3辆满载着面粉的马车。他们发现，这些面粉是交给邮政局长和另两位官员的。"人们开始造起反来，他们大叫大嚷，说富人和权贵仓满粟腐，留给穷人的却只有面包证和食物匮乏。"[25]

他与一个富商之家的女主人共进午餐，地点在她的家里，从这座堆满了当代俄国艺术品的房子可以俯瞰一座巨大的广场。女主人告诉霍特林，国家杜马的自由派领袖太过不切实际，即使给他们机会，他们也无法组建一个行之有效的政府。霍特林的回应是将"知识分子阶层那天真而千变万化的理想主义"[26]议论了一番。女主人答道，谁都不"希望换个无能的自由派政府上来"。

　　霍特林发现，俄罗斯是个神秘的国度。在美国人的世界视角内，涉及俄罗斯的部分是个巨大的盲点，因为这个国家的外表几乎总让人产生错觉。美国人认为这个国家满目疮痍，想知道如何改善它的状况。而俄罗斯人则认为这个国家面临着每况愈下的危险。

　　在远超过10年的时间里，美国人都将俄罗斯视为一个庞大的独裁国家，一个"监狱之国"。这并不是什么误解。美国限制了与俄国之间的贸易往来，后者对待本国犹太人的政策是其中一个重要因素。1911年，当强硬派改革家彼得·斯托雷平在基辅的一座歌剧院遭刺杀的时候，美国自由主义者的主要声音斯蒂芬·塞缪尔·怀斯拉比①在卡内基音乐厅举行的赎罪日演说中称，斯托雷平是他自己引发的内战的受害者，只要帝制继续存在下去，正义就不会降临在俄罗斯。尽管斯托雷平的手段冷酷无情②，但由于他推行土地改革，已经失去了沙皇尼古拉二世的恩宠；刺杀斯托雷平的德米特里·波格洛夫是个无政府主义者，却也是一名警探。怀斯是对的，但俄国的情况复杂到令人困惑的地步。

　　战争爆发后，俄军从奥地利人手中夺取了位于西乌克兰的加利

---

① "拉比"是犹太人对教师和博学者的尊称。
② 斯托雷平相信国家的强大高于一切。他是一些俄罗斯人心目中最伟大的英雄之一——这位保守主义者本想利用改革来挽救自己的国家。——作者注

西亚。那里的乌克兰学校、机构和报社被关闭，乌克兰籍教职人员遭到迫害。俄国人怀疑德俄边境附近村庄的犹太人有叛国行为，导致这一地区的犹太人遭驱逐。拉比和富人则被扣为人质。

3月3日，芬兰小说家艾诺·马尔姆贝里在明尼苏达州圣保罗市人民教堂举办的开放论坛上质问："在今天的俄罗斯土地上，种种野蛮暴行正在发生，你们美国人为什么一直保持沉默？"[27] 她声称俄罗斯人正在威胁着欧洲。除非推翻俄国帝制，否则欧洲将永无和平之日。

> 英语中没有描述在俄犹太人生活的词汇。他们正被大批大批地屠杀。立陶宛人被鞭打，被投入监狱，被绞死，财产被没收。如果芬兰发展起来的话，那一定是在离俄独立之后。
>
> 这场可怕的大屠杀根本没有结束的希望，除非美国能站到那些饱受压迫的小国的一边。

换而言之，马尔姆贝里的言论中包含着如下信息：沙俄帝国是进步与自主的绊脚石，美国应将它视为敌对势力。而一些美国人则是这样理解这番话的：两个令人厌恶的非民主国家——德国和俄国——在互相打仗，美国不应支持任何一方。《新共和》（*New Republic*）警告，沙皇尼古拉二世非但不可能成为美国的潜在盟友，更有可能屈服于德国的压力而改换阵营。[28]

然而就在此时的彼得格勒，又有人开始考虑发动政变。3月5日及6日，国家杜马的自由派领袖先是在梅德韦德饭店（Medved restaurant），而后又在一间租来的公寓内开会，其目的只有一个——讨论政变的事。就连曾经希望挽救现政权的米留可夫也参会了，但他认为政治家不应在政变中扮演积极角色，而应在一切尘埃落定后再参与其中，夺取权力。另外五名与会者表示反对。"我们绝不允许那些暴民掌控局面。"[29] 米哈伊尔·捷列先科（Mikhail Tereshchenko）回忆道。他们决定抢在街头起义爆发前，率先采取行动。尼古拉二世已离开首都前往前线，他们计划在列车上逮捕他。经过商议后，自由派领袖们将行动时间定为3月中旬。

有谣言传到莫斯科：彼得格勒的面包师们举行了罢工。据说在奔萨（Penza），警察每晚都要练习使用机枪，练习地点就在市郊。3月11日，也就是霍特林在莫斯科的最后一天，他在日记中写道："我听说最近几天彼得格勒发生了几场暴动，一家位于卡门尼奥斯特罗夫大街（Kamenny Ostrov Prospekt）的食品店被人破门而入，暴民开枪射击，等等。毫无疑问，莫斯科这里一切安静，尽管日子显然很不好过。"[30]

第 7 章

"边缘地带"

时已 3 月，对于华盛顿而言，这是自内战以来最为关键的一个月。这个月是在愤怒、困惑和恐惧中拉开帷幕的，它为下个世纪的进程搭好了舞台。潜艇战、墨西哥、日本，这些东西同米苏拉、布罗克顿、罗利或麦迪逊的人们的生活有什么干系？

亨利·卡伯特·洛奇希望齐默尔曼电报能激起美国人民的参战热情，至少能将主和派的反对意见扫到一边去。最好能以武装商船政策为起点，开启美国的备战之路。

就将电报发给美联社这件事而言，威尔逊无疑打算实现上述可能结果中的第二个。① 他所领导的这个国家没有值得一提的陆军，也没有强大的海军。自 1916 年起，泰迪·罗斯福（Teddy Roosevelt）② 就向他反复强调"充实军备"问题——或者更准确地说，强调的是美国缺乏军备的问题。威尔逊同样怀有组建一支能够制服

---

① 威尔逊的做法激怒了合众社，后者认为它的竞争对手美联社不应得到这么重大的独家新闻。——作者注

② 即西奥多·罗斯福，泰迪为西奥多之昵称。

普鲁士军国主义的常备军的想法,此前他不得不派国民警卫队去墨西哥追捕潘丘·维拉。

如今他想为自己争取给本国船只配备枪炮的权力。

3月1日,在13票反对的情况下,众议院通过了武装商船议案。73岁的北卡罗来纳议员查尔斯·斯特德曼(Charles Stedman)也在支持者之列,这位前南方邦联军上校放声高呼 Rebel yell①,引得会议室内回音阵阵。当议案提交到参议院的时候,为了保险起见,威尔逊递交了一份照会,确认了齐默尔曼电报的真实性。

但议案在参议院被卡住了。参议员们质疑声不断:大家都明白给商船配备武装意味着什么吗?这样做是不宣而战,抑或是一种战争威胁吗?让美国货轮拥有击沉潜艇的能力是不是太离谱了?到目前为止,连英国皇家海军都没取得多少战果呢,还有,英国人对德国的封锁又算什么?

亚拉巴马州议员奥斯卡·安德伍德(Oscar Underwood)称,美国已进入战争与和平之间的"边缘地带"[1]。

如果美国什么也不做的话,跨大西洋航线的美国船只很可能会减少到近乎绝迹的地步。美国将后撤至本国海岸的安全地带,闭户自守的它将与大半个世界失去联系。但是,如果给商船配备武装,并让它们继续驶往欧洲的话,那就会给美国公民和美国资产招来危险。[2] 而折中办法是不存在的。

3月2日(周五),参议院接受了这项议案。此时距第64届国会任期结束还有3天。密苏里州民主党议员威廉·斯通(William Stone)与共和党议员拉福莱特一道组织了一次冗长辩论。尽管直

---

① 内战时期南方邦联军的战斗呐喊。

到最后他都没有得到发言机会——议长不会认同他——所有人都认为脑袋硕大、怒发冲冠的"好战鲍勃"拉福莱特是反对派背后的智囊。

《国会议事录》（*Congressional Record*）于事后刊登的一篇长文收录了拉福莱特提供的演讲稿，只要有机会，他是一定会表达观点的。他在文中写道，武装商船议案无疑将导致美国卷入战争，但卷入的是那种一脚进、一脚出的战争。英国人和德国人一样坏，如果他们真的急需美国的援助物资的话，就让他们用自己的船好了。美国航运公司——美国的头号航运公司——之所以支持这项法案，是因为英国人参股其中。说白了，其实就是英国军官指挥美国水手朝德国潜艇开炮罢了。

他认为德国先前不曾侵略过美国，将来也不会侵略美国。美国与德国之间无架可吵。给予总统在自认为合适的时候武装商船的权力，就是给予他在自认为合适的时候发动战争的权力，就是对国会拥有的合法战争决策权的损害，更是对共和制度的损害。那么，这一议案的目的究竟何在？（他以不同的问法，将这个问题重复了十几遍。）

他声称，国会任期只剩下最后几天了，众议院在应接不暇中匆匆通过了这一法案，根本没有时间来考虑或商议它所带来的后果。

"难道为了维护本国船只的航行权，追求商业利益，我们就应当将这个国家抛入欧洲的恐怖无底洞吗？"

他再一次质问：这样做的目的何在？"为了给国内一小撮资产受损的爱国人士带来商业优势和丰厚利润吗？"

这段演讲正好戳中威尔逊的神经。威尔逊可不希望为了商业利益之类的庸俗理由而参战。他相信美国是出于把和平带给全世界的使命感才这么做的，哪怕这意味着用武力强制实现和平，眼下这种趋势开始显现出来了。

拉福莱特意志坚定,不屈不挠。他相信有很多人是站在自己这边的。

"实现和平需要英雄般的气概,如果你在接受勇气考验时成功地展现了这种气概,那请接受我的恭贺。当战争的恐怖尚未降临的时候,许多人反复将和平挂在嘴边,并宣扬爱的福音和对外宽容政策。即使这些和平主义者的努力归于失败,他们所展现出来的勇气,以及对自身信仰的忠诚,也足以成为美利坚的光荣。"[3] 来自纽约州奥兰治的拉比奥尔特·埃布尔森写道。他认为拉福莱特是"世所罕见的人杰"之一。

反战信自全国各地纷至沓来。

"人们很快就会识破沙文主义媒体的伎俩,到时候国民的态度就会来个180度的转弯,你们会看到这一切的。"——丹佛的 J. A. 亚当森。

"普通民众都不赞同参战。我认识的一些人总是大声嚷嚷着要开战,到了动真格的时候,他们才不会上前线去呢。至少大部分敢于拿起枪杆的都是认为美国不应参与欧洲冲突的人。"——亚拉巴马州卡尔曼的埃米尔·阿瑞克。

"亲爱的议员,为了普通老百姓,你应该继续努力斗争。我们可不想要什么战争。只有军火制造商、粮食投机商、蛊惑民心的政客和好战成性的记者才一心想着打仗。"——伊利诺伊州福里斯顿的帕斯特·威廉·阿尔布雷克特。

"如果非打不可的话,那就让我们宣战吧,但可千万别让某些走私战时违禁品的生意人有了开战权。"——俄克拉何马州奥克马尔吉的 M. M. 亚历山大。

克利夫兰的一位名叫弗兰克·阿伦的机械师来信称,他和他的工友们都不赞成参战,因为美国根本没有理由开战。他为拉福莱特的策略喝彩。"冗长辩论过去总是被用于压制优秀法案,支持特权法案,"他写道,"如今您把它变成了一件武器,用来打击它之前所保护的对象。"

来自芝加哥的 J. M. 布朗森写道:"再也没有人比您更能教育人们:永远保证自由的唯一办法是永远保持警惕。您提高了人们这种骄傲的觉悟,这就是您努力的回报。"

有个叫吉姆·鲍的人从艾奥瓦州的谢南多厄发来一封电报:"劳动者们才不要什么战争呢,除了一条命外,我们没什么可卖的。我们的敌人不在德国,而在华尔街。"

尽管威尔逊的照会证实了齐默尔曼电报的真实性,但包括一些参议院议员在内的许多美国人仍怀疑整件事都是英国情报部门精心策划的骗局。兰辛担心众人若攥着怀疑不松手,就很难动摇他们的想法,因为电报提供的信息看上去实在太令人难以置信了。但就在这周六(3月3日),齐默尔曼本人站出来,爽爽快快地认了账。

"德国很希望也很愿意同美国保持友好关系,"他说,"但是……万一美国对德国宣战,那德国也已准备好了一些防御措施。我不明白美国人是怎么在反德情绪的煽动下将这类手段理解为'阴谋'的。我们只是使用了一些被普遍认可的战争手段,来防备美国的宣战而已。"齐默尔曼宣称德国人的计划完全是有条件的。"如果美国不对我们宣战的话,那么这个'阴谋'就完全落空了。"[4]

就在同一天,威尔逊做出承诺:除非国会率先发布宣战声明,否则他绝不会将美国带入战争;拉福莱特和其他人不为所动。此时威尔逊的心境就像3月初的天气一样阴郁、难受。当天4点半左右，伊迪丝终于忍无可忍，把丈夫拉出去散步了。他们去了宾夕法尼亚大道（Pennsylvania Avenue）对面的科科伦美术馆（Corcoran Gallery），在艺术的刺激下，威尔逊的头脑恢复了清明。

到了周日，时间终于耗尽了，议案胎死腹中。

当天晚上，威尔逊指责"一小撮别有用心之徒"[5]"把伟大的美国政府变得无能又可鄙"。其他国家的政府一定会觉得，他们以后"可以为所欲为"了。当情势到了极度危急的时候，"只有目标明确、坚决果断的行动才能保证这个国家的安全，或是让它免受其他国家所发动的侵略战争的伤害，然而现在这条路却被彻底堵死了"。

新一届参议院领袖——议员们在去年11月即已当选，但尚未宣誓就职——宣布，他将考虑采用一条名为"终结辩论"的新规则：当希望中止辩论的议员超过半数时，辩论可以被中止，而冗长辩论（例如这次这种针对武装商船议案的冗长辩论）也将被终结。他们履行了自己的诺言，这一规定于日后虽有改动，但至今仍然有效。

拉福莱特赢了，但正如他所预料的那样，他的胜利打开了愤怒的闸门，谩骂如洪流一般，从全国各地蜂拥而至。报纸漫画家们将他比作叛国者贝内迪克特·阿诺德（Benedict Arnold）。《芝加哥日报》的社论标题是这样的："陆、海军精神永不死！为红、白、蓝三色①欢呼三声！"[6]

这篇社论将阻止议案通过的议员称为"铜头蛇"②，这一有点年头的蔑称是从内战时期的故纸堆里发掘出来的。

---

① 指美国国旗。
② 指南北战争时期同情南方者。

社论接着写道:"他们已经证明了一点:他们更关心的是本土的不义投票,而非海外美国人的权益。"

俄勒冈州塞勒姆(Salem)的投资经理 A. C. 博恩施泰特致信拉福莱特,说他"试图阻挠绝大多数美国人民实现自己的愿望,这简直就是卑鄙之举"[7]。

一个名叫约翰·O. 布伦南的人从底特律来信:"如果这个国家不能在现有危机面前团结一致的话,那也就不存在什么美国精神了。在这种情况下,你的立场应当遭到谴责。"

弗吉尼亚切斯特(Chester)的 A. C. 布坎南在来信中写道,在此国势危急之际,"如果你支持基瑟(原信中写的是 Kiser)或者支持他那种人,你就应该去德国……我们可不会在这个国家给贝内迪克特·阿诺德之流留下任何生存空间"。

康涅狄格州布里奇波特(Bridgeport)的 A. R. 布鲁斯寄来一张明信片,上面写着这么几句话:"你个卑鄙、堕落的卖国贼,你应当被倒吊起来,然后乱枪打成肉泥。"

此外,伊利诺伊州昆西(Quincy)的 J. H. 布莱恩特夫人也寄来了一封信。信纸很大,但只有中央部分写有一句短短的、用大写字母拼成的话:

愿上帝保佑"别有用心之徒"。

工党领袖、社会主义者尤金·V. 德布斯自罗得岛的普罗维登斯(Providence)拍来电报:"让华尔街的豺狼和他们手下的那帮婊子记者狂吠去吧。人们会支持你,历史也将证明你是对的。"

东部的报纸激烈反对拉福莱特,但那个公认的,将美国带入 1898 年对西战争的家伙——威廉·伦道夫·赫斯特（William Randolph Hearst）——站在拉福莱特这边。赫斯特在《芝加哥美国人报》上发表了一篇署名社评，谴责威尔逊企图攫取违反宪法的权力，破坏美国的民主制度。总统"对拒绝将国会权力交给行政当局的议员横加指责，这等于是在指责美国政府的缔造者，因为国会无须向行政机构让权正是后者殚精竭虑设计此制度的目的所在"[8]。

新泽西州的约翰·S. 布莱恩特自莱克伍德（Lakewood）来信称："让摩根、斯穆特、鲁特和洛奇们跳脚去吧，让那位上校骂娘去吧。我猜你能顶得住的，参议员。"①

他确实顶住了，但也付出了一定代价。

"战斗到底，不达目的誓不罢休，"他在家书中写道，"感受一下这里的紧张氛围吧——在一段时间内，我无疑将成为众人口诛笔伐的对象。"[9] 他说自己现在一天能收到 500 来封信，其中支持与反对比例约为四比一。

西弗吉尼亚州惠灵市（Wheeling）的犹太会堂本打算安排拉福莱特前来演讲，如今它收回了邀请，改为向威尔逊总统发去一封赞美电报。主战者们在卡内基音乐厅举办了一场集会，在提到那些阻挠议案通过的参议员时，听众高呼"卖国贼""吊死他们"[10] 以表示对他们的反对。在伊利诺伊大学，学生们制作了拉福莱特被绞死的人偶。

在一封致罗斯福的私人信件中，洛奇写道："这真是一件令人

---

① "摩根"是指 J. P. 摩根，金融家，在英国拥有大量投资，英国及法国的一应战争物资都是通过他购买的；"斯穆特"指里德·斯穆特（Reed Smoot），犹他州参议员；"鲁特"指前战争部长伊莱休·鲁特；"洛奇"即马萨诸塞州参议员亨利·卡伯特·洛奇；"那位上校"指曾当过上校的西奥多·罗斯福。——作者注

悲伤的事。"[11] 他说有77名参议员本来已经做好了投赞成票的准备，另有4人请了病假，12人表示反对，3人举棋未定。

罗斯福显然从未答复过这封信，可能是因为他实际上并不喜欢武装商船议案，它太过保守了，威尔逊采用的是标准的折中手段，这种手段会让美国成为笑柄。

他将那些反对这项议案的参议员视为叛国者，"但我怀有一种强烈得多的感觉：总统比这些人要可恶一千倍……议案本身几乎毫无价值，武装中立完全是一种畏战行为"[12]。上个月发生的危机让他对德国人产生了某种敬重感。"我想德国人已经认定，与威尔逊为敌的后果并不比与威尔逊为友可怕多少，他们的判断非常准确。如果我们试图用美元而非鲜血来战斗的话，那我们将遭到全人类的蔑视。"[13]

罗斯福的急躁性格影响了他对一切事物的判断力。他在1912年倒戈反对共和党党魁——当时他脱离共和党，以进步党候选人的身份角逐总统宝座，结果确立了民主党候选人威尔逊的胜利，注定了总统威廉·霍华德·塔夫脱（William Howard Taft）的失败。后来罗斯福回归共和党。党内的许多人尽管同为进步主义者，但在支持参战和坚决反战的路口徘徊不定。而罗斯福的观点与洛奇这样的保守主义者更为一致。对于罗斯福来说，战争是一项事业——然后是几项事业。他父亲在内战期间拒绝为联邦军队效力（老西奥多当时雇人代自己服役），这令他感到耻辱，尽管他在美西战争中表现英勇，但他或许仍无法完全抹平心中的耻辱感。在他看来，对西战争是光荣的，但持续时间不长，或许也太轻松了点，而且很难忽视美军及志愿兵团那极为拙劣、业余的表现。如今这场战争决定着世界的未来，那些拥有强大民族认同体系的大国为此打得不可开交，而美国人却只是目瞪口呆地旁观，为自己的投资而担忧、争吵，做着买辆新车的梦，或是去看看画展之类。罗斯福将这场战争视为一次考验美国人血性的机会，他陷入了某种狂热之中，而这种狂热将成为20世纪的显著标志：他相信这场战争将塑造一个崭新的美利坚民族——更坚强、更正直、更纯洁。罗斯福的进步党人特有的思想与托洛茨基的思想略为类似，同西线那位德国下士（希特勒）的想法也很相似。

他无疑清楚自己不可能再找到下一次机会了。他的父亲已于46岁那年去世，他的一切所作所为都能得到罗斯福的崇拜，只有逃避兵役一事例外。1917年的时候，罗斯福已经59岁了，却仍向往着战场。他曾说过，他宁可自己去死，也不愿看到他的孩子们死去。他在退出政坛后，前往亚马孙雨林探险，结果疾病缠身，至今尚未完全康复，但这个汉子仍驱使自己完成一生中最后也是最伟大的一次英雄壮举。

当国会开始讨论武装商船议案的时候，罗斯福批评它价值太低，根本不适用于大国，他还发表评论，认为美国人应当提高自己的视野。这场战争意义深刻，是一场正邪之间的冲突，而整个美国却都在谈论保护本国商船的事。这的确很重要，但几乎算不上什么头等大事。不可思议的是，在这一点上，他与威尔逊是一致的，但他们的出发点却存在着很大不同。

就在此时，他收到一封长信，信是众议员欧文·伦鲁特（Irvine Lenroot）写来的，他是威斯康星州的一名共和党人，伦鲁特试图用温和的语气提醒这位老莽骑士：在现实世界，政治是一门无限可能的艺术。"我们一发现问题，就必须尽自己的能力去解决。"[14] 他在信中写道，美国人中，不只是"极少数"坚决反对参战的和平主义者或亲德派，其他"绝大多数人"根本没能了解美国介入战争所具备的意义。

伦鲁特认为，美国首先必须全面复兴爱国主义精神。"你是美国最具影响力的公民，"他告诉罗斯福，"在两年多的时间里，你抓住一切机会来唤醒美国民众。我觉得自己可以信心十足地下结论：结局肯定会令你失望。"

伦鲁特在信中写道，罗斯福曾预言，德国在欧洲一旦获胜，美国即使不会真的陷入危险境地，也会受到严重挑战，也许他的预言是对的，但美国民众并不赞同他。大多数美国人都同情协约国，但这并不意味着他们乐意让自己卷入战火之中。

目标必须是让这个国家保持团结，"而要实现这一点，我们必须对自身权利做出限制，并以这样一种方式来维护我们的权利。这种方式能让我们获得一个真正团结的国家的支持"。换言之，就是通过某些经过慎重考虑的办法来达成目标，这类办法仅被用于应付某些特定的、近在眼前的挑战，例如在德国宣布启动U型潜艇战的时候，将本国商船武装起来。

"值此形势危急之际，没有一个真正的美国人能应对得了德国人的手段，也没有一个真正的美国人不愿支持政府。"动用海军制服U型潜艇的决定可以激发一轮急需的爱国主义思潮，并改变"美国参战主要是为帮助英法"的论调。

"我或许是错的，但按我的判断，如果我们现在要动用海军来维护我们在海上的权益，并确定这样做只是为了维护这些权益的话，那我们就完全没必要派兵参加欧洲的陆战战事。"

罗斯福在向洛奇提起这封信时，对伦鲁特大加赞赏，要知道后者所在地区可住着不少德国人呢。

洛奇亦将这项议案视为折中之道，但与罗斯福不同的是，他的思维依旧类似于一名政治家，而非一名十字军士兵。武装商船议案的确是一种折中手段，但它的方向是对的，事实上拉福莱特对这项议案的抱怨理由中的一项在洛奇那里得到了确证。他在参议院发表讲话时称："在我看来，武装一艘装载违禁品的商船，或用武力护送这样的货轮，都是一种战争行为。"[15] 另一名支持该议案的参议员，密苏里的詹姆斯·A. 里德（James A. Reed）对这一点的阐述更为详尽："这项提案要给商船配备海军炮，或许还要从军舰上抽调专业炮手，并将他们部署到货轮上去，然后让这些货轮驶向禁区。如果它们在途中发现一艘德国潜艇的踪影，它们就会朝它开炮。我们无疑清楚，倘若一艘拥有如此装备的货轮这样做的话，那在旁人看来，就与一艘美国军舰朝潜艇开炮无异；换句话说，这种做法意味着战争已经开始了。"

但拉福莱特和他的盟友赢得了胜利——至少目前是这样。没有一艘货轮能配备武装。如今华盛顿方面能做的只有等待——等待新一轮总统任期的开始，及新一届国会的就职。一位记者写道，尽管危机日益加深，"但华盛顿方面并没有因此活跃起来，这里一片死气沉沉，感觉不到一丝兴奋，只有严肃和静默"[16]。

3月4日是个阴冷潮湿的周日。在国会大厦的一间留给自己使用的房间内，伍德罗·威尔逊进行了正式宣誓，从而开始了自己的第二个总统任期。与此同时，400名妇女冒着瓢泼大雨，在白宫外示威，支持妇女拥有全国范围内的选举权。警察出动阻挡她们。一支乐队演奏了一阵，大风从四面八方拍打着妇女们手中的旗帜。她们原本打算像以色列人绕耶利哥而行那样，绕着白宫走上7圈，但经过讨论，方案被放弃了，毕竟在国际局势十分严峻的时候，这么干可不明智——或许还是对神明的亵渎。

在国会大厦，威尔逊"愤怒得如同一只大黄蜂一般"[17]。由首席大法官爱德华·道格拉斯·怀特（Edward Douglass White）主持的宣誓仪式理应是一场私人仪式，如今却要在簇拥在自己身边的大群扈从的注视下进行。总统的几个女儿并未受到邀请；豪斯上校已从纽约到来，他声称自己收到了参加邀请，但借故推辞了。"我从不喜欢太过引人注目。而且，外界对我的妒意已经够深了，没必要推波助澜。"[18]此外，还有数千人为了就职典礼而来到华盛顿，他们在附近的巴尔的摩度过了这个周日，那里的酒吧在安息日是不关门的。

国会委员会通常会告诉新任总统，国会已经休会，"已经把事情都办完了"。但考虑到那次成功的冗长辩论，这种说法显然并不真实。因此参议院书记员只是对首席大法官（曾经的南部邦联老兵）说："现在是12点钟。"[19]威尔逊从自己那乱糟糟的办公桌——他一向在这里签署法案——旁站起身来。书记员将《圣经》递给他，并翻到《旧约全书·诗篇》第46章："上帝是我们的避难所，是我们的力量，是我们在患难中随时可用的助力。"

翌日，也就是星期一，首都方面按照惯例，举行了公开就职典礼。大雨渐止，但宾夕法尼亚大道仍为狂风所笼罩。一个来自纽约的军团警戒着这条街道，这个从墨西哥边境沿线调回的军团刚刚结束了他们在那里的值勤任务，士兵们的脸晒得黑黝黝的。自林肯于1864年第二次就任总统以来，军人们还是首次担负保护就职典礼游行队伍的任务。武装警察和特工被部署在道路沿线的屋顶上。根据《纽约时报》的报道，每个街区都有8到10名目光敏锐的便衣混在人群中。街道上撒了沙子,这样在大雨过后,它们就不显得那么滑,如今沙粒被大风卷起,如鞭子一般抽打在参加者的脸上。

总统与威尔逊夫人于上午 11 点乘坐一辆敞篷马车离开白宫,他们的前方有骑警引领,马车的四周骑兵环绕。整整一天,威尔逊夫人都陪在总统的身边,这又开创了一个先例。众议院会议厅被国会成员挤得满满当当,拉福莱特是最后一批入内者之一。记者发现他在找位子时遇上了麻烦。他朝一个座位走去,但参议员本·蒂尔曼(Ben Tillman)把手放在上面,板着脸说道:"很抱歉。"[20] 拉福莱特转来转去,最终找到了一把放在两张桌子之间的空椅子。没人同他做伴。

国会大厦内的宣誓就职仪式是短暂的,就职演讲也是如此。威尔逊于前一天晚上 11 点就将演讲稿打印了出来。但他在演讲中承诺,自己领导的政府的命运,和这个国家的历史将发生巨大的变化。

"我们不再是一群乡巴佬了。"他说。[21] 他在第一个任期内实行的一系列意义非凡的进步性改革措施——制定新银行法、新反托拉斯法、分级所得税及遗产税制度、农业援助法,终结童工制度,建立联邦储备系统及联邦贸易委员会——如今均已到位。美国是时候将目光转向正处于巨变之中的海外了。

威尔逊并不是一个激情型演说家。他操着一口柔软、温和、吐字清晰的南方口音,语句流畅、用词严谨。他有办法让自我形象在听众心目中变得更为良好、更为高贵。他的演讲就像他曾经担任大学教授时那样自然、流畅,但显然是对身为长老会牧师的父亲那温文尔雅的布道模式的模仿。此时他号召美国人民担负起更为重大的道德义务,来守护美国的国运,并将和平的光芒播散到世界的每一个角落去。

"我们是一群来自五湖四海的世界主义者，"他说道，"每一个正为战火所笼罩的国家的血统，在我们的身上都可以找得到。我们的思想潮流和我们的贸易潮流一样，在我们与这些国家之间来回快速流动，一年四季从不间断。这场战争同样从一开始就不可避免地在我们的思想、我们的工业、我们的商业、我们的政治和我们的社会行为方面打上它的烙印。想用漠不关心的态度对待它，或不受它的影响是绝无可能的。"

他说，美国的"海洋权益一直在遭受严重侵害"，但他并不希望纯粹出于报复而出手反击。

"我们愈来愈清醒地意识到，也愈来愈肯定，我们想要扮演的是意在维护、巩固和平的角色。"当然，这句话在某种意义上听起来像是任一交战国领导人（包括威尔逊的近几任继任者）都会发表的虚伪宣言。多年以后，一些美国人出于类似的想法对威尔逊大加嘲笑，但这段讲话中流露的情感无疑是发自真心的。威尔逊认为这是美国的宿命，带领国家前进的责任已经落到了他的肩上。

他不是没有预见到这样做的风险，但他认为美国别无选择，而且冒着爆发战争的危险与宣战不是一回事。"我们甚至可能会在环境的作用下，而不是在我们的目标和愿望的引诱下，以更为积极的姿态来维护我们的权益（正如我们所考虑的那样），并更深地卷入世界大战中去。但没有什么能改变我们的想法或目标。这些想法和目标太过明显了，根本无法掩盖。而且，由于它们深深地扎根于我国国民的生活原则之中，也根本不可能改变。我们既不渴望着征服，也不渴望着牟取利益。"

就在此时，就在此地，威尔逊微微开启了战争之门。美国人或许会发现，他们将"更深地卷入"战争中去。和平是威尔逊的目标，但在这一目标下面还埋藏着一个想法：美国或许会做出决定，将武力作为强制实现欧洲和平的唯一手段。

演讲即将结束的时候，他又说出来一个新的想法。他对革命大加指责。威尔逊说，特别应当注意的是，任何国家都不应支持另一个国家爆发的革命。他可能是想说古巴，那里已经爆发了动乱，意在警告德国人远离那里。但当人们看到演讲稿后，相当一部分人无视了字里行间的细微差别，而将这次演讲视为美国总统对所有革命及革命者的全面否定。

在就职典礼开始前的几个星期，威尔逊收到了几份请愿书，请愿者敦促他以一个南方人的身份，直言反对私刑行为。一个名叫路易斯·G.格雷戈里（Louis G. Gregory）的华盛顿居民来信写道："总统先生，你可以利用你的身份，以一种最为有效的方式施加道德影响力……然后，这个国家的有色人种就会明白，这个国家的总统不是他们的敌人……你能以崇高的姿态，站在人道主义的立场上同情在苦难中挣扎的欧洲人民，为他们发声。那么让你将这一立场延伸到同样在死亡阴影笼罩下的峡谷中穿行的数百万美国民众身上，算不算要求过高呢？"[22]

位于北卡罗来纳州达勒姆市（Durham）的国立有色人种宗教、工业、文学培训学校校长詹姆斯·谢泼德（James Shepard）提出了同样的请求。"你为全世界受压迫的人民仗义执言，这给了我代表南部黑人向你提出这一请求的勇气，"他写道，"我希望你能抽出时间，将实现世界和平的壮举继续下去，也希望你能领导所有国家、民族的受压迫者摆脱奴役。"[23]

总统选择了沉默。

"没有示威游行,没有山呼海啸般的欢呼声,没有欢快而不负责任的狂热情绪。人们的情绪反映了政府的感受,而政府内部没有一丝一毫的节日氛围。"《纽约时报》写道。[24]

当威尔逊乘坐马车返回白宫时,神经紧绷的特工仔细检查着屋顶,以防投弹手出现,此时游行队伍出人意料地停住了脚步。伊迪丝感到有什么东西突然掉到了她的膝盖上。那只是一丛花而已。

接下来的就职巡游是人们的回忆中最微不足道的部分。这一次,人群只给了来自坦慕尼协会和库克县的游行队伍一些稀稀落落的掌声。他们将欢呼声留给了参加巡游的军人们。游行持续了3个小时,排在末尾的是来自华盛顿的一个有色人种慈善互助会的成员们。

"这次就职典礼的简朴与短暂,至少可以说是50年来无出其右,但是,或许没有一次就职典礼能像这次这样充满意义。"[25]

在白宫举办的自助午餐招待会的会场被200名官员和祝福者挤得水泄不通。豪斯抱怨道:"我想吃点东西都费劲得要命,因为许多人坚持要与我谈话。我已经过上了退休生活,也极力避免再承担公共职责,以至于公众几乎见不到我的身影。当他们能够看到我时,他们就充分利用了手中的机会。"[26]

豪斯暂住在白宫内,他将兰辛带到自己的卧室,和他平心静气地讨论了一番。又有6名官员前来拜访,其中包括海军助理部长富兰克林·D. 罗斯福。

下午的时候,罗斯福花了些时间,颁布了一道武装本国商船的行政命令,这道命令并未经过国会的批准。随后,海军部长丹尼尔斯、助理部长富兰克林·D. 罗斯福和海军作战部长威廉·本森上将(William Benson)开了个会,准备发布正式命令。"这是个极为庄严的时刻,"丹尼尔斯在日记中写道,"因为我觉得我可能在签署千百万美国青年的死刑执行令，武装商船令可能会将我们带入战争。"[27]

当天晚上，豪斯在椭圆形办公室①陪同威尔逊夫妇观赏烟火。那一年没有举办就职舞会。"总统与威尔逊夫人坐在一扇用帘子隔开的窗户旁边，招呼我过去陪着他们，"豪斯在当晚的日记中写道，"总统握住威尔逊夫人的手，将自己的脸倚在她的手上。"[28]

晚上9点多一点的时候，威尔逊建议他们乘车外出观看灯饰。他们的车上并无特工陪伴，但一些特工驾驶另一辆车尾随其后。"我们没开多远就寸步难行，人行道和车道上人头攒动，他们认出了总统，并发出阵阵欢呼。这是个危险的时刻……我坐在座位上，手里握着我的自动手枪，做好了在必要时采取行动的准备。"

汽车再度返回白宫，伊迪丝·威尔逊的心思又转到了豪斯身上：为什么不让他去伦敦取代佩奇大使的位置呢？这样就可以把他从伍德罗身边弄走了。

这个周末，众议院以一种特别的方式走完了最后一程，就像参议院于3月4日解散一样。众议院与总统之间没有什么仇恨，它已经通过了总统想要的议案，即使议案被搁置，那也是参议院的责任。众议院议员们聚集在一起，召开了最后一次会议。他们并不急于开会，但大部分人最后还是迈着从容不迫的步子走进了会场。突然，会场后部发生了骚动，众议院内随之爆发了一阵雷鸣般的掌声。蒙大拿的兰琦作为第一位入选国会的女性到来了，她吃力地从议员席上的支持者队列中穿过，与数百人握手。

这场会议非同寻常。第65届国会尚未就职，最早也要到4月才开会，但兰琦来到了这里，最令人兴奋的国会新成员，从西部地

---

① 白宫的总统办公室。

区走出的、创造历史、轰动一时的女子来到了这里。

马萨诸塞州的民主党议员詹姆斯·A. 加利文（James A. Gallivan）跳到一张桌子上。他呼吁来自芝加哥的共和党议员弗雷德里克·布里顿（Frederick Britten）将兰琦女士护送到前面来。"我的朋友们，"兰琦谦逊地说道，"我更希望将我的第一次演讲安排到下届众议院会议上。"[29] 她鞠了一躬，然后坐了下来。

议员和他们的家属将兰琦团团围住。随后，当掌声平息下来的时候，与会者按照最后一日的惯例，突然唱起歌来。众议员和他们的亲朋好友为红、白、蓝三色旗鼓掌，一首接一首地唱着爱国歌曲。接着，由于此时禁酒令已大行其道，他们唱起了《我是多么口渴啊》（How Dry I Am）。一位肯塔基州议员的妻子用口哨吹奏了狄克西。马里兰州民主党议员查尔斯·林西克姆（Charles Linthicum）的妻子海伦·林西克姆在东面旁听席栏杆处展开了一面大旗。

会议结束后，议员林克西姆告诉《巴尔的摩太阳报》，国会按照他的主意，一反常态，纵情高唱爱国赞歌，"而不是演唱'黑人'歌曲和流行歌曲"——国会任期的最后一天的惯例做法。

在大战在即的时候，没人会问为什么要这样。威胁是实实在在的，而这阵吹过国会大厦的爱国之风也是如此。但蒙大拿的兰琦女士的到来却并非如此。这件事根本就是个玩笑。几乎没有一位众议员知道她长什么样。来自宾夕法尼亚州的共和党议员乔治·埃德蒙兹（George Edmonds）的妻子同意扮演兰琦的角色。在危机迫近之际，有人别出心裁，用一场恶作剧把大家耍了。

真正的兰琦女士此时刚刚踏上一段长达1个月的巡回演讲之旅，她将在1个月后的4月6日的凌晨3点迎来人生中的重要时刻。

第 8 章

"我不要,先生,老板"

2月28日,在路易斯安那州的哈蒙德市(Hammond),一位名叫弗雷德·卡勒顿(Fred Karleton)的警察在搜寻艾玛·胡珀(Emma Hooper)的下落。艾玛·胡珀是一位45岁的黑人妇女,被认为患有精神失常。他已经接到了对她的逮捕令,罪名是"朝一个黑人少年开枪,致其轻伤"[1]。当他在胡珀的家里找到她,并要她投降的时候,她拔出一支手枪,击中了他的胸膛。警笛大作,警察局长里昂·福特(Leon Ford)集结一队警员,包围了胡珀的房子。当福特喊话让胡珀投降时,她举起一支猎枪瞄准警察局长,并扣下了扳机。但猎枪哑火了,警察局长用自己的佩枪击中了她的面部。胡珀退回房内,把门堵上了。福特的手下破门而入,最后发现她躲在一个大衣橱内。胡珀被制服,并被丢进福特的车内,这样警察就可以把她带到县监狱去。福特在镇警察局停了下来,将胡珀留在车里。按照福特事后的说法,他当时打算去弄一副手铐。

几个至今身份不明的男人将胡珀拖出警车,把她带到城镇边缘,并将她吊死在一棵树上。这些人声称,当他们回到胡珀家时,发现了一支步枪、一支双筒猎枪、一支手枪和"大量的弹药储备"。

私刑行为自1917年的前一年起大为减少，但并未形成趋势。[2] 到了1918年的时候便再度飙升。私刑事件可能发生在任何地方，而南方地区为频发地。1917年，美国的私刑受害者有38人，其中只有两人不是黑人。在南方，白人以私刑作为维护社会秩序的手段，农业县的情况尤为严重，法律的长臂几乎无法触及那里的狂热暴民。1917年，这种秩序面临着压力：南方和其他地区的报纸对私刑大加谴责，北方和南方的黑人领袖也公开抨击这种行为。作为南方经济的依仗对象，南方的有色人种也开始意识到机会——逃离南方各州的机会正在等待着他们。

并非所有针对黑人的法外处决行为都是由动用私刑的暴民实施的。当时警察动辄就开枪，甚至比现在还要随意。我们无法统计究竟有多少黑人男女倒在警察的枪口下，也无法判断他们中到底有多少人拥有武装，多少人赤手空拳。他们的死大多并未引起注意，而他们的故事也早已被人遗忘。

就在艾玛·胡珀被吊死的同一天，一个名叫林顿·克林顿（Linton Clinton）的黑人青年获得了自由，他本是佐治亚州梅格斯市（Meigs）的一名苦役犯，在获释后，他立即被处以私刑。据报道，克林顿承认自己骚扰了一名6岁的白人女孩。[3]

3月17日，在北卡罗来纳州的温盖特（Wingate），爱德华·威廉斯（Edward Williams）警官试图逮捕一名叫邦克·马斯克（Bunk Maske）的黑人，原因是他殴打了自己的妻子。马斯克枪杀了那个警察，而后拔腿就逃，但一队警察追了上来，在枪战中，马斯克被打死。马斯克的兄弟被带往门罗（Monroe）的监狱扣为人质，"以防遇到更多的麻烦"。[4]

3月12日，抢劫案嫌疑人威廉·桑德斯（William Sanders）在肯塔基的梅斯维尔（Maysville）遭人处以私刑。3月28日，被控犯有强奸罪的乔·诺林（Joe Nowling）在佐治亚州的佩勒姆（Pelham）遭人处以私刑。

3月25日，在路易斯安那州的阿米特（Amite）——此地距艾玛·胡珀受刑地不远——一群暴民试图吊死一个名叫乔·劳特（Joe Rout）的黑人，此人因有谋杀嫌疑而被通缉，在被警察搜寻了36个小时后，藏身于一座谷仓内的他被抓到了。瑟瑟发抖的劳特被拖到一棵大树下。在处刑的暴民中，有几个较为"保守"的人，他们建议应当先强迫劳特坦白罪行，并将黑人共犯的名字一一供出。人群暂缓行刑，开始商议起来，此时，一辆满载着全副武装的代理治安官的汽车赶到。类似情况仅此一次：执法者称自己要带走劳特，他们要他做个目击证人。人们表示抗议，但此时他们的狂热情绪已经退去。当代理治安官将劳特带走时，私刑队伍中的妇女开始嘲笑起她们的丈夫来，指责他们懦弱无能。5

3月16日，在密西西比的布鲁克黑文（Brookhaven），警察逮捕了一个名叫阿方斯·凯利（Alphonse Kelley）的白人男子。根据线报，他们在莫比尔和芝加哥铁路的新奥尔良路段截下了一列北行的列车，并将凯利拘捕。那辆火车的最后两节客车车厢满载着100多名非白人工人。凯利的罪名是"引诱"他们前往伊利诺伊的布卢明顿（Bloomington）工作。6 布鲁克黑文隶属林肯县（Lincoln County），《新奥尔良时代花絮报》（New Orleans Times-Picayune）在相关报道中为这次逮捕做了这样的解释：本县的锯木厂需要黑人劳工，因此这些人被禁止前往北方追求更好的工作，以及改善生活。欧洲战争带来的经济繁荣的大潮席卷了工业化的北方地区，由此创造了数以千计的新工作岗位，再加上欧洲的移民路线被切断，雇主们很乐意给非洲裔美国人提供工作机会。诸如林肯县这样的地区不得不设法制止这种风气，否则本地的产业就要荒废了。然而，尽管密西西比州的白人或许尚未彻底了解正处于萌芽状态的第一波大迁徙浪潮，但他们已经在与它做斗争了，这波浪潮将对美国北方和南方各州造成意义深远的影响，没人能够延阻它的到来。《新奥尔良时代花絮报》疾呼，就连黑人铁路工人都抛弃了自己的工作；如果黑人全跑光的话，那谁来干活呢？

"迁往北方不仅仅是为了寻求更高的待遇，还是为了发起一场种族运动。"黑人教育家 W. W. 卢卡斯于当年春天表示。[7] 他宣称，三流学校的压抑氛围、法律的不公，以及以农资赊销为形式的经济开发，使得黑人自然而然地认为北方地区有着更好的机会。前往北方也意味着能够得到更多的尊重。到了 1917 年，已有数千人离开南方。接下来还有成千上万人将追随他们的脚步。

但在布鲁克黑文，凯利被带往监狱，那辆开往芝加哥的列车后部的两节车厢被拆了下来，放到岔道上。黑人工人在车厢内过了一夜，而后被遣送回家。

3 月 7 日夜，在佛罗里达州的西棕榈滩（West Palm Beach），警官 H. E. 西曼（H. E. Seaman）走进铁线莲街（Clematis Street）的一家小餐馆的厨房。他在找一名名叫乔·怀特曼（Joe Wideman）的黑人厨师，这名厨师因盗窃被通缉。怀特曼当时在那儿，但他越过一排排惊讶万分的顾客，从餐馆正门跑了出去，西曼在后面紧追不舍。怀特曼开始沿着铁线莲街飞奔。他的身上并没有武器。西曼警官手持左轮手枪，开了两枪——这两枪被描述为"警告性射击"，但怀特曼仍然在跑。西曼第三次扣动扳机，击中了厨师的背部。怀特曼倒在人行道上死去。此时是晚上9点30分，现场聚拢的人群变得躁动不安起来。警察成批出动，成功地维持了秩序。第二天，一支陪审团被组建了起来，它立即做出裁决，西曼警官枪杀怀特曼属正当行为。[8]

铁线莲街的尽头是沃思湖（Lake Worth），但它根本不是一个湖，而是一道狭长的海湾，它将海湾内堰洲岛上的棕榈滩与西棕榈滩及佛罗里达陆地的其余部分分隔开来。弗拉格勒大道（Flagler Drive）以北六个街区处，坐落着一座将这两部分连接起来的桥梁。这座桥原先是为散步者修建的，它有时被称为"轮椅桥"，这个名字不是源于那种运输病残人士的交通工具，而是源自一种黑人男青年推的小型两座四轮小车。一座铁路桥与轮椅桥互相平行，这样方便从纽约和费城坐着私家车来的百万富翁们直接在岛屿任何一端的大酒店——布里克斯酒店（the Breakers）或皇家凤凰木酒店（the Royal Poinciana）——下车入住。

海湾的另一头就是皇家凤凰木酒店，距乔·怀特曼被枪杀处不足数百码（1码约合0.91米）远，全美首屈一指的管弦乐团指挥整个冬天都待在这里，指导自己手下的两个乐团。詹姆斯·里斯·尤罗普对美国强加在本国黑人公民身上的不公与困苦，以及因这些侮辱而引发的自毁式回击并不陌生。出生于亚拉巴马州莫比尔的他是在华盛顿长大的，在过去的15年间，他一直居住在纽约的哈莱姆区。黑人被禁止加入音乐家协会，因此尤罗普组建了谱号俱乐部（Clef Club），这个组织既是个职业介绍所，也是个社会组织，还是个民权组织。黑人音乐剧于1910年前后开始兴起，但随着电影的流行，这门艺术急剧衰落下去，而尤罗普已经从那段日子里熬过来了，他很清楚，无论是作曲还是登台表演，自己的酬劳都比白人同行少。

但到了1917年初，他以一位音乐人、作曲家和乐队指挥（这个身份所占比重最大）的身份获得了巨大的成功。第一波舞蹈热潮横扫美国的时候，他的乐队是全美顶尖的乐队。他梦想着建立一支伟大的黑人管弦乐团，这支乐团将为人们演奏伟大的黑人音乐。[9]它将证明，非洲裔美国人的音乐是这个国家最好的音乐，而非洲裔乐师是这个国家最好的乐师。他尤其喜欢大合唱。他组建了一支黑人管弦乐团，于1912年在卡内基音乐厅进行了单场演出，当时乐团拥有14架立式钢琴、65名乐师，他们的乐器有班多拉琴、吉他、小提琴、大提琴、低音提琴、长笛、萨克斯管，以及大管。一支庞大的鼓手组负责为他们伴奏。

但尤罗普赖以谋生的工具是舞蹈音乐，他所服务的对象大多为美国白人社会的精英阶层。在尤罗普的乐队的推波助澜下，弗农·卡叟和伊琳娜·卡叟成了声名远扬的职业舞蹈家组合。他在汉密尔顿·费舍尔家族（Hamilton Fishes）、沃纳梅克家族（Wanamakers）、平肖家族（Pinchots）的私人宴会上表演。他在纽约的白人俱乐部奏乐。有一次，当他与白人卡叟夫妇一同出现时，他被哈莱姆区的一家有色人种俱乐部拒绝。[10]他夏天在纽波特献艺，冬天则在棕榈滩演出。

作为一名歌手和作曲家，诺布尔·西斯尔（Noble Sissle）的职业生涯是漫长而成功的，此外，他在某种程度上还是尤罗普的左右手，他对皇家凤凰木酒店有着几段美好的回忆。但音乐家绝不能忘记他们的帮工身份。这个度假的好去处坐落于一片5英亩（1英亩约合0.4公顷）的土地上，整座小镇尽在其中。酒店拥有自己的发电厂和冷藏厂，一天可以生产10吨冰块。它在登载于《棕桐滩邮报》(*Palm Beach Post*)的大幅广告上吹牛说,在这里,约 2 500名游客每天要消耗掉8桶面粉、30箱橘子和葡萄、7 200个鸡蛋、150磅咖啡和400瓶水,一顿典型的美国式晚餐要烹饪 1 700只乳鸽。

当这家酒店提到员工数量时,态度就不是那么认真了,那则广告宣称,酒店拥有800至900名非白人雇员。广告向潜在顾客保证,"这家优秀的酒店对规章制度的执行是极为严格的",这家酒店的32名领班助理和500名侍者是从美国各地招募来的,他们的身体由伯克利·C.沃克大夫(Dr. Berkely C. Walker)负责照料,这名黑人医师是哈佛医学院培养出来的。广告吹嘘说,在过去的15年间,没有一位非白人员工因公殉职。但它从头到尾都没有提到全美首屈一指的乐团指挥常驻酒店一事。[11]

这家酒店附属的男士服装店刊登了一则貌似幽默的广告,内容是一名黑人侍者拒绝购买褐色皮鞋,因为他曾在费城买过一双太紧的。"我不要,先生,老板,"广告文案写道,"我每次穿上那些鞋子的时候都会受伤。甚至把它们搁在床下的地板上,都会把我弄伤。我再也不会穿褐色皮鞋了。"[12]

在1917年的时候,皇家凤凰木酒店的顾客包括佩恩·惠特尼(Payne Whitney)夫妇、威廉·伦道夫·赫斯特夫妇、科尔曼·杜邦(Coleman du Pont)夫妇、哈罗德·范德比尔特和威利·范德比尔特(Harold and Willie Vanderbilt)、金融家奥托·卡恩(Otto Kahn),以及伊利诺伊的进步人士——议员艾拉·C.科普利(Ira C. Copley)。2月22日,他们享受了规模宏大的华盛顿诞辰纪念日庆典。庆典有4 000人出席,且配有专门的伴奏乐团。舞厅内悬挂着装饰用的菝葜枝条,及一盏盏紫色、红色和绿色的电灯;数尊狮子雕像蹲伏在基座上，它们的爪子里抓着几个玻璃球，散发出蓝色的光芒。一年前，这种聚会被称为"中立舞会"。现在可不能这么叫了。[13]

客人们享受着宜人的气候：气温已经上升到70华氏度（约为21摄氏度）出头。当他们观看了一部名为《明日之岛》的公益电影后，他们为身在法国的美国战场救护队筹集了3 000美元。这部电影描述的就是"百万富翁的度假之地"棕榈滩。影片制作人是珀尔·怀特，拍摄资金由赫斯特提供，票价则高到闻所未闻的地步——每人3美元。[14]

他们听取了一位来自国王私人苏格兰边民团（the King's Own Scottish Borderers）的盲军士长的演说，他是在土耳其达达尼尔海峡（Dardanelles）负伤的。受这场演讲的鼓舞，W. J. 卡彭特牧师（Reverend W. J. Carpenter）为《棕榈滩邮报》写了篇短文。"土耳其人的手榴弹在他头部附近爆炸，致使他双目失明，这是现代战争残忍、可憎一面的实例。"他写道，"当一个人听到这样的故事的时候，他的心中就会燃起这样一种坚定信念：我们应当由衷地感到庆幸，迄今为止，我们的国家未被战火波及。"[15]

在一个宁静的周日（3月18日）之夜，客人们成群结队地涌向一座走廊，尤罗普手下的两个管弦乐团中的一个正在那里举办音乐会。在延伸至花园内的柱廊下方，他们侧耳倾听着，"享受着丝竹之声，体验着美丽的南方之夜，直到深夜时分"[16]。

尤罗普身材高大，肌肉发达，是个优雅、精明、自律、刻苦的人。如果他手下的音乐家做了什么可能给黑人带来耻辱的事，他会被激怒。在1913—1914年的这个冬天的巡回演出中，他和卡叟夫妇用了28天时间，在32座城市举行了表演。伊琳娜·卡叟在日后写道："没有优美动人的音乐的激励，我们简直难以坚持下去。"[17] 她认为尤罗普拥有极高的智慧和丰富的音乐知识，"当他面对手下的乐师时，他就会展现出极为威严的气质"。她声称，用缓慢的节奏来表演狐步舞是尤罗普的提议，卡叟夫妇日后即赖此成名。

当电影艺术的横空出世令纽约的黑人音乐世界面临分崩离析的威胁时，是他把它们团结在一起，他用自己的音乐才华和能力，将这个世界提升到一个新的高度，使之组织化。"在我看来，"沃纳梅克家的仆人约翰·W. 洛夫（John W. Love）写道，"尤罗普中尉之于我们，就像西奥多·罗斯福之于白人那样。他是个直率、简朴、正直的绅士。"[18]

曾为尤罗普工作，后成为诺布尔·西斯尔的长期谱曲搭档的尤比·布莱克（Eubie Blake）在多年以后这样描述他：尤罗普就是音乐界的马丁·路德·金。

俄罗斯音乐是尤罗普唯一钦佩的白人音乐。他喜欢用俄式三弦琴来掌控旋律，尽管他也用五弦琴和曼陀林做同样的事。他对俄国人有一种亲近感。有一天，他对西斯尔说，俄国人同样用乐曲来表达一个受压迫民族所遭受的一切苦痛及所有内心情感。在美国，只有黑人音乐家才能调出"来自灵魂的和谐呐喊"[19]。他认为，白人的古典音乐对于黑人音乐家而言是毫无用处的——如果他们想走这条路的话，那顶多成为"拙劣的模仿者"，永远不可能有更大的成就，还会从白人批评家那里收获一堆冷眼。出于同样的原因，也只有黑人音乐家能成功地掌握黑人音乐的精髓。他曾说过："我们有黑人特有的乐感。""我们种族的音乐源自大地，这是今日之其他种族所没有的。"[20] 他宣称，再也没有一个种族能够成功"复制黑人音乐的旋律和表现力，因为这种旋律、表现力来自黑人的灵魂，他们的血液里回荡着弦音"[21]。

1916年夏末，当加入世界大战仍是一件难以想象的事的时候，尤罗普正在享受着可以说是如日中天的商业成功。他在萨拉托加（Saratoga）的卡西诺（Casino）完成了一个演出季，刚刚返回纽约，就一直邀约不断。他已将纽约各家咖啡厅的舞蹈乐团统统整合到了一起。一名批评家认为，他们的音乐"震撼心灵"[22]。主顾们每晚都要求他亲自登场，因此他和西斯尔每晚都要在纽约的各家名流夜总会巡回。他一刻不停地奔忙着。到了1915年，他已经创作了20首歌，并获得了它们的版权；1916年的时候，他获得了28首歌的版权。但他现在却有了别的想法。

夏秋之交的一天，他突然出现在西斯尔面前，告诉他，自己已加入纽约国民警卫队第15团——哈莱姆团。他说自己也为西斯尔报了名。西斯尔一下变得语无伦次起来，说什么他们实在是太忙了——特别是晚上，这样做是毫无意义的，无论如何尤罗普也已经36岁了云云。年龄较长的尤罗普表示，他刚刚冒出参军的想法时，也曾想到过上述种种理由，但他随后意识到这是一次机会，也是一种义务。他说，这样自己就有机会结识这个城市的黑人精英，并与他们并肩作战。如果这个团能够立下战功的话，那么它就有可能吸引到资金支持，从而建立一座训练中心，年轻人可以在这里锻炼身体，接受体育训练。"这样一来，我们不但能在肉体层面，还能在精神层面将哈莱姆的黑人锤炼成一群铁骨铮铮的汉子。"他说。[23]

但尤罗普告诉西斯尔，要实现这一目标，就必须让哈莱姆最优秀、最真诚的成员参与其中，"建立起一个强力机构，培养哈莱姆黑人的阳刚之气。这是一次千载难逢的机会，倘若失之交臂，其损失是纽约无法承担的。"他相信，只要抓住这次机会，他们就向坚持种族平等的目标迈进了一步。

尤罗普在华盛顿高中就读时曾参加过学生军训队，因而获得了中士军衔，并很快升任中尉。到了12月，该团指挥官海沃德上校找到尤罗普，要求他组建一支乐队。他知道，若将这支乐队交给尤罗普掌管的话，那它就会大放异彩，他相信这个新成立的团是能够在名望方面创造奇迹的，尽管它的装备低劣到令人悲哀的程度，而国民警卫队高层也几乎完全无视它的存在。尤罗普拒绝服从——他想当一名真正的军人，即使只是兼职性质的军人。他还担心，如果这支乐队最终沦为平庸或下等的话，自己的名声会受到影响。因此他告诉海沃德，组建乐队需花费1万美元，他希望借此阻止上校的想法。几天后，他拿到了这笔钱，于是他同意担任乐队指挥。

进入1917年之后，战争对于美国而言仍很遥远，尤罗普前往棕榈滩。他让西斯尔负责招募黑人乐师参加第15团（那1万美元将用于支付他们的工资），后者当年留在纽约。当消息传开的时候，数以百计的申请信从全国各地蜂拥而至。但尤罗普清楚，自己之前指挥的一直是舞乐团，而军乐团的规模要大得多。管乐手——黑管手和萨克斯管手——是不可或缺的。他还清楚，自己可没时间训练他们。他必须搜罗自己所能搜罗到的最为老练的乐师。尤罗普对非洲裔管乐手没有信心。因此他和西斯尔达成一致意见：等他处理完棕榈滩的事，他就立即赶往波多黎各。他们相信在那里可以找到全美最出色的黑管手和萨克斯手。

詹姆斯·里斯·尤罗普出身于演艺界，虽然他鼓励手下的乐手搞些即兴创作，但并不鼓励经常这样做。他相信管控的作用。他精通切分音法——拉格泰姆的核心要素。他认为黑人音乐家对切分音有着与生俱来的感觉。他的舞乐团规模往往很小，但他衷心希望自己能指挥一支拥有交响乐团规模的乐团。他觉得，自己的国民警卫队乐团的合理规模应为100人。

当然，他也明白，另一股潮流已经开始在流行音乐界涌动。那些从新奥尔良脱颖而出的小乐团在拉格泰姆中掺杂蓝调元素，它们的表演带有一定的摇摆舞风格，并用自己特有的种种方式来理解、演绎声乐。尤罗普曾听说，有支乐队（他称之为拉兹乐队）于战争爆发前约10年，在纽约表演了几天后解散。这支乐队的乐手很可能是最早的拉兹·达兹·斯伯泽姆乐队（Razzy Dazzy Spasm Band）（这是支白人乐队），或仿冒的拉兹·达兹·加兹乐队（Razzy Dazzy Jazzy Band）的老乐师。这两支乐队均来自新奥尔良。"拉兹乐队的4名乐手对自己的表演曲目全无计划，"尤罗普告诉一名新闻记者，"他们一面演出，一面即兴创作，但他们与生俱来的节奏感的表现形式就是如此，因此他们创作了一些极具魅力的曲子。"[24]

起初，美国人觉得这种音乐实在是太刺耳了。1915年，弗雷迪·凯帕德（Freddie Keppard）的克里奥尔乐队在纽约登台亮相，结果一败涂地。[25] 芝加哥的情况要稍好点。《芝加哥每日论坛报》上刊登了一篇几乎毫无幽默感，但对这类音乐持肯定态度的专栏文章，文章附有一幅卡通画，上面画了个长着厚厚白色嘴唇和一双白色大眼睛，正在吹奏萨克斯管的黑人。文章标题为《蓝调就是爵士乐，爵士乐就是蓝调》。[26]

1917年1月，当尤罗普正待在棕榈滩的时候，尼克·拉罗卡（Nick LaRocca）——他的双亲都是西西里人——带领一支由新奥尔良人组成的乐队前往纽约,他们在哥伦布圆环(Columbus Circle)的赖森韦伯饭店(Reisenweber's Restaurant)登台表演,结果大获成功。他们自称"正宗狄克西兰爵士乐队"。3月,他们通过胜利唱片公司发行了首张爵士乐商业唱片。似乎只用了数周时间,爵士乐就在全美各地流行起来。那年春末,就连尤罗普的谱号俱乐部乐团都开始在海报上将自己宣传为一支爵士乐队,尽管尤罗普声称他不得不保持高度戒心,以确保手下的乐师们对他们的音乐不至于过度"修饰"。[27]一支白人乐队成功地将爵士乐带进纽约,这真是很讽刺,但这件事很快就被人遗忘了。

1917年3月,新奥尔良著名的红灯区一派热火朝天的景象,这一地区如今被命名为"斯特利维尔"(Storyville),但在当时仅被称为"地区"。结束了墨西哥边境守备任务的士兵很乐意于返乡途中,在新月之城(Crescent City)①逗留一下。妓院为乐师们提供了学习技能的大好机会,他们用各种办法来让自己的音乐"更爵士"。葬礼游行则对新风格音乐的推广起到了推波助澜的作用:乐队在去墓地的路上演奏缓慢的进行曲,而后在返回途中加快音乐的节拍。当然,忏悔星期二②也起到了同样的作用。

1917年3月1日,一条城市法令开始生效,这条法令在买春及卖淫人群中实施种族隔离。黑人卖淫者和黑人顾客的活动范围被限制在毗邻"地区"的上城区附近,但这类禁令不适用于乐师。而在历史学家阿尔·罗斯(Al Rose)笔下的斯特利维尔历史中,在当地活动的白人音乐人总共不到六人。[28]无论如何,种族隔离法令

---

① 即新奥尔良。
② 四旬斋前的狂欢节。

直到最后也没有起到多少影响。

1917年3月，在这座城市的一份白人主流报纸《新奥尔良时代花絮报》上，读者很难找到任何关于在斯特利维尔，或者说市内其他白人乐师演奏爵士乐的只言片语。但在这个月，长号演奏家"小鬼"爱德华·奥赖（Edward "Kid" Ory）仍在红灯区演出。有一位伟大的钢琴演奏家，叫托尼·杰克逊（Tony Jackson）。一个名叫西德尼·比切特（Sidney Bechet）的年轻黑管手已在多地巡回表演过，但如今他回到了自己的家乡。钢琴演奏家斐迪南·拉莫特（Ferdinand LaMothe）亦是如此。此人还有一个更为知名的名字：杰利·罗尔·莫顿（Jelly Roll Morton）。他声称，是他发明了爵士乐，但事实并非如此。伟大的小号演奏家"国王"乔·奥利弗（Joe "King" Oliver）依旧在贝森街（Basin Street）附近献艺。他的弟子路易斯·阿姆斯特朗（Louis Armstrong）也一样，此人只有15岁，却拥有明显而惊人的潜力。

当年11月，海军以重兵进驻该城，关闭了斯特利维尔。这一事件引发了又一波规模较小的迁徙浪潮：黑人爵士音乐家迁往北方的夜总会。然而，此时尤罗普中尉正在为一场全然不同的旅行做着准备，他的目的地是西部战线的战壕。

第 9 章

"一种令人身临其境的愉悦氛围"

就在前一天,他还看到一座佛罗里达灯塔出现在轮船右舷的远处。但现在,到了 3 月 2 号,莫罗城堡(Morro Castle)已在左舷处赫然耸现、逼近,然后是卡巴纳堡(Cabaña Fort),以及它另一端那座阴暗、古老的监狱。与此同时,H. L. 门肯乘坐的轮船一边呼哧呼哧作响,一边驶入哈瓦那港。此地几乎就是这场漫长、艰难、意外的返乡之旅的最后一个经停站。他在当年 1 月离开东线,于 2 月前往寒冷、凄凉、形势愈来愈危险的柏林。如今 3 月他来到了热带地区——古巴。他舒舒服服地沐浴在阳光下,只觉得连自己的鞋尖都暖了起来。他享用着一支好烟,如果他有一顶草帽的话,他一定会将它戴得漂亮。

两星期前,门肯于中立国瑞士的苏黎世享用了一盘带骨猪排,翌日,他取道前往伯尔尼,去见尼采著作英译本编辑。他发现这座城市笼罩在湿漉漉的浓雾之中。它"小得可怜,毫无魅力"[1]。从外观上看,联邦大厦对于这么一个无足轻重的国家而言实在是太过招摇了。"每个地方都显得潮湿、可怖。我咳嗽连连,鼻子也塞住了,巴不得能晒晒太阳中中暑。"

英译本编辑奥斯卡·雷维"因某些战争心理现象而变得兴高采烈：它们证实了他的预言，坚定了他的人生哲学。他希望有人能跟他来场漫长的辩论，随着时间的推移，他愈来愈沉迷于此道。他声称，最终结局将是基督教的彻底崩溃"。

门肯发现，这一观点真实无妄，且特别能给人耳目一新的感觉。同一天早上，他在伯尔尼与六名来自基督教青年会（Y.M.C.A.）的美国人不期而遇，这些人同样刚刚离开德国。在那里时，他们以中立国国民的身份在战俘营内工作——"典型的福音传播手段：逢迎讨好、爱抚亲吻、发表演说……平均每个战俘营都需要一个美国滑稽剧团——4~5名才华出众、举止粗俗、会滑稽表演、备有苏打水吸管的喜剧演员，20名富有魅力、头发用过氧化氢处理成金色的胖子。"

这座城市或许又小又潮湿，却一片熙熙攘攘的景象。

"伯尔尼的探子（Hawkshaws）数量之多，足以出演1 000场情节剧了。"门肯写道，他用了一个在当时或许都显得古老的俚语来指代秘密间谍。"如果有人发出一封电报，他们立马就会听到风声。如果有人与友人共进午餐，他们就会忙碌起来——德国间谍走右边，法国间谍走左边……在德国时，我被告知，不少于50名德国秘密间谍在这里活动；法国、英国和意大利间谍的人数无疑要多得多。他们扮成脚夫、侍者、美国人、传教士、酒保、出租车司机，甚至侦探。"

如果门肯在这里待上几个星期的话，他就能迎接一位年轻的美国外交官的到来了，这位外交官来伯尔尼之前的身份是驻维也纳大使；他的名字是艾伦·杜勒斯（Allen Dulles），当时他试图在瑞士首都施展一番拳脚。未来的中央情报局局长就这样融入这座城市的氛围之中，并将精力投入搜集间谍活动的情报工作上。

但这位记者无心在伯尔尼逗留，在与杰勒德大使一行重新会合后，他就离开瑞士，赶往巴黎。他担心法国海关人员会把他携带大量德文报纸一事看得很严重，事实证明这种担心是多余的。他待在一座阴暗的巨型酒店——大陆酒店内。在办公室的墙上，他看到一张名单，当时身在前线的酒店雇员统统名列其中——上面约有200个名字，其中18人已战死。门肯的护照上盖有签证章，这样他就可以在法国过境，但不得停留。他被告知，修改签证并不是什么难事，"但就我而言，西班牙和美丽的红太阳才是令人向往的"[2]。

他对自己看到的英文报纸上的措辞感到吃惊，"德文报纸在论及敌国时，用词一直很得体，即使在用最为严厉的语气表示谴责时也是如此。它们始终用法兰西人、英格兰人或俄罗斯人来称呼敌对国家的人，从不给他们起粗俗的外号。但在英文报纸上，我们看到了'德国佬''海盗''德国兵''野蛮人'等词"[3]。

门肯在巴黎逗留的时间不到12个小时，其中2个小时被用来进餐——他认为这顿饭棒极了。但与任何一个勤勤勉勉的记者一样，他能在短时间内形成对巴黎的印象，并直截了当地描述出来。"法国人看起来同德国人一样，对胜利充满信心。我在那天遇到了六个人，他们全都断言自己将目睹胜利最终到来的那一刻。"[4]

如果他待得久一些的话，他或许就会纠正自己的看法了。美国驻巴黎外交官阿瑟·休·弗雷泽（Arthur Hugh Frazier）写信给身在纽约的豪斯上校："最近几周，法国一直遭受着极为严峻的考验，否定这一点是毫无道理的；严寒天气与煤炭供应短缺带给法国民众的是空前深刻的战争体验；他们现在对战争极为厌恶，一心只想着和平。他们之所以还在坚持战争，只是因为担心现在的一时和平会给将来带来灾难性的后果。我不知道他们还能坚持多久，但他们的承受力几乎已经达到极限了。"5

门肯认为这场战争还将持续5年，甚至10年。"任何认为德国人即将放弃的想法，在我看来都是无稽之谈，就算美国人站到他们的对立面，他们也不会放弃。德国人非常清楚，他们快要走投无路了，必须用刀剑杀出一条血路。此外，他们仍认为自己是不断进攻的一方，并声称将在春季拿下敖德萨。"①

他仍希望美国能随时参加战争，尽管现在离德国宣布恢复无限制潜艇战已过去了两个星期。"一旦美国加入战局，我们将展现惊人的捞钱能力，"6他写道，"等到我们这些难民回到祖国的时候，这一幕就将上演。至于我，可能会志愿成为一名军事评论家。的确，我对战争的了解和经验还很贫乏，但比罗斯福少将要强多了。他不过打了一天的仗，而我却在战场上度过了5天。② 或许我还是以一名陆军中将的身份上战场吧。"7

前往西班牙的途中，门肯在波尔多用早餐，由于他把梳子给弄丢了，因此他戴着帽子吃饭。在比亚里茨（Biarritz），他终于看到了"湛蓝的天空"8。门肯于圣塞瓦斯蒂安（San Sebastian）过境，他乘坐的列车上挂着西班牙国王的私人车厢，"就这样，我在一片庄严肃穆中，在两排举枪致敬的士兵的夹道迎接中来到了马德里"。

---

① 值得注意的是，这段评论和下一段评论均来自发表在《巴尔的摩太阳报》上的大量日记摘录，它们的连载日期是3月10日至3月22日，此时美国人对德国的敌意正与日俱增。——作者注

② 这句话提到了罗斯福于美西战争中率军攻占圣胡安山的事，并将这场战役的时长与门肯在立陶宛待的时间做对比。——作者注

马德里是片温和之地，门肯则是个暴躁之人。他花了一天时间"到处闲逛……从战争的阴影中恢复过来"⁹。反美情绪正在高涨。在他看来，四下里根本见不到什么美女。这里的服装看上去像是对巴黎时装的讽刺性模仿。他发现，这里的奶牛和山羊在顾客家门口被挤奶，人行道上几乎见不到嘎吱嘎吱开过的有轨电车，"职业乞丐数不胜数，有独腿者，有独臂者，有双目失明者，有身负重伤者，有残废不全者"。

门肯得知，西班牙已确定不会参加威尔逊的维护中立国权益计划。"他们反对'更为严厉'的 U 型潜艇战，但他们更反对'los Yanquis'①。"¹⁰ 从地图上可以看出，比起美国，西班牙离战争要近得多，但在马德里，战争似乎离得很远。除了本国经济获得增长外，西班牙几乎没有受到战争的影响，西班牙人对战争也没有表现出多大兴趣。

威尔逊同德国断交后，西班牙并不是唯——个拒绝站出来与美国组成统一战线的中立国家。荷兰大使于本月向豪斯上校抱怨，两年来，他的国家及其他国家一直在尝试与威尔逊携手，结果却徒劳无功。¹¹ 荷兰人正好住在德国人的隔壁，他们认为，慎重的做法是不要去招惹对门那个全副武装的庞然大物。¹²

门肯买了一份《巴黎先驱报》(Paris Herald)，它是欧洲版的《纽约先驱报》(New York Herald)。他在报上读到一则消息：在德国控制的斯特拉斯堡(Strasburg)，由于平民抗议粮食缺乏，已有 38 名妇女和儿童丧命于被他称为"暴行别动队"¹³ 的警察或军队之手。"不知为何，我怀疑这篇故事中充斥着排版错误，"他写道，"无论

---

① 西班牙语，意为"美国佬"。

如何，等我到家后，我可能不得不往自己的手上吐口唾沫，然后亲自做些类似的事情。"

门肯坐了一夜的火车，穿过美丽的加利西亚乡间，来到位于西班牙西北部的拉科鲁尼亚（La Coruña），而后登上一艘名为"阿方索十三世号"（Alfonso XIII）的轮船。这艘船于 1890 年在苏格兰建造，它以"奥希阿纳号"（Oceana）的身份在汉堡与纽约之间航行了近 10 年。船身长 500 英尺多一点，配有 2 根烟囱和 1 个游艇式的精致船首。"13 这个数字让我感到困惑①，"他在给一位朋友的信中写道，"毫无疑问，它将招来水雷和 U 型潜艇。"¹⁴ 门肯已经与杰勒德大使一行分了手，大使一行的队伍中包括其他乘坐专列离开德国的美国记者，如今他打算比他们提前 5 天渡海前往哈瓦那。一想到这点，这位老记者便激动不已，因为他将给美国读者带来一份关于德国现状的报道，这还是两国断交之后的头一份未经审查的报道。

在海上漂了整整 8 天后，他将自己的笔记和想法收集起来，写了一篇约 6 万字的文章，整整 200 页打字稿。当他在德国时，他的笔记本已经写得满满当当，但他并没有真正养成记日记的习惯。如今他将自己的记录尽数倾泻而出。

为了绕开德军潜艇活动区，"阿方索十三世号"一直行驶在距西班牙海岸 20 海里以内的海域，直到抵达菲尼斯特雷角为止，之后便可一帆风顺地渡过大西洋了。早晨和下午时分，门肯都在打字机上不停地敲敲打打，但他仍有时间在船上到处参观，享用船上的供应品，估算同行旅客的人数：他们中有 24 人是美国人。周四和

---

① 在西方文化中，数字"13"是不吉利的象征。

周日,船上提供的是香槟,其余时间则供应红酒。"这艘船上有着形形色色的气味,我闻到的有大蒜味、洋葱味、浓烈的橄榄油味、舱底的污水味、古龙水味、腐烂水果味、洗碗水味和广大伊比利亚平民身上的味道。我的房间似乎位于水线以下,再往下的话,空气就和凝胶一样黏稠了,连人的头发都变得黏糊糊的。"[15]

在他的单间卧舱之外,是"一条被乘务员作为吵架场所的走廊"[16]。

出海之后的第二天,大海变得愈发狂暴起来,晕船症如巨浪一般席卷全船。孩子们惊声尖叫。门肯带上打字机,躲进吸烟室。在那里,上好的哈瓦那雪茄售价为10美分。船上有规定,乘客不得携带火柴,他们只能在吸烟室点烟。"不言而喻,"门肯写道,"每个美国人口袋里都装有一盒地下酒吧(speakeasy)的火柴,3年前颁布的禁酒令为美国英语带来了这么一个核心词汇。"[17]

同他之后的美国人一样,门肯发现自己很快就愈来愈适应大蒜了,他还担心自己今后会觉得不放大蒜的食物淡而无味。

当航程进行到一半左右的时候,天气开始变得日渐暖和起来。当门肯在打字机上飞快地敲击的时候,战争似乎真的已经被他抛到身后了。"欧洲北部的寒冷被我们甩到身后去了,几乎已被我们遗忘。战争也是一样。令人难以理解的是,美国正准备介入战争。而同样令人费解的是,当我们登陆的时候,这个国家的气温将达到109华氏度(约43摄氏度)。"[18]此时距离他在立陶宛拜访德军战壕已经过去了一个月,当时的气温是零下12华氏度(约零下24摄氏度)。如今的天气"更暖和,也更温和了。海水变得愈来愈蓝。今天早上,几根黄色的海藻从我们眼前漂过。无线电收音机播报了'拉科尼亚号'沉没的消息,这真是件令人悲哀的事。1914年,战争爆发前夕,我还曾在这艘船上穿行过"[19]。

当门肯动手整理作品的末尾部分的时候，他已经快要到家了——或者他认为自己快要到家了。3月1日，当"阿方索十三世号"穿过闪耀着浅绿色光芒、美丽如画的巴哈马海面时，门肯收到了一份无线电报。身在巴尔的摩的《巴尔的摩太阳报》主编通过电报告知门肯：古巴爆发革命。美国上下无人能弄清这是怎么一回事。主编问他，要留在哈瓦那记录革命吗？门肯同意了，并向哈瓦那拍去一封无线电报，向那里的一个熟人——消息灵通的丹麦人阿斯穆斯·莱昂哈德船长（Captain Asmus Leonhard）求助。

翌日，西班牙轮船一抵达古巴港口内的停泊处，莱昂哈德派出的一艘汽艇就驶向那里，门肯被带上船，风驰电掣地穿过海关。"船长本人此时正候在位于普拉多的帕萨赫酒店的拱廊内，一边品尝着一盘西班牙豆汤，一边抽着一支'罗密欧与朱丽叶'牌雪茄。"[20]

这座酒店是美国人的旧爱，它是用石灰石建成的，中央拱廊的一侧高三层，另一侧则高四层。普拉多旁边的一排圆柱承载着这条林荫大道的主体，它们与庄严、华丽的建筑群自带的圆柱一道，沿着一条条街道排列开来。酒店的后方是狭窄、杂乱，几乎覆盖在遮阳篷之下的哈瓦那旧城街道。那里人声鼎沸，哈瓦那居民的喊叫声从街道上一直传到阳台上，在空中四处回荡。

旅馆房间的天花板高20英尺，巨大的百叶窗对着街道或拱廊的方向展开，床上罩着蚊帐。此外，房间内还有几张摇椅和大理石柜面的床头柜。在主客厅，更多的摇椅以彼此相对的形式摆放在那儿。[21] 热带水果是酒店餐厅的特色食品，例如人心果、黄金果、曼密苹果和芒果。橘子也是用叉子吃的。这里不是阿德隆酒店——门肯在柏林的下榻之所——但门肯觉得它对自己的意义与之很相似。

丹麦人将当前的情况告知门肯。

"这场革命说来很简单,"他一边说,一边立即处理起手头的事情来,"自封保守主义者的梅诺卡尔(Menocal)是现任总统,而自封自由主义者的前总统何塞·米格尔·戈麦斯(José Miguel Gomez)想重掌权力。整件事情就是这样。何塞·米格尔·戈麦斯宣称,当梅诺卡尔于去年再次当选的时候,所谓的自由党被所谓的军队逐出了所谓的大选。另一方面,梅诺卡尔则表示,何塞·米格尔是个贼,应当被赶出古巴岛去。他们都是对的。"

此事发生24年后,门肯在其回忆录《异邦岁月》(Heathen Days)对这一专题做了详细描述。(1917年,他还在法国的时候,就已经注意到一个罕见的——对他来说是这样——"欧陆"惯例:记者会在采访期间做大量的笔记。)但莱昂哈德的话——要么是门肯回忆录中的说法,要么就是门肯添油加醋——是相当可靠的。当门肯于1941年站在历史的制高点回忆此事时,他自嘲了一番,说自己当时就准备提笔书写此事,但丹麦人劝他先做些即时报道。当然,这场革命(1917年的第一场革命)的情形比门肯透露的要略微复杂些。此外,美国未必真的像《巴尔的摩太阳报》主编在电报里暗示的那样,与革命全无瓜葛。

自1898年同西班牙断交后,古巴就被置于美国的管辖下,这种状况持续了4年。1902年,一部古巴宪法在华盛顿起草,并获得了通过。宪法规定,古巴人可以自视为至高无上的人民,但名为《普拉特修正案》(Platt Amendment)的法案给了美国以控制古巴财政及外交关系,以及以别的方式——在华盛顿认为必要时——干涉古巴事务的权力。在古巴爆发了一场武装起义后,西奥多·罗斯福总统就运用了一次这样的权力，结果古巴再次被美国总督统治了近3年之久。一些古巴人表示，腐败现象就是在当时首次，或者至少是第一次大规模地出现在该国政治舞台上的。1908年美国再度撤军，自由党人戈麦斯当选总统。曾于独立战争时期出任将领的戈麦斯在担任总统期间为自己聚敛了大批财富。

1913年，保守党人马里奥·梅诺卡尔接替了戈麦斯的总统职务。自由党分裂为两派，反戈麦斯派认为他们已经与保守党达成了谅解——作为回报，他们在1913年大选中支持梅诺卡尔——因此1917年初该轮到他们来掌权了。但梅诺卡尔决定再干4年。麻烦就是从这个时候开始的。

选举于1916年11月1日举行。梅诺卡尔被宣布为胜利者。但此时已重新联合起来的自由党大叫大嚷，说选举中存在着舞弊现象。他们在古巴最高法院胜诉，法院下令在两个省的少数地区重新举行投票。宪法赋予古巴的选举制度与美国类似。古巴的六个省均拥有自己的选举人团，每个省均根据选举人团的人数分配一定数量的选票，而选举人团的规模则由各省的人口比例决定,各省实行"赢者通吃"①制度。圣克拉拉省（Santa Clara）和奥连特省（Oriente）的重选区数量足以让这两个省的胜利天平倒向自由党，进而让大选胜利的天平倒向自由党。

2月14日，圣克拉拉省将举行重选，一周后，奥连特省再重选。自由党推出阿尔弗雷多·萨亚斯（Alfredo Zayas）为候选人，他们相信自己能以正当手段，将他们在12月失去的胜利赢回来。尽管他们在法院赢得了胜利，但他们担心保守党会在2月的选举中再

---

① 候选人若赢得该省多数选民的支持，则自动获得该省的全部选举人票。

度窃取胜利。他们吁请美国介入,监督选举过程。

但他们选择的时间显然很不合宜。德国人在不久前发布了重启 U 型潜艇战的公告,驻华盛顿和柏林大使都被撵回老家去了。自 2 月起,美国大西洋舰队的大部分兵力都被分配到美国驻关塔那摩湾(Guantánamo Bay)基地和海地太子港(Port-au-Prince)附近的驻地去了。[22] 美国军舰"奥林匹亚号"(Olympia)在 1898 年的马尼拉湾战役中曾担任过杜威上将的旗舰,如今它位处今属多米尼加共和国的圣多明各。大部分军舰此时亦待在加勒比海。唯一的例外是几乎全新的"亚利桑那号"(Arizona),它正在布鲁克林的海军船坞接受维修。一旦战争爆发,大西洋舰队就能把 U 型潜艇堵在关塔那摩。因此无论如何,这些军舰是北大西洋不可或缺的。海军助理部长富兰克林·罗斯福已经收到英国情报部门的建议:将军舰从古巴调离。就在自由党请求美国介入的时候,海军正以尽可能快的速度,将资产从古巴撤出。[23] 到了 2 月末,大部分舰只已经离开。

2 月 11 日,距离圣克拉拉省进行重新投票还有 3 天的时候,一场起义爆发了,参与者除了平民外,还有数十名士兵。自由党为这次暴动辩护,理由是人们可不能只是站在一边,看着梅诺卡尔再次通过欺骗手段胜选。政府的反应是将自由党的领导人逮捕起来,并派出警察监督自由党报纸的出版发行。梅诺卡尔的助手声称他们已经发现了一起阴谋,目的为刺杀梅诺卡尔,或者绑架总统,逼他辞职。

戈麦斯乘坐自己的游艇溜出哈瓦那,并自封为革命领袖。自由党的策略很简单:让国家陷入严重混乱之中,迫使美国出手干预。只要选举在美国人的监督下公平进行,自由党就一定能获胜。(连梅诺卡尔的支持者也倾向于认同自由党更有人望的观点。)哈瓦那政府满怀信心地预计，它将在几天内把起义镇压下去。然而，革命烈火的蔓延却一刻也没有中止过。2月12日，起义军攻占了古巴第二重要城市圣地亚哥，而这座城市的附近就是圣胡安山，19年前罗斯福上校即是在此处扬名立万的。

无论何方得势，都令华盛顿方面感到不快。国务卿罗伯特·兰辛发表声明，表示"严重关切"[24]，并指示古巴人不要用武力手段处理本国纠纷，而应走诉讼渠道。兰辛说，如果此事能和平解决的话，美国将会很满意，"尤其是在当前世界大部分地区均被卷入武装冲突中的情况下"。梅诺卡尔政府的答复是，兰辛那边得到的消息无疑有误，因为目前的局势根本没什么可担心的。随后，警察查封了自由党的主流报纸。第二天，政府又要求人们志愿为军队服役90天。整个哈瓦那的嫌疑分子及总统仇家的住宅统统被翻了个底朝天，在一个海关稽查的家里发现了一门"具有相当规格的加农炮"[25]。美国宣布，它将向古巴出售1万支步枪和500万发子弹——这可不是自由党想看到的干涉。但美国陆军部亦在制订一个备用方案：在必要时候派5 000到7 000名美军前往古巴。当这一方案为《纽约时报》所披露时，自由党燃起了希望。他们能成功迫使1906年的占领局面重演吗？

2月14日，兰辛向古巴政府发去一封正式照会，称美国认为当前的局面"极度令人担忧"[26]。随后他发表了一篇言辞尖锐的评论，反对任何地区任何形式的革命。他说，美国绝不能支持这种意在颠覆政府的行径。

"在过去的4年间，"——兰辛指的是威尔逊执政以来的4年，"在是否认可以革命或其他非法手段夺权的政府问题上，美国已经清晰而明确地阐明了自己的立场"，它绝不会承认这样的政府。

显而易见，美国人试图为自己追捕身在墨西哥的革命家潘丘·维拉的做法辩护，因而制定了这一政策，但在另一个月，这一政策将被"清晰而明确地"弃之如敝屣，原因在于，一场新的、更为遥远的革命爆发了。

确切地说，在自由党眼里，美国并不是一个保护者，而是一个毫无偏见的仲裁人。他们的使命是向美国证明一个事实：梅诺卡尔政府没有重建秩序的能力。要引起华盛顿方面的注意，不够直观但合理的办法是从美国人在这座岛上的利益入手。它们主要包括甘蔗种植园、糖厂、水果种植园和铁矿山。巴尔的摩郊外的斯帕罗斯角的新建大型钢铁厂的铁矿石大部分来自古巴。在过去 10 年间，这些铁矿石被冶炼成钢轨后，大部分被运往俄国修建西伯利亚大铁路。然而，一名美国公民拒绝交出炸药而被射伤，眼下更令美国人担忧的似乎是针对美国资产和美国公民的袭击。一些甘蔗种植园遭人纵火焚烧，矿山则从未受到过威胁。威尔逊政府依然没有心情考虑美国在古巴的利益可能遭受损害的事，它的目标是让革命的威胁消失。

梅诺卡尔的人对美国的立场采取迎合的态度。古巴外交官拉乌尔·德斯弗奈因（Raoul Desvernine）在一封致《纽约时报》编辑的信中写道："古巴政府能担得起……令美国在危难之际感到为难的责任吗？古巴政府能担得起给美国留下'无能力自治'的印象的责任吗？美国曾两次介入古巴事务，又两次将古巴交还给古巴人民。难道一个国家不会和一个人一样，迟早有耐心耗尽的一刻吗？"[27]

另一派人马同样没有闲着。自由党被视为"黑人"党，大部分黑人选民都对它保有好感。《纽约时报》指出："古巴不像美国南方，那里的人们并不会因为某个人是黑人就和他划清种族界限。"[28] 但它同时指出，多年以来，古巴白人与美国南部的白人一样，用各式各样的"托词"控制着大选。报纸并没有点出这样一个事实：威尔逊是南方人，还是一个支持此类托词和《吉姆·克劳法》的南方人。两天后,《纽约时报》报道称，梅诺卡尔要求人们志愿参军的号召"得到了许多较高阶层人士的响应"。[29]

华盛顿方面派探员前往古巴，以确认自由党之乱的背后是否有德国特工的影子。他们并未发现任何相关证据。当华盛顿高层收到报告后，很难说得清他们究竟是松了一口气还是大失所望。邮政部长阿尔伯特·伯利森（Albert Burleson）将从美国寄往古巴的邮政汇票全部截下，因为他担心这些钱款可能会落到叛军手里。2月23日发表的一篇社论提出了另一个支持梅诺卡尔的理由：我们可以依靠他来阻止外国势力在古巴建立海军基地；反过来，若戈麦斯上台的话，谁能知道会是什么情况？[30]

这就是门肯登岸时的古巴形势。他的所处方位不再是东线，也不再是柏林。在那里，他目睹过大规模的、工业化的生产死亡的方式。在古巴——这里的冲突规模及造成的伤亡都很小，门肯根本找不到亲眼目击冲突的机会，因为冲突地点远离哈瓦那，而在古巴境内走动是极为困难的。欧陆战事令古巴受益，门肯踏足的那座城市过去从未如此繁华过。古巴人后将1913至1918年的5年时光称为"百万资金狂舞岁月"[31]（Dance of the Millions），因为当时的糖价升至原来的3倍，而来自美国的观光团数量激增。正如一位记者所描述的那样："糖、烟草、铜……简而言之，这个岛屿共和国的一切都必须销往外部世界，包括举办无限制下注拳击赛的特权、开放赌博行为的赛马会，以及其他数十处吸引因战争而无法去欧洲的游客的

景点，尽管它们的价格都已升至最高点，却仍很有市场。"³²

哈瓦那是自由党的选举堡垒，但公开起义的想法在以经商为业的首都居民那里可没有什么市场。"毫无疑问，起初这座城市很多人同情自由党，因为他们在大选中几乎是被利用了，"门肯写道，"但当自由党开展武装斗争，并开始焚烧甘蔗田的时候，他们就被同情者们疏远了。如今哈瓦那的普通商人希望梅诺卡尔将军能尽快把叛军镇压下去。产生这一愿望的动机有二：其一为商业动机，其二为爱国主义层面的动机。一方面，这场革命令古巴岛的商业活动陷入瘫痪，导致了巨大的经济损失。另一方面，自由党要求美国出手干预的做法令大部分文化程度较高的古巴富人极为反感，如果他们的国家再度堕落到与尼加拉瓜和洪都拉斯为伍的地步的话，他们会感到羞愧的。"³³

然而，令哈瓦那及华盛顿方面都惊讶不已的是，美国人真的出手干预了。雷金纳德·贝尔纳普司令率领一支由4艘军舰（"奥林匹亚号"也在其中）组成的舰队主动出击。他派400名士兵在圣地亚哥海岸登陆，并发布公告，要求冲突双方停火。这帮了叛军的大忙，因为他们即将遭到忠于政府——受到华盛顿方面承认的古巴合法政权——的军队的打击。海军部宣称，贝尔纳普有权这样做，但这样一来，威尔逊政府就陷入尴尬境地了。

门肯继续在哈瓦那四处转悠，顺带拜访了政府发言人，他发现——在莱昂哈德船长的帮助下——自由党依旧逍遥法外，并与其他美国人交换着流言。在巡游过程中，他搜集了大量材料，尽管其中没有太多的真实信息，但他还是在日后写道，这些材料足以"为我的电报稿子营造一种令人身临其境的愉悦氛围，它们不能抚慰读者的情绪，但却能安抚编辑的情绪"³⁴。

为了躲过古巴政府的审查,莱昂哈德的一个朋友用船将门肯的报道偷偷运往基韦斯特,到了那里后,他们再用电报的形式将报道发往巴尔的摩。要想弄清反对派武装的力量究竟大到什么程度,或是战事究竟激烈到什么程度是很困难的。政府越是鼓吹自己的胜利,门肯就越不关心这些。按照古巴人的说法,他们"都快获得无数个坦能堡大捷了"[35],他写道。门肯于此处引用的典故指德军在第一次世界大战起始月对俄军取得的具有决定意义的绝妙胜利。

"例如,科拉佐(Colazzo)上校所写的,关于哈蒂沃尼科之战的官方记录就是一篇真正震撼人心的作品。他描述了自己部署部队的过程;担任先锋的志愿兵'开始试探叛军火力',而后他的纵队以梯队形式前进;这场战斗"发展到极为惨烈的程度";敌人试图用骑兵发动冲锋;他送来两挺重机枪,粉碎了这波冲锋;他的预备队在'猛烈火力'的打击下始终无法采取行动;一队敌军骑兵和步兵'像一道铁环那样推进到我的前方';他命令部队排成一道'超过1里格(约合4.8千米)'的纵队,发动冲锋;最后,'敌军向他敬礼,并派人来协商投降事宜,但这是他们的计策,为的是保证他们能整齐有序地撤退。'"

"这场奇特的战役持续了2个半小时,最后……以政府军阵亡一名士兵而告终。"

3月5日,梅诺卡尔写信给威尔逊,称只要再给自己几天时间,他就能"将暴动彻底镇压下去","在不违背您的崇高政策精神的情况下"[36]恢复和平。3月8日,自由党领袖戈麦斯在普拉塞塔斯被俘,此事令叛军士气急剧下降。当晚,门肯加入了在总统行宫外欢呼雀跃的人群行列,他愉快地观看着那些英俊的官员唱歌、拥抱、亲吻、四处奔跑的样子。"古巴人是这样一个民族:他们的心中激情会突如其来地喷薄而出。他们的政治活动总是差点演变为武装冲突。但他们很快就会忘掉这些。"他在日后回忆时写道,"我特别注意到的事情有两件。第一,整个骚乱中都见不到一个醉汉。第二,警察从未殴打过一个人。"37

这些对于门肯和他的读者来说就是一种消遣,他用生动的笔触,为读者们描绘了易冲动、愚蠢、自负的拉丁人形象。而他在记录德国时,笔调则呈现罕见的克制倾向,这可能是因为他并没有感觉到他比自己描写的那些人更优越。但在古巴时,门肯就像置身一场美国政治会议一样,恨不能让自己的嘲讽之笔飞起来。

在威尔逊的支持下,梅诺卡尔击败了自由党,这些人的特点是喜欢彼此争来争去,喜欢想入非非。梅诺卡尔至少还算讨喜,他可以保证古巴以及关塔那摩海军基地在美国的控制之下,关塔那摩海军基地拱卫着通往巴拿马运河的通道,至关重要。威尔逊用行动表明了自己的反革命立场。戈麦斯被押入卡巴纳堡的监狱——今天它仍被作为监狱使用——但不久之后他就被宽大为怀的梅诺卡尔放了出来。

第 10 章

"我们正坐在火山口上"

就在现身纽约卡内基音乐厅的前一天晚上,珍妮特·兰琦以一名宾客的身份参加了哈丽雅特·莱德劳(Harriet Laidlaw)主持的晚宴,宴会地点设在纽约东 66 街(位于第五大道附近)的莱德劳宅。[1] 莱德劳是一位杰出的长期选举权活动家。第二天,兰琦与全美妇女选举权协会主席卡丽·查普曼·卡特共进午餐。在几件事上,兰琦对卡丽怀有戒心。[2] 当威尔逊于 1916 年再度竞选总统时,卡丽成了他的狂热支持者,而身为共和党人的兰琦则对威尔逊提出的"他让我们远离战争"的竞选口号持深深的怀疑态度。但这位蒙大拿人也觉得卡丽身上的东部烙印实在太深,以至于以西部人趾高气扬的姿态对待她。

只要东部加以注意的话,就会发现,西部的经验对它来说是很有用的。尽管 8 年前,兰琦还在纽约读书的时候,她就在无意间接触到了社会正义思想,但当她返回生长于斯的蒙大拿的铜矿镇时,当她阻止阿纳康达铜业公司虐待以移民为主的矿工及向州议会行贿时,她对"金钱体系"的憎恶之情方才形成。她不相信"适者生存"

精神及残酷迫害被淘汰者的办法能解决这个国家的问题，但她同样不相信体制改革或改良律法能做到这一点。她认为，美国人需要用新的眼光来看待物质世界，这是她过去10年间狂热地献身于为妇女争取选举权事业的原因之一。男人和女人有着本质上的不同，她觉得，男人的武器是"力量"，而女人的武器则是"权力"。拥有力量者对事物发展的可能性是盲目的，而拥有权力者则着眼于未来。"世界上最伟大的力量是理想的激情。"她在多年后回忆道。³

当兰琦踏上历经20座城市的巡回演讲之旅时，美国体制的弊病已经极为明显。物价高昂、粮食短缺、劳动时间过长等现象激化了人们的不满情绪。工人们清楚，拜欧陆战事所赐，经济增长势头正劲，但新创造的繁荣成果大多落入了社会金字塔顶端那些人的口袋里。许多美国人认为，铁路公司和制造工厂为了尽可能多地完成订单，便不断压榨劳动者。抵抗运动在蓬勃发展。

坦帕造船厂的木工以辞职相要挟。⁴ 圣路易斯市和华盛顿各发生了一起有轨电车工人罢工事件。巴尔的摩的雪茄烟制作工和斯克内克塔迪的制模工举行了罢工。堪萨斯城的洗衣工人对肮脏不堪的工作环境极为不满，辞职而去，当地的企业主说服市政府允许他们委派小队暴徒作为他们的代表，并将这些人武装起来，恐吓女工们。波多黎各码头爆发了罢工，警察朝加入纠察队的码头工人开枪，当场打死数人。休斯敦的苏打水分发员和电影放映员，以及伊利诺伊州的墨菲斯伯勒（Murphysboro）的冰块包装工拒绝上工。匹兹堡百货公司的雇员走上街头，停工抗议。费城的马鬃梳妆工工会（Horse Hair Dressers Union）和肯塔基的美国烟草公司的工人威胁要举行罢工。波士顿的领带制造工、芝加哥的制衣工人和加利福尼亚的船厂工人都停止上工。仲裁员询问能否成为美国劳工联合会（American Federation of Labor）会员，就像棒球运动员协会那样。轻歌舞剧演员工会举行罢工。亚特兰大市的有色人种侍者试图组建自己的工会。贝永（Bayonne）丝织厂因工人罢工而关门大吉。宾夕法尼亚州埃迪斯通市的鲍德温机车厂一为俄国军队完成制造炮弹的订单，就将1 800名工人解雇。

在诺福克和布鲁克林的海军造船厂，绘图员和模型技工被恶劣的工作环境和低廉的酬劳激怒，威胁要罢工。

整个冬季，劳资纠纷与美国参战的潜在可能之间顶多是模糊不清的关系，甚至在2月的潜艇战公告引得举世震动后仍然如此。到了3月，形势突然发生变化。拉福莱特组织的，针对武装商船议案的冗长辩论加剧了遍及全美的意见分歧。问题公开化了。美国人民不得不决定是否支持枪炮、备战和战争。两大阵营之间的敌意与日俱增。

威尔逊任命的一个国防咨询委员会收到了一份来自堪萨斯城的报告，内容为支持洗衣工人提出的要求。报告称，工人们的抱怨是合理的，企业主们的固执既不利于这座城市，也不利于鼓舞人心，更不利于国家团结。

当然，在其他地方，情况就是企业主们指责手下的工人破坏国家目标了。而许多工会领袖则反映工会成员的看法，指责资本家们利用即将爆发的战争，将国家的控制权进一步掌握在自己手里，与此同时，工人们却在战场上流血牺牲。

2月末，通用汽车公司的创始人威廉·C. 杜兰特（William C. Durant）拜访了身在纽约的豪斯上校，他带来了一个令豪斯始料未及的消息。杜兰特称，自己刚刚结束了全国之旅，在从加利福尼亚到纽约的路上，自己只遇到过一个主战派。他告诉豪斯："我们正坐在火山口上。"⁵ 这意味着一旦美国参战，火山可能就要喷发了。

但潜艇战、齐默尔曼电报和参议院的冗长辩论激怒了美国人，全国各地都可以感受到这种愤怒情绪。在美国的每一个角落，都有人向德裔美国人投来不信任的目光，怀疑他们会背叛美国，而且这种情感于日后变得更加强烈。如果拉福莱特都能被称为叛国者的话，那得有多少人值得怀疑。

纽约的教师们被要求宣誓忠于祖国。哥伦比亚大学理事会收到学生中"激进的和平主义分子"的警告，于是任命了一个委员会，前去调查有人进行"不爱国教育"的指控。⁶ 西奥多·罗斯福对新泽西州纽瓦克市的一所小学的故事产生了兴趣。根据《纽约论坛报》的说法，那里的学生（大多来自德裔美国人家庭）拒绝唱国歌。教师3次举起教尺，以示开唱，但教室内始终一片寂静。而后一个男孩开始用口哨演奏德国赞歌《守望莱茵》(*Die Wacht am Rhein*)，全班学生随即随着这首军歌列队走出教室。报纸引用了当地一名妇女选举权运动的拥护者的原话："我们这里需要优良的美国精神。"⁷ 州教育委员会要求调查此事，9天后，纽瓦克教育委员会主席那里传来了回音，在一封被转寄给罗斯福的信中，称报道中提到的学校根本不存在，对附近其他学校的教职员进行仔细盘问后，也没有发现任何曾经发生过类似事件的证据。⁸

曾为奥地利军人织过袜子的《巴尔的摩太阳报》撰稿人玛格丽特·哈里森接到编辑的指令，开始着手撰写一系列宣传备战工作的文章。巴尔的摩正筹备举办一场义卖活动，为救助协约国灾民筹集资金。由于哈里森正好来自这方面的社交圈，因此在这场为期一周的活动举办前和举办期间，报上刊登的几篇文章无疑全部或大部出自她之手，虽然与当时的大部分新闻报道一样，它们都没有署上作者的名字。距离品调高雅的弗农山庄的所在街区——那里是哈里森的住地，也是义卖活动的举办地——仅有一两英里的巴尔的摩还需处理某个性质截然不同的问题。

4个来自位于巴尔的摩南部第一公立学校的男孩在经过位于当时被称为内港的港口旁边的轮船码头和鱼油加工厂时，拒绝向国旗敬礼。当他们遭到质疑的时候，他们的母亲一致回答：他们信仰的是国际主义。其后，另一个就读于第二十一公立学校的男孩，14岁的西蒙·布尔盖奇（Simon Burgatch）也拒绝向国旗敬礼。调查结果显示，这几名男孩中的3人出生于俄罗斯。巴尔的摩拥有大量德裔及爱尔兰裔人口——出于不同的原因，这两个族群的成员往往是反战派。但这一事件中的煽动者却是俄裔，这一族群同样对参战号召持抵制态度，原因是从俄国迁至美国的移民对沙皇和持反犹立场的俄国独裁政府怀有不可化解的敌意。这4名来自第一公立学校的少年都是该校社会主义俱乐部的成员，其中一名非俄裔男孩的母亲埃塔·吉布森（Etta Gibson）说她为自己的儿子罗伯特感到骄傲。她表示，自己和自己的亡夫从罗伯特还是个小小孩的时候就教给他社会主义思想。真正的社会主义者相信，劳动者们无论国籍为何，都会团结在一起。[9]

这几个男孩遭到停学，直到他们于两星期后最终妥协为止。他们受到的处分是在学校集会上，站在其他学生的面前，朝国旗敬礼，并当众朗诵《星条旗永不落》和《我的国家属于你》的歌词。

巴尔的摩第一公立学校设有社会主义俱乐部，这证明美国人在一个世纪前就心向社会主义。它并不是什么广受欢迎的政治思想，却是一种可敬的政治思想。来自威斯康星州的社会主义者维克托·伯格尔（Victor Berger）于1910年当选为国会议员，另一个名叫迈耶·伦敦（Meyer London）的社会主义者于1914年代表纽约州在众议院赢得了一个席位。密尔沃基市出过几个身为社会主义者的市长。美国的乌托邦公社有着悠久的历史，震颤派（the Shakers）就是个鲜明的早期范例，但如果我们追溯至1620年，即第一批移民登陆时期，那也不算太过。以政治思想形式出现的现代社会主义则是与1848年革命失败后逃离德皇独裁统治的德国流亡者一同到来的。社会劳工党于1876年在纽约成立，它的大部分成员都是德国或英国移民。

社会主义者的目标是成立一个代表美国工人利益的政党，并将劳工运动与政治组织相结合。已有的工会组织对这一主张存在着一定的抵触情绪，那个时代的工会组织主要代表的是各行各业的熟练工的利益。但非熟练工（作坊和工厂在实现机械化后，规模越来越大，他们的数量也随之激增）的被排斥感令社会主义者的呼声越来越高。不难想象，接下来，美国的工业化程度将继续加深，也将集中在越来越大的经济联合体中——这一切似乎都让社会主义具备了实际可行性。产业工人过剩，再加上罢工活动遭暴力镇压（1892年荷姆斯泰德钢铁厂事件、1894年的普尔曼公司事件，以及1914年发生在科罗拉多州拉德洛市的镇压事件——受害者为约翰·D.洛克菲勒手下的矿工），令社会主义者变得理直气壮起来。真正的社会主义思想还主张摧毁华尔街——同现在一样，当时这也是很多美国人的共同目标。

但社会主义者饱受党派之争的困扰：各式各样的社会主义政党不断成立、分裂，而后被其他派别取代。由于很大一部分美国工人对社会主义态度冷淡，他们还得想办法改变工人们的想法。与他们的欧洲同行不同的是，美国工人一旦他们对自己的工作感到不满，他们很乐意打包走人，去别的地方试试。美国人的流动性是社会主义者面临的最大挑战之一。社会主义者候选人竞选总统是常有的事。1912年尤金·V. 德布斯获得了90多万张选票，只相当于总票数的6%多一点。按百分比来算，这已经是当时的峰值了。

巡回演讲中的兰琦去了芝加哥，还走遍了整个中西部地区。在得梅因，她的演讲的"精确性"给《晚间论坛报》（*Evening Tribune*）留下了深刻印象——不像男政客那般激情，但也不会像男政客那样"夸夸其谈"。[10] 从一座城市到另一座城市，她始终对战争话题避而不谈。她弟弟韦林顿坚持这一点，而她也表示赞成。兰琦并非总是如此有所保留。1914年的时候，她曾提到，欧洲爆发了"野蛮残忍、毫无益处……规模巨大的经济战争"[11]。她于1916年竞选国会议员时，在自己纲领中呼吁美国厉兵秣马——以保国土永靖。那年秋天，兰琦在全美巡回演讲中说："我认为在蒙大拿州，反战情绪呈压倒性之势。"[12]

然而，2月初还公开反对美国备战的卡丽·卡特，到了当月月末的时候就改变了主意。她觉得反战活动可能会对妇女选举权运动造成损害，还断言，表达效忠威尔逊总统的立场，并做出愿意支持战争的姿态对这场运动更有好处。兰琦与卡特很难相处，但年纪较长的卡特毕竟是选举权运动中最为关键的两位（也许是三位）女性之一。她们无疑在兰琦回纽约后的午宴上讨论过这个问题。兰琦不喜欢战争，因为她认为这是男人找不到其他解决之道时所使用的手段。她参选国会议员的唯一目的是为妇女赢得选举权，这才是头等大事。

无论如何，毫不夸张地说，到了3月的第二周，整个国家都将陷入停滞。4个最大的铁路工会组织——众所周知的铁路劳工协会——已经受够了过度劳累之苦，开始策划发动一场全国范围的罢工。当美国人正在为如何面对自内战以来最为紧要的问题而争论不休时，当他们或许必须以极高的效率调动本国资源时，在这片连一条沥青公路都没有——空运业自然亦不存在——的土地上，一场灾难性的铁路停运事件即将上演。

事情的起因是8小时工作制。20多年来，联邦雇员一直享受着这一法案的保障，但铁路股东以及大部分铁路企业主坚持认为，自己有权规定劳动时长，要有哪个工人不满意，他可以另谋高就。1916年，国会通过了《亚当森法》(Adamson Act)，为铁路工人确立了8小时工作制，但铁路股东们提出诉讼，官司很快就打到了最高法院。

8小时工作制法律化背后体现的思想是，管理层为避免支付加班产生的附加工资，势必会雇用更多的员工，进而创造更多的工作岗位。1917年，美国实现了充分就业，铁路方面难以招募更多的工人。那些因加班而收入相对较高的工程师、乘务员、售票员和消防员将切切实实地感受到这一法律产生的影响。

铁路方面宣称《亚当森法》是一种贸易管制。这一法律的出台，令联邦政府得以插手资本与劳动力之间的领域——这一领域本不属于它管辖。法案的支持者认为它保证了铁路的安全性，但铁路股东则表示，法案实际上是对铁路劳工协会的怀柔手段。

事实上，已有成文法将铁路工人的劳动时间限制在16个小时/天；在1912至1915年，这条法令被违反了544 000次。4个大型工会在铁路工人群体中拥有近30万名会员，它们于1月决定，在发动罢工前，先等候最高法院做出裁决。[13]但日子一周周过去，法院却一直没有下达判决书。最终，工会于3月初宣布：如果到了3月5日，法院方面仍无只言片语的话，他们就有理由采取"积极行动"。[14]由于战争的威胁就在眼前，他们承诺不会使用任何"过激"手段。限定的日子到了，又过去了，法院依旧没有动静。

在华盛顿，总统感到身体不适。威尔逊在新任期开始后不久就染上了一种被说成是重感冒的疾病。一连10个重要日子，他都没有在公众视野中出现。这10天来，白宫中什么也没发生。而铁路罢工却在进行中。

就在这时，铁路股东在巴尔的摩和俄亥俄铁路公司的丹尼尔·威拉德（Daniel Willard）的牵头下搞了一次大动作，意在表明，一旦战争爆发，他们将很乐意为国效力。他们在报纸上刊登广告，宣布军列将享有优先权，而自己将遵从华盛顿方面的指挥。"当前的国际局势岌岌可危，每个良好公民都得将自己对国家应尽的义务放在第一位，而把一切同个人权利或欲望有关的想法放在第二位。毫无疑问，现在可不是打工业内战的时候。"他们在一则公开声明中称。[15]

铁路工会亦发表声明，称这种含沙射影骂人不忠的做法"很荒谬"。声明接下来写道："我们已经向美国总统保证：一旦宣战，我们将心甘情愿地支持祖国……看来铁路公司目的是拖延时间，不让问题（8小时工作制）及早解决，直到恐慌或战争让我们的请求归于失败。"

3月10日，一份名为《铁路评论》的行业刊物对工会大肆口诛笔伐，还抨击国会对工会唯命是从。"如今没有一条法规能制止极具破坏性的铁路罢工,即使是在来自境外的战火逼近,或已落到我们头上的情况下,"刊物的一篇社论愤怒地表示,"如今我们国家的最大敌人是那些煽动劳工起来闹事的人,以及国会内部对他们阿谀逢迎的爪牙。"16

两星期后它又评论道:"第一位女性国会议员已经出现,今后女性议员将成批出现,这太让人期待了。我们委实需要一个由实在的女性组成的国会。她们比第64届国会那帮子神经病加娘娘腔要刚强得多、有活力得多、勇敢得多。"17

3月9日,曼哈顿西区的纽约中央货场的装卸工发动罢工。他们并不归大型劳工协会管辖,但他们希望美国劳工联合会能接纳他们。他们的目标是把时薪从22美分涨到25美分。《纽约时报》的一篇新闻报道将他们的领袖安东尼奥·科雷利称为"事件主谋"18。铁路公司申请增派警力,还带来了100名"黑人罢工破坏者"。

2天后,四大工会的领袖齐聚克利夫兰,他们决定在圣路易斯、圣保罗、纽约和华盛顿分别召开一场工会执行委员会成员会议,用以制订计划。他们发誓,一旦爆发危机,他们绝不会让国家"陷入困境"。但没人能肯定这一誓言意味着什么。他们还表示,他们已准备向铁路公司提供一个折中方案。不出所料,对于这份提案,公司高管连看都没看一眼便一口回绝。

翌日,也就是星期一,举国上下都在等着最高法院对《亚当森法》做出裁决。但他们的等待落了空。火车司机工会拒绝承认曾号召会员于下周六(3月17日)开始罢工。但为预防起见,巴尔的摩和俄亥俄铁路公司颁布了针对所有易腐货物和鲜活物品的限运令。如果列车突然停运,该公司可不想为其托运人的损失负责。

当天,约瑟夫·普利策创办的报纸《世界晚报》(*Evening*

World）发表了一篇煽动性社论。

叛国者

先是粮食骚乱——美国参议院的亲德派和胆小鬼公开将这一事件定性为民族纠纷——如今,这个国家又面临着铁路停运的威胁!

接下来我们还能做点什么让德国人闻之则喜的事?

无论铁路工会如何保证它们在战争爆发时的表现,在当前这种形势下,他们蓄意采取行动,威胁要使交通瘫痪,进而妨碍国防备战工作,这种行为只能遭人谴责。

铁路雇员有权提出权利要求。但他们既没有忍饥挨饿,也没有遭受压迫。眼下他们用一场全面罢工来威胁这个国家,唯一的理由就是趁着即将开战之机,不惜一切代价来得到他们想要的。

最高法院尚未决定实行《8小时劳动法》。而在国会于下个月召开会议之前,不可能有新的立法出台。战争随时可能爆发。因此铁路工会加紧提出要求、实施威胁,企图趁国难当头之机牟取更多的特殊利益。

他们居然将这种行为称作爱国精神?

无论它在战时是否忠于本国,任何一个美国劳工组织如果选择在眼下这种时候使用威胁或制造混乱的手段,致使国防计划受阻,使外界对国家团结产生怀疑,并导致德意志帝国政府认为我国面临着巨大的内忧、内乱威胁的话,那它的行为就无异于叛国。[19]

总统的病体仍未痊愈。但劳工部长威廉·威尔逊于本周三致信伍德罗·威尔逊的秘书约瑟夫·塔马尔蒂（Joseph Tumulty）。他在信中称，自己已经从秘密渠道得知，工会决定不发动全国性的大罢工，至少不会立即发动。[20] 他们的替代方案是先在芝加哥的铁路线发动罢工，如果工会的要求未能得到满足的话，他们就会将罢工范围扩大到东部的一条铁路（可能是规模较小的纽黑文路段或特拉华路段，属特拉华和西部铁路公司所有）。其后，如果有必要的话，罢工范围还将分阶段扩大，直至发展为事实上的全国性罢工。

第二天，巴尔的摩和俄亥俄铁路公司的丹尼尔·威拉德给美国劳工联合会的领导人塞缪尔·冈珀斯（Samuel Gompers）寄去一封信。"我认为自己确实是工人们的朋友。"他写道。[21] 但他也发出警告，在此国难当头之际，工会可不能想怎么样就怎么样。

对于这个国家的铁路公司经理而言，冈珀斯帮不上多少忙。"在与那些运输行业不可或缺的人力代理打交道时，他们既不具备建设性的才干，也不懂得如何缓和矛盾。"威拉德写道。[22]

3月16日（周五），大北方铁路公司董事长L. W. 希尔（L. W. Hill）发电报给蒙大拿州州长萨姆·斯图尔特（Sam Stewart），要他在罢工发生时命令警察"维持秩序，保护所有人员、财产的安全"[23]。

同一天，联合太平洋铁路公司董事长埃德加·加尔文认为，是"更加精明狡诈的"[24] 德国人策划了这场罢工。"工会领袖忽略了这样一个事实：从许多方面而言，在这个国家发动一场铁路罢工，比赢得多场战役的胜利更有价值。"他说。

塔马尔蒂给卧病在床的总统送去一封信。"除非马上做点什么，否则我担心针对政府的批评与责难会如潮水般涌来……我觉得，如果我们坐等全国性的罢工活动爆发的话，那后果可不是我们承受得起的。"[25] 威尔逊告诉他，自己现在不知所措。[26] 塔马尔蒂敦促总统发表一则声明，呼吁双方恢复理智。他在信中写道，威尔逊有正当理由将煽动罢工的行为定义为"最为严重的叛国之举"。

塔马尔蒂的建议意在让工会背上叛国的罪责，但当威尔逊振作精神后，他并没有这样做，而是给铁路谈判委员会写了一封呼吁信，要求它在美国与世界和平陷入危难之际，制订一个"即时的妥协方案"[27]。铁路工会也收到了威尔逊的呼吁信，内容与前一封信一模一样。

双方的会面地点设在了纽约的比特摩尔酒店（Biltmore Hotel），谈判会议将贯穿整个周末。最高法院的裁决已确定将于下周一（本月 19 日）下达，但眼下铁路工会想抓紧实现他们的诉求。白宫方面派来 4 个"调停人"向谈判双方施压，他们是劳工部长威尔逊（前矿工联合会主管）、内政部长富兰克林·莱恩、巴尔的摩和俄亥俄铁路公司经理威拉德、美国劳工联合会的领导人冈珀斯。冈珀斯迟到了，没人知道他在哪儿。美联社的一位记者最终在大西洋城的一间酒吧内找到了他。[28]

3 月 15 日，报纸报道了又一艘美国轮船被德国 U 型潜艇击沉的消息。这一次，这艘名为"阿尔贡金号"（Algonquin）的货轮没有收到任何警告。德国潜艇 U-62 号在英吉利海峡的毕晓普岩（Bishop Rock）以西 65 海里处，用甲板炮朝"阿尔贡金号"开火，导致货轮受创沉没。27 名船员均平安无事地下到了救生艇上。这一回，潜艇艇长拒绝牵引救生艇，船员们花了两天时间驶抵英国海岸。当消息传到美国时，《亚特兰大宪政报》用"残忍无情"[29] 作为相关报道的标题。但货轮上运载的粮食、金属材料和机器很可能被负责编写事件报告的美国领事认定为禁运品。除此之外，这艘船不久前刚由英国籍变更登记为美国籍。看起来，这一事件同样不属于"明目张胆的挑衅行为"，即威尔逊定义的，将促使美国进入战争状态的导火索。

"我感到很失望，威尔逊的怯懦、犹豫不决令我怒火中烧，"西奥多·罗斯福在给一位英国朋友的信中写道，"他对这个国家造成的致命危害不亚于过量吗啡对一位病患造成的致命危害。早在6周前，我们就应当开战了。他甚至不曾备战过。他似乎根本没有考虑过这个国家的荣誉和权利；卑鄙至极的物质主义者、愚蠢透顶的感伤主义者以及全世界的卖国贼组成了一个牢不可破的同盟，给他撑腰。"30

3月16日，又一艘U型潜艇攻击了一艘美国轮船，这次找不到任何为德国人减罪的理由了。但几天过去了，美国人一直未获知此事。相反，当他们在用早餐时，或是搭乘通勤列车前去上班时，读到的新闻是《铁路工会下达罢工令，明日无人上工》[31]——《纽约论坛报》的标题。

谈判委员会已经表示，无论最高法院何时做出裁决，它都会服从，即使裁决书要求铁路公司遵守8小时工作制。但工会想达成协议。正如威廉·威尔逊所预料的那样，工会宣布罢工潮将会逐渐扩大，但扩大的速度比他以为的要慢得多。工会从一开始就将目标对准了大铁路。17日，纽约中央铁路公司、巴尔的摩和俄亥俄铁路公司，以及芝加哥的18条运输线将首先遭到打击。第二天遭殃的是切萨皮克和俄亥俄铁路公司、诺福克和西部铁路公司、南方铁路公司及其他公司。工会的人表示，他们或许会容许早班运奶火车运行。纽约中央铁路公司则号召退休员工回来上班。

  国家快要陷入瘫痪了。纽约人从《纽约论坛报》上得知，这座城市的食物即将告罄。即便如此，当天报纸的头版还是刊登了一则更具爆炸性的新闻：

  俄国沙皇放弃皇位；军队哗变，加入群众队伍

第 11 章

"哥萨克们驱着马儿,到处横冲直撞"

3月8日(周四),彼得格勒笼罩在冬日的天空下,一小群怒气冲冲的妇女聚集在横跨于涅瓦河的圣三一大桥(Troitsky Bridge)与战神广场阅兵场(Marsovo Polye)之间的一小段街道上。在她们的后方,警察封锁了桥梁。他们引导行人从另一侧的堤岸上穿过,以避开这些妇女。新闻记者弗洛伦斯·麦克劳德·哈珀刚从附近的英国领事馆出来,根据她的记载,这群大叫大嚷的妇女大约有50人。这群人中混有数名学生。其中一人开始发表演讲。[1]

据一名旁观者说,这些妇女愤怒的原因是她们没有食物了。每天早上,女人们都要冒着严寒排队领取救济食物,一排就是四五个钟头。当她们最终来到柜台前的时候,往往已什么也不剩。[2] 在美国大使馆的对面,天天排着这样一支队伍。事实上,彼得格勒无人饿死,但空空如也的商店令人们心中积蓄已久的怒火更加旺盛。哈珀看到的妇女大多为纺织女工,来自名为"维堡"(Vyborg)的城区。警探们注意到,这些女子工作的工厂及领取救济粮时排成的队伍成了她们发泄不满的场所。1917年,彼得格勒约1/3的女性被雇用，其中13万人受雇于各个工厂。[3]自战争爆发以来，纺织厂的实际收益下降了3.4%，而毛纺厂的收益则下降了16.4%。如今有人鼓动女工们发动一场全面罢工。城内最大的工厂——普提洛夫工厂（Putilov Plant）的26 000余名负责生产锅炉、火炮、炮座、榴霰弹和其他机床产品的工人已于前一日停止上工。这次罢工会蔓延开来吗？3月8日是国际妇女节，人们可以理直气壮地举行集会。在战神广场，一些妇女开始唱起《马赛曲》来。

人群开始缓缓穿过阅兵场，与此同时，警察正在远处观望着。一辆有轨电车突然转过街角，女人们——如今一批男人加入了她们的队伍——疾冲过来，堵住了电车的去路。他们将乘客赶下车，而后把电车司机的操作手柄扔进了雪堆里，不让电车再次启动。又一辆电车从后面驶来，然后是第三辆、第四辆……随着它们接二连三地失去行动能力，街道上的人群变得越来越庞大。

此时现场可能有500人了。当时在彼得格勒及周边地区共驻有322 000名军人，其中一群外出训练的年轻新兵被他们的军官赶到一边。[4]不断增加的人流继续沿花园大街（Sadovaya Street）下行，直至抵达彼得格勒的一号主干道——涅夫斯基大街，而后向右拐弯，看样子他们的目的地似乎是冬宫。正在涅夫斯基大街站岗的普通警察试图加以阻拦，但他们被人潮淹没了。人们的情绪变得亢奋起来。愈来愈多的欢笑声传到哈珀耳中。她注意到，男人们往往坚持沿人行道而行，但女人们却从街道中央走。在丰坦卡河（Fontanka River），他们遇到了一队哥萨克骑兵，便停住了脚步。一个军官喊道："继续前进！"[5]人群中的一个女子喊了回去："你说继续前进是件很容易的事——你骑着马呢！"人们大笑起来。

在叶卡捷琳娜运河（Catherine Canal，今格里博耶多夫运河），他们遇到了一队"暴君"——警察，后者排成密集的队形，堵住了桥梁。游行队伍一分为二，顺着两个方向的河堤穿流而过。人们并未重聚到一起，而是四散回家去了。看起来，这起事件不过是又一次自发的示威游行，一起突发、短暂、被当局轻松解决的抗议活动。

事实上，在河对面的维堡区，在身处市中心的外交官和新闻记者视野范围以外的地方，街道上的抗议游行的规模至少与此相当，而且更加难以控制。在涅瓦丝线厂（Neva Thread Mills），窗户被砸得粉碎，女工们涌出厂房。她们沿着小路来到路德维格·诺贝尔机械厂（Ludwig Nobel Machinery Works），用雪球猛砸窗玻璃，直到员工们出来加入她们的队伍为止。她们随后来到大桑松尼耶夫一号厂（Bolshoi Sampsonievsky Mill No. 1），将刚才的行为重复了一遍。她们高喊口号，其中有"不要饥饿""给工人们面包""不要战争"。[6]

在埃里克松工厂，工人们爬到金属废料堆和废弃机器堆的顶端，叫嚷着要来次总罢工。在俄国领航服务公司（the Russian Company for Aerial Navigation），一名警方指挥官拔出手枪，试图阻止一群工人靠近大门。罢工者夺下他的枪，把他揍得不省人事。

陆军上校亚历山大·奇科利尼（Alexander Chikolini）前往维堡区调查当地的动荡局面，他看到一队抗议者一边行进，一边一个劲地喊着"面包"，另一支抗议队伍从相反的方向走来，不停地嚷着"不要战争"。两队人马合二为一，他们的诉求亦随之融为一体。[7]

根据警方和其他政府机构的估计，参加罢工的人数为 78 000 至 128 000 人。[8]

当天晚上，布尔什维克激进分子聚集在维堡区谢尔多博利内斯克街35号的巴甫洛夫夫妇的公寓内。[9]在回顾了当天发生的事件后，他们断定革命不会立即爆发。在涅瓦河的对岸,美国大使馆正在举行晚宴,向刚刚到来的日本公使致敬。对于沙皇政府的部长而言,这是他们参加的最后一场外交宴会。[10]

尽管市中心似乎已风平浪静,当夜哥萨克还是被派了出去,在彼得格勒各处巡逻。有人嗅到了麻烦即将到来的味道,或者说,这个人可能就是内政部长普罗托波波夫,他试图挑起一场革命,这样他就能将它镇压下去,许多诋毁他的人正担心他会这么做。无论如何,第二天的罢工人群比前一天要庞大得多。

"我敢肯定,他们较上真了,因为全市的交通都被阻断了,人们在涅夫斯基大街上排列成队,"哈珀写道,"哥萨克们驱着马儿,到处横冲直撞,将那些刚刚成形的队伍一一驱散。"[11] 她沿着大道向前走去,直到遇上一小队朝着她的方向直冲过来的哥萨克骑兵。他们排成一道从街道的一头延伸到另一头的坚固人墙。她注意到,当他们将示威群众赶回去的时候,脸上还挂着笑容。她还注意到,这批哥萨克看起来都是些十几岁的孩子。

"我们徐徐而行,一路跑,一路滑倒,然而再次徐徐而行,直到我们最终来到喀山大教堂(Kazan Cathedral)为止。在那里,美国副领事加入了我们的队伍。在大教堂的周围,到处都是一群又一群的示威民众。哥萨克们时而挥舞马鞭,时而挥动矛柄,但他们未对民众动粗。现场没有发生任何暴行,也没有一个人受伤。当哥萨克们疾驰数步,或是朝人群冲来的时候,人们就四散开来,而后转过身子,朝他们欢呼。这真是一群非常温和的示威群众。"[12]

整整一夜,不断有面包店被人破门而入,汽车被推翻在地,但始终未响起枪声。到了周六早上,参与罢工的工人达30万人之多。[13] 通往莫斯科的终点站尼古拉耶夫(Nikolaev)火车站的外围形成了巨大的人潮。抗议者们随即朝涅夫斯基大街进发,这一次,他们一路走,一路将沿途的商店橱窗砸得粉碎。"年轻的俄罗斯正在进军!"一个人喊道。[14] 哈珀看到一个人试图驾雪橇穿过人群,愤怒的抗议者将他拖下来,摔在地上,然后用一根有轨电车的操作手柄击打他的头部。这是哈珀遇到的第一起致死事件。上午晚些时候,一群示威者闯进一间小咖啡馆,杀死了里面的两个人。

大道上的人群先是越聚越多,而后又纷纷散去。一些人认为最危险的时刻已然过去。然而,抗议活动却在另一个城区彼得格勒区(Petrograd side)爆发。14 000 名工人走出奥布霍夫工厂,他们手中挥舞着红色的旗帜,上面写着:"打倒独裁政府!民主共和国万岁!"[15] 当天下午,人们再度在尼古拉耶夫火车站外聚集,这次的集会规模比上午那次还要大。学生们站在路灯的底座上,向众人发表慷慨激昂的演说。哥萨克们一次次驱动坐骑来回穿梭,但他们一转身,人群就又聚拢起来——就好像驾着船儿在水面穿行那般。一群抗议者展开一面巨大的红旗,示威人群再度赶往涅夫斯基大街,朝叶卡捷琳娜运河前进。

哈珀在奢华的胜家大楼内躲了一小阵,而后跟着人群沿街而行。一小队骑兵再度封锁了运河河口的桥梁。他们突然下马,排成两列。一阵震耳欲聋的枪声旋即响起,接下来又是一阵。一具具尸体倒在白雪覆盖的街道上,未被击中的人四散奔逃,寻找避难之处。枪声再度响起,但它来得快,停息得也快。当天在其他地方,暴民开始袭击落单的警察,用砖块和瓶子击打他们,盗走他们的枪支。"暴君们"披上士兵的大衣,或是换上平民服装,这样他们就不会被人认出来了。

国家杜马主席,富裕地主米哈伊尔·罗江科(Mikhail Rodzianko)

认为今天是这个政权自救的最后机会了。[16] 他于日后写道,如果能够任命新的部长,如果那个令人憎厌的皇后能被赶到沙皇位于利瓦季亚的克里米亚领地去,那革命的烈火或许就会被遏制住。但这一切都没有发生。皇后亚历山德拉在僧侣拉斯普金(他是在1916年12月被刺杀的)的墓地里寻求安慰,就这么度过了一个下午的时光。"在他那座敬爱的墓地里,我感到无比镇静、平和!"她在给尼古拉二世的信中写道,"他是为救我们而死的。"[17]一封从彼得格勒发来的电报送到了远在前线的沙皇手中,告知城内发生动乱一事。那天晚上,他玩了一把多米诺骨牌。

城市于当夜再度安静下来。哈珀去法国剧院看了一场演出,这多少让人有些吃惊。涅夫斯基大街一片死寂,海军部大厦用一盏强力探照灯来照明。警察在夜幕的掩护下四散出击,逮捕了100多名疑似革命分子。一切将在周日那天(3月11日)来个总爆发。

示威人群再度开始聚集。警察在主干道建筑上层的窗口设置了机枪掩体。哈珀几天前注意到的年轻士兵如今已不见踪影。然而,当太阳冉冉升起的时候,人们的情绪也随之高涨。许多人家带着孩子走出家门,见证历史时刻的到来。到处都可以看见成群结队的警察与成群结队的抗议者之间爆发争执;人们叫着嚷着,推着挤着,很快又有了下一次对峙。餐馆开着张,那些出得起钱的人这下有机会享用一顿热腾腾的午餐了。

天刚过午,街道上再度挤满了人,警方立即开火。在花园大街,机枪撂倒了一大批位于前排的抗议者。示威民众先是向后退却,而后四散奔逃,踩在了一些中枪倒地的人身上。人们一直逃到丰坦卡河,结果又被另一队警察的弹雨迎头痛击。屋顶上的警方狙击手开始将一颗颗子弹射入下方的游行队伍中。其他警员则从皇宫门口现身,组成了一道交叉火力网。"尸体堆积如山,负伤者惨遭践踏,凄声尖叫。"[18]

在莫伊卡运河,来自巴甫洛夫斯基团预备营的士兵单膝跪地,朝逼近的人群开火。但当消息传到附近的巴甫洛夫斯基团正规部队兵营时,士兵们夺门而出,冲到大街上,打算让他们的战友撤回来——同时也打算阻止他们开枪。他们在运河边同警方发生了冲突。

当天晚上,该团士兵聚集在战神广场,公开违抗他们的长官。

已于女工游行的前一天离开前线的尼古拉二世收到了一封由彼得格勒驻军司令谢尔盖·哈巴洛夫发来的电报。哈巴洛夫在电报中对动乱造成的死伤者人数轻描淡写,但他确实提到有24万名工人参加了罢工。国家杜马主席罗江科亦于同日致电沙皇。

"形势很严峻,"他写道,"首都目前处于无政府状态。政府部门瘫痪了。交通运输以及食物和燃料的供应完全中断。普遍的不满情绪正在升级。街道上的枪战极为猛烈。有些地方,军人们互相开火。我们必须立即委任一位为国家所信任的人物组建一个新政府。此事刻不容缓。切莫拖延,否则无异于自寻死路。"[19]

这封电报让尼古拉二世大为恼怒。他的反应是命令军队朝示威者开火。

巴甫洛夫斯基团的年轻士兵拒绝执行这道命令。当一名军官试图强迫他们服从的时候,一名士兵斩掉了军官的手。

这是一起成建制的抗命行动和小规模哗变。当天深夜,沃伦斯基近卫团(Volynsky Guards)的一些军官和排长决定参加起义,这次事件成了革命浪潮的转折点。3月12日早上6点,该团400名士兵排成阅兵队列。当他们的指挥官出现的时候,士兵们并没有像往常那样喊出规定的问候语,而是高呼"乌拉"——"万岁"之意。当大惑不解的指挥官开始宣读沙皇的指令时,士兵们将枪托在地面上敲得砰砰作响。一些军官逃掉了,团长拉什克维奇(Lashkevich)上校被当场击毙。而后这些官兵带着武器,在军乐队的陪伴下上街游行去了。

整整一天,一个又一个团级作战单位倒戈,投向革命阵营。如今军队站到了警察的对立面。人人都在谈论那些可怕的哥萨克——这些募自俄国边陲地区的骑兵有着令人畏惧的名声,传说针对犹太人的大屠杀就是由他们执行的——在控制罢工群体时只是做做样子的事。在经历了近3年的战火和艰辛后,他们已心生叛意。在为沙皇效劳时,他们远远没有付出与个人名望相称的热情。

一位俄国记者同闻名于史的普列奥布拉任斯科耶团(Preobrazhensky Regiment)——彼得大帝心爱的部队——的士兵交谈了一番,获悉他们已决定拒绝服从沙皇的命令。他们满腹抱怨,其中一条是说部队拿小扁豆来喂他们。他们告诉记者,自己必须干到底了;如果他们现在打退堂鼓的话,那么等候他们的将是被枪决的命运。[20]

军人开始加入罢工工人的队伍。一辆满载着士兵的卡车沿着维堡区的桑普森涅夫斯基大街(Sampsonievsky Street)呼啸而过,车上刺刀林立,每把刺刀上都飘扬着一面红旗。一群起义者闯进克列斯特监狱(Kresty Prison),释放了里面的囚犯。布尔什维克瓦西里·施密特(Vasily Schmidt)是被解救囚犯中的一位,当他看到数千名士兵向市民分发武器的时候,他大为震惊。施密特抓起一杆枪,朝河对岸的国家杜马所在地进发。[21]

彼得格勒驻军司令哈巴洛夫将军命普列奥布拉任斯科耶团指挥

官亚历山大·库捷波夫（Alexander Kutepov）将军率领一支分队前去包围位于铸造厂大街（Liteiny Prospekt）边的叛军军营，将叛乱镇压下去。但库捷波夫的部下却投向民众一方，并与他们融为一体。库捷波夫本人回家去了。

詹姆斯·霍特林从自莫斯科开出的夜间列车上下车。此时已是下午1点，街道上看不到一架出租雪橇。往常哐当哐当地穿过尼古拉耶夫车站的有轨电车也没有运行。前一天将广场挤得水泄不通的人群如今踪影全无。"我本能地感觉到，革命已经开始了，"他在日记中写道，"有个工人走了过来，他先是用言语解释，而后又用手势向我表示：城内爆发了枪战。"22

霍特林扣紧大衣，将领事邮袋的背带挂在自己的肩上，他说那个袋子肯定有100磅重。他在布满积雪的道路上徒步行进着，目的地是距这里一英里多远的美国大使馆。在这片静得可怕的城区，他没有听到一星半点的厮杀声。他从一群群队列散乱的军人身边经过，这些士兵来自谢苗诺夫斯基团——这个团名义上仍忠于政府，但一些士兵正在将自己的枪交给街上的男孩子。许多人对试图将他们编列成队的士官睬也不睬。已倒戈的他团士兵乘着汽车路过，双方互相开着友好的玩笑。

霍特林刚刚到达大使馆，就从同僚那里听来了一些消息。有人告诉他，今天早上，他看到一名军官充满热情地对已编列成队的普列奥布拉任斯科耶团士兵发表演讲，说他们的使命是将街道上的抗议活动镇压下去。一名士兵突然从队列里走出，用枪托把军官打得不省人事。霍特林与一名同事一道返回。当他们来到铸造厂大街的时候，一阵突如其来的枪声让他们停下了脚步。少数依旧忠于政府的谢苗诺夫斯基团连队正与其他士兵激烈交战。霍特林看到起义军把五门野战炮推了出来，但显而易见的是，没人懂得如何使用它们。而后他们动用数辆汽车，冲向保皇派，每辆车的挡泥板后面都伏有步枪手，另有两名枪手蹲在车内，紧挨着驾驶员，其他士兵则蹲在为乘客准备的后座。

"我们在两队阵地的中间站住了脚，"他写道，"望着他们朝我们所在的角落猛冲过来，从侧面向敌人开了枪，而后绕过我们，冲进掩体内，在坚硬的积雪上留下了几道漂亮的滑行轨迹。成群结队的市民以建筑物为掩体，站在一旁观战。当起义军经过他们的时候，他们叫着嚷着，为他们加油助威。"[23]

霍特林看到雪地上血迹斑斑，但双方的伤亡很小。到了傍晚时分，保皇派士兵收拾装备，返回营地，并未受到阻挠。人们涌入位于铸造厂大街的战斗发生地。霍特林也加入进来。他走了一段路，来到区法院大楼，那里已完全为熊熊烈火所吞没。积存了数十年的警方档案——"堆积如山的恐吓信"[24]——沦为一堆灰烬。当救火队赶到时，抗议者叫他们别多管闲事，让这栋建筑烧去。救火队员悠闲地坐在救火马车上，"一边啧啧惊叹，一边欣赏着烈焰腾空的景象"。[25]

当战争于1914年爆发的时候，美国人就已接收了奥地利大使馆，并将它用作附加的办公及居住场所。此时，20名士兵在一个军官的带领下，来到大使馆的后门。显然他们是保皇派军人。美国人搞不清他们究竟是想保卫这里，攻打这里，还是想躲在这里。不论哪种可能性，似乎都不是什么好兆头。因此，当夜幕降临的时候，馆内的大部分美国人动身离开，另觅住处。霍特林同一群人来到宫殿广场，此时巴甫洛夫斯基团从旁边穿行而过。"他们一面以井然有序的队列行进，一面唱着《马赛曲》，"他写道，"负责指挥的中士和下士佩着剑，有些人挂着军官用的双筒望远镜。"[26]

罗江科给沙皇发去了最后一封电报："内战已经开始，战况变得愈来愈激烈……陛下，千万别再拖延了。如果革命活动蔓延到军队的话，那么德国人就将赢得胜利，而俄国和俄国的王朝将不可避免地堕入毁灭之渊……决定您和祖国命运的时刻已经来临。当明天的太阳升起之时，局面或许就无可挽回了。"[27]

罗江科是个大个子，身高超过6英尺，体重能有300磅。他能言善辩，有着一副好嗓子，"在无风的日子里，他的声音能传到一俄里外"——俄罗斯人喜欢这么形容。[28]但尼古拉根本不愿听到"那个胖子"的话。

当天晚上，沙皇政府的部长聚集在马林斯基宫。他们没能做出任何决断。部长们担心自己会立刻被人逮捕。他们再也没有开过会。

如今，士兵、罢工者、抗议者和政治家们开始涌向塔夫利宫，那里是杜马的总部。沙皇的首相戈利岑亲王（Prince Golitsyn）于数小时前颁布了一道由尼古拉二世预先签署的法令：解散国家杜马。国家杜马的议员根本没把它当回事。在一场不公开会议上，他们决定组建一个国家杜马临时委员会，由保守派人士罗江科担任负责人。罗江科认为，在协助旧政权自救这件事上，自己已经尽力了，如今必须有人站出来拯救俄国。委员会的首脑们觉得自己必须在暴动变得不可收拾之前对其加以控制。比方说，抗议者们若是要求结束战争怎么办？瓦西里·舒尔金（Vasily Shulgin）问道。"我们无法同意这一要求。"说话的是社会主义者亚历山大·克伦斯基。[29]他宣称，当叛乱士兵出现在塔夫利宫时，"我们就会明白，到了该采取果断措施的时候了"。临时委员会决定：必须夺取政权。委员会的一些中心人物一直在策划于本月底发动政变，但计划还没来得及实施，充满火药味的首都街头上演的一系列事件就打了他们一个措手不及。

那天下午，一群士兵在街道上解除了奇科利尼上校的武装，奇科利尼拔腿就跑，士兵们抬脚就追。上校怕这些人会要他的命，发足狂奔，一口气跑进了塔夫利宫，推开了国家杜马会议厅的大门。他立刻获得了任命，在新组建的、临时委员会下属的军事委员会担任要职。[30]

在会议室对面，激进分子决定将罢工工人和起义军人的代表召集起来。他们不信任国家杜马的"中产阶级"政治家。他们想把那些发动这场起义的工人的声音传扬出去。这些人决心将革命继续下去，他们自称为"彼得格勒工人苏维埃"。

一辆装甲车被派了出去，任务是把沙俄政府的部长们逮起来。但车上没有一个人知道那些部长长什么样，而部长们也偷偷溜走了。"打那时候起，政府就已不再存在，"临时委员会成员之一尼古拉·涅克拉索夫（Nikolai Nekrasov）回忆道，"但一天多时间过去了，我们始终没有意识到这一点。"[31] 委员会前期最为关注的问题之一是到哪才能弄张城市地图来。

当晚，警察在彼得格勒的大街小巷游荡，枪击他们遇到的每一个士兵。当霍特林来到自己下榻的公寓时，他发现厨房里藏着三个士兵，他们正在躲避保皇派军人和警察。这些人在公寓里过了一夜。"国家杜马、整个彼得格勒的驻军和民众正在携起手来，"就寝前，霍特林在日记中写道，"这应该是一场真正的革命了。"[32]

周二（3月13日），谢苗诺夫斯基团投身于革命洪流之中——

由于按照当时使用的俄历纪年，那一天正好是 2 月 28 日，因此这场革命被后世称作"二月革命"。有人看到数千名哥萨克纵马出城，向南而去。"大肃清于今天开始，最先要清除的就是警察。"霍特林写道。[33]

他们中的许多人加以反抗，结果死于暴力之下。那天早上，我们这里有个警察枪杀了一个士兵，他立即被人用刺刀捅死后枭首，公寓的服务员小姑娘碰巧路过那里，吓得魂不附体。这些警察实在是太招人恨了，因为他们都是些高大健壮的家伙，前线正需要这样的战士，但他们却待在国内，残酷地镇压平民。如今他们好像慌了手脚；他们藏在公寓里，或是房顶上，朝士兵们胡乱开枪。要全部俘虏或击毙他们，不费上一番功夫是不可能的。

美国大使戴维·弗朗西斯向华盛顿方面汇报了一则谣言：帝国政府已经决定放弃彼得格勒，并切断一切供应，用饥饿迫使居民屈服。真实情况并非如此。直到 25 年后，德国人用围困对付这座城市时，传闻中提到的情形方才成为现实。事实上，大批贮存起来的粮食被人找到。人们相信，是那些想中饱私囊的官员把这批粮食藏了起来。这只会令革命者的怒火越烧越旺。[34]

到了周三，城市已牢牢掌握在示威民众和起义士兵的手里。车辆被征用来巡视街道，车上林立着步枪与刺刀。这是历史上第一支动用汽车的革命队伍。[35] 手握方向盘的少年士兵在驾驶室内尽情显摆。枪支随处可见，许多持枪者根本不懂得如何用枪。当他们在街上看到一名军官时，他们便会要求他交出佩剑来——倘若军官拒绝,便会被枪杀。此时警察已经成了孤家寡人,他们仍从屋顶或窗户处射来一颗颗子弹。一个名叫谢尔盖·姆斯季斯拉夫斯基(Sergei Mstislavsky)的军官先前参加了起义队伍,如今的无政府状态令他沮丧不已。保皇派武装很可能从城外发动进攻。"要是我们能拥有一个组织严密的师就好了,哪怕只有一个也好啊。"他回忆道,"我们既没有火炮,也没有机枪;既没有指挥组织,也没有通信体系。"[36]

霍特林站在塔夫利宫外的街道上观望,此时囚犯们(那些成功躲过起义民众杀戮的军官和警察)开始被带往国家杜马。"看样子,即使用临时军事法庭来审判这些可憎的敌人都算太客气了。"他写道。[37] 接着被带上来的是沙皇的一些部长,被万众唾骂的普罗托波波夫也在其中。他已经估计到,当一名囚犯比当一名逃犯要更安全些。

红色的旗帜、红色的横幅和红色的缎带装点着彼得格勒的每一个角落。临时委员会的一些成员依旧希望沙皇能将临时委员会指定为俄国的合法政府。但其他人的耐心已经耗尽了;就连曾经的君主立宪制支持者帕维尔·米留可夫都对一名同僚说:"我完全可以肯定,尼古拉二世这个流氓已经无路可走了。"[38] 无论如何,街道上的人群掌握着真正的权力。

皇后亚历山德拉同自己的孩子待在皇村(Tsarskoye Selo)的宫殿内,她给沙皇发去一封电报,受此刺激,尼古拉二世终于决定返回首都。此时他正身处距彼得格勒西南部约 500 英里的莫吉廖夫(Mogilev)。他的计划是同郊外宫殿内的家人会合。但铁路工人把铁路封上了。皇家列车先是朝东面位于连接彼得格勒和莫斯科的铁路主干线上的博洛戈耶(Bologoye)驶去,但它在该城附近的小维舍拉停了下来。数十年前，当铁轨从这座位于博洛戈耶正北方的小镇经过时，形成了一个小小的弯道。据说，这是因为复制尼古拉二世的曾祖父尼古拉一世在绘制铁路路线时，拇指在地图上留下的一个上凸痕迹。彼得格勒对沙皇来说遥不可及。他的专列再度驶向正西方，最终在普斯科夫城停了下来。

自上周五起，就一份报纸都没刊发过。大多数俄国人仍不知道发生了什么事。在乌克兰的康塔屈泽纳-斯佩兰斯基庄园，春季来临的最初迹象正在出现。在美国国际收割机公司兴建的莫斯科郊镇柳别尔齐，在白海的索洛维茨基群岛（Solovetsky Monastery archipelago）那岩石密布的冰封海岸，在中亚干草原地区和克里米亚行宫……一切如常，没人知道彼得格勒的事，在战火纷飞的岁月，这些地方受到了影响，但它们并没有被革命浪潮波及。

但到了3月13日，新任国家杜马议员，分管通信的亚历山大·布勃利科夫（Alexander Bublikov）下令给俄国每个火车站发去一封电报，通知铁路职工：国家杜马已经掌握了彼得格勒的权力。如今整个帝国都开始嚣动起来。在哈尔科夫（Kharkov），警察局长站在自己的马车上，摘掉帽子，嚷道："革命万岁！乌拉！"[39]

3月14日周四下午早些时候，前驻美大使罗森男爵在自己位于大海街的俱乐部内吃午饭，那里是他的暂住处。同他一起进餐的有3位将军、1位上校，他们都是社会名流：一位是前边远行省的总督，一位是师长，一位是"某个协约国君主"[40]的近亲，还有一位则是波兰贵族阶层的主要成员。根据罗森后来的记载，他们中没有一个人对政治感兴趣，或是与政治有瓜葛。俱乐部的餐厅面对着街道，在炮火丝毫未曾减弱的情况下，那个地方实在是太危险了，因此他们在正对庭院的楼上卧室用餐。

罗森吃完饭后，顺着走廊来到自己的卧室。就在此时，约20名陆军士兵和水兵闯进了俱乐部。他们宣称自己来到这里的目的是逮捕那3名将军，这些军人是步行前往大海街的，街上有辆卡车等着把他们接走。但一群愤怒的民众也围拢过来，他们坚决要求让这3个"吸血鬼"从大海街徒步前往两三英里外的国家杜马，然后再把他们关起来。天气已开始转暖，积雪变得泥泞，街道和人行道变得更加难走。民众跟在那几个将军后面，一路嘲笑不止。最后，他们来到了国家杜马。大厅里泥泞、杂乱，挤满了身上散发着皮革味、汗味和面包味的人群。有条走廊成了炸药堆集处，紧挨着炸药的地方有个小小的禁止吸烟标识，却无人理会。刚刚被临时委员会任命为军事事务主管的亚历山大·古契科夫认出了这几名将军，当即下令释放他们。

当将军们开始踏上漫长而艰苦的返程时，又一群荷枪实弹的士兵闯进了俱乐部。这一次，军人们是为劫掠而来的。箱子和抽屉遭到洗劫，一双上等靴子被拿走，而后，这些人开始用枪托敲打被搁在走廊内的一个木质衣箱。罗森一时鲁莽，竟摆出了老外交官的庄严姿态，企图让士兵们因惭愧而停手。士兵们让他披上大衣，打算逮捕他。罗森回到自己的卧室，开始以种种理由搪塞。他听到士兵们正在为接下来该怎么做而争论。有人嚷道："真不要脸！这是一次政治行动，而你们却表现得像一大群匪棍似的。"

随后，这队士兵一齐冲进罗森的卧室，当他们正要让他双手抱头并带走他之际，一个身穿预备役军官制服的年轻人出现在门口。他告诉那帮人，自己认识罗森男爵，想为他做担保。士兵们又争论了一阵,但暴民的狂热消退后,他们还是偷偷溜走了。那个"军官"原来是彼得格勒大学的一名学生,他奉临时委员会之命乘车出行,查验没收私人枪支的命令是否得到妥善执行。这道命令是临时政府最初采取的一系列实际举措之一,也是一种应急措施,其目的在于制止彼得格勒愈演愈烈的无政府状态,并将那些掌握在同临时政府毫无关系的人手中的海量枪支收缴过来。这名学生军官当时正沿着大海街行进,当他看到罗森的俱乐部外围了一群人的时候,便进入调查。

然而,当天晚上,又有第三队士兵来到俱乐部。罗森起初以为这队人的头儿是个女人,但随后发现是个 15 岁的高中男生。这队人马有 20 人,他们的使命是挨家挨户搜集枪支。当夜幕降临时,他们认为在这家俱乐部投宿是最保险的。那个少年向罗森解释道,根本找不到一位正规军军官来带领他们执行任务,一些军官要么被手下干掉了,要么遭到他们的虐待。很多军官得不到信任。事实上,这些人就没有不被鄙视的。各所中学和大学被要求为这些巡逻队提供领队。说来也怪,这个办法似乎是有效的。士兵们称那位少年指挥官为"达瓦里什"(tovarish),即"同志"。罗森和他的官员同僚们(他们当时已从国家杜马返回)将这些人安排在保龄球室过夜,并确保他们能吃到晚餐。

罗森后来认为,在革命初起之际发生的那些相互矛盾的事实简直是一幅生动的图画。陆军士兵和水兵们往往出于施虐的欲望就将自己的长官杀死,但一转身,他们就又能温顺地听命于一个以负责人身份被派到他们身边的学生。"现在的他们仍为自己之前达成的意想不到的成就搞得不知所措,尚未清醒地意识到整个帝国的首都——甚至可以说帝国本身——的命运已任由自己摆布了。更特别的是，那些令人深恶痛绝的受教育阶层的命运也已掌握在这批军人的手中，这些知识分子对战争的发动，以及战争的无限期延长而导致的悲惨后果负有责任。"[41]

3月15日，正在普斯科夫的沙皇接见了两位政治倾向更为保守的国家杜马议员：亚历山大·古契科夫和瓦西里·舒尔金。

这两个人不得不偷偷溜出彼得格勒。胡子拉碴、衣领发皱的舒尔金出现在沙皇面前时，感到羞愧难当。古契科夫一边躲避沙皇的目光，一边声称形势非常严峻。已经找不到一支可信任的军队，左翼分子处于支配地位，他们正讨论建立一个社会主义共和国。如果骚乱蔓延到前线的话，后果将是灾难性的。古契科夫力劝沙皇退位。[42]

沙皇似乎只想让古契科夫把他不得不说的话说完。而后，这位皇帝冷冷地说，他已经决定放弃皇位——继位的不是他的儿子阿列克谢，而是他的弟弟米哈伊尔。午夜前后，他在退位声明上签了字——用的是铅笔，这似乎表明他对退位仪式报以毫不在意的态度。"一个沙皇连要像个真男人那样用墨水签署退位诏书都决定不了，这是多么可悲啊！"莫斯科的一位政治家说。[43]沙皇挺起胸膛，承认自己卸去了肩上的重担。现在，他告诉朋友们，自己总算可以把家人接到位于克里米亚半岛的雅尔塔郊外的利瓦季亚行宫，去过平静的生活了。

第 12 章

"为了让全人类都能过上更好的日子"

自德国军队第一次进入比利时起，西奥多·罗斯福与其盟友就一直认为，这是一场民主与独裁之间的战争，是决定历史走向的最终之战。他们的论点存在一个巨大的误区，那就是俄国。沙皇比德皇更为独裁。他对波兰人、亚美尼亚人，特别是犹太人的镇压——在美国人的想象中，这种做法已经成为俄国人的代名词——无疑要比德国给予本国少数种族的待遇更为残酷。在20世纪初发生的历史性大迁徙中，超过200万犹太人及其他族群，为了逃避迫害及落后的环境而从俄国出走，并在新大陆（美洲）找到了避难所。

《展望》杂志意识到了这一问题，它与罗斯福有着密切往来，并在纽约总部为其保留有一间办公室。19世纪欧洲曾掀起过一股反民主潮，当时俄国充当了急先锋的角色。杂志在社论中评论道，"热爱自由的人们"[1]是不可能忘却这些的。"他们绝不可能忽视俄国发动的大屠杀，它制定的西伯利亚流放制度、密探制度和审查制度，它那腐败的官僚阶层，它与日本的战争，它那无能的政府，它的独裁统治……战争爆发时，俄国出现在法、英阵营内，一些本就不信任它的人将自己的不信任感延伸到了它的盟国身上。他们质问：如果这场战争真如之前所宣称的那样，是一场独裁制度与民主制度的较量，那沙皇俄国的身影是怎么出现在理应为民主而战的国家阵营内的？"

不时有人准确无误地将尼古拉二世描述为一个温良恭谨的人，一个态度谦逊的人，一个为国家鞠躬尽瘁的人。但这也不能使他成为一个民主主义者。

哥伦比亚大学著名历史学家威廉·M.斯隆（William M. Sloane）被媒体指控为亲德派，但他认为自己其实是个反俄派。在他看来，俄国人胜利后带来的后果才是这场战争的可怕之处。"人们很难觉察到，随着俄国同英、法结为同盟，整个东欧和东南欧都被移交到那些俄国式的政府手中了。"[2]他认为，俄国在"坏事做尽"的官僚阶层的束缚下，在东正教教义——它在这个国家的生活中占有至高无上的地位——的控制下，对民族多样性报以偏狭的态度，其后果之一是公民权思想的完全缺失。他说，俄国人的行为表明，他们不愿意自我关心，或是担起真正的公民所必须承担的义务和责任。①

"对俄罗斯化的恐惧导致了本国的俄国同情者阵营的严重分裂，"他说，"我们中的所谓亲德派，有九成只是纯粹的反俄派罢了。"

当然，被俄国的魅力吸引的人也是存在的。撇开政治不谈，那是一片诞生过柴可夫斯基、陀思妥耶夫斯基和契诃夫的土地。辽阔

---

① 今天的批评家的论点与斯隆的论点完全一致。——作者注

的西伯利亚针叶林地带点燃了人们的想象力，而黑漆漆的教堂的圣像和熏香亦起到了同样的作用。但俄罗斯还有一样"东西"可以不断引发美国人的遐想，那就是征服了横跨一个大洲的荒原，却不曾沾染太多的欧洲式自负和世故的俄国人。俄国和美国的开拓者们都住过小木屋，也都用瑞典人的经验改造过它。俄国拥有的自然资源足以保证它能拥有一个光明的未来。美国人注意到了这一相似之处——但与此同时，他们也将这个自己从未真正了解过的遥远异国浪漫化了。美国可能会显得很理性、很唯物、很无聊；俄国的风气则截然不同，充满热情。美国没有出过托尔斯泰这样的作家，也没有出过康定斯基或阿赫玛托娃，在1917年的时候，甚至没有一个美国人听说过他们的名字。

玛格丽特·哈里森丢下《巴尔的摩太阳报》的社会版，去撰写与音乐相关的文章。巴尔的摩交响乐团是一支由舞蹈乐团和以电影院表演为生的职业音乐家组成的队伍，哈里森评论了这个乐团举办的音乐会。乐团演奏的柴可夫斯基的作品《悲怆交响曲》令她激动不已，这首曲子将"斯拉夫民族的一切神秘主义情调和忧郁情调"[3]展现得淋漓尽致。当纽约交响乐社来到巴尔的摩时，里姆斯基-科萨科夫（Rimsky-Korsakov）的《金鸡》中蕴含的"原始元素"给她留下了深刻印象。

"这首曲子的怪异和声和格外迷人的韵律无疑来自亚洲，经由这群公认的，俄国皮、蒙古心的人之手传播而来。"[4]她在这段文字中提到了一句谚语：你只要剥开一个俄国人的表皮，就会发现，里面藏着一个蒙古人（不是鞑靼人）。"它带有明显的东方风情和极为迷人的大胆风格。"

受过良好教育的哈里森一生勇于进取，有朝一日，她将不再只是待在优雅的巴尔的摩想象俄罗斯,而是亲赴这个令她向往的国家。她将进入苏维埃监狱的内部,亲眼观察它的情况,她将游历于中亚的干草原地带。但在1917年,她同许多美国人一样,注意到一些小国为摆脱愈发强横的俄国而奋力抗争。尤其是波兰,自打德国、奥地利和俄罗斯于18世纪将它瓜分起,这个国家就从欧洲地图上消失了,波兰独立运动成了美国公众的想象世界中的一个热门主题。

当那个年代最伟大的钢琴家伊格纳西·帕德雷夫斯基(Ignacy Paderewski)在巴尔的摩的利里克剧院一展才艺时——弗雷德里克·肖邦是演出的重头戏——哈里森被深深地打动了。"演出是在波兰国歌声中落幕的,"她写道,"帕德雷夫斯基在演奏时,滚滚热泪从他的脸上簌簌而下,这个夜晚令人终生难忘,而这一幕更令人终生难忘。"[5] 几天后,帕德雷夫斯基同威尔逊总统会面,讨论在美国组建一个由波兰人组成的团级作战单位的相关事宜。

不久之后,波士顿交响乐团以一首芬兰籍作曲家西贝柳斯创作的,"带有强烈民族情绪"[6]的《E小调第一交响曲》引发了强烈反响。那些用实际行动来争取民族独立的欧洲小国或许最终能在战争结束后赢得自由,这一想法令美国人激动不已。当然,这就意味着奥斯曼帝国和奥匈帝国的领土将被切分,俄罗斯也可能遭到同样的命运。如果芬兰、波兰、波罗的海国家——甚至乌克兰也有可能——能摆脱俄国枷锁的话,那么它们将迎来一个蒸蒸日上、幸福美满的未来。

威尔逊从来就没有卷入欧洲战局的想法,对他而言,俄国是块绊脚石。他要的是一个从战争灰烬中崛起的更为美好的世界,而美国必须在建设这个世界的过程中出一分力,但如果俄国凭借武力在东线赢得了胜利,那这一目标怎么可能实现?这就是他为何要在1月推行"没有胜利的和平"号召的原因之一。沙皇政府一直在宣扬建立一个"独立"波兰国的主张,借以引起美国人的好感,但威尔逊及其顾问豪斯上校认为这是俄国人的策略,旨在从德国人手中夺取但泽,这样他们就能获得一个为俄国所用的不冻港。[7]

豪斯也担心俄国靠不住。沙皇会与德国人单独达成和平协议吗?就在这年冬天,沙皇任命了一个部长内阁,这个内阁完全由镇压派组成,警察头子普罗托波波夫是其中尤为恶名昭彰的一个。1月12日,豪斯在华盛顿同威尔逊讨论欧洲战事,但之后他离开白宫,前去参加午宴了。在宴席上,他坐在法国大使朱尔·朱瑟朗身边,后者是个富有魅力,也很受欢迎的人物。他们谈到了俄国。"我再次表示俄国对于协约国而言就是一只火药桶,对此他予以赞同。近来俄国政府的人事变动给他敲响了警钟。如今它已经从反动主义转变为自由主义,又从自由主义倒退回极端反动主义了,这表明该国的局势是何等不稳定。"[8]

几天后,回到纽约的豪斯再度与威廉·怀斯曼会面,威廉·怀斯曼尽管没有正式身份,但他是英国政府代表中的消息灵通人士。"怀斯曼告诉我几件很有意思的事情,其中一件是英国可能会在实现和平后强迫俄国实行君主立宪制。他认为这一目标可以通过这样一种方式实现:西欧民主国家发表声明,表示他们不愿意将一座暖水港(俄国此前已经得到承诺,它将获得君士坦丁堡的控制权)或其他特许权交给一个对本国人民不负责任的政府。其他任何手段都有可能对民主的实现构成威胁。我觉得,西欧在这件事上有希望获得美国的积极协作。"[9]

与此同时,豪斯也担心,一旦协约国在军事上赢得胜利,沙俄可能会因战利品分配问题而与英国开战。

或者可以这么说，俄国若是战败，则会变得更加危险。怀斯曼觉得威尔逊根本没有觉察到这种威胁。3月11日，当第一块掷出的地砖即将击穿彼得格勒的商店橱窗之际，他写下了这么一段针对美国人的评价："他们并没有意识到，俄国在经历着一场对外战争的同时，还在为国内的自由而斗争；德国人一旦胜利，则俄国的反动运动也将获得胜利。"[10] 换句话说，这是一场为民主——为俄国的民主而进行的战争。这或许并不是最令人信服的论点。

接着，革命就来了。短短几天内，这类观点就被完全颠覆了。事实上，在英美政府注意到革命爆发前，它就已经结束。这场革命彻底改变了它们的计划。尽管临时政府的领导人都不是通过选举产生的，但不用在意这些；他们无疑是一群民主人士，也就是说，俄国在一夜之间已经变成了一个民主国家。美国上上下下都这样认为，连白宫也不例外。这场战争是一场利益的冲突，一场毫无益处、愚不可及、破坏无度的纷争，就东线的状况而言尤为如此。然而，随着俄国"二月革命"的爆发，它瞬间就变得高贵起来。如今这场战争具备了一种崇高的使命感。美国的要人们——威尔逊不在他们之列——想起了一件事：1861年的那场战争本是为了拯救联邦，到了1865年却演变为一场解放战争。它的意义变得更为深远，更为崇高。它充满魅力，令人感动——这次战争或许也一样。一个更为伟大的文明即将从深不见底的苦难和层层淤积的鲜血中崛起。如今，全世界的民主政体（更确切地说，美国并不在其中）已经为了同一项事业——打破专制统治的牢笼——而站到一起。这项事业是光荣的，也是不可阻挡的。如果连俄国都能成为一个民主国家的话，那德国也不可能自甘落后。在这之前，美国人民听到和看到的说法一直是他们应当为了几艘老旧轮船的沉没，或是为了发生在南方边境的阴谋诡计而参战；如今的参战理由更加简单易懂，也更为高风亮节：为了民主的最终胜利，我们必须行动。

沙皇退位两天后，豪斯上校从纽约给威尔逊写信，敦促他以美国政府的名义立即承认俄国新政府。他并未因革命爆发而忘乎所以，对参战问题仍保持着谨慎态度，但他也提出了一些建议。他在信中写道："我觉得国家应该从各个方面支援俄国的民主进程，这样德、俄、日结为反美同盟的可能性便不复存在。"[11]

"你将成为战争舞台上的中心人物，这主要是因为你没费什么力气就走在了现代自由主义浪潮的前头。"豪斯向威尔逊保证，他已经"加快了全世界的民主化进程，说不定俄国的现状在很大程度上也要归功于你的影响呢"。

在过去的一段时间内，国务卿罗伯特·兰辛一直是威尔逊内阁成员中的主战派，他试图说服总统参战。问题是，威尔逊不喜欢兰辛，对他的建议也不感冒。但这位美国的最高外交官企图动摇总统的想法，因而始终未曾放弃过。3月19日，他又一次打算劝说威尔逊出兵。

"我们应当鼓励、支持俄国的新政府，这样可以鼓舞它的信心，让它变得更加强大。如果我们拖延不决，情况或许就会发生变化，而美国的友谊也就失去派上用场的大好时机了。我以为，俄国这个出于对专制主义（因此也是对德国政府）的痛恨而组建的政府，如果它感受到俄罗斯共和国已经站在了反对自由主义的共同敌人的行列，它就会得到实实在在的益处。"[12]

3月22日，12 000人来到麦迪逊广场花园（Madison Square Garden）参加"爱国群众集会"，为大战、罗斯福和俄国政府呐喊助威。前财政部长查尔斯·S. 费尔柴尔德（Charles S. Fairchild）说："这样的时刻将是多么激动人心：一支浩浩荡荡、由爱国士兵组成的队伍从我们的土地出发，在星条旗的指引下，奔赴法国的漫长战线。迎接他们的将是《统治吧，不列颠尼亚！》和《马赛曲》，而他们则在我们的前总统（你对他的名字十分熟悉）的带领下，答以《我的国家属于你》和《星条旗永不落》。"[13]

"接下来还将上演这样一幕：另一支庞大的军团跨过太平洋，朝着俄国前线进军，这支由最为古老的民主政体派遣的军队，将赶往最为年轻的民主政体，为将两个国家从全体民主主义者的共同敌人手中解救出来而贡献自己的一份力量。"

3月25日，一场在西34街的曼哈顿歌剧院（Manhattan Opera House）举行的，"庆祝俄国革命胜利的群众集会"吸引了1 500人前往参加。一封来自新成立的临时政府首脑格奥尔基·利沃夫（Georgy Lvov）亲王的电报被当众宣读："美国朋友啊，我们请求你们与我们一道，为自由、幸福的俄罗斯欢呼吧。"[14]

罗斯福没有到会，但他捎来了口信："我感到发自灵魂的喜悦。我国的世代友邦俄罗斯加入了有序、文明的自由民主阵营，它充分履行了世界上每一个自由国家都必须承担的责任……如今，全世界都在进行着一场声势浩大且不可阻挡（我相信是这样）的运动，它的宗旨在于用民主政府取代独裁政府，建立公正、自由、权利与义务对等的体制。这一体制将从底层开始打造，而非被动接受上层精英的赐予。俄国发生的，令人惊叹的变化不仅与这场运动同步，还是它的组成部分。地球上没有任何力量能够逆转或阻止这场运动……俄罗斯必须坚持自己的道路，它可以做到这一点。全体热爱自由的美国人的希望和祈祷将与它同行。"

罗斯福仍然希望，如果美国参战，他能组织一支自己的志愿部队。就在这时，一个来自北卡罗来纳州罗利市（Raleigh）的律师给他寄来了一封信，附带提出了一个建议。这个叫詹姆斯·H. 波乌（James H. Pou）的律师写道，俄国人团结一心、满腔热忱，但他们需要帮助，否则纷争的种子就将在他们中间埋下。"我相信，如果您能去俄国，即使您只带了一小队士兵，也能对战争进程施加超乎寻常的影响力，并为俄罗斯人民做出无可估量的贡献。"[15]

另一位律师，辛辛那提的 W. W. 西姆斯的想法与詹姆斯一致。"俄国前线是我们挥舞旗帜的好地方，"他写道，"对俄罗斯人民的道德影响将是有史以来最美妙的事件之一。这样可以对'自由'精神的传播起到有利影响，舍此以外别无他途。"[16]

美国人的兴奋之情在报刊的标题中得到了反映。3月19日，《费城纪事晚报》宣称：

> 俄国解放犹太人；古老的藩篱被打破
> 历史悠久的迫害政策就此终结，举国上下一片欢腾

"彼得格勒陷入沸腾之中。"头版文章的开头写道。报纸和其他出版物纷纷请专家来分析这一切意味着什么。专家们大多认为，俄国文化中存在着一种向往民主的自然趋势，这一观点或许出乎很多人的意料。

"我想着重强调的是，俄国人的性格，以及民主精神在他们中间的巨大发展给我留下了深刻印象。"一个名叫弗雷德·哈格德（Fred Haggard）的传教士告诉《纽约时报》的记者，他刚刚从俄国回来。"那里的情景令人目瞪口呆：1.6亿人，大多是不折不扣的

民主主义者，被一个完全不打算走民主道路的政府统治着。"[17]

哈格德称，自己曾于去年11月被告知未来革命进程的大量细节。他说，当革命爆发时，情况与预测的一模一样。他表示，事实证明俄国人民的确拥有深厚的民主情结，在该国的教堂内，各个社会阶层共处，富家女子与穷人并排而跪。他又举例说，俄罗斯人对父名的使用习惯很奇特，它赋予全体俄罗斯男女同等的地位。从沙皇到最卑微的农民，概莫能外。

"俄罗斯拥有庞大的人口规模，拥有共同的语言、想法和理念，拥有取之不尽的资源和正在觉醒的民主精神，这样的国家绝不可能无法成为一个世界强国，或是变成一个邪恶政权，"哈格德说，"俄罗斯的未来是光明的。"

诺曼·哈普古德（Norman Hapgood）是《哈珀周刊》（*Harper's*）的编辑，也是建立国际联盟以确保战后和平的主要拥护者，他从伦敦来信称："这场政治剧变对世界的意义堪称数百年来首屈一指，但它的实际影响力并未大到它最初发生的时候——那时候的它足以颠覆国家制度。俄国的民主制度实际上早已建立，因为从大体上讲，多年以来它一直是个民主国家，只是它的社会顶层不民主而已。"[18] 这篇短评被刊登在《巴尔的摩太阳报》上，文章主标题下方的副标题以一句短语收尾——"为了让全人类都能过上更好的日子"。

乔治·凯南（George Kennan）曾于1885年游历西伯利亚，并写了影响深远的著作《西伯利亚和流放制度》。他声称，这场革命是"民主制度的完胜"，"对于全世界的福祉而言，是几乎不掺任何杂质的祝福"[19]。他的文章发表在《展望》杂志上，此文的前一篇文章是一篇未署名的社论，它祝贺俄国人民抛弃了带有"普鲁士主义"色彩的帝俄体制。"全世界的犹太人和波兰人都不用再为俄国境内的犹太人和波兰人担心了，他们不但不会因自由的英、法人民的胜利而遭灾，还能谋求自身的解放。"社论称，"尤其是美国人民，将会在这场危机中发现，当他们同德国人的战争一触即发的时候，他们就有了感谢时局的新理由（事实上这完全是冥冥之中的定数）：如今他们与欧洲的自由人民并肩作战——先是意大利人、法国人和英国人，现在俄罗斯人也成了他们的战友。"[20]

3月20日，美国犹太社会主义联盟在麦迪逊广场花园举行活动，10 000名群众将会场挤得水泄不通，还有1 000人站在广场外的人行道上。众人"声嘶力竭地呐喊着，为俄国新政府而欢呼"[21]。一支庞大的乐队演奏着《马赛曲》和《星条旗永不落》，人人为之高声喝彩。发言者之一，社会主义者约瑟夫·坎农（Joseph Cannon）称："罗曼诺夫家族已经倒台，洛克菲勒和摩根家族也将步它的后尘。"

就在这周，《美国希伯来人》编辑赫尔曼·伯恩斯坦（Herman Bernstein）表示，伟大的俄罗斯帝国"饱受束缚和折磨，一直处于黑暗和奴役之中，如今它突然得到了解放……黑暗力量为所欲为、纵情放荡的日子结束了。民主精神正在觉醒，正义精神或将随之而来。美国精神远播海外"[22]。拉比斯蒂芬·怀斯告诉记者："一场因皇帝针对人民的阴谋而起的战争，将以人民的胜利告终。"

奥斯卡·施特劳斯（Oscar Straus）曾任罗斯福的商业及劳工部长，因而成为美国的首位犹太裔内阁成员。他预言，俄国的"华丽崛起"[23]可确保美籍犹太人转而以近乎一致的态度支持协约国。辛辛那提的改革派领袖拉比戴维·菲利普森（David Philipson）声称，这场革命意味着犹太复国主义的终结，因为犹太复国主义本就是旧沙俄政权实行反犹主义的产物。[24]

3月末，威尔逊在给芝加哥商人兼慈善家朱利叶斯·罗森沃尔德（Julius Rosenwald）的信中提到了俄国犹太人："俄国革命为一个受压迫的族群打开了自由的大门，但除非他们被赋予生气、力量和勇气，否则这百年难遇的机会对他们几乎毫无益处。"[25]

在针对俄国革命的解读中，主流观点或可被命名为"德国理论"（German Theory）。在彼得格勒，甚至在国家杜马，这一观点经常被公开发表。它认为，尼古拉政府受到了德国人的影响，影响是从身为德国人的皇后亚历山德拉开始的。按照那些生活在首都的俄国人的看法，德国阴谋分子对俄军那无能的表现和本土食品配给的崩溃负有责任。由于政府对德国人表现出明显的同情态度，俄国人对它的愤怒在一天天增长。据说，俄国人的愤怒之处在于，他们牺牲了这么多生命，换来的却是对德的一纸和约。

"人们毫无顾忌地断言，是德国人的阴谋导致了军队管理的失败与彼得格勒、莫斯科的粮食短缺，如今他们的言论已经变得激烈起来。这是政府的叛国计划的一部分，其目的在于煽动群众要求政府单独与德国媾和，"兰辛后来写道，"至于这些罪状是否真实，其结果都一样。关键的事实是，人们普遍相信德国人并不冤枉，这一看法左右着他们的情绪，将他们推向革命。"[26]

热情似火的记者约翰·里德的看法在一定程度上与兰辛一致。他写道，独裁政府对国家利益的出卖，以及它那几乎毫不掩饰的对单独媾和的渴望，已将中产阶级甚至商界推向沙皇的对立面。"这是一场由贸易商、出版商和进步贵族领导的中产阶级革命；军队同他们站在一起，因为他们支持将对德战争继续下去；国家杜马也一样，因为他们代表的是自由的代议制政府；工人、农民和犹太人也加入了，他们自法国大革命起就发表了最为民主的纲领。"[27]

事实上，临时政府的确发誓要以新的决心将战争进行下去，而美国媒体和政府对此鲜有质疑的声音。这反映了美国驻俄记者和外交官的一个长期习惯：他们的交流对象大多为那些富有教养，与外国人能自在交谈的俄国人。换句话说，他们的情报来源往往是（现在仍然如此）受过良好教育的城市自由主义者和世界主义者，他们的想法不一定代表俄国人最真实的想法（在莫斯科当记者时，我也常为此内疚）。例如，《展望》杂志就据此写道，俄国人如今"重新鼓起信心，精力充沛"[28]地投入击败德国人的使命中去。凯南指出，春季解冻即将到来，届时俄国的道路将一连数周无法通行，这样一来，俄国人就有时间重整队伍。而当泥土变干，战事再起后，他们也已准备停当了。"一开始，俄国人中可能会出现一些摩擦及缺乏协调的现象，但最终他们将以百倍的精力和效率，将战争进行下去。"[29]

3月16日，也就是尼古拉二世退位后的第二天，兰辛交给威尔逊总统一封电报，它是芝加哥大学的一位俄国专家发来的。电报称，这场革命的目的是"建立能让俄国充分施展其军事力量的环境"[30]。因此，这意味着"俄国将以更有效率的方式将战争进行下去，并终将获得胜利"。

但威尔逊总统尚在病中，他的双目仍不能视物，从他那里几乎得不到什么消息。没人清楚他目前的想法。但到了第二周，情况开始有眉目了：威尔逊总统给他仰慕已久的马萨诸塞州报纸——《春田共和报》（*Springfield Republican*）主编沃尔多·林肯·库克写信，对该报在国际事务评论中展现出的优异判断能力和文采大加赞赏。威尔逊总统对俄罗斯问题显然尤为惦记。这家报纸对俄罗斯发生的一系列事件的解读颇具启发性。

该报称,革命是"战争期间最为令人惊讶的事件",但未必是什么可喜的事。革命的前景尚不完全明朗。德国无疑打算从中牟利,即便临时政府打算将战争进行下去。革命一旦遭到破坏,则必然导致一定程度的混乱。此外,《春田共和报》还写道,俄罗斯多年来长期处于管理混乱、国家机能失调中,新任领导人尽管怀有良好的意愿,却无法在短时间内纠正这些弊端。

> 在毫无异状的情况下,俄国爆发了革命。这场以沙皇被迫退位,安全委员会掌权为开端的革命是一起极为重大、骇人的事件,对世界历史有着深远的影响。这场革命是在史无前例的世界大战期间到来的,此时人们已经被之前发生的一系列事件弄到神经麻木,因而吸引不了多少关注,但它所带来的后果仍比和平时期爆发的革命更具警示价值。[31]

两天后,《春田共和报》重新讨论起这一话题。"现在断言温和派与无产阶级激进派之间不会分裂尚为时过早,在历代革命史中,这类危险事例不胜枚举。"[32]如果临时政府能使这一威胁,以及其他种种威胁免于发生的话,那将"几乎是个奇迹"。

这篇社论继续指出,革命创造了一个终结欧洲战事的理想机会,如果俄国能让那些臣服于它的民族建立属于自己的新国家的话,那奥匈帝国必将被迫效仿。沙俄政府在1914年的动员,在巴尔干的阴谋,及夺取君士坦丁堡的热望是这场战争爆发、延长的核心因素;如今,这些因素已统统不复存在。社论称,眼下正是可供把握的大好机会。毫无疑问,这篇社论的论点正好说到了威尔逊的心坎上。

西奥多·罗斯福收到了一封英国老友的信,此人叫莫尔顿·弗勒旺（Moreton Frewen），是前议员。"你比我们更了解俄国，但如果我没猜错的话，消息总是先坏后好。如此'声势浩大'的革命不可能就这样结束。"[33]

沙皇下台数小时后，消息便传到纽约，一位记者对圣马克广场和《新世界报》的办公室做了次简短的访问，想了解一下职业革命家托洛茨基对事件的看法。托洛茨基称，即将成为临时政府的委员会不能代表革命者的利益或目标，它可能很快就会被"一些更有把握将俄国的民主化事业发扬光大的人"[34]取代。

托洛茨基告诉记者："是厌倦了战争的人们的焦虑感点燃了这场革命，革命者的真正目标不仅是让俄国停火，而且是让整个欧洲都停火。"他表示，但俄国不会与德国单独媾和。"他们对德国并无好感，也不愿看到德国获胜，"托洛茨基说道，"但他们厌倦了战争，他们想给流血冲突画上句号。"

第13章

"除了不幸的生命外，再也没有什么可以失去"

比尤特和往常一样沸腾起来了。就在不久前，人们的怒火被自然而然地点燃了。在150余座铜矿工作的15 000余名矿工，为了采集矿石，在蒙大拿的花岗岩中不断凿击；比尤特的海拔超过5 000英尺；有座矿山据说有1英里高，1英里深。矿山内有几个地方热得骇人，在那里干活的人们不得不将汗水从靴子里倾倒出来。在矿工队伍中，爱尔兰移民是最大的群体，但亦有来自塞尔维亚、意大利、瑞典和中国的矿工。蒙大拿是美国各州中移民比例最高的一个，他们中的相当部分聚集在比尤特。这座城市坐落于一座陡峭的被誉为"世界上最富饶的山丘"的山上，此山出产的铜矿资源占全世界产量的10%。1917年的时候，比尤特拥有91 000人口、8种报纸、238家酒吧、一家意大利面生产商和一家玉米粉蒸肉生产商。到了1917年，它成了一座铜城，拥有这座城市的企业叫阿纳康达铜业公司，受标准石油公司控制，这也就意味着，它姓洛克菲勒。这座城市的历史是一部劳工暴力史，频频为爆炸事件所打断。

时光回溯到1903年，最后一批个体矿主中的一人试图与阿纳康达铜业公司较量,他差一点就成功了。F. 奥古斯图斯·海因策（F. Augustus Heinze）是个引人注目、深得人心的人物,他赢得了一次针对他的巨无霸对手的诉讼;阿纳康达的回应是将蒙大拿州的议会整个买了下来,并修改了法律。海因策在花岗岩广场（Granite Square）召开集会,他告诉人们:

"如果他们今天打垮了我,明天就会打垮你们。他们会削减你们的工资,抬高出售给你们的每一份食物、每一匹布的价格。当你活着的时候,他们会强迫你们住在标准石油公司的房子里,等你死了,他们还会把你葬在标准石油公司的棺材里。"[1]

海因策最终还是输了,但他的矿山卖了1 000多万美元,这是一笔巨大的收入。而矿工们就没那么走运了。

比尤特的工会名为西部矿工联合会（Western Federation of Miners）。它是美国最为激进的工会之一,毫无疑问,它属那些被雇主们重点关注的工会之列。(在20世纪20年代,它与共产党关系密切。)但对于矿工中的左派分子而言,它又太过保守了。1914年6月,反对派破坏了工会组织的一次游行,并将比尤特市长、社会主义者刘易斯·邓肯从二楼窗户丢了出去,好在他并未受太重的伤。其后,反对派炸毁了工会大厅。7月3日,一个被激怒的芬兰人在市政厅刺伤了市长;邓肯尽管受了伤,却还是击毙了凶手。阿纳康达铜业公司利用工会陷入内讧的机会,宣布雇用非工会会员,撕毁了与工会的契约。

兰琦于1916年在比尤特举行竞选活动时,当地的情况就是如此。铜作为制造电线的必需原料,自19世纪80年代电力得到应用后,其价格便大幅度上涨。由于战争的需求,铜价再次上涨了一倍。在那些日子里,矿工们的日收入约为4.5美元,他们不认为自己在利润分配中得到了公平的份额。物价高得可怕，矿工们的生活条件极为恶劣。1912年，在比尤特的死者中，有1/3的人的死因与肺结核有关。

当地的爱尔兰人与遍及全美的爱尔兰移民一样，对英国怀有极深的敌意。兰琦对爱尔兰人的事业报以同情态度。但美国西部往往是反战思想的大本营。在广阔无垠的蒙大拿，欧洲似乎是个远在天边的世界。由于这里的人们觉得自己受到东部的银行家、铁路经营者和实业家的虐待，他们对将国家推向战争的力量的猜疑心自然格外重。

一个保险代理人的妻子质问兰琦，一个"98%的人沦为奴隶，只有2%的人是自由人"[2]的国家还能维持多久？

矿工们痛恨名为"工作证审批"的制度。一个人若得不到公司的批准，那他连一天的活计都别想接到。一个比尤特矿工工会的组织人对兰琦讲述了工人们申请工作许可的情景。

> 申请者们在一栋有一名枪手把守的建筑外面排起长队，风雨无阻。很多时候，他们不得不一站就是几个小时。很多时候，他们在站上几个小时后，却是吃了闭门羹。
>
> 那些获准进入建筑内的申请者会从另一名枪手手中得到一张空白申请书，上面印有许多问题……随后，一名办事员将申请书收了去，把众多申请书交给另一个级别更高的办事员，如果申请令人满意的话，他就会给予正式批准。但申请若是无法令人满意，申请者就会被叫到名字，等他进入另一个房间后，值班办事员（有两名枪手同办事员一道走进房间）就会告知申请者：他不会再拿到工作许可，公司已经不需要

他为它工作了。³

新入职的工人被要求提供过去4年的工作证明。他们要等上几星期或几个月才能收到回复。

"你得记住,得到工作证并不意味着就得到了工作,只是得到了一份求职许可而已。"

阿纳康达铜业公司自述其原则性目标是"清除公司的一切政敌,以及那些可能利用他们的影响力鼓动他人要求公司提供合理报酬,或改善矿山内部及周边环境的个人"。

一个比尤特的支持者告诉兰琦,想要跳过工作证审批程序,最简便的办法就是向比尤特商会的一个成员借上一大笔债,届时后者就会为这个赖账不还的客户提供一份工作证明,希望借此收回部分欠款。⁴

做牛做马、至死仍手握镐、准备爆破的矿工,对美国劳工联合会的行业工会深恶痛绝。塞缪尔·冈珀斯的劳工联合会是专门为技术工人——车工、机械工和雪茄烟制作工——准备的,至于挖沟工人和铜矿工人,那就请另谋出路吧。对于比尤特的男男女女而言,尽管冈珀斯想把工联主义包装成受人尊敬、值得信赖的样子,但他一直与当地的剥削者相互勾结。

当年2月,在无限制潜艇战重新启动后,冈珀斯写信给一位从事劳工运动的德国同行,询问双方是否有办法在阻止两国开战问题上共同合作。但到了3月,他改变了主意,他觉得德国的军国主义政策和专制制度对于民主世界而言实在是太可憎了。

冈珀斯于1850年出生于英国,在伦敦东区长大,他的双亲都是荷兰裔犹太人。在他13岁那年,他父亲将家迁往纽约;他们来到美国时,1863年的征兵暴动刚刚被联邦军队镇压下去。所罗门·冈珀斯(Solomon Gompers)是个雪茄制造商,塞缪尔跟着父亲走上了经商之路,并一起加入了雪茄制造商工会。19世纪70年代,他为马克思主义和社会主义所吸引,成了一名坚定的工联主义者。他身高5英尺4英寸(1英寸约合2.54厘米),性格粗鲁、好支使人、头脑顽固、工作勤勉。[5]尽管后来他转而反对社会主义,但当他于1886年创立美国劳工联合会后,他还是很乐意让已加入社会党的工人在联合会编组及鼓动他人支持联合会问题上助他一臂之力的。在他抱定让劳资双方和睦相处的想法很长一段时间后,他成了一名使用社会主义者语言的行家里手。他从未放弃过一个带有马克思主义色彩的看法:产业集中化是不可避免的,也是受人欢迎的。作为一名那个年代的工运保守派,冈珀斯与今天的工运保守派有所不同:他支持义务教育制,支持《8小时劳动法》,支持工人赔偿金制度,支持市政府对公共事业和交通线路拥有产权,支持电话系统、铁路及矿山国有化。

在劳工联合会成立之初,冈珀斯让这个组织避免染上政治色彩——他并不希望劳工联合会被人视为美国版的工党——此后,他全力支持威尔逊的1916年连任竞选。从某种程度上说,这样做是对《克莱顿反托拉斯法》于1914年获得通过的报复。到了1917年初,尽管世界产业工人联合会(I.W.W.)和社会党指责劳工联合会与雇主们走得太近,对黑人和妇女过于歧视,对移民过于敌视,但这个组织拥有240万名成员,规模仍达到空前的地步。如今,倘若威尔逊最终决定参战,那冈珀斯绝对不会提出抗议。他是威尔逊的忠实支持者,而且他也想确保在美国参战的情况下,工人阶级能争取到话语权。冈珀斯担心，如果美国继续维持战备状态，工人运动成果将遭到打压。他认为，要保卫工运，最好的办法就是与政府站在同一战线，而非站到政府的对立面去。

2月28日，他在一份备忘录中写道："有个严峻的问题马上就要摆在我们眼前，这个问题是劳工运动迟早要遭遇的。战火正在熊熊燃烧，危机迫在眉睫，美国随时都可能被卷入火海之中。劳工运动组织不可坐等，必须赶在某些可怕的灾难发生前制定明确的，关于理想、权利、自由和正义的建设性政策；并敲定工人们应尽的职责，以维护政策中涵盖的内容。"[6]

3月12日，他召开了一场美国劳工联合会执行委员会会议，会上决定，劳工联合会承诺一旦发生战争将支持政府。工会中的很多人将这一决议视为不罢工承诺，冈珀斯花了很大力气予以否认。骚动随之而来，但人们的怒火几乎完全因让美国参战的想法而起。

"我不想看到军国主义的车轭被强加到这个国家的劳动者的脖颈上，因为它只会把国家引向战争。"乔治·伍德森写道。[7]他是孟菲斯零售店店员工会的一名组织人。他还提到，他父亲于内战期间，在联邦军队服役时受过伤。

宾夕法尼亚州波茨维尔市（Pottsville）的一名有轨电车工会的组织人给冈珀斯写信。他先是对冈珀斯致以深深的敬意，并盛赞后者之前的成就，但他表示，自己对会议决议感到吃惊。他接着写道："我们不能设想，任何一个坚持神圣的工联主义传统原则的个体或组织，会在言语和行动上支持任何一个国家的战争动员令——无论其动机如何；此外，我们无法理解……美国工人的理想是怎么被解读成让政府相信乃至确信我们工联主义者会忠心支持它的？"[8]

这封信的作者把战争称为"对全世界工人的大屠杀"，并认为任何支持战争的工会成员都应"处以绞刑"。

信的末尾是这样的：

> 在此致以最美好的祝愿
> 兄弟般的托马斯·V. 麦戈

在俄亥俄州的代顿市（Dayton），国际电子工人兄弟会（International Brotherhood of Electrical Workers）做出决议：抵制战争。它声称，战争是一场"主要因资本主义生产体系的鼓动而起的屠杀，由于军国主义者和军队的利益诉求而变得愈演愈烈"[9]。兄弟会指责统治阶级企图把遭工人阶级强烈抵制的军国主义政策"强加于这个国家"。它"将各国工人视为自己的兄弟，而把各国的资本家和统治阶级统统视为自己的天敌"。决议的签署者发誓，自己要努力奋斗，以便让"这一吃人制度不再祸害人类，迎接更为文明的制度的到来"。

克利夫兰和匹兹堡的一些地方工会也加入抨击决议的行列。印刷工会（Typographical Union）位于印第安纳波利斯（Indianapolis）的分会负责人告诉冈珀斯："无论你有多正直，我对你都毫无信心。"[10]

"工人们从未从战争中得到过半点好处，"位于艾奥瓦州迪比克市的机械师工会（Machinists Union）地方分会成员写道，"他们完全是受资本的驱使而战，完全是为了资本而战。工人们战斗、付出、痛苦、牺牲，所有这些完全是为了资本的利益。"[11]

但得克萨斯州的一个地方工会支持美国劳工联合会的决议，支持"我们的伟大总统伍德罗·威尔逊"[12]。布鲁克林的一群机械师的想法与冈珀斯最为接近，即使在决议做出前也是如此。在一封信中，他们敦促工人们在战争到来前想想办法，让工会与政府尽可能达成一致,以确保工会的影响力得以延续。他们宣称,"美国工人多年以来一直在为了获得认同而努力,如今他们已经获得了一定地位",而他们的任务则是,在这样一个疯狂的时刻,"让自己的地位更上一层楼"[13]。

蒙大拿州雷德洛奇的煤矿工人给本州的新任国会女议员拍去一封电报。"约300名工人阶层的成员给拉福莱特议员送来了一些赞美的话语,因为他在带有沙文主义色彩的武装商船法案面前坚持了自己的立场,这些人除了不幸的生命外,再也没有什么可以失去。我们以最诚挚的态度敦促您利用这一上天赐予一位女性的最佳时机,表明您的反战立场。对于人类而言,这将是一次伟大的壮举。"[14]

几个旅行者——一个东部地区的推销员、一对已经穿过加利福尼亚州的夫妇、一个来自蒙大拿州斯科比(Scobey)的卫理公会牧师——写信给兰琦,表示他们无论走到哪儿,听到的都是一片反战之声。

卫理公会的牧师称,在蒙大拿北部,主和思想占有压倒性优势。他请求兰琦尽其最大努力,"让我们免受灭世浩劫的伤害,东部的一些富裕公民将他们的腐败和贪欲强加到我们头上"[15]。

毋庸置疑,在西部地区和蒙大拿,存在着一股强烈的反战倾向。但你如果觉得那里人人都这么想的话,那可就错了。在阿纳康达镇,一群工程师在给兰琦的信中表达了自己的看法,鉴于衅自德国开,美国选择战争也是不得已的。[16]

大廷伯(Big Timber)的农场主哈维·科伊特(Harvey Coit)认识兰琦,他表示,德国若是不尊重国际法,那就应该将该国驻美代表逮捕、处决。[17]

英国移民伊夫林·卡梅伦（Evelyn Cameron）是普雷里县（Prairie County，位于达科他铁路附近）的一个寡妇，现年49岁的她是个富有才华的摄影师，其作品以西部生活为题材。"尽量不要对这场糟糕透顶的战争太过担心，"她在1916年给一位英国朋友的信中写道，"记住，我们已经误入歧途，奢侈、贪欲，以及随之而来的种种恶习正是令我们蒙羞的罪魁祸首。我们只是受到更为高级的力量操纵的傀儡而已。最终，人类必将被清洗与净化，这是为千禧年而做的准备……我相信那些当权者将被赋予能力和力量，他们能给战争带来一个圆满的结局。"[18]

冬天，她将时间花在农场杂务、拜访邻居、抵御严寒，以及弄清北太平洋铁路公司的慢车为何老是晚点上。她在日记中透露，她的左乳房已经出现疼痛症状；痛感时断时续，她认为这与自己在过去的15年间一直一边骑马，一边将一台9磅重的格拉菲照相机挂在身侧有关。她不信任当地的医生，觉得自己应该到明尼苏达的梅约诊所（Mayo Clinic）去试试看。用她的话来说，去那里"只需"乘坐26个小时的火车，铁路票价为18美元50美分。按照她的计算，一场手术需花费200至300美元，而她的现有存款为324美元50美分。

1月7日（周日）——杂务、读《圣经》、扑杀鼠群、听留声机。

1月23日（周二）——商店里挤满了德国人，勒斯勒尔（Roesler）一家、克泽尔（Koesel）、尼斯（Nies）、克兰茨勒（Kranzler）等等。

2月7日（周三）——一个邻居要我射杀他的马。我开了一枪,正中红心。

2月18日(周日)——午后的阳光很明亮,刮起了东风。晚上的气温降至12度以下……我在夜里把"小毛球"①放了出去。9点20分出门。先是挤奶,只要挤上1.5品脱(1品脱约合0.57升)就够我喝的了,特别是现在我只喝热水。接下来是让幼畜们吃饱喝足。10点30分,我读了读《诗篇》②的第37章,这章专门用于描写那个年代的战争。[19]看了会儿《牲畜》③中关于第七重世界的描写。去过德国的人说德国的粮食供应现在极度紧张。4点至5点做杂务。

3月18日(周日)——令人愉快的一天。今天冰雪终于开始部分融化了……在这个天寒地冻、狂风肆虐的日子里,我简略浏览了总统的就职演说稿。拉福莱特由于反对武装中立法案而被选民们逮着骂,真可怜。5点出门做杂务,把牲口棚和畜栏里的所有家畜——牛犊、小母牛和奶牛全都喂了一遍。

3月24日(周六)——沙皇下台了!希尔达和拉尔夫的信、铁路地契、4个鸡蛋……

西奥多·罗斯福对西部的土地爱得深沉,但他并没有因此无视那里存在的反军国主义情绪。到了2月,罗斯福计划组建一支效力于西线的志愿军。就在这个月,他将自己用了多年的春田步枪送往当时位于第五大道附近的第36大街的阿贝克隆比与费奇公司,以便为它安装一个新的瞄准器,并修补枪托上的一道裂缝。[20]如今他

---

① 宠物的名字。
② 《圣经·旧约全书》中的一卷。
③ 《古兰经》第六章。

向一位老朋友求助。

"西部的人们对备战必要性的认识要晚于东部。"这番话是弗雷德里克·拉塞尔·伯纳姆（Frederick Russell Burnham）在位于曼哈顿西 44 街 65 号的落基山俱乐部（Rocky Mountain Club）中途停留时说的。[21] 他是迄今为止唯一一个既拥有英军军官头衔，又未丧失美国公民身份的美国人。拥有战时杰出服役勋章的伯纳姆少校出生于明尼苏达的一个苏族（Lakota Sioux）保留地，他曾以一名美军侦察兵的身份在西部地区与阿帕奇人（Apaches）作战。但他后来去了南非。在那里，他拿起武器，以维多利亚女王和她的儿子爱德华七世的名义，同祖鲁人（Zulus）和布尔人（Boers）对决。他的崇拜者称他为"侦察兵之王""暗视者"。在罗得西亚（Rhodesia，津巴布韦的旧称），他与日后的童子军运动创始人罗伯特·贝登堡（Robert Baden-Powell）成了朋友。当伯纳姆回到美国后，他为美国童子军组织的成立出了一臂之力。他生着一头金发，留着一撇英国军官式的髭须，有着极为大胆的人生观。

少校时年 55 岁，很难找到比他更守旧，或是更滑稽的人物。时下这场正在欧洲蔓延的战争并不需要英勇的骑兵或富有冒险精神的印第安侦察兵；它是一场由机枪、重炮、空中轰炸、潜艇袭击、毒气、爬满耗子的战壕，以及日均数字以万计的伤亡构成的战争。但伯纳姆很乐意接下罗斯福交给他的任务。

他离开纽约，前往加利福尼亚，中途在阿肯色州和亚利桑那州停留。按照罗斯福的要求，他只物色最合适的志愿兵人选。他将西部地区划分为一个个"区域"，计划在每个区域各组建一个"一分钟人"团。他声称，当自己发电报给那些潜在的志愿者，通知他们"竭诚合作"[22] 的时刻已经到来的时候，响应者超过百人。他在菲尼克斯（Phoenix）有一个得力助手，叫 J. H. 莱特富特（J. H. Lightfoot），此人是"本州最著名的旧式牛仔之一"[23]。他事先告知一位记者，由于自己的活动圈子之故，他征募到的新兵估计大多为中年人。

在这场冒险中，除了前总统外，他的公开支持者还包括：戴维·古德里奇（David Goodrich），他是豪门 B. F. 古德里奇（B. F. Goodrich）轮胎公司的继承人之一；事业风生水起的铜矿工程师 J. 帕克·钱宁（J. Parke Channing）；在南非与西部的采矿事业中大发其财的约翰·海斯·哈蒙德（John Hays Hammond）。上述人士都是西 44 街的落基山俱乐部的成员。而对于比尤特的矿工群体而言，这些人没有一个是顶天立地的好人。

被称为"Wobblies"的世界产业工人联合会已经注意到了比尤特。这个组织是在 1905 年创立的，创建者中包括"大票"海伍德（"Big Bill" Haywood），此人的遗骨至今仍存放在克里姆林宫的城墙内，以及尤金·V. 德布斯，此人曾竞选过总统，并于 1912 年再度以社会党候选人的身份参选。世界产业工人联合会倡导"大一统工会"论。它对美国劳工联合会采用的同业工会制持否定态度，它的会员认为，全世界的工人应携起手来，好早日战胜那些资本家。总部设在芝加哥的世界产业工人联合会在西部的农场工人、伐木工人和矿工中拥有尤为强大的影响力。约翰·里德（他也葬在克里姆林宫的城墙内）是"Wobblies"的一名拥护者。1917 年 8 月，世界产业工人联合会的规模达到顶峰，拥有 15 万名成员。该组织是在夏季时节膨胀起来的，比尤特在这一过程中起到了重大作用，但在当年 3 月的时候，当地工人对世界产业工人联合会的奋斗目标就

| 1917 年 3 月 | 第 13 章 "除了不幸的生命外，再也没有什么可以失去" |

已经怀有强烈的认同感。世界产业工人联合会坚定不移地持反战立场。它的会徽是一只黑猫，因为黑猫不会听命于任何人。

"亲爱的同志，"比尤特的地方工会领袖在发给珍妮特·兰琦议员的电报中写道，"我们强烈建议您通过游说和投票阻止美国参战。这个国家的工人阶级无疑将被迫走上战场，除了与他们的弟兄一道流血牺牲外，他们什么也得不到。"[24]

美国音乐家联盟的第241号地方分会设于比尤特，他们请求兰琦让这个国家远离"欧洲的可怕战争"[25]。在邦纳（Bonner，位于蒙大拿州邻近米苏拉的一侧）举行的一场公共集会做出决议，宣称"现代战争起到的作用是让资本家阶层变得更加富有，加强他们对政府的控制"[26]，决议要求本州的议会代表反对美国参战。

面对前述种种恳请，兰琦的助理贝勒·弗利格曼以一封通函作为答复。

最初（3月初），弗利格曼只是确认寄来的信函均已收悉，并加上一句"我真诚地理解您在这个问题上的态度，您提醒我关注您的想法，我对此表示感谢"[27]。一个月过去了，反战信件仍如雪片般飞来——按照兰琦的说法，此类信件与主战信件的比例为十六比———她在回应时，语气稍稍有了些变化。在向寄信人致谢后，回信写道："我很肯定，你们都非常想避免战祸。我将认真考虑你们的建议。"[28]

第 14 章

"伟大的世界解放运动领袖"

3月16日（星期五），威尔逊终于走下病榻，返回工作岗位。"总统患有重感冒和咽喉痛。"一个叫托马斯·W. 布雷黑尼（Thomas W. Brahany）的助理在日记中写道。1 根据布雷黑尼的记载，总统的病情不是很严重，但他的医生卡里·T. 格雷森坚持要求他完全卧床休息。一连10天，他都没有正常工作，但伊迪丝一直在给他读司法部长和国务卿发给他的一些很长的备忘录。到了第11天，等他感觉好点了后，他就和他的内弟伦道夫·博林（Randolph Bolling）玩起了通灵游戏。伊迪丝汇报说，现身的幽灵只有一个，那就是因特拉法尔加之战而名扬四海的纳尔逊勋爵（Lord Nelson），他谈了谈潜艇战的事（我们并不清楚他的看法究竟如何）。2 但布雷黑尼注意到，在总统卧病的第14天，财政部长兼威尔逊的女婿威廉·麦卡杜前来拜访，此时的威尔逊显然很不高兴。麦卡杜"待得太久了，聊得也太多了"。

白宫理发师告诉布雷黑尼，麦卡杜走后，威尔逊爆发了。"该死，他把我累惨了。他也太有精力了……我他妈烦死了。"3

但如今总统感觉好多了。他派调停人前往纽约，试图解决铁路罢工问题，并着手处理其他日常事务。第二天是圣帕特里克节，兰辛向威尔逊提交了一份长长的、标有"私人机密文件"字样的备忘录，里面概述了通过奥地利渠道和平解决战争的可行性。这个虚弱无力的国家如今已经崩溃，它是德国的盟友，却从未与美国起过纷争。"我相信，"兰辛写道，"奥地利政府对它那强大的盟友的畏惧不比它对敌国的畏惧差多少。"⁴

爱尔兰民族主义领袖约翰·雷蒙德（John Redmond）将一批三叶草形的无头钉送给了白宫的全体工作人员，其中的一枚被总统别在他的翻领上。爱尔兰人引发了一个特别棘手的问题。此时距都柏林的复活节起义（Easter uprising）遭英方残忍镇压还不到一年，爱尔兰人对英国的仇视情绪依然很深——敌意最重的自然是那批当时在美的爱尔兰民族主义者，他们是同类人群中最直言不讳，立场最为坚定的一批。在纽约、波士顿、克利夫兰和芝加哥等民主党大本营，爱尔兰裔美国人掌握了大部分政治权利。利亚姆·梅洛斯（Liam Mellows）曾在复活节起义中担任过戈尔韦旅（Galway brigade）的指挥。当年3月，他在波士顿谴责英国人，他认为，英国人之所以想让美国加入战争，是为了将美国重新变成它的殖民地。与此同时，西奥多·罗斯福收到了一封引人入胜的长信，信出自一位英国官员之手，此人去年曾到过都柏林。他用显而易见的沉痛笔调，详细描述了英国人以种种堪称暴虐的手段对付起义的情景。这封信使美国人对英国的看法起了显著变化。但罗斯福想与英国结盟，因而不断指责外裔美国公民。他表示，如果他们是真正的美国人，那么他们对美国的爱就会超越他们对英国的恨。当天晚上，在布鲁克林的圣帕特里克协会举办的晚宴上，当有人提到罗斯福的名字时,喧嚣的人群突然沉默了下来,因为他们不喜欢这个人。但与会者们集体为威尔逊欢呼、干杯,并一齐唱起《星条旗永不落》。[5]

事实上,英国议会的爱尔兰党(Irish Party)领袖约瑟夫·德夫林(Joseph Devlin)已经从俄国革命中看到了某种预兆。[6]他声称:"在爱尔兰党看来,引人瞩目、规模宏伟、激动人心、几乎没有流血的俄国革命给所有遭受压迫的民族和热爱自由的国家带去了希望。但这场革命的意义不止于此。它还是针对全世界的独裁政府和专制政体的一次警告和厄兆。"

"我们可以从这次事件中吸取教训,但我们并不想从中牟利。我们爱尔兰人宁可与其他人一起,为俄罗斯的解放而欢呼。"

当天传来的好消息令威尔逊的精神为之一振。在纽约的比特摩尔酒店,经过多次彻夜谈判后,铁路工会同意将罢工行动推迟48小时。有消息称,铁路股东一方正在做出让步。当精疲力竭的谈判代表走出谈判会场时,一名记者拦住了巴尔的摩和俄亥俄铁路公司的丹尼尔·威拉德。很显然,尽管工会成员深感忧虑且大肆奚落,但工会的管理人员根本没有发动罢工的意愿。当美国总统出手施压,以寻求解决之道的时候,当人人都意识到,如今对于国家而言正是危急之际,当陆军部开始讨论是否有必要夺取铁路控制权的时候,你根本不难猜到列车停运的责任将会落到谁的头上。毕竟眼下的美国铁路享受着有史以来最为幸福的时光。"瞧瞧那些人的脸,自己判断吧。"威拉德道。[7]记者看得出,谈判代表们的紧张情绪均已有所缓解。

但最高法院依旧没有对要求在铁路雇员中实行8小时工作制的《亚当森法》做出裁决。除了法院的人外,没人知道判决之日何时能到来。48小时之内能发生很多事。威拉德一直以资方委员会领导人的身份待在比特摩尔，但其他与会人员可能回到有权有势的铁路股东——控制纽约中央铁路公司的范德比尔特家族、控制大北方铁路公司的希尔家族，以及其他家族那里去了，他们的态度变得强硬起来。某位少数派股东大概没有拒绝工会要求的资格，他就是废帝尼古拉二世。根据《费城纪事晚报》的报道，此人显然持有价值5 000万美元的宾夕法尼亚铁路股票。[8]尽管如此，本周周末依旧是个至关重要的日子。

豪斯上校此时正待在纽约的家中。星期六那天，他的思绪远离了天天都在上演的铁路劳资纠纷，尽管这一事件可能令全国陷入瘫痪。他考虑的是自己的事，并找到了一个庆贺的理由。他在日记中透露，一位来自华盛顿的访客"觉得我是美国政府的财政专家"[9]。英国批评家悉尼·布鲁克斯（Sydney Brooks）打来电话声称，据他所知，"我是唯一一个拥有欧洲人思维的美国人"。

布鲁克斯对豪斯大加称赞，因为在后者的劝说下，威尔逊及时出言谴责了那些搞冗长辩论的议员。布鲁克斯认为，如果总统等上一段时间才发言的话，那效果就大打折扣了。威尔逊的反应总是很迟钝，这让豪斯感到绝望，但他还是假意予以反驳。"我告诉他，这个问题有两面性。那些做事慢一拍的人往往能得偿所愿，而操之过急的人则常常追悔莫及。通常情况下，他对我的观点持赞同态度，但他认为，在处理政治和军事事务时，要想得到最棒的结果，就必须雷厉风行。"你可以想象一下豪斯当时面带微笑的样子。"在这一点上，我同意他的看法。"

有个国务院的人顺道拜访了豪斯，他提到一件事：海军人员大多希望助理部长富兰克林·罗斯福能取代海军部长约瑟夫斯·丹尼尔斯。丹尼尔斯是个行动迟缓的南方人，他与罗斯福不同，是个坚定的反战派。

豪斯曾经说过，他一直都是个无忧无虑的人，所以总能睡得安安稳稳。[10] 现在他花了两天时间来消化那些来自俄罗斯的消息，并开始得出几个结论。他写信给威尔逊，敦促美国政府承认俄国的新政府，以此促进民主全球化的进程。之后，他在日记中详细论述了这一主题。"我曾担心，官僚体制的俄国和专制体制的德国会联起手来，给民主世界制造麻烦。如今俄国有望得到解放，这个国家离民主和人类自由的距离比以往任何时候都要近。"[11]

但他几乎算不上一个理想主义者，而是给乐观主义思想泼了一盆冷水。"我预见到，世界若想得到自由，就必须经历一段漫长而血腥的旅程。"他写道。当世界走上这条道路后，他成了历史的回望者。

"我一生都在为那些不幸的大众而奋斗，他们享受不到任何平等的机会，为了生存而苦苦挣扎……无论是得克萨斯还是整个国家的解放运动，我都支持，它们看上去是理性的，方向也是正确的。有时我担心另一些满腔热情的朋友在进步的道路上赶得太急，以至于引发难以克服的反作用力。我曾建议过，要有所节制，但自己却一直朝着一个方向前进。"

他记载道，即使把他进入白宫前的岁月计算在内，助力威尔逊向前迈进恐怕也是他做过的最有意义的工作。"我时时激发他的野心，勾起他成为伟大的世界解放运动领袖的欲望。"如今俄国革命提供了契机，而这个机会将由威尔逊来把握。豪斯认为，由于俄罗斯最终获得了自由，自己已经没必要再一刻不停地推着总统前进了。

属于威尔逊的历史时刻即将到来。

这就是在那个周末发生的,全美无人知晓的事件。

3月16日(星期五),一艘名为"警戒号"(Vigilancia)的美国货轮航行在北大西洋上,它的位置在毕晓普灯塔以西约150英里处。这艘拥有25年船龄的货轮属于一家名为"加斯顿、威廉斯和威格莫尔"的商行,这家商行在战争期间获利颇丰,其主要利润来源是向协约国运送卡车与汽车。[12] 这艘在滔天巨浪中颠簸起伏的轮船重4 115吨,装载着大批普通货物从纽约驶出,目的地是法国的勒阿弗尔(Le Havre)港。它在海上已经行驶了17天。上午10点,值班驾驶员和瞭望员均发现右舷附近的水面出现一条波纹。那是一枚鱼雷,但它从船底掠过,并未造成任何损害。一分钟后,另一枚鱼雷找到了自己的目标,它命中了接近船身中部的位置,并立刻爆炸了。[13]

这次损伤是致命的。船体开始倾侧,船员们将船上的4艘救生艇统统放了下去,然后往艇上爬。但"警戒号"继续被自身的动力拖着前进,在人们将救生艇全都下放妥当前,已有两艘小艇倾覆,艇上的人也被抛进了冰冷的海水里。三副尼尔斯·诺斯(Niels North)所在的救生艇上有11名乘员溺亡,船长弗兰克·米德尔顿(Frank Middleton)的救生艇也有4人丧生。米德尔顿本人及其手下大多数船员被人拉上了两艘幸存救生艇中的一艘,平安获救。

船沉了,海风和翻滚的大浪将救生艇推离沉没地点。诺斯乘坐的救生艇上的唯一一名幸存者,轮机助理沃尔特·斯科特(Walter Scott)此时正泡在水里。他甩掉自己的外套,在海里游了一英里,最后,他追上了一艘救生艇,成了30名幸存者中的一人。

遇难者中包括6名美国人，其中1人是波多黎各人；另外还有5名西班牙人、2名希腊人、1名秘鲁人和1名委内瑞拉人罹难。

两艘敞篷的小艇在冰冷的海面上漂浮着。幸运的是，它们都配备了桅杆和帆，小艇朝东面的陆地驶去。他们有一些饼干和饮用水，但无法保暖。沉船后的第一天夜里——此时威尔逊总统正从病榻上爬起，而铁路劳资纠纷的谈判双方正面对面地坐在比特摩尔酒店内——两艘小艇点亮了紧急照明灯，船员们冒着刺骨的寒冷，将照明灯高高举起。但黑暗中出现的一幕，让他们颤抖得更加厉害——一艘潜艇（可能就是朝他们发射鱼雷的U-70号）正跟在他们后面。它十有八九是在等待着救援船只的出现，并将它们当场送进海底。

但并没有任何船只到来，又过了一天一夜，精疲力竭、严重冻伤的"警戒号"水手在英吉利海峡的锡利群岛登陆。此时已是18日（星期天）。驻朴次茅斯的美国领事约瑟夫·G.斯蒂芬斯会见了幸存者，并于当天晚些时候将一份简短的报告以电报的形式发给国务院。

3月19日（星期一）是个热闹非凡的日子。从铁路企业传回来的消息称，资方的确准备做出让步，他们已经同意让一个由总统任命的委员会来规定工作条件。铁路企业决定，无论最高法院如何裁定，他们都会遵守《亚当森法》的精神。在联邦政府的干预下，8小时工作制得以确立，这就意味着铁路工会的胜利。巧合的是，最高法院的判决亦于周一宣布。当天晚些时候，法院对《亚当森法》做出裁决。法官宣称，该法案符合宪法。联邦政府有权干预劳资纠纷。工会领袖抱怨说，法案同样给了政府禁止罢工的权力。但事实上，最高法院的裁决象征着劳方在与资方的斗争中近乎取得全胜。长期以来，行政部门的权力一直被用于镇压罢工的工会工人，如今它却为雇员，而非雇主的利益而服务。8小时工作制在私企领域获得了立足点。由于这是美国历史上的重要时刻，又权衡了利害关系，铁路公司没有做进一步的抗争，而是予以默许。列车可以继续在铁轨上奔跑了。

"警戒号"被击沉一事自然也上了各家报纸的头条。这还是第一次有人在U型潜艇对美国船只的袭击中丧生。有消息传来：另两艘商船"孟菲斯市号"和"伊利诺伊号"也被击沉。几天后，两艘船上无一死亡的情况得到了确认。两艘货轮都没有装载货物，且航向朝西，从这两点来看，这起事件的重点在于德国方面无视了自己制定的政策。威尔逊痛恨U型潜艇问题，他觉得如果美国拿这件事作为开战借口的话，那就显得既小家子气又自私自利。但当他于2月与德国断绝外交关系时，他就已经以非常公开的姿态，画出了一道红线。他曾说过，除非德国采取"明目张胆的挑衅行为"，否则不会引发进一步的后果。如今，无论是批评者，还是威尔逊的许多盟友都在质疑，还有比"警戒号"在公海上被击沉，致使船员丧命更加"明目张胆"的挑衅行为吗？

"这是不折不扣的战争行为，"参议员洛奇在给西奥多·罗斯福的信中写道，"德国在向我们开战，而我们什么也没有做。威尔逊应立即召集国会开会，然后宣战。眼下不过是走个过场罢了。但我不认为他会这样做。很显然，他现在在寻找脱身之策，这样在4月16号之前，他就不用召集议员们前来开会了。他的行为完全无可辩解。"[14]

事实上，威尔逊在那天做的第一件事是与格雷森大夫玩了一局高尔夫球。他的助理托马斯·布雷黑尼说他"并没有表现出极度心烦意乱的样子"[15]。一生节约的威尔逊总是将规定费用交给球童，却从未多给过一个子的小费。[16]布雷黑尼称，这就是为什么当威尔逊现身球场的时候，从没有人会飞奔过来给他拎包。

打完高尔夫后，威尔逊会见了国务卿兰辛，表示U型潜艇的袭击并未改变平衡局面，因而并不能成为宣战理由。[17]兰辛答道：战争是无可避免的。几个月来他一直这样想："我们愈早承认这一事实，我们在人民心中的地位就愈高，在世界各国面前也愈强势。"[18]兰辛声称，现在正是"最佳时机"，特别是在俄国革命已经爆发的情况下。威尔逊说他不愿召开国会会议，因为不论他选择走哪条路，都有陷入困境的危险。大体而言，兰辛猜不透威尔逊的反应，但他觉得总统此时愤恨不已，因为他不得不放弃他苦苦维持的中立政策。

一离开白宫，兰辛便匆匆给在纽约的豪斯写了封信。"如果你我看法一致，认为我们现在就应当行动起来，"他写道，"那么请你全力以赴，好吗？"[19]

威尔逊的下一个会见对象是海军部长约瑟夫斯·丹尼尔斯。他告诉丹尼尔斯，有人极力呼吁他召开国会，对德宣战。这正是兰辛呼吁的。"他仍希望避免开战。"丹尼尔斯在日记中写道。[20]

新闻记者将白宫的开放办公区挤得水泄不通。他们希望、期盼总统能就3艘轮船被击沉事件发表一则声明，好确定此事是否意味着战争的爆发。但他们失望了，当天威尔逊和白宫始终保持沉默。

当晚，兰辛前往日本大使馆赴宴，宴会结束后，他回到家里，坐下来给威尔逊写了一封长信。他知道威尔逊对他没有多大的敬意，对他提出的外事建议往往也不理不睬。但如今他打算努力让总统听到自己的声音，或者更确切地说，读读自己的意见——兰辛清楚，相比之下，威尔逊更喜欢阅读书面陈述，这样他就可以反复琢磨，而不是在他尚未拿定主意时进行你来我往的当面对话。

兰辛称,德国无疑会继续实施以美国船只为目标的敌对行动,直到美国最终意识到自己已经成了战争行为的针对对象。"我坚信,不管我们怎么做,战争都会在短时间内爆发。"他在信中如是说。[21] 如今美国已经按照威尔逊的命令,武装了本国的商船,因此双方之间的对射已是在所难免,很可能用不了多久便会发生。兰辛接下来写道,到了那个时候,"我觉得我们就无法把和平依然存在的谎言继续维持下去了"。

兰辛表示,在得出战争即将到来的结论时,他的内心曾挣扎过,但最后还是极不情愿地接受了它。这是个出于客气而编织的小小谎言,兰辛老早就是个主战派人物。他在信中称,问题在于,是立刻行动起来好,还是等到下一起击沉事件发生时再行动好?他承认,选择等待的做法确有其潜在好处:倘若双方在海上爆发战斗的话,那德国可能就会对美国宣战,这样对威尔逊和美利坚的整体事业更为有利。但他指出,即使对射事件真的发生,德国也没有真正的宣战理由,因为它在没有发表声明的情况下,便已经对美国采取了敌对行动。

兰辛提议:我们最好主动宣战。"这是为了人类的福祉和世界和平的建立,民主主义将在这个世界获得成功。"他写道。这样做不仅是对俄国新政府的鼓励,也能"给予德国的民主主义者勇气"。他表示,美国人民已经再也等不下去了,"他们猛烈地抨击我们,因为他们觉得我们试图逃避不可避免的命运"。末了,他写道:"我们不能再拒绝扮演属于我们的角色。我们若能果断地采取有力而明确的行动,支持民主主义,反对专制主义的话,那我们今后在世界事务舞台上的发言分量就将大大增加……奉行专制主义的军事政权正在威胁我们这个由自由与正义统治的世界,而德国现在正需要一个宽容、无私的对手。我们在宣战问题上拖得越久,我们对时代的影响力就跌得越狠。"

兰辛或许得不到威尔逊的尊重,但他了解总统这个人,也知道该如何同他交流。他并没有详述无限制潜艇战,而是将它描述成有朝一日铁定要成为引燃战争导火索的那颗火星;他所述内容完全投其所好,吸引那个视自己为有远见卓识的梦想家的人——可以保卫民主、鼓励正义战胜邪恶、伺机而动,让世界在美国的带领下进入一个更加和平的时代的人。可能激怒威尔逊的内容只有一处,就是提到舆论对他口诛笔伐的那段——这可动摇不了一个自认为肩负着崇高使命的人的想法。

私下里,生活中的威尔逊非常有魅力。他很喜欢坐在火炉旁,读书给伊迪丝和女儿们听。他对外孙女极为宠爱。豪斯上校一心一意地为他效力。近10年前,当身为普林斯顿大学校长的威尔逊同学校理事发生冲突时,学生们也是这样一心一意地为威尔逊效力的。当他发表公开讲话时,他可以用流利的口才打动他的支持者。当他呼吁听众树立更为崇高的目标时,他的说话方式能给很多人留下诚恳的印象和深刻的感受。那些指责他的人因他的正直和软弱而愤怒,有些人——例如洛奇——认为他是个无能的家伙。他出人意料地对建设廉洁政府的系列方案提供支持,出卖了那些把他送上新泽西州州长宝座的政党领袖。他实行全面改革,令成千上万的美国人——是的,无论是黑人还是白人,都从经济上获益,而他也因此赢得了1916年的连任竞选。此外也别忘了世界大战:威尔逊凭借他的智慧和谨慎,让美国得以免受欧洲那场劫难的波及,至少他的崇拜者是这么认为的。

威尔逊凡事周密思考、抽丝剥茧，并将自己多年来对有效管理的学术研究运用自如。他不喜欢被催促或被游说。他对议会制政体赞不绝口，在这套体制下，执政党在做事时根本无须与其他党相互迁就——美国政坛充斥着这一套。一旦他经过深思熟虑，拿定了主意，他就没耐心去倾听别人的反对意见了。当他下定决心后，那些仍持观望态度的人就会给他留下愚不可及，或者更加糟糕的印象。

威尔逊的特有作风是从不发表自己的意见。他给内阁成员逐一传话：他们将在明天（3月20日）被召集到白宫开会。

会议于2点30分召开——10位内阁部长尽皆到会。成群的记者候在外面的走廊处，一有官员的身影出现，他们就连珠炮似的发问，但没有得到任何答案。部长们在会议厅集合后，又过了三分钟，威尔逊走了进来。他与部长们一一握手，并致以亲切的微笑。他不是一个容易激动的人；如果他在这种场合流露出一丝激动的情绪，那他的下属就要当心了。威尔逊先是向内政部长富兰克林·莱恩和劳工部长威廉·威尔逊道贺，他们凭借努力解决了铁路劳资纠纷。随后，他话锋一转，谈起德国来，并回顾了过去两个月发生的种种事件。他表示，自己有两个问题想征求内阁成员的意见：他是否应当在4月16号之前召开国会会议（他已经这么呼吁了）？当会议召开时，他应当向国会提出什么建议？

他谈到了俄国及俄国革命，国际局势已经因革命而改变，但他不认为这样美国就可以理直气壮地参战。他说起关于德国国内异见日增的报道。他提及美国东部的"愤怒与怨恨"[22]，以及中西部的冷漠情绪。

威尔逊的女婿，即财政部长威廉·麦卡杜首先发言。他说，自己找不到任何理由进行拖延。美国人民最好正视这个问题。德国政府的"罪行罄竹难书"，被迫卷入战争将是一种耻辱。他表示，财政支援是美国对协约国所能提供的最好援助。他对美国人有能力派遣一支拥有战斗力的军队前往法国表示怀疑。

农业部长戴维·休斯敦（David Houston）第二个发言。他认为威尔逊应当立即召开国会会议，因为现在已经处于战争状态了。他表示，海军将发挥它的自身作用，但组建、装备陆军只会对协约国当前仰仗的物质援助构成妨碍。

该是让德国皇帝向我们下跪的时候了，商业部长威廉·雷德菲尔德（William Redfield）道。

接下来发言的是战争部长牛顿·贝克（Newton Baker）。他用强有力的语调，呼吁立即对德宣战。他认为，德国人显然"丝毫不打算调整他们那毫无人道、无法无天的政策"。他在一件事上，与其他人有着不同看法：他觉得美国有必要训练一支军队，并做好将它送往大西洋彼岸的准备。协约国已经损失了数以百万计的人员，而同盟国亦是如此，援军将起到至关重要的作用。一旦德国及其盟国得知美国佬就要到来，他们就会明白：自己的事业是毫无希望了。

现在轮到兰辛了。他表示，美国实际上已经处于战争状态，但宣布这一事实，并采取相应的行动并不在总统的职权范围内。他必须召集国会开会，让国会通过宣战决议。兰辛说："俄国革命似乎是成功的，从此以后，我们可以更加理直气壮地断言，欧洲战事是一场发生在民主政权和专制政权之间的战争。"[23] 他认为，当下我们若是默不作声、无所作为，那就会被外国人视为软弱无能，被本国人视为优柔寡断。在履行自身职责问题上，政府不能表现出畏首畏尾的样子。兰辛的情绪因自己的发言主题而高亢起来，嗓门也大了起来。末了，威尔逊不得不吩咐他放低音量，以免会议厅外头的记者听到他在说什么。

威廉·威尔逊曾是个坚定的反战派，当他发言时，他的语速放得很慢。威廉宣称，我们必须意识到，德国已经对我国开战了，作为回应，"我不认为我们应当使用什么折中手段，或是敷衍了事"。

司法部长托马斯·格雷戈里（Thomas Gregory）的听力很差，因此，他可能根本没听清大部分讨论内容。他认为国会会议应当立即召开。邮政部长阿尔伯特·伯利森——一个脾气急躁、盛气凌人的小气鬼，他负责的是威尔逊与国会之间的联络工作，但他大部分时间都在做无用功——声称自己支持宣战并将战争进行到底。[24] 到目前为止，他对英国政策的指责是内阁成员中最激烈的。他表示，美国必须将自己的全部力量都投入对德作战，"这样那些普鲁士佬就会明白，当他们对我国开战时，已经唤醒了一个必将击败他们的巨人"[25]。

现在轮到约瑟夫斯·丹尼尔斯了，他是始终持坚定的反战立场的威廉·詹宁斯·布莱恩的追随者。丹尼尔斯的双眼盈满泪水，他心情激动，声音发颤。他说，如今除了战争外已经没有别的路可走了。如果德国战胜了英国和法国，那美国就将被迫成为一个军国主义国家。[26] 相比之下，战争是两害相权取其轻的选择。

最后一个发言的是富兰克林·莱恩。他提到了舆论，这无疑惹恼了威尔逊。"当莱恩发言时，我几乎可以感觉得到，总统的表情僵住了，就好像在强忍情绪一般。我看到，他那强有力的下巴绷得紧紧的。"兰辛于当天写道。[27]

"我才不在乎什么人民的请求，"威尔逊道，"我追求的是正义，无论它是否深得人心。"[28]

会谈又持续了一阵子。"好了，先生们，"威尔逊结束会议时，说了这句话，此时刚过下午4点，"我想，我已经完全清楚你们的看法了。谢谢你们。"[29]

威尔逊完全没有透露自己接下来会走哪条路。当其他人离去的时候，他询问伯利森和兰辛：如果他要召开国会会议的话，什么时候最合适？他们一致同意将时间定在4月2日。兰辛问决定会不会在当天下午公布，威尔逊表示，他将把这个问题留到明天解决。

然而，接下来他做的第一件事是去基思剧院观看美式杂耍剧，那里离第15大街和G大街的里格斯大楼只有一个街区。[30] 那天晚上，当总统坐在黑咕隆咚的观众席上时，里亚尔家族在舞台上玩着飞环和飞帽的把戏。在演奏六角手风琴时，富兰克林·帕里什和佩鲁奉献了翻筋斗表演。马克斯·库珀和艾琳·里卡多表演的是毫无观赏价值的固定节目。重头戏则是戴恩·蒂瑟拉奇的短喜剧《简称Peg》，当晚的闭幕剧是《德里的舞女》。[31]

第 15 章

"您衣兜里揣着一支小手枪是一点问题也没有的"

3月20日下午4点，差不多在威尔逊的内阁会议散会的同时，西奥多·罗斯福大步流星地走进了纽约中央大厦（Grand Central Palace）的花展现场，这座展厅就在纽约中央铁路终点站的北方。同罗斯福一起前来的是刚刚回国的美国驻德大使詹姆斯·W. 杰勒德，在柏林度过的那些年令他相信，德国人只敬重一样东西，那就是武力。当他忙着从陈列的花卉中穿过，前往红十字会的茶叶种植园的时候，这位前总统吸引了一大群人。他怀着愉快的心情，在入口处的一块蓝白色的牌子前方停下了脚步，牌子上写着"我的国家属于你"。罗斯福朝它行了个脱帽礼。

"就是这么回事——在这个问题上，没有任何折中的余地！"他高喊道。[1] 人群欢呼起来。剧院管弦乐乐团奏起《星条旗永不落》。罗斯福发表了一场即兴演讲。他宣称，美国已经盲目了两年半，在那段时间内，明眼人都看得出来，靠那些陈腔滥调显然是无法阻止"邪恶势力"的。一个以血性而自豪的国家必须要准备好站出来证明自己。

一个男孩朝罗斯福走去，握了握他的手，然后对他说："我真希望您是总统。"当天早上，报纸上发表了一则声明，那是罗斯福前一天在长岛酋长山的家中匆匆写就的。他声称，三艘船只被击沉的消息证明了一件事，"和德国人讲道理是浪费时间"², 美国人应当以"重拳"作为回应。

"我们必须雷厉风行地行动起来，而且一干就要干到底。"他写道，"我们要牢牢记住，在过去的两年间，遭德国人杀害的美国人不比——或几乎不比——惨死在列克星敦和邦克山 ① 美国人来得少。"事到如今，不管是谁，只要他身为美国人，却仍旧持亲德立场，那他就是一个叛徒，就与革命时期的亲英分子无异。和平主义者并不比内战时期那些攻击林肯的铜头蛇强到哪里去。从德国方面重启潜艇战起，已经过去了7周时间，美国却什么也没有做。"'武装中立'只是'胆小畏战'的代名词而已；德国蔑视胆怯，就像它蔑视任何其他形式的软弱一样。它可不会胆小畏战，也不会尊重、理解其他胆小畏战的国家。"

他谈到了美国需依靠英国海军来保卫国土的事，这已不是他第一次提及这一国耻了。"我们完全不曾自力更生过。在保卫我国安全或维护我国荣誉的问题上，我们毫无贡献……让我们大胆地用自己的力量守护我们的领土，为捍卫本国的利益和荣誉而艰苦奋战。至于要不要'参战'，这还用问吗？德国人已经对我们开战了。唯一的问题是，我们应当用高尚还是卑鄙的手段发动对德战争呢？让我们……全心全意、尽情大胆地与德国人厮杀一场吧，让我们重新获得正视整个世界，无须畏畏缩缩的权利吧。"

---

① 列克星敦和邦克山都曾是美国独立战争的战场。

花展结束一小时后，罗斯福匆匆赶往西39街，在那里，美国地理学会（American Geographical Society）授予他大卫·利文斯顿世纪奖章（David Livingston Centenary Medal），以表彰他在巴西的探险活动。"如果有谁认为，成就一旦与风险共存，就应避而远之的话，那他就无法踏入荒原世界。"罗斯福说。随后他又说了这样一句话："一个人要是不能为合众国扛枪，他就不配享受合众国的投票权。"[3]当罗斯福"怀着欣喜的心情鞠躬时"，数百名地理学会的会员爆发出阵阵欢呼声，并起立鼓掌，掌声久久不息。

之后，他沿着39街飞速赶回第五大道，那里当时是联盟俱乐部（the Union League Club）的所在地。1881年，罗斯福首次申请加入这家俱乐部，结果遭驳回，这可能是因为他母亲是南方人，而且她还有几个兄弟为邦联而战。当罗斯福的母亲于1884年过世后——他的首任妻子爱丽丝亦于同一日撒手人寰，俱乐部成员的态度有所放缓，罗斯福得到了接纳。但到了1912年，由于他以进步党候选人的身份参加总统竞选，向共和党人威廉·霍华德·塔夫脱叫板，他再一次令自己不受待见。如今，在这个春分之夜，俱乐部的大门再度向他敞开。

罗斯福大步流星地穿行在俱乐部内，越过一个个由路易斯·蒂法尼（Louis Tiffany）和约翰·拉法奇（John La Farge）设计的房间，越过一座座出自奥古斯图斯·圣戈登（Augustus Saint-Gaudens）的雕像。戈勒姆银餐具闪耀着柔和的光芒。1890年，它们曾被用于款待70岁的威廉·特库姆塞·谢尔曼（William Tecumseh Sherman）。这家俱乐部体现了奢华的布杂艺术的最高水准。但在1917年的时候，它已经开始显得有点寒酸了。在危机即将来临之际，罗斯福与600名共和党领袖一道制定了一个行动方案。这种精英俱乐部的集会显然是非公开性质的，但《纽约时报》第二天就将会上的重要演讲内容完完整整地刊登了出来。

演讲的主要观点是，无论宣战与否，德、美两国都已处于交战状态。俱乐部成员想起了一件事：联盟俱乐部是在内战期间建立的，当时主张南北和解的铜头蛇们的观点在纽约甚为流行，而俱乐部的成立宗旨就是向林肯和北方政府的事业提供支持，他们的努力收到了巨大的成效。如今他们表示：该是俱乐部再度唤起舆论的时候了。

"这座城市尚未意识到它已被危机笼罩。"约瑟夫·H. 乔特（Joseph H. Choate）说。作为当时律师界最具分量的人物之一，45年前他曾为打垮坦慕尼派出过一份力，也曾当过美国驻英大使。"如果你走遍这座城市的大街小巷，你日日夜夜都能看到人们在一心一意地做他们喜欢的事，一心一意地从事他们平凡的事业，一心一意沉迷于毫无节制的奢侈享乐。他们必须认清当前的事实。"

乔特称，美国人向协约国高价出售了大批商品，并以极高的利率向协约国提供了大笔贷款。现在该是他们以为民主而战的方式，给予协约国一点，或者更多回报的时候了。

他表示，自威尔逊宣称国家正处于战争边缘起，已经过去了两个月。"我们不能永远待在战争的边缘地带——我们已经卷进去了，这就是既成事实，我们已经陷进去了。总统先生可能还在边缘地带徘徊，但其他人可不是这样。"

曾在罗斯福内阁担任国务卿和塔夫脱内阁担任战争部长的伊莱休·鲁特断言：事态已经不可能回到1914年的样子了。"我们正在进入一个新的世界，在这一过程中，我们将遭遇新的责任和新的危险，我们必须直面我们的未来，"他说，"德国正在向我们开战，我们都在拭目以待,看看我们是否会唾面自干……"

"如果外界认为我们是一个虚弱无力、优柔寡断、一盘散沙、莫名其妙的民族,谁都可以侮辱、攻击、伤害我们而不会受到任何惩罚的话,那我们就会遭受灭顶之灾,然后我们就完了,我们的联盟也完了,我们的自由也完了。"

他指出,除非通过白宫,否则什么也干不成。"依我对形势的判断,总统想听取人民的声音。那就让我们满足他的愿望,告诉他:美国人民要的不是对未来的讨论、规划和夸夸其谈,而是实打实的行动。"

接下来轮到罗斯福上校发言了。他认为德国已经建立了一道针对纽约港的局部封锁线。它试图依靠墨西哥和日本的帮助,将美国大卸八块。它在公海展开了一场"谋杀"活动——按照罗斯福的定义,所谓的"谋杀",就是由U型潜艇实施的,"科学而精准"的杀人行动。

"若汝欲战,切勿手软。我们现在已经处于战争状态了。"他说。

他宣称,成为一个美国人,就意味着你要把国家放在祖先留给你的血缘关系的前面。"一个爱德国胜过爱美国的美国人不是一个好美国人。一个恨英国胜过爱美国的美国人也不是一个好美国人,而是美国的败类。"他表示,亲德派应该回德国去。至于仇英派,去哪里都行,别留在美国就好。尽管走吧。

他继续说道,美国绝不能只为"美元而战"。

是的,它是协约国的大物资供应商,但它必须在危难之中展现自己的阳刚之气。"我们希望立即组建一支大军,我希望这支军队能拥有数百万人的规模。如此一来,战争若是持续一年时间,我们就可以成为控制战争走向的关键性要素了。"

"但我们不要坐等大军成立。我们完全可以派遣一支海外远征军，赶赴西线或巴尔干半岛作战，哪里需要我们，我们就去哪里。只要我们觉得必要，我们可以在4到5个月内将远征军送至前线。一支高举美国旗帜，于法国受训的美国军队在战壕内，与此时正为我们而战的他国军队并肩作战，这对于法国、比利时和其他协约国军队的士气而言，将有着不可估量的意义。"

每一位听众的心里都清楚罗斯福上校属意的远征军指挥官人选。一支乐队突然奏响了《马赛曲》。俱乐部决定成立一个委员会，向威尔逊表示：值此危急之际，联盟俱乐部非常希望向政府提供援助和支持。决议做出后，当晚的集会亦临近尾声。

在华盛顿，亨利·卡伯特·洛奇致信罗斯福，表达了自己对"'总统支持者'的愚蠢口号"的憎恶之情。[5] 他称之为"庸俗伤感"的情调。

洛奇为自己站在威尔逊的对立面而自豪，他认为总统对德国人太和气了。当他觉得可以通过支持总统来"促使他立即行动起来，走上那条他不愿走的道路"时，他才会站到总统的一边。

"这不是属于我们的战争，"约翰·里德于当月写道，"我知道战争意味着什么……我目睹过人们死去、发疯、躺在医院里活受罪的情景，但这还不是最糟的情形。战争意味着丑恶的集体癫狂、说真话者被钉死在十字架上、艺术遭到扼杀、改革发生偏向……那些反对本国介入欧洲混战的美国公民已经被人打上了'叛徒'的标签，那些抗议剥夺我们本就少得可怜的自由发言权的人们则被说成'危险的疯子'……报纸在叫嚣战争，教会在叫嚣战争，律师、政治家、股票经纪人和社会领袖都在叫嚣战争。"[6]

自2月起，反战运动在这个国家愈演愈烈。数千名美国人不辞辛劳地给罗伯特·拉福莱特、塞缪尔·冈珀斯、珍妮特·兰琦，以及其他头面人物写信，陈述自己的反战观点。有组织的反战行动亦在进行。美国人反军国主义同盟（The American Union Against Militarism）、紧急反战委员会（the Emergency Anti-War Committee）、公谊国家和平委员会（the Friends National Peace Committee）以及紧急和平联合会（the Emergency Peace Federation）均为致力于阻止美国介入欧洲战事的组织。

2月中旬，紧急反战委员会组织了一场和平集会，可容纳12 000人的芝加哥体育馆（Chicago Coliseum）被挤得水泄不通。这栋空荡荡的大楼位于芝加哥南区附近，建筑的特色部分为一道锯齿状的石墙，它是零零碎碎地从里士满的一座内战时期的监狱搬过来的。体育馆租金为1 000美元。会上做出一项上呈威尔逊的决议，敦促他警告美国人和美国船只不要进入交战区域，以免引发冲突。决议称，倘若美国参加世界大战，"那么我们建立一个维护世界和平的国际性组织的机会就将遭到损害"[7]。决议还要求，在举行一次全国性公民投票前，不要采取任何促使美国走向战争的行动。

一个名为"论坛大会"（Congress of Forums）的组织邀请西奥多·罗斯福前往麦迪逊广场花园，就战争问题与威廉·詹宁斯·布莱恩展开辩论，日期由罗斯福定。罗斯福轻蔑地予以拒绝。他还确保让媒体得到一份拒绝信的副本。[8]

"我不可能接受你们的提议……因为我觉得，为一个无可争议的话题争来争去是浪费时间。"[9]他声称，与布莱恩论战"完全等同于争论一夫一妻制婚姻的合理性，取缔爱国主义的道德性，恢复奴隶制的优越性，法官收受起诉人贿赂的正确性，人们是否有义务屈服于国王的神圣权力，或是贝内迪克特·阿诺德这类人的作为的正当性"。

为了将最后一个类比与国内的情形联系起来，他补充了一句："这些年来，美国的胆小鬼和平主义者一直在为残忍、野蛮的德国军国主义辩护，他们就是那些军国主义者的潜在盟友。"

这番话引发了邀请发出人，耶稣升天教堂（Church of the Ascension）的本堂神父珀西·斯蒂克尼·格兰特（Percy Stickney Grant）的尖锐批评。"美国之所以在参战问题上犹豫不决，既不是因为懦弱也不是因为虚弱，而是出于对将战争作为进步工具的深恶痛绝，"他写道，"难道罗斯福上校看不出这种思想倾向的严肃性吗？难道他无法对此心怀敬意吗？共和国正为如何在不使战火愈燃愈旺的情况下终结、遏止战争而深思熟虑，难道他无法理解这一行为的崇高吗？自从他担任海军部副部长以来，20年已过，在这段时间内，美国已经变得理智多了，它不愿因一时冲动而对外开战……他再也无法理解美国的精神，甚至对美国的实际情况也茫然不解了，可悲啊。"[10]

到了3月，反战组织开始散发一些明信片大小的无记名选票，它的作用是表明投票人究竟是主战派还是反战派（反战组织认为大部分参与者都会投反战票）。3月5日，一场盛大的和平集会在伊利诺伊州昆西市的劳工会堂（Labor Temple）举行。一位天主教神父和两位路德教牧师猛烈抨击战争。大会的主要发言人，一个名叫约翰·沃尔（John Wall）的律师痛斥主战思想。"特权阶层在受其资助的新闻界的支持下，企图向人民灌输好战思想，"他说，"如果战争真的爆发的话，那穷人势必承受战争带来的大部分压力，可他们的恐惧、痛苦、不幸与特权阶层又有什么关系？他们感兴趣的是他们要摘的金果子。"[11]

他预言，美国人民在经过漫长而慎重的考虑后，才会决定是否参战。"至于我，我既不会因一时冲动就投下赞成开战的票，也不会和华尔街的调调保持一致。"

3月9日，一场反战集会在卡内基音乐厅举行，当一名发言者提到参议员拉福莱特的名字时，全场爆发出阵阵欢呼声。[12] 两天后的一个周日下午，在内布拉斯加州召开的一场和平会议吸引了约500人到场。会上有人盛赞拉福莱特，"引发了一阵暴风雨般的掌声"[13]。

在芝加哥，紧急反战委员会花了6美元40美分，在五家当地报纸——《芝加哥观察家报》《芝加哥每日新闻》《芝加哥晚邮报》《芝加哥先驱报》和德语报纸《州报》投放了广告。[14]

贵格会信徒在主流报纸上投放了几则巨幅广告，宣扬战争无益论。"不选择战争并不是消极和懦弱的表现，而是善意那无可抵挡的积极力量的体现，"一则广告如此写道，"每一片土地上的人们都在渴望着友爱战胜仇恨、合作取代争斗、战争不再到来的时刻。只有某些大国的人民敢于中止某些陈腐、传统的国际行为，将一切希望都寄托在永久的善意上，这一时刻才会到来。"[15]

"我们就是这类'大国'，而'这一时刻'就是现在。如今是美国最好的机会。"

"坚持善意与发动战争一样，都需要勇气、爱国精神和自我牺牲精神。"

3月21日，斯坦福大学前校长戴维·斯塔尔·乔丹（David Starr Jordan）试图向罗斯福发出又一封请帖。与他的一些进步主义者盟友一样，乔丹也是个优生学家。他之所以反战，是因为他认为战争会夺走许多精英人口的生命。他组织了一个非官方委员会，意在在不诉诸武力的情况下，寻求解决对德关系危机的办法。他邀请罗斯福前来与他的委员会成员——其中一人是激进的反战组织"西部矿工联合会"的干事——会面，好让他们听听他的"直率见解"。[16] 罗斯福予以回绝，他将 U 型潜艇战比作对萨姆特堡的炮击①。罗斯福表示，现在再做和平之想已经太晚。"你所提议采取的行动是一种反美、反人类的行动。德国军国主义因你的行为而受益，美国和人类的利益却因此而受损。"[17]

这场战争给进步人士带来了一次极为痛苦的考验，它导致进步运动的核心力量分道扬镳。拉福莱特和罗斯福曾在共和党内部展开激烈的竞争，但他们都是进步主义者。威尔逊也是进步主义者。三人对待美国参战问题的态度截然不同。有些进步主义者出于原则而持反战立场。但也有些进步主义者真真正正地感受到了德国军国主义给全世界的民主主义和自由主义带来的威胁。罗斯福认为美国必须在战场上证明自己的血性，赞成他看法的进步主义者并不多。但不少进步主义者认为，无条件支持白宫、国会方针可在日后获得更为丰厚的政治收益，冈珀斯就是其中之一。

豪斯上校扮演的角色之一是以政府的非正式秘密联络人的身份同出版机构接洽，特别是那些进步出版物的发行机构。他与沃尔特·李普曼（Walter Lippmann）及其他来自《新共和》的人士每周会面一次，就周刊内容提出建议。他经常试着劝他们控制写作尺度，因为这份新创办的杂志热衷于战争话题。"我发现，要管住他们的笔是件很困难的事。"他在 3 月 9 日的日记中透露。

---

① 萨姆特堡，美国南卡罗来纳州的一座防御工事。1861年4月12日，美国邦联军队炮击萨姆特堡，是南北战争的导火索。

两周后，豪斯与一群著名的和平主义者见了面。"我想我让他们很满意，因为我告诉他们，总统比他们更了解情况，他非常希望让国家远离战火。"[18]

3月，一个争议性问题开始形成，那就是征兵问题。倘若战争开始，那征兵也会随之开始吗？许多普通青年和他们的母亲对征兵持抵制态度，他们源源不断地给国会写信，表明自己的态度。对美国的军国主义倾向——美国普鲁士主义——忧心忡忡的进步主义者也反对征兵。但其他人则认为征兵制是一种较为公平的制度，它确保富人与穷人一样必须承担服役的义务。

此时的美国同1914年的欧洲一样，就连社会主义者的立场都摇摆不定。约翰·里德和《大众报》的同事谴责战争，说它是为少数人利益服务的工业化屠杀。但当列昂·托洛茨基和路易斯·弗雷纳（Louis Fraina）在雷诺克斯俱乐部（Lenox Casino）①举行的纽约县社会党集会上亮相时，他们提议，社会主义者应鼓励罢工，并在战争爆发后抵制征兵，结果却完全落了空。莫里斯·希尔奎特说："如果我们告诉纽约本地的党员，你们即使冒着杀头和坐牢的危险，也不能去当兵！那我们可真成一群蠢驴了。"[19]

在反战派人士中，有位极具魅力但略显癫狂的人物，他叫阿莫斯·平肖（Amos Pinchot），是纽约的一位有名的律师。他的兄弟吉福德（Gifford）曾被时任总统罗斯福任命为美国林务局首任局长，到了1917年，他和罗斯福仍保持着良好关系；他给自己的昔日上司写信，为罗斯福建设联邦高速公路以提升国防能力的想法叫

---

① 它是116大街的一座舞厅，后成为一座清真寺。马尔科姆·艾克斯遇刺案发生后，它遭到燃烧弹的袭击。——作者注

好。阿莫斯并不完全像吉福德那样热衷于户外活动,但当罗斯福于1912年以进步党候选人身份参加竞选时,他也曾为其效力过。他的妻子格特鲁德积极投身进步事业,她支持詹姆斯·里斯·尤罗普在哈莱姆区设立一座音乐学校的计划。

平肖煞费苦心地写了几封长信。显然,他借助这种办法来把问题思考清楚。他有一项天赋:他提出的问题的答案往往表面看来似乎很明显,但之后他在解答过程中却发现这些问题并非那么简单。寄给老《纽约晚邮报》(New York Evening Post)的信显然是其中较短的一封。比起大多数同类信件,它更像是一则宣言,它的长度可能被编辑过。

毫无疑问,责任在德国一方,他写道。如果美国以军事手段回击德国的海上袭击,也是完全合法的。但阻止这场战争或许比维护国家的合法权利和荣誉更为重要。"我试图从各种角度考虑战与和的问题。在思考这个问题时,我的心中始终充满困惑和疑问……我认为,面对这场战争带来的种种恶果,我们不能再在本国的权利问题上斤斤计较。"[20]

他写道,欧洲的大灾难就像传染病一样,创造了一个生灵涂炭的现实世界。为了人类着想,一些国家不得不鼓足勇气,放低身段,寻求结束战争的途径。交战国早已丧失了自己的作战目标,如今它们只是在与敌国比持久而已。平肖无法想象有哪一方会率先放弃。他预言:美国的干预将导致僵局的继续和战争的延长。

"上帝为证,我们完全可以理直气壮地参战……在维护国家权利与特权的同时,美国还肩负更为崇高的责任。这一责任既不是出于自大,也不是出于站在道德制高点上的伪善——上帝知道,我们在从这场战争中攫取了如此之多的商业利益后,已经没有什么说教的权利了——而是出于低调、务实的奉献。它不仅令美国远离战火，同时也促使交战双方在一定程度上彼此理解，尽管目前看来似乎无法实现。"

按照他的设想，一场和平会议将在美国的发起下召开。他知道，自己的设想实现的可能性微乎其微。

"令人遗憾的是，时下若有哪个国家冷静地提出自己的看法，那它就会被战争叫嚣者的声浪淹没，这与史上所有类似的危机时期的情形一模一样。历史舞台的中心，被那些公认的特权奴仆、恐惧的制造者，以及怀有良好动机但毫无积极意义的狂热分子把持着。他们正在利用公众的恐慌情绪。他们企图使人民相信，这个国家危在旦夕；他们宣称全世界的民主主义都在遭受德国军国主义的威胁。加入协约国集团，打垮这个军国主义政权是拯救民主世界的唯一途径。"

他对威尔逊大加赞赏，因为后者竭力让美国远离硝烟。但他似乎意识到，如今舆论正在将美国推向战争，总统先生的职权范围和非职权范围都是有限的。

他写道，问题在于，即使美国得胜，德国军国主义也不会被击溃。军国主义"是一种心理问题，只有德国人民自己用民主思想加以冲击，它才会从内部被摧毁"。

其后他警告说："如果用武力手段结束这场战争，缔造了'被支配的和平'，那同盟国就会永远对它们的征服者怀恨在心。这样，我们就播下了阴谋、国际同盟和军国主义的种子，萌芽一段时期之后，等到我们的孩子长大成人的时候，这颗种子就会开花结果，那将是一场可能比眼下的战争更恐怖的灾难。"

3月22日夜，又一场主战集会在纽约举行，这一次的集会地点位于麦迪逊广场花园，这座依稀带有摩尔风格的圆形舞台由斯坦福·怀特设计，屹立于麦迪逊广场的东侧。尽管富兰克林·罗斯福的律师合伙人于最后一刻提出请求，但西奥多·罗斯福还是没有到场。这位年老的莽骑士当晚忙着整理行装，准备进行一场新的冒险。[21]

次日，也就是星期五，西奥多·罗斯福大步流星地穿过宾夕法尼亚车站那粉红色的花岗岩大厅，宏伟的车站已有6年历史。几个记者尾随于罗斯福身后。长期以来，罗斯福一直梦想着前往佛罗里达湾岸，体验一把用鱼叉潜水捕猎蝠鲼的感觉。为此他已经计划了整整一个冬天。

"我要动身了，因为目前我没有什么要忙的，"这句话是罗斯福在通往下方站台的门口停留时说的，"至于志愿师的组建工作，我已经做好一应安排了，用不着政府插手，我自己就行。"[22]

然后，他的身影没入了下方的黑暗之中。他登上了大西洋海岸铁路第187次列车的K56号车厢。[23] 一个搬运工搬起他的行李，领着他来到A号软卧包厢，它是卧铺车厢内的一间私人卧室。下午2点12分，火车驶出车站，风驰电掣地穿过新建不久的、位于哈得孙河下方的隧道，然后转而向南，朝杰克逊维尔（Jacksonville）驶去。

当天晚上，罗斯福在里士满与拉塞尔·J. 科尔斯（Russell J. Coles）会合，后者来自弗吉尼亚的丹维尔（Danville），是一名烟叶经销商。科尔斯以销售烟草为生，但他真正的爱好是鱼。他是个业余鱼类研究者和早期游钓者。身材高大的他喜欢在北卡罗来纳沿海猎鲨鱼。他曾在佛罗里达用鱼叉刺中过一条蝠鲼（又名大鳐鱼，当时的人们经常这样称呼它们），他的战利品是迄今为止被成功弄上岸的蝠鲼中最大的一条。据测量，它从头到尾的长度为18英尺2英寸。[24] 它成了美国自然历史博物馆的一件珍藏品，该博物馆与罗斯福有着密切联系。组织这次探险是罗斯福和科尔斯之前就商量好的计划。

整个冬天，科尔斯都在不停地将计划的更新内容发给罗斯福。他雇了一群北卡罗来纳的渔夫，他们提前在科帕奇（Captiva）修建了一座营地。[25] 他报告说，令橘农们恐惧的寒潮可能会对他们的收成造成损害，如果寒潮久久不退的话，那他们就得和蝠鲼们说再见了。但温暖天气随即赶来救场。洋葱甘甜可口，以至于人们可以生吃，而无须担心他们的口气。

科尔斯贮存了一些墨西哥帽、宽松的衬衫和4条长裤；裤子是给前总统准备的，腰围达44英寸。年近六旬的罗斯福已不复当年的飒爽英姿，但他仍不愿承认这一点，特别是现在，他正试图组建一个投入法国战场的志愿师。1914年，他在亚马孙探险时患病，后抱病回国，至今尚未彻底痊愈。但罗斯福不准备让这个机会白白溜走。[26] 蝠鲼是"最危险的海洋猎物"，[27] 他准备战胜一条。在一封接一封的来信中，科尔斯向罗斯福保证：他一定能捕杀一条蝠鲼。

当捕猎之旅的消息遭泄露后，一些报纸嘲笑罗斯福，它们问道：他是不是想亲手俘虏一艘U型潜艇？但科尔斯担心的是，德国人会不会打算绑架罗斯福。他在一封信中询问罗斯福：U型潜艇到底是什么样子的？如果它向你靠过来，你能用一把斧头砍穿它的外壳吗？罗斯福的答复是：他也不知道。

但科尔斯几乎什么都想到了。他订购了两份坦帕市的报纸，并确保它们于一日后送至捕鱼营地。他用船运来几副双筒望远镜，3

台照相机和一些书籍。当然还有一批鱼叉和鱼枪。他提前送来一支 .38 口径科尔特左轮枪，一支 .405 口径温彻斯特步枪，一支 .32 口径半自动温彻斯特步枪、一支 .22 口径温彻斯特步枪和一支猎枪。罗斯福没必要带上自己的步枪——那支春田已经被阿贝克隆比与费奇公司大修了一次——因为它在含盐的空气中只会生锈。科尔斯让前总统带着自己那支重型左轮枪上船。他接着提到另外一个想法：他们中途要在杰克逊维尔停留很长一段时间，等待换乘的、开往湾岸的火车的到来。"在乘车的时候，您衣兜里揣着一支小手枪是一点问题也没有的。"[28]

当列车飞快地驶向里士满以南时，罗斯福和科尔斯正在彻夜长谈，第二天又聊了大半天。他们谈了很多东西，其中包括罗斯福组建志愿师的计划。罗斯福收到了来自全国各地的志愿者的信件，其中一些人在信中称他为"亲爱的同志"。寄信人中有圣胡安山战役时期的老骑兵，有牛仔，有农场工人，有人到中年的商人，他们希望得到一份委任状，让他们的自身价值获得认可。罗斯福与战争部长牛顿·贝克长期保持着通信往来。罗斯福在一封封充满热情的信中谈到众多步、骑兵团的细节，以及他打算任命老部下为这支正规部队的军官的事。贝克的态度恭敬有礼，但并未表态。3 月 19 日，罗斯福拍去一封电报。

"我再次诚恳地请求您允许我组建一个师，以便立刻将它用于前线。我的意向是就地进行 6 周左右的初步训练，而后将这支部队直接送往法国接受高强度训练，这样我就可以在尽可能短的时间内将它派往前线。"他建议将志愿师的集结地设在俄克拉何马的西尔堡（Fort Sill）。[29]

贝克的回复是，由于美国此时并未进入战争状态，要组建军队就必须先让国会通过一项相关法案。他补充道,如果战争真的爆发,那国家自会募兵,这支军队的规模将比罗斯福预想的要大得多,并且将由现役将领来统率。

罗斯福被激怒了,在登上开往佛罗里达的列车的前夕,他给贝克发去第二封电报。他在电报中表示,美国当然必须组建一支大军,但在此期间,他会组织一支规模很小的新军,好将他们立刻派往前线,并在那里立起美利坚的旗帜。贝克的意见是,军队只能由正规将领负责掌管。对此,罗斯福提醒战争部长,自己先前曾是美国军队的总司令。

科尔斯完全赞同罗斯福的想法。在这种时候,美国需要的是一个行动派,而罗斯福正是这样的人。

在杰克逊维尔,两人受到了友好的接待。罗斯福用不着再动用自己的枪了。在车站,一支乐队一边演奏着狄克西音乐,一边迎接列车的到来。"我想听听法国前线的协约国军队对着冯·兴登堡阵地演奏的曲子。"罗斯福说。[30] 随后,他们长途穿越佛罗里达,于3月25日(周日)正午抵达蓬塔戈尔达(Punta Gorda)。他们搭乘一艘渔业公司的轮船前往科帕奇。那里总共有7人,他们住在一艘配有狭窄的简易住房的平底驳船内,驳船停泊在位于堰洲岛后方的海湾内。这样他们就可以免受观光客的打扰。

第二天清晨,除了厨师外,所有人都登上了一条30英尺长的大汽艇。汽艇蜿蜒行进,越过翠绿色的河岸,越过一棵棵美洲蒲葵和椰子树。这些植物的叶子在暖洋洋的热带微风的吹拂下摇曳着,煞是诱人。苍鹭和白鹭飞落于树上,或是一个俯冲掠过汽艇前方。

岸禽在海滩上方飞来飞去。外表丑陋的鹈鹕从空中滑翔而过，它们的翅膀却一动不动。一只只牡蛎在红树林的树根处生长着。时不时有人穿行于柑橘园中，此时空中弥漫着柑橘属植物开花时的芬芳气息。罗斯福认出了人心果、木瓜和粗柠檬花。[31]

　　船主驾船穿过布莱恩水道（Blind Pass），驶入海湾。纽约，这座好争吵、肮脏、喧嚣、贪婪，且饱受3月中旬危机困扰的城市如今已经被远远甩到后面去了。

　　汽艇劈波斩浪，在海面上欢快地跃动着，朝阳白得耀眼。罗斯福只戴着一顶用棕榈叶制成的宽檐软帽，用于保护自己的双眼。下方的海水清澈见底，令人赞不绝口的鱼儿成群结队地游弋于其中，一条条鲹鱼从水面上掠过。就在这时，一条蝠鲼突然朝一行人游来。罗斯福立于船首，他确保自己的双脚不会被鱼叉上的绳索缠住，肌肉一下子紧张起来。然而，那条蝠鲼来得实在太快了，他急急掷出鱼叉，可蝠鲼却平安无事地从船底下游了过去。

　　没过多久，另一条蝠鲼出现在视野范围内。这次罗斯福没有失手。蝠鲼在水里猛烈地挣扎着，但船上的同伴们迅速用鱼枪杀死了它，然后将它拖到船上。泰迪乐不可支，但这条蝠鲼的个头很小，几乎不具备竞争力。他一下子热血沸腾起来。一条小蝠鲼可满足不了他的胃口。而后，他们看到了它——一头巨大的动物，一只正在晒太阳的巨兽。它那宽阔的黑色背脊恰好浮在水面上。罗斯福两眼放光。他的注意力集中到了它的触须上。他再次走向船头。小船朝目标靠了过去，而那条大鱼仍旧在水中漂游着，丝毫没有察觉。罗斯福用自己的左脚死死抵住船首。那条蝠鲼没有动。人们朝它靠近。罗斯福本应双手持叉，但他没有这样做，而是用右手将叉子高高举到过耳的位置。他以臀部为轴心，将身子一扭，集中力量、意志，以与自己年龄不相称的勇气，狠狠把鱼叉往下一戳，将它深深地刺进那条大鳐鱼的背脊。叉尖的刺入深度达 2 英尺，贯穿了蝠鲼的皮肤、软骨和肌肉。蝠鲼猛烈地拍打着胸鳍，溅了罗斯福一身水。它游向船尾，几乎把船从水里顶起来。人们将鱼枪刺进蝠鲼体内。随后，蝠鲼游动起来，游向远离陆地的方向，游入海湾，用缠绕在鱼叉上的绳子拖曳身后的汽艇，如同当年一条被刺伤的大鲸把一群船员拖离楠塔基特岛那般。罗斯福死死握住鱼叉，他浑身湿透，散发着咸盐的味儿。海面上闪烁着光芒，把罗斯福的牙齿也映照得闪闪发亮。软塌塌的宽大帽檐在海风的冲击下不住地向后退去。大鳐鱼把人们拖曳了一英里又一英里，在水中留下了一道宽宽的、绵延不绝的深色血迹。

终于，蝠鲼的速度慢了下来，它翻转身子，最后抽搐了一下。罗斯福与同伴们一道用鱼枪结果了它的性命。

第 16 章

"如同一条发洪水的河流一般"

3月16日一大早,国家杜马派出的一个代表团便前去与尼古拉二世的弟弟、俄国皇位的现任主人米哈伊尔大公会面。他此时正待在彼得格勒百万街12号的一栋配有精美家具的公寓内,那里有一群轻骑兵把守。国家杜马主席罗江科先前还想挽救罗曼诺夫王朝,如今他坚定地认为米哈伊尔必须退位。与他同来的代表团成员大多抱有同样的想法。如今的他们"没有洗澡,浑身污秽不堪,满脸皱纹。由于彻夜未眠,他们的双眼通红通红,布满血丝。他们的头发乱蓬蓬的,衣领也皱巴巴的"[1]。自由派政客帕维尔·米留可夫几乎无人支持;他于黎明前向大公和其他人发表了一场持续半小时的演说,解释为何应当让米哈伊尔以傀儡身份留在皇位上。亚历山大·克伦斯基看得很清楚,米留可夫的解释令米哈伊尔几乎忍无可忍,后者显然已忧虑万分。克伦斯基随即以强硬的口气要求大公退位。"您坐在皇位上,拯救不了俄罗斯。"克伦斯基道,"我可没法保证您的安全,阁下。"[2] 米哈伊尔要求与罗江科和格奥尔基·利沃夫亲王私下谈谈。会谈结束后,米哈伊尔通知其他人,自己同意他们的要求：为了国家的利益，他将拒绝接受皇位。

弗拉基米尔·纳博科夫帮着起草声明。米哈伊尔坚称自己不是退位，而是听从国家杜马临时委员会的意见，拒绝登位。如此一来，临时委员会（如今它成了临时政府）自这一刻起就获得了合法地位。罗江科和其他保守派成员曾极度担心自己所作所为的合法性，现在他们心里的石头总算是落了地。如今他们自视为不受约束的俄国当权者。但彼得格勒的苏维埃领袖却另有想法。

被焚为灰烬的警局档案化作漫天而下的黑色暴雪，落满了美国大使馆附近的街区。[3] 这让詹姆斯·霍特林的精神为之一振。如今俄国革命终于到来，他怎么能不乐观？他怎么能不为这场激动人心的革命而兴奋？他与一名同事步行前往电报局——有轨电车仍然动弹不得——想看看是否有发给大使馆的消息。他们在圣艾萨克广场停了下来，审视着惨遭洗劫的阿斯托利亚酒店。几天前，按照住宿在这里的英国官员的指示，酒窖里储存的酒精饮料已经被统统砸了个粉碎，以免它们落入暴民之手。霍特林步入一间房间，惊讶地发现，一幅嵌于精美画框内的沙皇及皇后肖像仍然挂在墙上。

并无致美国人的电报送达，但电报局的职员的态度极其友善，他们向外交官们承诺，只要他们需要，电报局随时可以将电报送出去。如果外交官有要求的话，他们还可以把电报以密码形式送出去。绝不会有人乱动电报。霍特林认为，这表明一个新的时代即将到来。

几辆被征用来的汽车从覆满积雪的大街上飞快地驶过。一个平民走到街道上，发信号让一辆私家车停下，司机是个中尉。平民对他说了几句话，司机很不高兴地下了车，平民把车开走了。有些车辆给霍特林留下的印象尤为深刻，它们满载着热切的、平端步枪的士兵，车后往往还架着一挺机枪。

他们继续前往下一座电报局，那里有一个班的士兵守卫。"他们由一个金发碧眼、战战兢兢的少年军官指挥，当那人听到我们来自美国大使馆时，他将我们拉到一旁，用法语问道：'你们觉得你们能为我弄到前往美国的必要证明吗？'语调极为恳切、可怜。"外交官们问那位军官为何要去美国，他闷闷不乐地答道，彼得格勒的局势很不好，而且还将一天天恶化下去。"可怜的孩子，"霍特林想，"他可能是某个不得人心的贵族之家的子孙。他的命运因革命的爆发而危在旦夕。他心里清楚，只要自己稍有过失，小命便会不保。"

这位年轻的芝加哥人的确注意到了，在3月16日（星期五），彼得格勒的房主们接到市政府通知，他们可以开枪打死侵入者，而无须承担任何责任。在一座没有警察、没有法庭、没有法律的城市，抢劫行为如瘟疫一般蔓延开来。"所有的监狱都被放空了，这对时下形势的秩序化可毫无帮助，"他在日记中写道，随后又飞快地补上一句，"但就当前的情况而言，这是件大好事。"

周日，假日氛围席卷全城。人们走出家门，街垒被拆掉了。一架飞机嗡嗡作响，在涅瓦河上空飞来飞去。霍特林与一个朋友朝一座被烧毁的法院走去，希望能捡点纪念品。但其他更有精力的人已经抢在了他们的前头。他与一个熟人不期而遇，那个人告诉他，自己在一座警察局的瓦砾堆里捡到了一个帝俄国徽，不料一个士兵把枪对准她，阻止了她的动作。"我想把它作为这场伟大革命的纪念品带回美国，"她告诉士兵，"给我的孙子和曾孙看，然后告诉他们，俄国解放时我就在那里。"那个士兵咧嘴一笑，找人帮她把这个铁质盾形物搬走。

苏维埃原是个很普通的俄语单词，意思是"建议"或"会议"。彼得格勒苏维埃既不是顾问机构，也不是法定机构。它是在一小撮白领激进分子的呼吁下成立的。这些人要求各个车间派出自己的代表。苏维埃的基础团体与1905年革命时期的革命团体相类似。在苏维埃能够真正召开会议之前，领袖由组织者内部选举产生，但他们也是受到广泛支持的。

失业工人团体打算组织集会，讨论接下来该怎么办。国家杜马被普遍视为人数稀少的俄国中产阶级的代表。男男女女们开始抛头露面，参与苏维埃的协商会议，他们中间既有对国家杜马持怀疑态度者，也有持强烈敌视态度者。在米哈伊尔声明放弃皇位前，人们非常怀疑国家杜马将默许君主制度继续存在。

塔夫利宫似乎已被混乱统治。来自市内各家工厂的新代表团陆续抵达，看起来他们都想立刻发言。正如列昂·托洛茨基于日后描述的那样："会场如同一条发洪水的河流一般，汹涌澎湃、毫无秩序、毫无规矩。苏维埃因自己的狂热窒息了。革命声势浩大，却仍显幼稚。"[4] 起初，士兵们倾向于建立一个独立的士兵苏维埃，但后来他们与工人联起手来，组成了一个桀骜不驯的团体。"瘦得像根蜡烛"[5] 的亚历山大·克伦斯基是这个团体的早期领导人之一。尼古拉·齐赫泽（Nikolai Chkheidze），来自格鲁吉亚的孟什维克，他是另一位领袖。他们是社会主义者，但他们不是布尔什维克。在这个组织的成形时期，他们选择不与临时政府对抗。首先，马克思主义理论认为，在无产阶级最终取得胜利之前，必然要经历一段由布尔乔亚①统治的时期。再者——这个理由可能更中肯一些——苏维

---

① 指资产阶级。

埃领袖不愿为一场最终很可能极不得人心的运动担责。例如，临时政府领袖和苏维埃领袖均认为，首都街头无法无天的局面必须加以控制，而军人们也必须回到各自的部队去。但苏维埃不想承担因此造成的后果。苏维埃领袖透露，他们的想法是，对临时政府保持警惕与戒备。军官谢尔盖·姆斯季斯拉夫斯基对此表示不满："绝大多数情况下，临时委员会和苏维埃执行委员会之所以能在革命之初联合起来，是因为他们有着一个压倒一切其他因素的共同特征，那就是他们害怕大多数。"[6]

无论如何，临时政府不得不接受联合协议，因为它几乎没有能力维护自己的权威。在经过多次讨论后，克伦斯基和另一名苏维埃成员同意加入政府，克伦斯基的身份是司法部长。

霍特林拜访了塔夫利宫，他发现，那里的人们正忙于无休无止、耗人心力的争论，以及起草各式各样的宣言。有人站在楼梯上发表演说。人们担心革命遭到背叛、反革命运动爆发、德国发动进攻。霍特林被人推进宫内，见到了疲惫不堪的新任军事事务主管古契科夫，因为古契科夫的助手认为这个美国人带来了来自威尔逊的重要信息。操着一口英语的古契科夫对这次打扰报以和善的态度。霍特林开始注意到，这位俄国新任领导人花在空谈上的时间要比他花在行动上的时间多得多。

革命初期，最为声名远扬——或者说，最为恶名远扬——的措施是以苏维埃的名义发布的一道通令：一号命令（Prikaz No. 1）。它针对的是军官团。实际上，苏维埃压根没想过要制定这么一道命令。3月14日，它成立了一个军事委员会。当天深夜，委员会成员聚集在一条覆盖着绿色桌布的长桌旁。著名辩护律师尼古拉·索洛科夫（Nikolai Sokolov）在士兵们的口授下，写下了那道指令。

当他们在某件事上无法达成一致的时候，他们就一齐涌到窗前，欣赏在夜空中轻轻坠落的白雪。随后他们回到桌旁继续争论。最后，他们在兴高采烈中完成了这份文件。委员会成员并没有带着指令回到苏维埃那里去，而是于3月15日那天，将它刊登在新创办的苏维埃报纸《消息报》(Izvestia)上。

通令号召全体军事单位选出各自的委员会，委员会对所有"政治行动"负责。士兵们得到指示是，在严格意义上的"军事"事务方面，他们必须服从长官的命令，但命令若是与政治指令发生冲突，则不受此限。军纪变得更为宽松，特别是在非执勤时刻。武器不会再交到军官手中了。索洛科夫称，这样做的目的实际上是让军队重新恢复到有序状态——由于大批军官离职，士兵们不得不自己照顾自己。

临时政府的成员可不这么看，他们看到的是这道命令凸显了他们现在是何等无力。索洛科夫表示，苏维埃领袖正是在那个时候意识到，一号命令是"一个真正的关键因素"[7]。彼得格勒各处的士兵读毕指令，便纷纷决定采取进一步行动。他们开始坚决要求推选各自的长官。

事实上，相当数量的军官仍然在岗。不得人心者遭驱逐、囚禁或处决。然而，在一号命令的影响下，即使是最具凝聚力的团体的纪律也逐渐开始崩坏。革命爆发前，士兵们的待遇堪比牲口，如今他们开始认为，服从命令与否取决于自己是否乐意。

克伦斯基把一号命令称为"最为严重的罪行"和"一纸荒唐言"[8]。他表示，它鼓励士兵们按照"他们的基本本能"行事，"它是一道不负责任、鲁莽冒失到极点的命令"。

一号命令发布时,列昂·托洛茨基仍在纽约。其后他称它为"唯一有价值的'二月革命'公文"。

它鼓励苏维埃激进分子和街头激进分子向临时政府进一步施压。讲演者们指责政府领袖,说他们是企图从人民手里窃取革命胜利果实的布尔乔亚寄生虫。敌视情绪带来了恶劣影响,克伦斯基称,政府的大部分工作都是在午夜到早晨6点之间完成的,因为直到这个时候,前往塔夫利宫的代表团数量方才大大减少。政府成员根本没有时间睡觉。他们担心左翼分子暴动,担心极右分子反扑,担心德国人入侵,还担心彼得格勒陷入无政府状态和崩溃状态。

霍特林用俄国军队建制依旧完整的理由来说服自己。各团开始在彼得格勒四处游行,他喜欢他们的样子。而他在不经意间遇到的那些悲观主义者开始变得偏执起来。有个美国人(霍特林没有提到他的名字)认为,俄军存在着土崩瓦解的危险。他在与使馆成员会面时简述了自己的想法,没人把他的话放在心上,大使戴维·弗朗西斯亦是如此。从海军那里传来的消息可能改变了一些人的想法,但彼得格勒的美方代表对此却迟迟没有反应。

18日,弗朗西斯大使与新任外交部长帕维尔·米留可夫进行了一次非正式会面。会谈结束后,他确信,时下掌权的那批"思想健全、心意诚恳、意志坚定的俄罗斯人"将"不惜人力、财力方面的损失,无所畏惧地将战争进行到底"⁹。当天晚上,他给华盛顿方面拍去一封越洋电报,请求对方批准自己以美国政府的名义承认俄国新政府。如果美国方面动作迅速的话,它就是第一个承认临时政府的国家,这将"产生惊人的心理影响"。

第二天,弗朗西斯拜访了古契科夫,这次拜访同样是非正式的。这位疲惫不堪、紧张不安的俄国人告诉他,如果美国政府能承认临时政府，那将对后者有着不可估量的积极意义。他还询问弗朗西斯，这件事快则要多久？弗朗西斯答复，最快也要三四天时间。"兴奋难当之余，他表示，自己怀疑临时政府是否能坚持到那个时候。"

美国人相信现任司法部长克伦斯基有能力削弱苏维埃左翼激进分子的影响力——事实证明，古契科夫的担忧是毫无根据的。

3月22日，华盛顿方面发来了许可，弗朗西斯立刻坐上自己的雪橇，由一个身着全套制服的车夫驾驶，赶往马林斯基宫。那里已经成了临时政府的驻地。在他的身后还行驶着另一辆雪橇，上面载的是使馆参赞、四名秘书、使馆的各种文职人员（他们全都身着正式的外交服装），以及使馆的陆、海军人员（他们全都身着全套制服）。军官们和他们所穿的制服一样过时——他们看起来就像是从吉尔伯特或沙利文的轻歌剧中走出来的人物——因为弗朗西斯想把仪式弄得正式一点，也想给对方留下深刻的印象。俄国政府的部长们身着皱巴巴的西装，欢天喜地地迎接他们。美国成了首个承认新政府的国家。因此，在美国人看来，本国是新生的俄国民主政权的第一个也是最重要的一个盟友。

有轨电车重新开始运营，这是一个可喜的信号。[10] 在起义期间，电车动辄因司机用以控制电动机的钢质控制装置和手柄被拆除而瘫痪。一些人把它们丢进雪堆里，另一些人则把它们当棍棒使。市政府呼吁那些将控制装置据为己有的人把东西还回去。许多人照办，电车运营最终得以恢复。第一辆投入使用的电车从圣三一大桥上驶过，车上载着一支乐队，插着一面大红旗，旗帜上写着"人民的土地与意志"。

对于霍特林而言，这是俄罗斯开始复苏的象征。一切看上去都很正常。他看到一队队新兵在街道上操练,这似乎表明军纪一如既往地严整。他停下脚步,与一位熟人一起喝茶,一个"胆怯的美国人"加入了他们。这个讨厌的家伙听说了不少令人悲观的新谣言。什么军火工厂的工人们拒绝返回工作岗位啦,士兵们把他们的长官拘禁起来啦,社会主义者要求对囚犯执行死刑啦,喀琅施塔得(Kronstadt)海军基地发生了几场流血革命啦。"可怜的俄罗斯,人们只要信了这帮懦夫的一部分谣言,它就离死不远了,"霍特林在日记中写道,"我们倒觉得,它的道路才刚刚开始。"

孟什维克报纸《工人报》(*Rabochaya Gazeta*)警告说,国家必须先完成政治革命,才能转而着手解决社会经济问题。但工人们开始鼓动支持实行 8 小时工作制。妇女们走上街头,因为她们开始担心先前给予她们投票权的诺言无法兑现。

托洛茨基将争取 8 小时工作制的斗争称为"伟大的考验"[11]。临时政府和苏维埃执行委员会一致呼吁工人们回到工作岗位。但工人们的想法是,如今正是为他们的生活带来积极改变的时候。苏维埃管理层的孟什维克分子认为无产阶级没有能力同时在两条战线上开展斗争——一头对反革命势力开战,一头对资本家开战。因此他们必须暂缓争取改善工人生活条件的措施,但他们可以与那些企业主及其自由派朋友作对。这一猜想在一些工厂逐渐变成现实,雇员们与厂主达成协议,他们的工作时间缩减了,但工资并未减少。托洛茨基发现:"比起苏维埃中的民主战略家,实业家的目光要更为长远一些。"

列昂·托洛茨基的《俄国革命史》写于 1930 年,当时他正流亡伊斯坦布尔。这是一部令读者心生疑虑的著作,因为托洛茨基不可避免地将相当一部分的注意力放在与自由主义者、君主主义者和孟什维克分子等人——特别是一些布尔什维克同志——清算旧账上。他并未亲临现场见证革命的爆发[①]，但他了解它的主要特征，他对当时祖国盛行的思想潮流、不满情绪和意识形态也并不陌生。他认为，苏维埃领导人将政权交给临时政府的决定未能让国家安定下来，反而播下了混乱、苦难和崩溃的种子。正如他所说的那样，无论是在过去还是在将来，当彼得格勒街头一度爆发枪战的时候，社会主义者都应抓住机会，创造属于他们的未来。临时政府领导人表面上为革命欢呼，但他们心知肚明，自己不过是比他们强大得多的敌对势力的俘虏罢了，这个敌对势力正对他们形成秋风扫落叶之势。托洛茨基认为，苏维埃不应表现得如此驯服，也不应如此惧怕真正的革命。希望得到苏维埃领导的工人们控制着邮局、电报局、所有的火车站和印刷厂。苏维埃的手里已经有了力量，但它却不愿使用。

他指出，社会主义者仍将资产阶级定性为敌人，但与此同时，他们又将政权作为礼物送给资产阶级，并坚决要求其收下。托洛茨基表示，这让人想起 9 世纪时，斯拉夫部落就是这样吁请斯堪的纳维亚贵族前来统治他们的。

苏维埃领袖一直坚称，"只要"政府奉行的政策合乎民意，他们就会支持政府（"只要"的俄语说法用英文拼写是"postolku poskolku"）。托洛茨基并非唯一一个嘲笑这一提法的人。临时政府由此获得了"半违法的统治权"[12]（托洛茨基语）。

3 月 21 日，维堡区的工人要求推翻临时政府，但苏维埃领导人拒绝改变原有的想法。"执行委员会就是这副德行，"托洛茨基写

[①] 但我同样如此。——作者注

道,"这场革命号召人们砸碎百年枷锁,为新社会奠定基础。可是一群早就走在革命洪流最前头的领袖人物却连把口号变成行动都做不到。"他们对自由派的让步"变成了一条由令人痛苦的、自相矛盾的行为铸就的锁链,把群众弄得精疲力竭,终将导致内战与动乱。"

霍特林获悉,驻彼得格勒的外国报刊的通讯记者如今可以在不受审查的情况下,将他们的信息发送出去,只有那些可能对德国人有用的军事信息不在此列。但审查员仍会粗略地审查记者们的文章,对此他表示,大部分新闻记者发回国内的东西都是些"再糟糕不过的无病呻吟"。

例如,哈罗德·威廉斯(Harold Williams)于3月25日发给《伦敦每日记事》(*London Daily Chronicle*)一篇通讯稿。这篇报道被《纽约时报》收录,成了头版的特载文章。"运动、努力与压力是俄国新生活的显著特征,"哈罗德在开头部分写道,"那里的一切都在奔腾不息,但其中最为强有力的潮流是朝一个方向去的,那就是建立一个真正的、无拘无束的世界,缔造一个极度自由、繁荣强盛、攘外安内的俄罗斯。"[13]

他继续写道:"这是一场伟大而辉煌的斗争。若是置身于这场运动的中心地带,你将体验到发自内心的喜悦,也将不断感受到,现在,工作与奋斗总算成了值得付出的事……正与邪如今已是泾渭分明,正义的力量正稳稳地占据上风。"哈罗德指出:"旧政权长期虚延岁月,因循守旧。如今的俄罗斯正在发生令人称奇的变化。然而,在俄国居民眼里,这种变化的惊人程度似乎并不像外人看来那么夸张。时髦、睿智的俄罗斯一直都是如此,它富有想法,干劲十足,但耻辱的枷锁桎梏着它,长期压制着它的主观能动性,带给它焦躁与烦恼。眼下它的机会已经来了。"

在接下来的几个星期，诸如此类的新闻故事逐渐回流到俄国，无论是俄国人还是外国人都被搞得糊里糊涂，他们发现自己越来越认不出通讯记者所描述的那个国家了。

3月22日，尼古拉·罗曼诺夫同家人在皇村的行宫会合。他在护送下登上一辆从莫吉廖夫的陆军总部开来的列车。当地驻军先前负责保卫沙皇的安全，如今将扮演起一个模棱两可的角色。他们既是看守又是护卫。

"主啊，情况真的变了，"尼古拉在日记里写道，"大街上，宫殿周围，还有公园里，都有人监守着。而在宫殿内，在大厅里，插着各式各样的旗帜！"他被允许在花园里散散步，"但除此之外没有更多的自由了"。他的女儿，17岁的玛丽亚公主患了麻疹。[14]

第二天，苏维埃领导人收到风声：临时政府打算放跑尼古拉，让他和他的家人乘火车逃往阿尔汉格尔（Archangel）港，然后从那里搭乘一艘英国军舰前往英国。这个计划看起来就像是要在君主主义者得以让沙皇复位前保证其安全一般。就连那些持重派领导人都清楚，他们不能允许这种事发生。毫无疑问，如果前沙皇成功地在护送下流亡国外的话，那人们的怒火将如同火山喷发一般，将彼得格勒的街头淹没。

执行委员会勉强同意苏维埃从临时政府手中接管皇室家族的控制权。顷刻之间，皇村驻军的忠诚度就变得可疑起来。谢尔盖·姆斯季斯拉夫斯基是一个军官，但也是一个社会主义革命家，他随即接到命令：率领一支分遣队接掌郊区行宫的指挥权①。这支分遣队是从忠实可靠的谢苗诺夫斯基团抽调的。

紧接着，士兵们出发前往配属给皇村短程线的小型火车站。[15] 他们在站台上列队，而后把机枪抬到火车上，那个年代的机枪是十分沉重的。哨兵不让围观者接近车站，但一个记者随即偷偷越过警戒线，开始大声冲着站台问问题。"你们要去哪里呀？"一个士兵答道："给我滚开！"伴着一阵颠簸，火车开动了。在站台上，那个身手敏捷的记者跟着火车跑了一段。"告诉他们，谢苗诺夫斯基团要去拜访沙皇了。"一个骑兵喊道。

但车上人的情绪立刻低落了下来。士兵们对自己的前景十分茫然，他们的弹药并不算太多——而且，他们的目标毕竟是那个仅一星期前还掌握着全俄罗斯最高权力的独裁者。

不久，列车就开进了皇村车站。士兵们在自己胸前画着十字，并把刺刀装在枪口上。他们把机枪滚下车，放到沥青铺就的站台上。

两名驻军军官在车站迎接姆斯季斯拉夫斯基。他们拒绝接受他的命令。姆斯季斯拉夫斯基对他们又是吓唬又是威胁。显然，这两人还未确定自己的立场。最后，双方达成协议：姆斯季斯拉夫斯基把队伍留在车站，只带一个副官前往行宫。如果他在一小时内没有回来，他的部下就会去找他。

在行宫，姆斯季斯拉夫斯基遇到了指挥官科楚巴上尉（Captain Kotsuba）。上尉告诉他，他们的部队奉合法政府命令，不允许任何人进入宫殿地界。姆斯季斯拉夫斯基向他出示了苏维埃的命令。"但

---

① 姆斯季斯拉夫斯基在其著作《改变俄罗斯的5天》中表示，此事发生在3月22日，但我们几乎可以肯定，那天是23号。——作者注

苏维埃承认临时政府的权威。"科楚巴反驳。姆斯季斯拉夫斯基答道，关键是"实权掌握在谁的手中"。

科楚巴考虑了一下，不情愿地服了软。他们走过一条条走廊，步入一间挤满士兵的巨大房间。"问候你们，同志们！"姆斯季斯拉夫斯基大声道，"彼得格勒驻军和士兵苏维埃向你们致以良好的祝愿！"士兵们兴奋得又蹦又跳。这场游戏是我们赢啦，姆斯季斯拉夫斯基想。

事实证明，这些士兵来自第二步兵团，而非近卫军。经过漫长的会谈，姆斯季斯拉夫斯基确信对方不会让尼古拉离开皇宫，逃往国外。但他坚持要亲眼见见那位前沙皇。如姆斯季斯拉夫斯基所说，这一"降尊纡贵"的程序是必要的。前沙皇必须像任何一名囚犯那样接受检查。姆斯季斯拉夫斯基明白，他最好回报苏维埃，说他已经见到庶人罗曼诺夫了。

安排妥当后，姆斯季斯拉夫斯基信步穿过一间间房间。他的衣服自革命爆发之日起就没有换过，到今天为止，已经在身上穿了三个星期。他的羊皮外套上粘着一根根稻草秆儿。他的头发乱蓬蓬的。自动手枪的枪柄从他的衣兜里伸出来。

他和陪同人员停下了脚步。一扇门打开了，里面传来一阵阵急促的脚步声和马刺的叮当声。尼古拉出现在他的面前。他光着头，身穿一件卡其布束腰长袍，双手搓来搓去。

"他的面庞肥大，涨得通红，呆滞、充血的双眼上沉甸甸地架着一副浮肿的眼皮。有一会儿，他站在那里，不知要干啥好。随后他慢慢走向我们，看起来就像是准备开口讲话一般。我们的目光彼此相交。他一步步接近我们。房间笼罩在一片死寂中。皇帝依然胆怯地凝视着我们，活像一头被人猎获、疲惫不堪的狼。突然之间，他那呆滞、冷漠的眼中闪过一道火光。那是一个极度怨毒、稍纵即逝的眼神。我感到站在我身后的几个军官接连打了个寒战。尼古拉停顿了一下，重心从一只脚换到另一只脚，然后猛然一个转身，飞快地走开了。他的双肩抽动着，步子一瘸一拐。"

第 17 章

"痛斥一场地震"

弗兰克·波尔克相信，华盛顿官方已经快要陷入恐慌了。[1] 如果威尔逊不做点什么的话，他担心整个行政部门就要以罢工的形式向总统提出抗议了。22 日，身为国务院参事的波尔克在纽约向豪斯上校倾诉自己的失意感。他说，战争部长贝克最终改变主意，站到了主战派一方，但军队的状况无疑依旧惨不忍睹。

但威尔逊正在行动。在两天前的内阁会议结束后，他向兰辛和贝克承诺，自己会在第二天做出决定。第二天快到中午的时候，他正式要求国会议员于 4 月 2 日起召开特别会议，这比预定计划提前了两个星期。豪斯上校认为这是个错误——在议案被摆到国会的会议桌上纠缠讨论前，尚有太多太多的基础工作要做。[2] 白宫方面并未透露威尔逊欲向国会提出何等要求，就连内阁部长们对总统的意图也只能猜测而已。他会为和平会议的召开做最后一次努力吗？他会寻求更为激进的"武装中立"吗？或者说，如果他认可了德国正在对美国开战的事实，那他会做何打算？向协约国提供物质和财政援助？发动一场海上战役？对迄今为止仍不存在的海外远征军做出部署？他会启动征兵方案吗？会启动征税方案吗？

威尔逊不让自己闲下来，他要签署的文件堆积如山，而他几乎没有完成多少工作。他的就职典礼刚刚结束，他就病倒了，这些文件就是自那时积压起来的。"很显然，在那段时间里，他的心思压根不在工作上。"白宫助理托马斯·布雷黑尼在日记里写道，"他把几乎所有的时间都花在陪他太太、读书、打台球或拜访他人上。记者们都不知道报道该怎么写了。"³另一个助理建议总统召开一场新闻发布会，但威尔逊拒绝了。他认为，媒体应当"不做任何推测"。

但他们仍然瞎猜一气。

《费城纪事晚报》的头条新闻故事的开头是这样的："威尔逊总统决定采取全面行动，以应对德国在公海的公然冒犯行为。看来战争不日就将爆发。"⁴

后面几段写道："如果总统不愿宣战，国会会要求他宣战。"威尔逊召开国会的决定是"建立在国民那排山倒海的呼声的基础上的。国民的要求是为惨遭德国人杀害的美国公民和被毁坏的财产复仇。德国人的做法违背了所有国际法和美国赖以建立并存在至今的理念。"

3月22日，司法部长托马斯·格雷戈里在纽约同他的盟友兼好友豪斯会面。"他认为总统完全没想过要在16日之前召集国会议员开会，但后来内阁会议达成一致，要求他呼吁国会于4月2日召开会议，于是威尔逊被说服了。"⁵

当天晚上，格雷戈里和豪斯一道前往兰心大剧院（Lyceum Theatre），它至今仍屹立在西45街。同为得克萨斯人的他们观看了《巨大的鸿沟》（The Great Divide）的重演，这部广受好评的戏剧涉及女权主义、性题材，以及美国东、西部各州之间显而易见的文化及社会差异。

豪斯喜欢逛剧院。1月，他观赏了一部名为《向右转》(Turn to the Right)的戏剧。在表演期间，制作人约翰·戈尔登（John Golden）将他请到了后台。在演员们等待登台提示时，豪斯同他们聊得入迷。戈尔登已经对剧本做了大幅修改，他谈到自己正打算修改某些台词，试试效果如何。几星期后，当威尔逊决定中止与德国的外交关系时，豪斯突然意识到，一场重大的政府危机何尝不是一场大戏，需要大量舞台技巧。公众几乎感觉不到，在舞台两侧或幕后，一批演员正在等着登台亮相。他们同样感觉不到，直到这场戏落幕之前，有多少人正在那里候着，而说出正确的台词，又具有何等重要的意义。[6]

3月22日夜，当西奥多·罗斯福正为自己的佛罗里达冒险之旅做着准备时，12 000多名群众将麦迪逊广场花园挤得水泄不通，还有更多的人被拒之门外。一个名为"美国少年爱国者"（Junior Patriots of America）的组织在第五大道集结了一支童子军和一支少年海军预备队。起初他们被告知未成年人不得入内，但随后集会组委会的态度有所缓和。于是这群男孩在一支乐队的引领下，列队穿过公园，进入花园，并在高层座席上坐了下来。约翰·菲利普·苏萨的乐队在场地上演奏着爱国歌曲，与此同时，密密匝匝的人群正往场内挤，他们欢呼着、推搡着，争抢着座位。携带美国国旗者数以千计。

可供讨论的新话题不算太多，但现场的发言氛围非常热烈。伊莱休·鲁特警告，如果协约国战败，那美国就是德国人砧板上的肉。

他问，有谁能阻止德国人在加勒比海建立海军基地，封锁巴拿马运河？他又警告，一旦德国人在西半球获得立足点，那他们将势不可当。他宣称，在欧洲与敌人作战远强于在家门口与他们厮杀。

"纵观历史，我们可以得出教训：当一个民族富甲一方却全无自卫能力时，当一个民族过于奢侈，过于迷恋舒适、幸福、财富和安逸，以至于无力为了本民族的自由事业做出牺牲时，它必将成为侵略者口中的肥肉。"[7]他警告说，"每个真正的美国人都应当满心喜悦，同时又带着几分悲伤地体会到，我们如果奔赴前线，为争取至关重要的胜利尽到我们的职责，那我们就是再一次为了美国的民主而战。同时，我们也捍卫了英吉利的民主，捍卫了法兰西的民主。现在，上帝保佑，我们的保卫对象又多了一个，那就是俄罗斯的伟大民主。"

突然间，从听众席上传来一声叫喊："撒谎！"另一人则嚷道："我们要的是和平！"在众目睽睽之下，几个身着橄榄色卡其布制服、戴着黄色袖章、挥舞着警棍的人制服了那几个捣乱分子，并把他们丢了出去。这些穿制服的人来自一个新成立的、名为国土防卫联盟（Home Defense League）的组织，该组织是与纽约警方联合成立的。当晚有500名国土防卫联盟的志愿者在集会场所附近暗中巡逻，看看有谁在惹麻烦。还有更多的人要加入其中。

但率先发言的是约翰·格里尔·希本（John Grier Hibben），此人曾接替威尔逊，成为普林斯顿大学的校长。"我今晚以一名和平主义者的身份来到这里。"他宣称，这句话引得人群鸦雀无声、惴惴不安。他顿了顿，说道："我认为，为了和平，我们可以不惜一切代价，而代价就是：现在就参战。"人们这才松了一口气，欢呼声响彻会场。

其后发言的是前任财政部长查尔斯·S. 费尔柴尔德,他对集会群众说:"无论什么事业,不管是宗教性的,还是民用性的,或是社会性的,都需要口号和领袖,永远需要。"

座席上传来整齐的呐喊声。"我们要泰迪!我们要泰迪!"乐队奏起进行曲,引得现场一片混乱,人们变得狂热起来。泰迪先生此时正在家中收拾行装,准备明天踏上前往佛罗里达的旅程。最终,会场表面上又恢复了秩序。

现在是纽约市市长约翰·珀罗伊·米切尔的发言时间。尽管他是个天主教徒,但与他同名的祖父却是个信奉新教的爱尔兰裔民族主义者。年仅37岁的米切尔被称为"男孩市长"(Boy Mayor)。

他还没说出几个字,人群中就有个爱尔兰移民喊道:"你祖父怎么样了?"这意思就是,一个名满天下的民族主义者的子孙怎么能支持美国去和英国人并肩作战?几个穿卡其布制服、戴袖章的人把那个嚷嚷的家伙拖了出去。市长假装没注意到这件事。

"有些人问,这个国家的人们在这个问题上态度如何?"他说,"那就让在场的人自由自在地表达他们的看法吧。"

场地内又有人喊了一嗓子。"爱尔兰共和国怎样了?"

这一次,当志愿者再度行动起来的时候,市长做出了回应。"首先,我们今天讨论的是保护美利坚合众国的问题。"人群欢呼起来。"当国家遇到此等处境时,在忠于国家的问题上……人们或许会分为不同的阵营,但总的来说只有两种人:一种是美国人,一种是叛国者。"

这个时候传来了第三声喊声。"你祖父对这个问题会有什么看法?"

这一次,市长的嗓门也高了起来。"我祖父是个优秀的美国公民,他的看法和我完全一致。"①

两天后的3月24日，麦迪逊广场花园再一次人山人海，这次的集会是由紧急和平联合会组织的。集会期间，发生了3场争斗。戴维·斯塔尔·乔丹（就是那个曾问罗斯福是否愿意与布莱恩辩论的人）在演讲过程中点了罗斯福和伊莱休·鲁特的名。会场内爆发了阵阵嘘声和嘶嘶声，但后排有个年轻人开始欢呼起来。8 骚乱瞬间爆发，一条长凳被掀翻，12个人被撞倒在地。乔丹呼吁大家肃静，乐队随即奏起曲子以转移众人的注意力。最后，当整个会场再度安静下来后，他建议让那些狂热的主战分子站到舞台上来，然后当场为他们办理入伍手续。此时有个人嚷道："让美国见鬼去吧！"

现场更加混乱了。组织者只招募了20个保安——他们戴着白色的袖章——但他们都是些身材魁梧的汉子，有能力恢复秩序。

乔丹认为，如果德国军国主义获得胜利，那将是一场灾难，但美国没有理由介入战争。之后，华丽辞藻愈演愈烈。

社会改革家、城市规划先驱本杰明·C.马什愤怒地将罗斯福、鲁特和米切尔斥为"华尔街的卖国工具"。他说罗斯福是"美国头号道德懦夫"。这些称号都是写在事先准备好的演讲稿内的，但在抓住听众的心理后，他开始了即兴表演。"让我们祈祷鲁特和罗斯福一命呜呼吧！"他说。

鲁特在早先的一次演说中提到了美国开国元勋的名字，马什对此大肆嘲笑。他说："人人都知道，革命先辈如果看到鲁特的话，

---

① 老约翰·米切尔在美国生活了20年，他为奴隶制辩护，认为它比他在北方见识到的资本主义制度要强。在内战期间，他支持邦联政府。——作者注

就会立刻把他当作盗马贼射杀。"

著名改革派领袖、拉比朱达·L.马格内斯（Judah L. Magnes）曾为巴勒斯坦的犹太人社区筹集资金，他谴责军火制造商和"残忍嗜杀的前总统"煽动民意。"好战思想已经泛滥成灾了。"他大声道。

座席上传来一声高呼："那可真是谢天谢地！"保安们立刻开始寻找闹事者。喧闹的集会就这样继续进行下去。发言人请求与会者承诺给予反战活动经济支持。哥伦比亚大学教授H. W. L.达纳允诺出资30美元。（6个月后他被炒了鱿鱼，理由是他是个和平主义者。）马什宣布，马克·吐温的女儿克拉拉——她嫁给了俄国钢琴家奥西普·加布里洛维奇（Ossip Gabrilowitsch）——承诺捐款25美元。富有的公民领袖、律师塞缪尔·翁特迈尔（Samuel Untermyer）的妻子明妮·翁特迈尔认捐1 000美元。晚会结束的时候，与会者投票通过一项决议，要求就参战问题举行国民公投。警方事后表示，尽管集会期间发生了打斗，但无人被送往医院。

同一天晚上，珍妮特·兰琦正待在印第安纳波利斯的克莱普尔酒店（Claypool Hotel），如今她的巡回演讲已经接近尾声，但她仍要完成一段艰苦的行程。她恪守承诺，从未发表过与战争有关的言论，即使在两派人马鼓动各自的支持者时也是如此。她在旅途中收到的信件或电报大多来自反战人士。如今，她不得不一面跋山涉水，一面做出决断：反战活动会给妇女选举权运动带来好处吗？还是会导致她的事业遭到孤立与削弱？这是个带有功利性质的问题，却也是个至关重要的问题。大部分情况下，她只能趁着坐火车的时候思考它。24日，她在印第安纳波利斯露面，26日在查塔努加（Chattanooga），27日在代顿，29日在明尼阿波利斯（Minncapolis），

30日在得梅因。每到一个城市，都有一场欢迎会、几场当地记者的采访、几个出场邀请和一场重要的演讲在等着她。然后她就得赶往下一座城市——通常是搭乘一辆夜间列车。当威尔逊呼吁国会于4月2日召开会议时，她的代理人不得不打乱了原来的计划，勉强将明尼阿波利斯列入行程，而堪萨斯之行就只能取消了。⁹

距国会会议召开仅有3天的时候，她来到了明尼阿波利斯。她在演讲中支持妇女参选，反对天然资源法人所有权制。"用美元和美分来衡量，劳工们的薪水或许很高，但他们的吃住条件都很差。劳工的生命得不到重视，其结果就是社会问题越来越多。我们的监狱人满为患，违法分子、残疾人、流浪汉随处可见。对财产所有权的侵犯被认为是比对人类幸福权的侵犯严重得多的罪行。"¹⁰ 她依旧对战争话题不予置评。

她的倾向已是显而易见。2月3日，她在给蒙大拿州良政州中央委员会的州主席、来自大廷伯的埃莉诺·科伊特（Eleanor Coit）的电报中问道："拍电报给蒙大拿各县的主席，让他们致电威尔逊，表明自己对战争问题的态度，或者你致电威尔逊，以组织的名义表态说：我们愿意为避免战争采取一切可能的措施。你觉得这样如何？"

科伊特当天就回绝了。"如果我们继续对侵害公民个人权益的行径忍气吞声，那我们就不再是一个自由国度了。德国的意图是对人类文明的挑战。"

积极从事社会福利事业多年的简·亚当斯（Jane Addams）也把妇女组织起来，发起2月投书运动（February letter-writing campaign），反对美国加入世界大战。但3月的时候，她因患病在佛罗里达休养。正在举行巡回演说的兰琦通过中间人带话给她，表示自己希望在时机合适的时候,同亚当斯协商一下此事——兰琦称之为"在即将到来的特别会议期间,她为和平事业所做的最有意义的工作"[11]。

妇女选举权运动与"妇女和平党"之类的和平组织的组建在很大程度上是彼此重叠的。但大廷伯的埃莉诺·科伊特绝不是唯一一个在战争问题上与同志们分道扬镳的。就在德国宣布重启U型潜艇战几天后,全美妇女选举权协会主席卡丽·查普曼·卡特允诺,若美国与德国开战,她将支持威尔逊。她的盟友维拉·怀特豪斯(Vira Whitehouse)向纽约州州长查尔斯·惠特曼(Charles Whitman)做出类似的承诺。这导致选举权运动内部的裂痕进一步扩大、加深。

"我从未听说过比怀特豪斯夫人的话更傲慢、更违背民主精神的言论。"和平运动的主要倡导者玛格丽特·莱恩(Margaret Lane)说,"这是一种可耻的政治钻营,说白了,就是承诺我们将遵从、协助政府的战争政策,试图以此获得州议会对妇女选举权议案的支持。虽然我非常支持妇女参政,但在这种情况下,我是不会投票的。"她表示,妇女和平党的成员中"包括大批选举权运动组织的现成员,她们可不打算去给伤员们裹绷带。如果战争到来的话,我们将把精力投入与不公正的审查制度及其他由战争带来的、侵害我们权利的制度做斗争上"[12]。

但卡特觉得这是一次机会。她的目标是让联邦政府出手推动选举权运动,而不是任由各州政府来主宰它的命运。今年1月,当北卡罗来纳州通过一项让妇女获得部分选举权的法案的时候,她就提议:威尔逊签署一项联邦投票法案的时机已然成熟,但此事不了了之。[13]如今她意识到,这场战争意味着联邦政府将给美国人的生活带来巨大的影响，其中可能就包括对男性公民的征募。她认为，在全国动员的环境下——换句话说，如果妇女有能力通过自己的贡献，来证明她们对这个国家、对总统的价值的话——继续拒绝妇女享有投票权是一种不可接受的虚伪之举。况且，如果战争无可避免的话，那么再公开表明反战立场除了徒劳无功外，还会有什么结果？[14]

一些妇女准备向世人展示一下女人在战争期间能做些什么，以及必须做些什么。从1916年开始，海军联合会妇女支部（Women's Section of the Navy League）赞助了一系列名为"国民服务学校"（National Service Schools）的营地活动，活动持续三个星期，在此期间，数千名妇女身着卡其布制服，学习内容包括急救护理、卫生学、营养学、手旗信号和无线电报在内的一应事项。威尔逊为在华盛顿举办的第一期营地活动提供过帮助，富兰克林·D.罗斯福亦施过援手。后续的学习活动则是在旧金山、威斯康星州的日内瓦湖城，以及罗得岛州的纳拉甘西特码头（Narragansett Pier）举办的。活动内容带有军事化色彩，包括6点30分的起床号、健身操、内务检查、军事操练和课堂集体作业。如今妇女支部宣布，又有两期营地活动将于今年4、5月在华盛顿举办。"注意啦！美利坚的巾帼们！这是你们的机会！"一则招募海报写道，"来报名参加战时服务训练吧！"[15]

按照维拉·波·威尔逊（Vylla Poe Wilson）和纽约的报刊作家伊丽莎白·E.波（Elisabeth E. Poe）的创意，海军联合会妇女支部要求会员们签署一份承诺书，保证自己的"思想、言论和行动均以爱国主义、美国精神和令美国本土及海岸远离可怖战火的完备的国防计划的需要为出发点"。

《华盛顿邮报》刊登了一则长篇故事，它几乎完全照抄自国民服务学校发布的新闻稿。《华盛顿邮报》给故事加的标题是"华盛顿少女们的备战时刻"。

3月21日,一个名叫洛蕾塔·沃尔什(Loretta Walsh)的妇女支部成员宣誓成为美国海军的一名士官。[16] 她是第一个以护士以外身份为美国武装部队服务的妇女。海军部长丹尼尔斯刚刚于两天前命令海军接纳女性加入;他的想法是把妇女们应用于文职岗位,好把从事此类工作的男性军人解放出来,送往海上服役。时年20岁的沃尔什来自宾夕法尼亚州的奥利凡特(Olyphant),其后她继续以一名征兵军官的身份在费城服役。这让她有机会在18个月的时间里为13 000名女性文书军士设计制服。

罗斯·帕斯特·斯托克斯(Rose Pastor Stokes)是一位著名的女权主义者和社会主义者,她出生于俄国的一个犹太小镇。如今她决定辞去自己在妇女和平党内的职务。"我热爱和平,但我不是一个和平主义者。"她写道。[17] 她认为这场战争是世界竞争机制的产物,它证明了一点:人类文明尽管长期处于上升阶段,却仍未达到它本可达到的最佳状态。她写道:"在我看来,在这个阶段痛斥战争,就像痛斥一场地震一样……既无用也不科学……"

兰琦收到了一封来自蒙大拿的大瀑布城(Great Falls)的信。"是西部妇女的投票将这片土地交到了威尔逊总统的手中,是'他让我们远离战争'的骗人竞选口号让妇女们把选票投给了这个家伙。现在,让我们马上强迫他做到无愧于自己的名声。"[18]

在米苏拉,海军联合会妇女支部的一个分会一成立就表示,"我们将由衷支持、配合"任何被威尔逊或国会视为必要的行动。[19]

妮娜·斯温纳顿（Nina Swinnerton）给兰琦发来一封电报："亲爱的珍妮特，不要像卡特夫人或者她的同道中人那样背叛我们。我们期待你投下维护和平的一票。"[20]

在蒙大拿的卡利斯佩尔（Kalispell）举行的一场公共集会通过了一项支持总统的决议。而在邦纳举行的一场公共集会上，反战决议则获得了压倒性多数的投票。

兰琦还收到了一些来自其他州的信件。

纽约州斯克内克塔迪的科妮莉亚·威尔斯（Cornelia Welles）于3月26日致信兰琦。"是有那么几个女人在进行惹人眼球的军事训练，但大多数妇女是基督徒，她们可不想卷入什么欧洲战事，也不想让我们的国家变成一座大兵营，"她写道，"要维护我们的国家荣誉，正义手段的效果要比野蛮手段来得强。"[21]

匹兹堡的格蕾丝·伍兹（Grace Woods）写道，"宾夕法尼亚的女同胞们呼吁您尽情运用女性的才智、推理能力和魅力"让这个国家远离战争。"一想到我们的年轻人要为了正在欧洲进行的商业战争而流血牺牲，他们的尸体要变成鸟儿的食粮或外国土地的养分，我就瑟瑟发抖。"[22]

从阿肯色州的罗杰斯市寄来了一封用铅笔写的，署名为乔治·E. 威尔逊太太的信。"我是一个独生子的母亲，我儿子对我而言比我的性命还珍贵。一想到他要被送往欧洲的修罗地狱，我就觉得天都要塌下来了。"[23]

尤罗普瘦了。他动不动就气喘吁吁，他的眼眶周围出现了两个老大的黑圈儿。一位住在棕榈滩皇家凤凰木酒店的医师注意到了他的情况。他邀请尤罗普到自己的客房套房，为他做了次体检。诊断结论是尤罗普患了突眼性甲状腺肿，肿胀不断向食道内蔓延。医生向这位乐队领队推荐了一位专科医师，让他一回纽约就去找他看看。他告诉尤罗普，这种病可能会发展到非常严重的地步。

但尤罗普没时间看医生。他即将为"他的民族和祖国做出最伟大的贡献"[24]。他必须为了警卫团将乐队组建起来，因而在抵达这座城市的当天，他便再度动身前往波多黎各招募部下。在棕榈滩的时候，他从来都是一袭晚礼服的打扮，但现在他穿的是自己的卡其布中尉制服。他挨着病痛，急匆匆地赶往市中心，搭船南返。诺布尔·西斯尔同尤罗普在一起，乐队事务一直由他打理，他将留在纽约，继续募集乐师。

尤罗普要西斯尔发誓对自己得了甲状腺肿的事保密。他们来晚了一步——舷梯已经升起。最后一批行李仍装在网兜内，就要从码头上被吊起。所以他俩把尤罗普的大衣箱同其他行李放在一起，紧接着，尤罗普趁着起重机将整兜行李吊到甲板上的机会，爬了上去，坐在行李堆的顶上。当船上的人解开缆绳的时候，汗流浃背的尤罗普步履蹒跚地从网兜内走出来，站到栏杆旁边，虚弱地挥舞着自己的宽边毡帽。

西斯尔后来凭借后见之明，大肆嘲讽威尔逊对参战问题所抱的不情不愿的态度。"德国人到处击沉我们的船只。而总统先生则一封又一封地写'照会'，直到外交辞令用光了为止。他每写一封照会，德皇的水下猎犬就会击沉一艘更大的美国船，以示歉意。"[25] 西斯尔和尤罗普已经做好了投身战场的充分准备。但随着全国各地的主战声浪越来越高，好些冬季期间还渴望着加入尤罗普乐团的乐师们突然以各种各样的借口溜之大吉了。

战争的阴影导致了非洲裔美国人阵营的严重分裂。他们对出生地的忠心同他们对《吉姆·克劳法》的愤怒产生了冲突。尤罗普等人相信，参加对德作战可以使黑人民族获得其应有的社会地位。另一些人则认为，如今正是要求权利的大好时机，至于为国效力则是次要的。

南方白人中流传着一些传闻：德国间谍密谋对"黑鬼们"进行鼓动，以引发一场种族暴动。在亚拉巴马州的伯明翰市，两人因上述嫌疑而被捕。黑人领袖认为这些传闻是捏造出来的，其目的是镇压黑人。早在1914年10月，当一群德国科学家签署了一份侮辱"混血儿和黑人"的声明后，美国有色人种协进会的 W. E. B. 杜波依斯就在给一个德国人的回信中做出了愤怒的回应。

"我相信德国对战争负有责任，"杜波依斯写道，"我由衷地希望你的国家被打得一败涂地。"[26] 汉普顿学院的校长霍利斯·B. 弗里塞尔（Hollis B. Frissell）断言："黑人们一直忠于国家。"[27] 他透露，有40名学生已申请参加为黑人团举办的军官训练营。在北卡罗来纳州的达勒姆市，一家"有色人种"保险公司的老板表示，应当让德国人知道"我们有着坚定的信仰，是无法收买的"。在亚拉巴马州的塔斯基吉（Tuskegee），塔斯基吉管理委员会（Tuskegee Board of Trustees）的白人主席威廉·威尔科克斯（William Willcox）——他也是共和党全国委员会的主席——说："在这场大危机中，黑人民族绝不会缺席。"[28]

由美国有色人种协进会出版、杜波依斯担任主编的《危机》(The Crisis) 杂志指责南方白人试图将黑人刻画为对国家的威胁，这样他们就可以发布戒严令，从而阻止黑人迁往北方。"他们是在玩火！黑人对这个国家和国家理念的忠诚要远胜于南方白人。他们从来不是不忠不义的叛徒。"[29]

杂志评论道，正如俄国人在眼看就要失去一切时成功捍卫了自己的自由那样，美国黑人也可能由于战争爆发的缘故而实现他们的目标。"所以也许会有这么一天，一个黑人妇女会骑着马儿，一边全世界转圈，一边喊着：'剥夺公民权的日子已经结束了！《吉姆·克劳法》已经滚蛋了！种族隔离已经是历史了！我是一个美国人啦！'"[30]

《路易斯维尔信使日报》感到惊奇：身为公认的劣等民族的一员，这个黑人竟然能像布克·T. 华盛顿（Booker T. Washington）的外甥罗斯科·康克林·西蒙斯（Roscoe Conkling Simmons）那般雄辩。这家报纸以西蒙斯为榜样，羞辱白人和平主义者。

"我对这个民族、这个政府很不满。"西蒙斯说，"对我而言，这个国家没有公正可言，法典内充斥着恶法，但值此危急之际，我忘掉了——你必须忘掉——一切关于自身，关于民族，关于信念、政策或肤色的想法。孩子们，这就是忠诚。"[31]

但白人当局可没有那么大度。纽约的第15团依靠私人捐赠来置办装备，因而一直面临着无法通过检查的危险。一位黑人房地产经纪人称自己在霍博肯火车站当搬运工的时候，曾服务过泰迪·罗斯福一次。他写信给前总统，控诉国民警卫队的军械库将黑人拒之门外，致使正规训练无法开展。[32] 尽管罗斯福打算把黑人士兵招进志愿师，但他并不是种族关系领域的拓荒者；1906年，身为总统的罗斯福在197名黑人士兵与得克萨斯布朗斯维尔的白人平民爆发激烈口角后，下令对他们进行集体处罚：这197人全部被开除军籍，尽管他们被栽赃了对他们不利的证据。（理查德·尼克松于1972年赦免了他们。）并无记录表明罗斯福曾对这封关于有色人种遭受军械禁令的信件做过回复。

共和党全国委员会的有色人种咨询委员会主任克里斯·W. 安德森（Charles W. Anderson）担心黑人看不到任何振奋人心的希望。"在这个城市的有色人种群体中弥漫着一股冷漠的情绪，"他在给罗斯福的信中称，"我们必须立刻做点什么来鼓舞他们。我非常讨厌听到他们问：'我们究竟为了什么而战？'" 33

哈莱姆区报纸《纽约时代》（New York Age）在3月29日发表的社论中认为，问题在于威尔逊。社论表示，几十年来，黑人一直认为联邦政府是站在自己这边的。特别是在南方，联邦办公大楼成了《吉姆·克劳法》催生的重度及轻度歧视事件受害者的避难所。但威尔逊"和迫害黑人的种族主义政府（Negro baiter）" 34 把一切都改变了，他们命令联邦政府实行种族隔离政策。在过去的4年间，由于威尔逊的缘故，"美国的有色人种公民一直在遭受明目张胆的歧视"。这就是黑人在1917年的时候无法确定是否愿意成为德国枪弹的目标的原因。

犹太人乔尔·斯宾加恩（Joel Spingarn）是美国有色人种协进会的创始人之一，因为提议为黑人应征者修建军官训练营而遭到《纽约时代》的嘲讽。报纸的观点是，黑人不应该为美国军队或战争做任何事。斯宾加恩用略显不确定的语气给杜波依斯写了封信，信中说他认为自己应该为自己引发了一场全面、公开的争论而感到高兴。但他指出，如果战争到来的话，国家很可能启动征兵计划，大批黑人将被征召入伍。这样不是同样有助于黑人军官的出现吗？ 35

教士亚当·克莱顿·鲍威尔（Adam Clayton Powell）是哈莱姆区阿比西尼亚浸信会（Abyssinian Baptist Church）的牧师，是美国资深议员小亚当·克莱顿·鲍威尔的父亲。他认为，如今国家处于危机之中，恰恰是要求美国白人用行动平息黑人抱怨的大好时机。针对1916年的复活节起义，鲍威尔表示，爱尔兰人懂得"历史进步源自历史危机""危难之际正是诉求之时"的道理。数十万美国铁路工人于战云逼近时以罢工相要挟，结果他们得到了自己想要的。同样，俄国人之所以能成功推翻独裁政府，也得归功于战争带来的紧张局势。

"这个国家从未像现在这般迫切地需要这一千万有色人种民众。"他说。工厂、农场以及军队都需要他们。"现今正是最好的时候，通过每一座讲道坛、每一座平台以及每一家报纸朝美国白人政府喊话吧，就说'没错，我们赤胆忠心、爱国如家……尽管我们热爱我们的国旗和祖国，但我们并不想为了保护公海的商业利益而流血，除非政府至少在口头上给我们些许承诺，让从缅因到密西西比的黑人的财产和生命安全得到保证。'"36

"如果这种言论叫作不忠不义的话，那我就当个不忠不义之徒吧；如果这种言论叫作不爱国的话，那我就当个不爱国分子吧；如果这种言论叫作背叛的话，那我就当个叛国贼吧……与德国人在战时炸掉几艘载着拖鞋和糖浆的船相比，在和平年代，不经审判就把黑人男子、男孩和妇女吊死、烧死的做法要可耻得多、可恶得多。"

在波多黎各，尤罗普与14名乐师签订了雇用协议。他本希望再招一些人，但他现在不得不中止自己的征募之旅了。尤罗普得到消息，第15团即将前往集结地，转而编入联邦部队，并就地重新编号为步兵369团。它还将前往纽约皮克斯基尔附近的一座军营，开始接受真正的训练。那14名乐手必须与西斯尔招募的众多乐手一道随队出发。这些波多黎各人大多在成为美军的一员后才开始学习英语。接下来，尤罗普可以操心一下自己的甲状腺肿问题了。

第 18 章

"表面上装作很爱国"

在费城,弗兰克福警察局的警察正时刻警惕着。宾夕法尼亚铁道沿线的一串串铜质电话线接连失窃。铁路公司的通信系统已经两次陷入彻底崩溃,调度员表示,这种行为将数以千计的乘客的生命置于危险之中。尽管铁路及城市警方一刻不停地保持警惕,但被偷走的铜质电线已达 25 到 30 英里长。警察认为,毫无疑问,作案者是一伙精明狡猾、技艺精湛的窃贼。¹

3 月 10 日晚,警察麦科勒根(McColgan)和多尔蒂(Dougherty)正在费城东北部的威西诺明(Wissinoming)车站值守。当他们沿着铁道巡视时,他们发现,黑暗中有两个人正在摸索着什么。麦科勒根和多尔蒂喝令他们站着别动,那两人反而转过身子,顺着铁路就逃。他们小心翼翼地控制着自己的步伐跨度,以免被枕木绊倒。追逐罪犯对于警察而言可不是什么乐事,因此两名警察中的一人可能率先扣动了扳机,枪战开始了。其中一个嫌疑人转过身来回射,但没打中。此时麦科勒根和多尔蒂开始沿着宾夕法尼亚铁路纽约路段①的主干线飞奔起来，他们一边跑，一边用佩枪摸黑射击。嫌疑人中的一人一次次停下来，转身回击。追逐战持续了一英里或者更远。在一个合适的地方，歹徒瞅准机会，顺着铁路路堤往下逃去，但警察的一颗子弹击中了一个歹徒的腿部。负伤者趁黑爬走了，但他的同伴——要么是出于惊恐，要么是因为喘不过气来，要么纯粹是被枪声吓坏了——停了下来，旋即被怒气冲冲的警官制服。

警方最可怕的疑虑得到了证实。落网者自称安德里亚斯·科尔姆巴奇（Andreas Kormbach），之前曾是一艘德国轮船的服务员。他向警察交代，逃走那个人叫埃米尔·博斯莱恩（Emil Bostlein），是个轮机员。警察表示，那两个人一道扛着约150磅铜电线，这可能解释了警察为何能成功地追上他们。当警察搜查两人同住的房屋时，又发现了成卷的电线。警方称，这是一起令人震惊的阴谋，其目的在于使铁路陷入瘫痪。至少在报社看来，铜的价格正在一路飙升，安德里亚斯·科尔姆巴奇和埃米尔·博斯莱恩可能就是普普通通的、搜捡金属废料的拾荒者而已，然而似乎没人想到这一点。大家期待的是剧情生动刺激、更为惹人兴奋的德国阴谋论。

美国人开始觉得，他们的身边危机四伏，而德国人总是在他们发现的阴谋中扮演着重要角色。

3月5日，新泽西州霍博肯警方逮捕理查德·卡尔布（Richard Kalb），并指控他应对1916年的"黑汤姆"（Black Tom）爆炸案负责。那起爆炸事件摧毁了新泽西州金斯兰的一座为俄国生产军火的工厂。

3月13日，一个德国人在费城被捕，当时他正站在一座铁路

---

① 如今它是美国铁路公司的东北部铁路走廊的一部分。——作者注

桥下，这座桥隶属宾夕法尼亚铁路。逮捕他的警员称，嫌疑人看起来打算制造麻烦。3月16日，两个人在波士顿的一座法院的卫生间内被一颗炸弹炸得血肉横飞。3月27日，一个携带无线电设备，被疑为德国间谍的人在伊利诺伊州奥克帕克（Oak Park）西郊被捕。翌日，又有一个叫卡尔·兰克（Karl Rank）的人因持有化学制品在纽约州的奥尔巴尼被捕；他对警方称，自己是个发明家。

在这种环境下，威尔明顿和费城电车公司（一家经营市内有轨电车铁路的公司）由于害怕遭到德国间谍的破坏，要求警方派人保卫它们的发电厂。纽约的退休消防员受到审察，以确定能否在预料中的纵火袭击事件成批发生（结果从未发生过）时立即重返岗位。在新奥尔良，州国民警卫队被派往河滨地带巡逻，这还是有史以来头一遭。[2]市长马丁·贝尔曼（Martin Behrman）发表声明，向市民保证，所有公用设施均有人守卫——有些地方的保卫工作由市民志愿者负责——他呼吁市民"不要听信、传播毫无根据、令人不安的谣言，也不要让不必要的亢奋情绪压倒自己的理智"[3]。

在新奥尔良，一个叫路易斯·孔茨（Louis Kuntz）的人被送进监狱，关了29天，原因是他将美国国旗称为一块"肮脏的抹布"。[4]3月23日，联邦警员在亚特兰大逮捕了3个徒步旅行的德国人。他们表示，自己打算靠着双脚环游世界。他们被警方当作间谍嫌疑人记录在案。[5]

当天晚上，豪斯上校在广场饭店同伊莱休·鲁特和其他几个人共进晚餐。鲁特想谈论的话题只有一个，那就是德裔美国人的忠诚度令人怀疑。他提议，只要他们稍有挑衅的意思，就"把他们统统绞死"。[6]

一个名为国土安全联盟的组织开始举办爱国集会。"每个精力充沛的新奥尔良男女都应当参加,"该组织在新奥尔良张贴的告示这样写道,"来参加集会吧,把你的朋友也动员来……尤其是路易斯安那的妇女们,她们必须向这场运动伸出援手,运动的基本宗旨是保卫国家,让我们这个民族变得更加优秀。"[7]

圣公会俄亥俄教区副主教弗兰克·杜穆兰(Frank Du Moulin)造访巴尔的摩,并预言美利坚将在战争中"浴火重生"。[8]他声称,美国"是在欧洲人民的鲜血和苦难中逐渐走向繁荣的,它已经丧失了骑士精神与阳刚之气"。由于它在和平时期拒绝承担自己的国家命运,拒绝塑造自己的民族性格,拒绝将基督王国的疆域扩展到全世界,"上帝将为它提供另一种选择,那就是在战争时期完成这些使命"。

然而,尽管他们装腔作势、虚张声势,美国人却尚未充分意识到过去6周以来发生在他们身上的新闻意味着什么。如他们所知,美国并不是世界舞台上的核心国家,也不具备成为核心国家的军事力量。对西战争,以及对加勒比地区和菲律宾的军事占领,都是由为数不多的志愿军部队执行的。当内战结束时,威尔逊、罗斯福以及其他大多数现任领导人还是些小男孩儿。他们都拥有各自家族的历史记忆,也拥有由此产生的愤怒与骄傲,但他们中没有一个人经历过全国范围的军事动员,也没有一个人经历过真实存在的国家威胁。军队中的高级军官的荣誉则是在与印第安人作战时赢得的。

3月初,当为棒球手举办的春季训练营在佛罗里达和南部的其他地区开营时,一些队伍开始用肩上的球棒代替步枪,招摇地在野外进行军事训练。球队老板无疑以此事作为宣传要素:他们的小伙子们正在尽到自己对上帝与国家应尽的职责。但其他人认为整件事就是个商业噱头,而且还是个愚蠢的商业噱头。"用军规来约束棒球运动员?那跑垒员岂不是得停下脚步,朝长官敬礼?"《新奥尔良时代花絮报》的新闻标题质问道。⁹

当费城费城人队在圣彼得斯堡的咖啡壶河口公园(Coffee Pot Bayou Park)安顿下来后,球队经理"威士忌脸"帕特·莫兰(Pat "Whisky Face" Moran)宣布,他手下的球员绝不会参加这种滑稽可笑的军事表演。他可不想看到格鲁夫·克里夫兰·亚历山大、埃普阿·里克西(Eppa Rixey)或球队的其他投手因投掷假手榴弹而弄伤了价值不菲的胳膊。他想看到的是野手们为了棒球赛季而备战的身影。费城人队认为自己今年有强力投手做后盾,因而有机会横扫所有其他球队,这就意味着他们根本没时间去做无意义的事。莫兰以轻蔑的口吻表示:"如果其球手格外想扛枪的话,他们可以在日常练习结束后,试着在广场上体验下当兵的感觉。"¹⁰ 自封"战地记者"的《费城纪事晚报》记者罗伯特·马克斯韦尔(Robert Maxwell)写道:"他们想干啥就干啥。"

对于这些年轻的运动员而言,战争的阴影有点像一场嬉闹。当轮船载着他们从纽约顺流而下时,他们频频拿 U 型潜艇开玩笑。他们甚至可能因没能见到一艘潜艇而微感失望。3 月 13 日,当外野手多德·帕斯克特(Dode Paskert)险些把棒球场烧毁时,球手们的情绪更是极为亢奋。多德觉得外野的草长得太高,他认为最好的处理办法是把它们烧个精光。外野的栅栏自然也因此着了火,球员们所能做的就只有在不通知圣彼得斯堡消防署的情况下将火扑灭。内野手奥斯卡·杜格(Oscar Dugey)来自得克萨斯,当过几次消防志愿者,他在救火中起到了指挥作用。于是就在当天下午,正当费城人队的队员走向淋浴间时,当地报纸报道了一则爆炸性新闻：德国已经对美国宣战。无数玩笑随之而来。第二天，费城的一家报纸的副标题写道："帕特·莫兰站在本垒板上，胸前挂着棒球帽，宣布向德国发动战争。"

笑得前仰后合的棒球手们当即决定用球棒开始操练。"等这些人熟悉了这种武器后，训练就立刻升级为真枪实弹的等级，"马克斯韦尔写道，"当棒球手们进一步掌握了枪械的用法，而且不再朝队友射击时，接下来的便是持续一周左右的瞄准训练。"他们推选队里的两名前军人——加里·福琼（Gary Fortune）和盖韦·克拉瓦斯（Gavvy Cravath）为操练军士。

关于宣战的报道自是不实之词。只过了一天，球员们就又操心起内野训练和防止晒伤来。亚历山大正在减肥，于是就用一根用旧轮胎制成的橡胶带缠在自己的腹部周围。那一年球队出了三个拒签合同的球员——他们拒绝前来报到，希望能拿到更高一些的薪水——到了这个时候，他们的"社会地位就与彼得格勒的德国人差不多了"。[11]

但当3月的脚步逐渐临近，而常规赛季也在向他们招手的时候，球队所有者们开始意识到，美国参战的可能性正在变大。他们担心自己的生意将因此受到影响。3月24日，费城方面发布通知：计划在独立广场举行一场大型爱国集会。而就在同一天，美国棒球联盟的总裁班恩·约翰逊（Ban Johnson）宣布，无论美国参战与否，新赛季都将如期开幕。在《费城纪事晚报》的体育版，一篇未署名专栏文章痛斥球队老板，指责他们用一场假惺惺的备战表演来包装自己，这样做的动机并非出自爱国心，而是为了玩弄宣传手段。棒球训练营内进行的装模作样的强化军事训练是一场"可笑的滑稽戏"[12]，但这种做法实际上是"一种利用重大国际危机来为体育比赛做宣传的尝试"。专栏称："老板们只是表面上装作很爱国罢了。"

事实上，这场战争毫无可称颂之处。1917年，老鼠、痢疾、腐烂的尸体、灼人心肺的毒气打击，以及铺天盖地的炮火构成了英国士兵的生活中心。英国兵乔治·韦尔（George Wear）于1917年在伊普尔（Ypres）作战，在他看来，自己的中尉的死就是这场战争的缩影："一颗炮弹落在了炮兵阵地上，他被炸了个稀巴烂——我一点也没有夸张。火炮掩体和炮身上沾满了横飞的血肉。残骸被收集到一个沙袋内，埋掉了。"[13]

战争结束后，他写道："树木没了，房子没了，村子没了，太阳也没了。湿漉漉、灰蒙蒙的天空笼罩着满目疮痍的大地……人们曾一直认为这种屠杀能把我们带向某个方向，如今再没人会这么想了。没人知道杀戮的意义何在。"

"在这场由枪炮和伤亡数字构成的战争中，谁又会有活命的机会呢？"二等兵 E. N. 格拉登（E. N. Gladden）问道。[14]

在伊普尔，超过5万名英军士兵在战斗中失踪——所谓"失踪"的真实含义是他们要么因炮击而人间蒸发，要么因炮击而被埋在成吨的泥土下。德国人在1916年的凡尔登（Verdun）损失的人员比他们在27年后的斯大林格勒（伏尔加格勒的旧称）损失的人员还要多。至于1917年3月的法军，再过几个月他们就要迎来一场哗变，导致他们面临战败的危险。

然而，在美国，基本没有什么引人注目的、关于战争恐怖的讨论——美国士兵如果参战将面临的是多么恐怖的场面。出于同样的原因，没人肯言不由衷地保证美国将迅速取得一场轻而易举的胜利，连泰迪·罗斯福也不例外。或许这是因为，在美国，几乎没人了解

1917年3月的战场的真实情形，没人认认真真地考虑过参战会给他们的肉体或精神带来什么后果。人们懂得战争会带来伤亡，但他们于接下来的数十年间给这场战争打上的标签——无用、愚蠢、邪恶、无意义——几乎从不曾出现在当时美国人的言谈中，只有那些满腔热忱的社会主义革命者之间会用到这些词汇，他们欢天喜地地盼望着资本主义因这场战争而加速灭亡。

大体来说，美国人明白，西线的情况是之前从未见过的，尽管相关细节因协约国严厉的审查制度而无从得知。纵使发回的报告并非来自前线，它们也足以令人有清醒的认识。在从巴黎开往西班牙的列车上，H. L. 门肯遇到了一个神经兮兮、患有失眠症的美国人。"整个欧洲如今都和这个人一样易激动、饱受压力、总觉得疲劳。"他写道，"那些交战国的民众……散发着令人不安的气场。他们满腔苦闷、极度紧张、充满渴望、身带恶毒的兽性磁场。如果有人坐到他们中间，与他们交流，情绪上不受感染是不可能的。"[15]

《巴尔的摩太阳报》刊登了一篇来自瑞士的曝光信。作者是弗洛拉·M. 普福兹（Flora M. Pfoutz），曾是巴尔的摩学务总监手下的一名办事员。

"在瑞士的各个角落，火车朝四面八方驶去，车上载的是……被运回各自故乡的、无法治愈的伤病员。这一列车厢里可能挤满了失去一肢或多肢的伤残者，那一列车厢内全是些双目失明的人，第三列车厢的乘客是一群身穿约束衣的精神错乱者，而第四列车厢则是一群肺结核患者。"

她遇到了一个21岁的军人，她没有透露他的所属部队。他告诉她，自己曾为能上战场而骄傲。他是和自己的牙齿一道回乡的，"他的前半边脸"被撕掉了。"在战壕里待了一个月，我们已经什么都不在乎了。我们羡慕那些已经死去和即将死去的人。敌人的大炮从看不见的地方,将可怖的榴霰弹雨点般地倾泻下来,我们匍匐在灰尘中,无助而绝望,"他对弗洛拉说,"我们中的很多人都希望用勇气赢得荣誉,让祖国的人们为我们骄傲……但大多数人只会落得这般下场。"16

联邦退伍军人组织"内战联邦退伍军人协会"(the Grand Army of the Republic)主席 W. J. 帕特森(W. J. Patterson)在谈到欧洲战事时说:"由于应用了毒气弹和其他类似的装备,这场战争已经不是对勇气的考验了……欧洲的战事已不是什么战争——而是一场大屠杀。"17

但他是个老人,当然,到了这个时候,类似的异议无论何时被提出,往往都不会得到任何响应。"我们必须赌上一把"是拼劲十足的莽骑兵西奥多·罗斯福的堂弟格兰维尔·福蒂斯丘(Granville Fortescue)向《华盛顿邮报》提出的看法。"我们的人必须面对战争带来的严厉考验,否则我们的国家将蒙受懦夫的污名。"

在加入纽约第 69 团的几个月前,诗人乔伊斯·基尔默为法国雕刻家亨利·戈迪埃-布尔泽斯卡(Henri Gaudier-Brzeska)写了篇鉴赏文章,此时布尔泽斯卡已在西线阵亡。基尔默认为,由"鲜血与硝烟"构成的环境比战前波西米亚的咖啡馆和雕刻室要更健康些,并颇为此费了番笔墨。"这位唯美主义者变得像个人了。"战争让戈迪埃-布尔泽斯卡得以摆脱和平时期沉闷、污秽的生活。基尔默写道,战争的疯狂,令布尔泽斯卡的艺术作品变得更为理性——直到一颗德国子弹将他击倒。19

明晰、净化、重拾人性、谦卑——当你并未真正置身战场的时候,你可以从战争中解读出以上任何一种味道。

《巴尔的摩太阳报》的玛格丽特·哈里森出身上流社会，她的家庭从事的是远洋海运业。在欧洲时，她有一种安逸自在的感觉。她先前曾为奥地利军队织过袜子。"我觉得我认识的德国人都是些温和、友善的人，他们爱好和平，多愁善感——普通得不能再普通。"[20] 但当"卢西塔尼亚号"——她对这艘客轮的一舱一室都如数家珍——于1915年被击沉后，她的情感天平便倒向协约国一方。如今她对协约国的事业报以坚定的信任态度。

但正如她后来所写的那样："在美国，普通人将那些来自欧洲的报道视为骇人听闻、引人入胜，且毫无现实感的消遣。"[21]

自打为马里兰电影审查委员会工作起，她就开始接触交战双方拍摄的宣传影片。英国方面的电影制作精细，极具宣传效果。"德国人的玩意很多都拍得很粗糙、做作，让人觉得很假。"[22]

同其他州的同类机构一样，马里兰电影审查委员会的成立目的就是对影片从头管到脚。从接吻镜头的允许长度——计量单位是胶片的长度，而非镜头的秒数——到剧情中关于罪犯最终付出何等代价的部分，都在它的审查范围内。但到了1917年，战争题材的敏感程度至少不亚于家庭性爱、价值观题材——事实上有过之而无不及。

"在我任职期间，我们的审查委员会干的唯一一件正事就是在参战前夕和参战之后的几个月里，对德国人和和平主义者的宣传电影实施审查措施。"[23] 哈里森写道，"整个1916年——特别是当年年末，德国在美宣传机构一直在设法把大量亲德、反协约国的元素掺杂到电影中去。"[24]

这一情况让委员会警觉了起来。一部容许传递强力反战信息的电影遭到他们的全面封杀。委员会的意见是，在家中的男人必须应征入伍的时候，观看这样一部影片只会勾起母亲、妻子和恋人的痛苦。

"我开始隐约领悟到一个事实：宣传与大炮、高爆炸药一样，是战争武器之一。"随着3月的临近，哈里森意识到："在战争面前，美国的毫无准备已经到了骇人听闻的地步。暗中反对我们参战的势力极为强大，我们必须小心翼翼地引导民众接受征兵政策。尽管战争狂热四处蔓延，但我们实际上仍是一个非军事国家。"

在主编弗兰克·肯特（Frank Kent）的热烈支持下，她启动了一项计划，最终导致了一系列文章的问世。这些文章均意在鼓励美国军队征兵。与此同时，她继续在电影审查委员会任职。当然，能通过委员会审查的影片基本上都与宣传或意识形态无涉。它们要么是娱乐片，要么是商业片。如果里面反映了迫在眉睫的战争带来的威胁，那么你几乎不会有机会在当年3月制作的片子中见到它的身影。

巴斯特·基顿5岁起就跟双亲一道登台演出了，对于现年21岁的他来说，这个月标志着自己电影演员生涯的开启。在影星诺尔玛·塔尔梅奇（Norma Talmadge）位于纽约的摄影棚内，喜剧演员法蒂·阿巴寇开始拍摄《屠夫男孩》，这部片子是他与基顿合作的系列喜剧中的第一部。这是一种片长为20分钟多一点的双胶片电影，其特点为大量矫揉造作的台词、一场面粉大战、男扮女装出场的阿巴寇、长相酷似罗伯特·E.李的西洋棋棋手、一个携带手枪的女校校长、一条不辞辛劳的名为卢克（Luke）的狗，以及足蹬一双长到无法想象的尖头鞋的基顿——当然，他那张面瘫脸也是卖点之一。[25]

《屠夫男孩》里充斥着无厘头台词、低俗闹剧以及矫揉造作的腔调。毫无幽默感的女校校长穿着条看似过时30年的裙子,她背后的墙上挂着乔治·华盛顿和亚伯拉罕·林肯的肖像。这些元素真的属于一部讲述一个大胖子为溜进女宿舍与情人约会而男扮女装的电影吗?只要反派最终败北——事实确实如此——就能让哈里森和电影审查委员会的成员满意。

3月末的一天,芝加哥一个名叫唐纳德·赖尔森(Donald Ryerson)的年轻商人有了个主意。他认为有必要开导开导——或许用"鼓励"更好些——美国人,让他们学习一下什么是战争,他们应当在战争中扮演什么样的角色。他突然想到一个用于此途的完美舞台——在过去几年间遍地开花的电影院。当一盘胶片放映完毕,即将上映另一盘的时候,有4分钟的间隔期供放映员更换胶片,赖尔森在这4分钟就会拥有一批"忠实粉丝"。他找了几个与他有着同样想法的人,他们分散到城市的各个角落,每当银幕暗下来的时候,他们就上去发表振奋人心的爱国演讲。他们的做法收到了立竿见影的效果。他们的演讲基调往往是积极正面的,内容往往与为何为美国骄傲有关。

在华盛顿,资深新闻记者、威尔逊支持者乔治·克里尔(George Creel)正在将一些观点搜集起来,这些观点日后将把他推上官方成立的公共信息委员会(Committee on Public Information)的领导人宝座。克里尔想尝试一些在这个国家还未有人尝试过的事——利用一些鼓舞人心的消息来抵消敌方的宣传效果;让那些乐意这样干的报刊编辑联起手来,大量投放关于美国、美国的理想和意向的好消息,如此一来,他们的对手就没有多少宣传空间了。4月初,正值国会开会期间,赖尔森乘火车前往华盛顿,找到克里尔,向他兜售自己的方案。"4分钟演说"活动从芝加哥扩展到全国。赖尔森等人的演讲在华盛顿的各个角落举行,他们以面对面交流的形式表达各种主题,如"红十字会""食品储藏""传递信息""造船专家""民主的危险性""防火""你的事实从何而来"等等。幕间节目"4分钟演唱"也出现了。26

由犹太人、苏族人、意大利人和立陶宛人举办的4分钟演说活动亦随之出现。

但美国驻英大使沃尔特·海因斯·佩奇主张开展一场宣传活动,以激起人们对德国的反感。任职至2月的前驻德大使詹姆斯·杰勒德告诉一群纽约观众,他希望德裔美国人能忠于美国,但他们若是不这样的话,"我们知道该把献给他们的花束摆在哪儿"① 27。陆军部和海军部开始启用审查条例——只要把审查范围严格界定在军事方面,条例就不会引发争议。但行政部门的批评者觉得条例的适用范围被大大扩大了。

H. L. 门肯本人就是一名德裔,并颇为自己的血统自豪。门肯希望将自己的《柏林日记》整理成书。尽管日记中的大量内容已在3月初被《巴尔的摩太阳报》刊登了出来,但当门肯最终于3月底回到美国的时候,他意识到自己永远也找不到愿意出版此书的人。28

他转而为《大西洋》撰写了一篇关于德军最高统帅埃里希·鲁登道夫的文章。他是一个"足智多谋的人"、一个"阴险狠毒的人"、

---

① 英美人扫墓时习惯在墓前摆上一束花,这里的意思是把不忠于美国的德裔统统干掉的意思。

一个"天才"。门肯写道，他已经变得广受欢迎，德国人认为他能拯救这个时代。"他征用了民政部门的电报系统，"门肯继续写道，"如今他已经牢牢掌握了许多电报系统，并精明地将自己的触角伸入更多的系统。"[29] 在占领区比利时和法国北部，"身着双排扣礼服，足蹬铮亮皮鞋的'Beamten'（官员）成批涌入；结构错综复杂的办事部门被设立了起来；德国文明带来的福利被专家们用合乎科学的方式提取了出来"。但在被德国人占领的俄国土地上，"一切法律、特权，乃至所有人的生计，都掌握在军队手中。而军队就是鲁登道夫，鲁登道夫就是军队"。

门肯还计划写一本名为《序诵集》（*Book of Prefaces*）的书，该书于当年晚些时候由诺夫出版社出版。在一篇题为《清教主义的文伐之力》的长篇论文中，门肯将笔触直接对准了美国的正义性（参战一事他没提）。他写道，美国人视合众国为"国际道德专家，以及落后国家的良师益友和学习榜样"[30]。"不论在国内还是国外，永无休止的、针对新苦修主义的批判和褒扬都在继续。美国……将一切可估量的价值观……都按对错来进行区分。它是超越一切的存在，是世界法官和世界警察。"

他写道，美国式清教主义至少可追溯到某种谦卑的心态，当早年的新英格兰移民还在过苦日子时，这种心态就已经开始扎根了。但"当他们富裕起来后，清教主义就变得好斗而专制了"[31]。内战结束后，"美国人成了西方世界的吹牛大王、花花公子，他们极度自信，目中无人到滑稽可笑的地步……如今美国的清教徒已经不再满足于拯救自己的灵魂了，他们心中燃起了一股不可遏制的冲动：把救赎的种子传递出去，播散出去，让它繁殖起来，把它塞进那些不愿接受的人的喉咙里，将救赎之道尽情地释放出来，传播到全世界的每个角落,乃至变成一种强制义务。无论是人、枪,还是钱,他们应有尽有"[32]。

3月的最后一个星期,西奥多·罗斯福是在风和丽日的热带州度过的。他曾不辞辛劳地投入备战工作,他曾对威尔逊的软弱无能失望透顶,他曾厉声指责和平主义者,并制订了几个风风火火的、突然进军西线的计划——但现在,这位好战的莽骑兵正悠闲地沐浴在佛罗里达的阳光下。他已经捕到了那条大鳄鱼,科尔斯表示这条的个头在他猎获的大鳄鱼中排名第二——仅次于被他送到美国自然历史博物馆的那条。如今这样的壮举已经绝迹了。当为国而战的激情开始燃遍美国的时候,罗斯福正在参加"为期一周的野餐会"(科尔斯语)。一天,当他们正漂在科帕奇附近的海面上时,一个伙伴发现了一个位于海岸线上的洞穴,它隐藏在红树林的后面。一行人驾船靠岸,罗斯福从洞穴内拽出一只巨大的佛罗里达陆龟。他之前从未见过这种生物。罗斯福特别留意到它与北方海龟之间的差异,以及龟壳的形状。而后,一行人高高兴兴地将它煮着吃了。

诋毁者对罗斯福百般指责,唯独从未将"一心一意"作为他的罪名。在过去的几个月间,他将包括改革刑法及推进"野牛比尔"纪念碑的建设等事务的邀约统统推掉了,因为他必须将所有精力投入备战。尽管如此,他仍于2月与纽约植物园的助理主任通信,就蘑菇的问题讨论了一番。3月23日,在乘车前往佛罗里达前夕,他还给巴西的一位科学家寄了封匆匆写就的、与鸟类有关的短笺。

另一封信的内容涉及阿拉斯加的鸟类、美洲温带的哺乳动物,以及阿迪朗达克山的熊。在这封杂乱无章的信中,罗斯福笔锋一转,谈起写作来。他哀叹道,在美国,作家们要确保生计,唯一的出路就是在报纸、杂志上发表文章，其结果是国家出了大批优秀的二流作家。而真正有价值的作品——严肃题材书籍——却根本赚不到钱。他表示，自己注意到，他所获得的稿酬，与作品本身的价值是成反比的。罗斯福说，那些科学作家和历史作家，本来可能成为伟大的建筑师，到头来却只能乐于推着装满砖块的手推车，而他自己就是其中之一。"但是，假如自命不凡、自鸣得意的我们觉得已经不再需要大人物站出来，用大手段处理大问题的话，那将是一件非常不幸的事。" [33]

他用钦佩的笔调提到德国移民对美国做出的贡献。他对德国表示敬意，认为它尽管走上了邪路，却是个很有能力的政权。他"强调"自己反对用"德国佬"来形容德国人，认为这是一个侮辱性词语。在他看来，谁要是说出这个词，无疑是把自己贬低到还不如对方的地步。[34]

当月，他给一本名为《童子规》（*Rules for Children*）的书写了一段题词："要把小事做好，把乏味的日常工作做好，因为它们是人生的基础；保存好你灵魂中崇高、勇敢的一面，这样当重大时刻来临时，你就能以非凡的勇气去面对；视人生为一场伟大的冒险，摒弃卑怯、愚蠢与软弱。" [35]

第 19 章

"日子好过起来"

3月27日,列昂·托洛茨基同他的妻子、两个儿子一道搭乘挪威轮船"克里斯蒂尼亚菲约德号"(Kristianiafjord)离开纽约。在码头上,人们用花束和满怀希望、热情洋溢的演说为他们送行,因为他们即将前往革命中的国度。但在新斯科舍省的哈利法克斯(Halifax),英国当局将托洛茨基一家和其他俄国乘客带下船。官员开始向托洛茨基问话,询问关于他的事,而后断定他是个危险的社会主义者。他们把他遣送到位于新斯科舍省阿默斯特(Amherst)的战俘营。他的妻儿则被软禁在哈利法克斯。[1]

战俘营的指挥官莫里斯上校(Colonel Morris)告诉托洛茨基,他对俄国新政府构成了威胁。托洛茨基回答说自己在纽约时就收到了新政府发来的签证。莫里斯的回应是:"对于任何一个协约国成员而言,你都是个危险分子。"

战俘营设在一座废弃的铸铁厂内。据托洛茨基估计,这里关押着约800名囚犯,大多是德国人。他立刻开始发表演讲,后来他吹嘘说,当自己于一个月后被释放时,大部分出身工人阶层的德国战俘都已经站到了自己这边。

他设法发了条消息给纽约的俄文报纸《新世界报》。报社用越洋电报的形式致信彼得格勒政府的司法部长亚历山大·克伦斯基，在克伦斯基出手干预后，英国政府允许托洛茨基继续自己的行程，返回俄罗斯，回到革命队伍中。

无畏的加拿大人，《莱斯利周刊》的弗洛伦斯·哈珀与摄影师唐纳德·汤普森（Donald Thompson）一道，用诡计混上了一辆从彼得格勒开往喀琅施塔得的车，这座巨型俄国海军基地坐落在芬兰湾的一座岛屿上。自革命爆发以来，他们是头一批造访基地的外国人，哈珀对革命并不是太支持，在喀琅施塔得，她被自己的所见所闻惊得目瞪口呆。波罗的海舰队的水兵以激进而闻名，1917年，他们用行动证明自己绝非浪得虚名。哈珀被告知，当第一条关于彼得格勒发生革命的消息传到喀琅施塔得时，水兵们就逮捕了舰队司令和68名军官，并举行了一场深夜审讯，但他们逐渐失去耐心，最后将司令和军官统统处决。随后水兵开始搜捕其他军官。[2] 一些军官在住处设置了路障，水兵用舰炮轰击。落到水兵手里的军官被弄残、拷打，最后处死。另一些人试图越过冰面逃跑，但在途中遭射杀。水兵对军官的肩章深恶痛绝，他们剥去幸存军官的衣服，而后将他们监禁在一艘船的冷冻舱内。

哈珀和汤普森到访时，布尔什维克激进分子已经控制了喀琅施塔得。当地水兵成了布尔什维克在彼得格勒苏维埃的影响力的重要来源。他们带着两位访客参观基地，并怀着恶毒的快意，将那些已化为瓦砾的军官住宅指给他们看。他们告诉加拿大人，这样做的目的是给那些资产阶级减轻财产负担。在哈珀看来，他们活像一群杀人犯。

有轨电车上挤满了军人。由于他们可以免费乘坐电车出行，所以他们想干什么就干什么。他们几乎没别的事可做。大部分士兵都是从农村征召来的，以前从未乘过电车，也从未见过大城市。他们或紧贴于车厢外壁，或骑坐在车厢连接处，或立于踏板之上。霍特林很走运，可以步行前往大部分必须前往的地方。但就在3月17日，一场暴风雪从天而降，紧接着，春雪开始融化。如此一来，到处奔走就成了一件苦差事。3月末，商务部再一次将他派往莫斯科。

火车车厢被军人挤得水泄不通。他们同样可以免费乘坐火车出行。沿途的车站站台上挤满了士兵，他们焦躁不安地等待着列车将他们送回家去，或是载往下一个市镇，或是随便运往什么地方。

平平安安、毫发无损地抵达目的地后，霍特林在红场附近看到，一个马戏团让一头骆驼和一头以革命旗帜为饰的大象游街表演。他惊讶地得知，此时克伦斯基也正在访问莫斯科。彼得格勒的美国人将他视为这场革命的最大希望——他是一个可以打交道的社会主义者，是一个能团结俄国左派的社会主义者，是一个能把极端分子排除在权力体系以外的社会主义者。在革命爆发前，他一直在附和威尔逊号召的，基于"没有胜利的和平"思想而提出的战争解决方案。但现在他坚定地支持将针对德国独裁政权的武装斗争继续下去。霍特林认为他是政府中最具影响力的人物。

"政治家的责任在肩，他不再像以前那么激进了，如今他变得非常有建设性。工作起来极为拼命。"他写道。但他对克伦斯基也有负面评价。"克伦斯基是个非常自负的人，总是在谈论自己做了哪些贡献；当他在法学院做演讲时，他的自命不凡令律师们十分反

感。对于那份强加在他肩上的责任,他仍然需要无限的信心才能将它担负起来。"³

这个年轻的美国人在这座城市四处奔走。街道上的人们看起来很开心。但那些与他交谈的人可就没那么开心了。

公寓的住户组织起来抵御盗贼,因为这里的情况也一样:没有警察,犯罪活动激增。⁴霍特林的一个同事说,有消息称农民在乡下暴动,士兵在乡下起义,乡间别墅遭到洗劫和焚烧。"士兵们相信,贵族的土地马上就要被分掉了,成千上万的士兵在没有获得准许的情况下离开前线,各个省份的治安因而变得更加混乱。"

在远离南方的乌克兰乡村,革命爆发的消息慢慢地传开了,起初先是谣言和传闻,接下来是看似较为可信的新闻报道。沙皇的农村臣民毫无悲痛之意。沙皇和他的宫廷实在是太遥远了,远到难以想象的地步。作为沙皇代理人的地方当局对于农民而言,是天赐的苦难,是可恶的负担之一。只要有机会,他们就远远地避开它。而对于那些在布鲁姆卡的康塔屈泽纳-斯佩兰斯基庄园定居、工作的人们而言,村庄和家庭是生活的中心。自打从美国搬到这里起,朱莉娅·斯佩兰斯基·格兰特(她是这么称呼自己的)便心生疑虑:恐怕大部分农民对俄罗斯都没有什么真正的概念,只有当他们的儿子因俄罗斯与战争的缘故,要被送去参军时除外。⁵

革命带来了希望,带来了进步的可能——农民相信,"进步"意味着不再有征兵和战争。像朱莉娅和米哈伊·斯佩兰斯基这样的开明士绅也对革命持欢迎态度,他们认为,俄国早就该通过革命迈入现代世界了。"当革命到来时,每个妇女都欢呼雀跃。"朱莉娅写道。⁶

当她得到消息时，她正在克里米亚享受着南方的天气。米哈伊是基辅驻军的最高长官，很受部下的欢迎。他的手下有一名叫作米哈伊尔·布尔加科夫（Mikhail Bulgakov）的军医，此人尽管对吗啡上瘾，日后却依然成为 20 世纪俄罗斯的杰出作家。

当年的克里米亚塞瓦斯托波尔港是俄国黑海舰队的基地——这点与如今一样。当时，它的战略价值很有限，现在仍然如此，但它的象征意义却非同小可：它不仅是 18 世纪俄国对奥斯曼土耳其帝国发起的扩张行动的标志，也代表着俄国对获得地中海出海口博斯普鲁斯海峡控制权，成为一个真正的海上强国的热望。

新近上任的舰队司令是 42 岁的亚历山大·高尔察克（Alexander Kolchak）。当彼得格勒发生起义的流言刚刚开始在塞瓦斯托波尔流传的时候，高尔察克就在当地报纸的头版刊登了一则声明。他痛斥谣言，说自己还未确认过它们的真实性，并允诺，自己一旦收到任何新的消息，他就会将之公布于众。斯佩兰斯基·格兰特称，司令呼吁部下和市民保持冷静，该做什么还是做什么——他们也确实是那样做的。"高尔察克的水兵军纪极为严明，压根不去考虑造反的事。"她写道。[7]

没几天工夫，人们就得到消息：沙皇真的退位了。高尔察克与他的部下一道向临时政府宣誓效忠。港口的日常生活照旧，直到喀琅施塔得派了一个代表团前来煽动。斯佩兰斯基·格兰特写道，不久，一个由革命水兵组成的委员会就要求高尔察克同他们会面。当他照办的时候，委员会宣布这里由他们接管，并要求高尔察克交出他的剑。所有俄国军官都有自己的佩剑。尽管它们无法与机枪子弹和芥子毒气相对抗，但它们仍被视为权威的象征。高尔察克的答复是，这把佩剑是对他在 10 年前令俄国损失惨重的日俄战争中的英勇表现的奖赏。他没有交出佩剑，而是把它丢进了海里。他的海军生涯就这样结束了，他平安无事地离开了塞瓦斯托波尔海军基地。

布鲁姆卡的情况与俄乌各地的庄园一模一样。整个冬天，途经此地的"旅人"络绎不绝，他们一面将激进派报纸读给村民们听，一面谈论彼得格勒的贪污现象与通敌现象。因此，当尼古拉二世退位的消息传到农村地区时，人们并不全然感到意外。"在布鲁姆卡，人们以极为平静的态度看待此事。起初，他们没感到有什么不同，只是希望能亲眼看到日子好过起来。"[8]农民们推选出一个委员会来管理他们，并讨论是否应当把庄园的土地分掉。但怎样分地才公平呢？良田归谁所有？森林又归谁所有？败家子能否分得与勤勉的邻人一样多的土地？他们是否得把自己的自留地拿出来共享？他们听到谣言：来自北方贫瘠地区的农民将分走布鲁姆卡庄园的一部分土地。

在邻近的波尔塔瓦省，一个当过兵的、名叫尼基福尔·塔季亚年科（Nikifor Tatianenko）的农民向《消息报》诉苦。他在信中写道，在他所在的别洛戈连卡（Belogorenka）村，"有一个委员会，但他们选出的成员都是些僧侣和地方长老，根本不关心百姓，只关心他们自己的钱袋子。他们以前甚至经常说，如果德国人战胜了我们，那我们的日子就会好过起来……农民们被召集起来开会，但他们什么也决定不了，什么也解决不了，因为他们根本不懂得民主共和国或国家的含义，也没人和他们解释这些……即使有人为他们讲解，他们也仍然搞不明白。士兵同志们，工人同志们，请你们送份报纸到这儿来，这样我们至少可以讨论报上的议题，告诉人们彼得格勒正在发生些什么"[9]。

军队里的孟什维克分子呼吁农民不要烧毁地主的干草或谷物，不要宰杀家畜，或是拆毁谷仓。声明表示，这样会损害所有人的利益。

来自外界的煽动者出现了。康塔屈泽纳公爵夫人，也就是斯佩兰斯基伯爵夫人（她的娘家姓格兰特）认为，其中无疑混有德国间谍。几个星期内，乌克兰就崩溃了。从那时起，下面这些情况就愈演愈烈：庄园被夷平，住宅和谷仓被烧毁，牲畜遭宰杀，村庄化为废墟。"如果你还活着，那就意味着无论在什么时候，你都得把自己的姿态放到最低。"[10]

保利娜·克罗斯利（Pauline Crosley）是革命爆发后第一批来到彼得格勒的美国人中的一个，她是陪丈夫一起前来的，后者被任命为驻俄海军武官。两人千里迢迢，横穿太平洋和西伯利亚大铁路。保利娜错过了3月中旬那激动人心的一幕，她对革命的结果不是那么感兴趣。她给家中的姐姐写信，劝她万勿相信报纸上提出的俄国还会继续参加战争的观点。

她在给儿子的信中写道："请不要断定我是个悲观主义者，我绝不是那样的人；然而，我目睹和听闻的种种，都让我确信——说得委婉一些——俄国民众并不可靠。"[11]

"我被告知：俄国前线一片混乱，到处都有军官被谋杀的事件发生；黑海舰队的军官遭到杀害；革命者在彼得格勒以外的地方采取极为罕见、毫无必要的行动，制造了痛苦；喀琅施塔得也发生了暴行；现任政府官员用心良苦，想控制那些复仇心切的底层人群，但归于失败。眼下我看不到俄国的光明前景。"

她写道，自从革命爆发起，悲剧就开始了，被俄国人杀死的俄国人比被德国人杀死的还要多。她看到人们被复仇心和怨恨迷住了心窍。她被骇得目瞪口呆:"那些人似乎只有一个目标:将除他们以外的每个人都推入不幸的深渊。"[12]

观察俄国人几个月后,她写道:"毫无疑问,这是一个罕见的民族;在他们身上什么事都可能发生,但就和什么都没发生一样!"[13]

3月末,10万名政治犯从西伯利亚流放地的矿山和定居点返回故乡。据《华盛顿邮报》报道,5万驾载着政治犯的雪橇,"排成一道川流不息的队列,飞速穿过北亚的冰天雪地,驶向最靠近西伯利亚大铁路的地点"[14]。其中一人名为约瑟夫·斯大林,当他来到彼得格勒后,成了布尔什维克报纸《真理报》的编辑。

在苏黎世,弗拉基米尔·列宁正在与德国人谈判,内容为"密封列车"的安排事宜。经历了10年流放生涯后,他将搭乘这趟著名列车穿越敌境,返回俄罗斯。

在库班地区(Kuban region),一个名叫A.泽姆斯基(A. Zemskov)的工人写信给克伦斯基,此人是个逃兵。他指责社会主义者口吐谎言。自由这种老掉牙的谎言自古希腊时代起就被用于镇压普通民众了。"你们正在歌颂的,不就是些只能通过自由的幌子,加诸到人们身上的新锁链吗?"[15]俄罗斯人从未享受过"片刻的"自由,泽姆斯基写道。独裁政权一旦建立,新的法令就会像"马轭"一样套在人民的脖子上。

3月21日,一篇奇特的、没有署名的文章出现在《纽约时报》的第4版。这篇只有4小段的文章称,倍受尊敬的前俄国驻华盛顿大使罗曼·罗森男爵对革命报以"欢欣鼓舞"的态度,他相信新政府是由"国家精英"组成的,如今协约国可以不用再怀疑俄国将对德作战进行到底的诚意了。这篇文章的奇特之处在于它的可信度实在太差了。尽管罗森对自己效力多年的政权的倒台并无哀伤之意，但也没有多少喜悦之意。他钦佩新政府的某些人，但他痛苦地意识到，他们毫无为政的经验——他厌恶克伦斯基。他非常清楚，俄国不会再打下去了。

当沙皇政权倒台时，俄军士兵的想法并不一致。前线部队早已习惯了与德国人厮杀的日子，以至于他们无法想象没有战争会怎样。一些士兵成群结队地加入彼得格勒苏维埃，他们担心德国人会发起反革命运动。3月20日，苏维埃批准了一项决议："绝不容许俄国革命在外国侵略者的刺刀下崩溃。"[16]

几天后，新推选的西伯利亚第8步兵师代表向全俄的工人和士兵发出呼吁："自由的俄罗斯人民绝不能用可耻的和平来玷污自己。他们的自由和整个未来，都将由这场战争决定。"[17]

但西伯利亚第61步兵师去信苏维埃，抱怨他们的军官仍旧以过去那种傲慢、轻蔑的态度对待士兵。

罗森知道，从大方向来看，自1916年末起，俄军就开始复员了。至革命爆发时，假定前线有400万军队，那逃兵可能至少有150万人。[18]战争部的一位高级官员估计，这个数字还得再加上100万"隐形逃兵"——设法逃避上前线的人。当时俄军已伤亡350万人，被俘200万人。临时政府的领袖告诉美国和协约国，等俄国恢复元气，它就会将战争继续下去。罗森认为，他们说的可能是真心话，但他们没有考虑到"人民显然已经不愿再打下去了"[19]。罗森将矛头直接对准协约国，指责他们没有意识到俄国政府只是个名义上的政府。只有那个能将民众最需要的东西——和平——赐给他们的政府，才有希望成为号令全国的政府。

在革命发生后的几周内，俄罗斯就像吃了鱼雷的"警戒号"那样——尽管已经进水，但仍被惯性拖着走了一段。官僚机构仍在运作，日常事务仍在进行；然而，船身虽然已经开始沉没，却仍在继续前进，结果那些试图自救的人的小艇也被弄翻了。

入春以后，积雪开始融化，德国人的攻势遭到遏止。随着俄罗斯士兵认清实际形势，他们在思想上经历了一次急剧的转变。在革命刚刚发生的时候，逃亡率竟然有所下降，但现在再度上升。前线的士兵觉得，既然和平已近在眼前，那我干吗要在和平实现的前夕把命丢掉？

孟什维克马特维·斯科别列夫（Matvei Skobelev）称，和平主义像传染病一样在军队内部蔓延。对此，他认为无法可想。俄军就像泡了个热水澡一样放松下来了。[20]

从另一个角度来看，这支军队正如托洛茨基作品所言，是它服务的那个社会的翻版，唯一的不同之处在于军队内部的那些被浓缩、放大的社会性差异。而俄国社会却如马克西姆·高尔基作品里描写的那般："如同洪水中的一条旧驳船那样，沿着接缝处一路开裂，然后就散架了。"[21]

罗森相信，革命创造了一个理想的机会，对于美国而言尤其如此。现在正是推动威尔逊总统于当年1月提出的，实现"没有胜利的和平"的号召的时候。俄国退出战争后，美国正好可以让协约国和同盟国清醒下来，停止战争。

1905年的时候，美国人已经这么干过一次，当时他们施展巧计，同时满足了日本和俄国的意愿，从而成功终结了日俄战争。当时他在朴次茅斯见证了这一切，并且参与其中；他目睹了美国人最为出色的一次表演——他们在善意和理性的利己思想的驱使下，巧妙地做了件好事。最重要的是，他们展现了一种豪爽精神。由于泰迪·罗斯福为终结战争做出了贡献，他获得了诺贝尔和平奖。如今美国有能力让这一幕重演，这也是罗森所相信、所希望、所梦寐以求的。他们有能力拯救欧洲，拯救俄罗斯。

然而，美国已经不是1905年的那个美国了。自然，现今的战争在性质上也与1905年的战争不同了。自从当年1月，威尔逊向交战国提出建议起，情况就发生了极大的变化。身在彼得格勒的罗森对此毫无觉察。罗斯福以无人可及的劲头推动美国参战，而威尔逊则陷入时局的泥潭中。美国人的态度正在发生变化，他们的情绪起着强有力的推动作用。美国人已经不想要空谈了，他们要的是行动。

"我们最无情的敌人是我们的过去。"剧作家、评论家马克西姆·高尔基于革命爆发数日后写道。[22] 他表示，旧政权将精力放在镇压人文精神和阻碍理性的发展上，它在这一方面的成就达到了令人战栗的程度。接下来是战争，它摧毁了村庄、男人、女人、森林，以及肥沃的俄国土地——整个欧洲大陆都在用这种方式自杀。"好做白日梦、毫无骨气的俄罗斯"被我们自己"赋予了愚蠢、残酷，充斥着极度混乱、黑暗的无政府主义思想。帝国用厚颜无耻的镇压和玩世不恭的残酷行径，将这种混乱思想根植于我们的灵魂之中"——革命者继承的就是这样一个国家。俄国的弊病根深蒂固。"自由与正义的大敌就藏于我们的内心之中。"

4月3日，詹姆斯·霍特林离开位于彼得格勒的公寓，启程返美。

他在俄罗斯的临时任务已经完成了。他到处打电话辞行，而后穿过结冰的涅瓦河，去取自己的东西。他雇了一辆出租雪橇，雪橇将他载到位于涅夫斯基大街中段的尼古拉耶夫车站（今名为莫斯科夫斯基终点站）。前方的广场、喧嚣的车站、古怪的纷乱场面，这些对于有过乘火车前往莫斯科经历的霍特林而言，已是司空见惯，但依旧充满魅力。他给自己留足了时间，因为在俄国，一辆列车即将发车的时段是最为繁忙的时段。"所以，我将自己在彼得格勒的最后时刻全部用于欣赏尼古拉耶夫车站那饶有风趣的混乱情景。"他在日记中写道，"再怎么闹革命，车站也还是那么有意思，那么乱哄哄。"[23]

第 20 章

"盖子一直被捂得紧紧的"

3月26日,罗得岛纽波特的海军少将威廉·西姆斯(William Sims)接到了一个紧急电话。他被告知:立刻前往华盛顿,我们需要你执行一项秘密任务。[1]

58岁的西姆斯在海军干了一辈子。他是安纳波利斯(Annapolis)的毕业生,也是个现代化主义者。20世纪的头10年,他曾在是否引进海军炮手射击训练的问题上与上级争论,他的上司认为根本没有必要,最后赢的是西姆斯。他曾直接上书罗斯福总统,结果得到了白宫方面的快速提拔。战前他还曾短暂地以海军武官的身份为美国驻圣彼得堡大使馆效力。

自2月起,西姆斯少将开始担任海军军事学院的院长,在这之前,他已经担任了一年的"内华达号"(Nevada)舰长,该船是美国最大、最现代的战舰。他是执行这个秘密任务的合适人选——他一抵达华盛顿便接到的指令是口头传达的,而且在那之后,没人能就任务的实际内容做出完整说明。但这个任务的目的是让他秘密前往伦敦,与皇家海军的最高层会面。他要去搜集情报,然后送回华盛顿吗？他要去把美国海军的现状汇报给英国人吗？还是期望他与英国人针对英国期待美国参战一事进行协调？海军作战部长威廉·本森告诉他：不要被东道主蒙骗，就算美国参战，也不是为了拯救英国。"我们很乐意揍他们一顿，就像我们很乐意揍德国人一顿一样。"本森说。

这个计划显然是海军助理部长富兰克林·罗斯福伪造的，他在一周前向海军部长丹尼尔斯提出了这一想法。

3月31日，西姆斯匆匆赶回纽波特收拾行装——里面一件制服也没有——与副官约翰·文森特·巴布科克（John Vincent Babcock）中校一道登上轮船"纽约号"，从曼哈顿启程。他们假扮旅行推销员，用的是假名，但一名客舱服务员注意到他们的手帕，上面绣着他们的真名的首字母。他怀疑他们是德国间谍。"纽约号"的船长知道两人的秘密，他消除了服务员的紧张情绪。但巴布科克在用餐时对战争话题直言不讳，导致其他乘客开始猜想他正肩负着一项政府使命。

西姆斯当然知道自己有遭到U型潜艇袭击的可能，他给妻子写了封告别信，认为自己可能回不来了。但什么麻烦也没有发生，直到船只在利物浦港入口处触雷为止。乘客们被平平安安地放到救生艇上，然后被一艘来自马恩岛（Isle of Man）的轮船救起。西姆斯随身带着一个装有文件的保险箱，但他把它留在了救生艇上。

西姆斯和巴布科克得知，U型潜艇战给英国海运业造成的损失远比报道中提到的损失大。华盛顿方面认为英国已接近崩溃边缘，事实要更为严重。但他们的大西洋之行长达8天，当他们踏上利物浦海岸的时候，他们就不必再假扮平民了。

3月28日，英国国会为开放女性投票权扫清了障碍。美国的妇女选举权运动支持者得意扬扬。她们坚信选举权的大门将向自己敞开——特别是现在英国似乎即将成为本国的武装同盟。俄罗斯则在革命爆发后的几天就宣布将投票权延伸至妇女群体。

"英、法、俄、荷政府直接颁布政策，将选举权授予本国妇女，即使是在战争期间，加拿大五省自战争开始后便让本国妇女拥有完全选举权，丹麦则在战争即将爆发的时候，就已经把完全选举权授予丹麦妇女。所以，我们有充分的理由希望威尔逊总统和华盛顿的行政首脑们如今准备对美国妇女的政治解放提供支持。"全国妇女党领袖艾丽斯·保罗说。

她声称，给予妇女选举权有助于国家的统一与团结，这些由于战争的威胁而变得更为紧迫。

"我们正受益于英国犯下的错误，以及它在其他一切事情上的迟来的补救措施。"她说，"让我们竭尽全力，从英国在授予全体公民选举权问题上犯下的错误和显然为时过晚的补救措施中汲取有益的教训。"[2]

她表示，授予选举权将是这个国家所能采取的最伟大的备战措施之一。

"当战争朝我们露出狰狞面目时，我们女人将被召往机械车间的岗位上去，或是被派到兵工厂去执行危险任务。我们已经以响应海军征召的方式，体现了我们女人的责任心。我们还会做得更多。我们忠于国家，在为国牺牲方面，我们绝不会落后于男人。"

全美妇女选举权协会的露丝·怀特表示，准确地说，投票权并不是某个阶级的特权，而是属于包括女性在内的所有人的权利。"如果连俄罗斯都能意识到这一点的话，那美国和美国国会肯定不会再耽搁了。"

包括全美妇女选举权协会主席卡丽·查普曼·卡特在内的妇女选举权运动提倡者当即前往华盛顿,开始了旨在为妇女争取选举权而进行的游说。在英国做出决议的同一天,珍妮特·兰琦正在从俄亥俄的代顿前往明尼利阿波利斯的列车上。5天后,她将在国会就职。她的盟友声称,这位来自蒙大拿的女士要做的第一件事是向国会提交一份决议,决议内容为支持被支持者称为《苏珊·B. 安东尼修正案》（Susan B. Anthony Amendment）的草案。

在柏林帝国国会,反对党领导人开始质疑激怒美国是否明智。3月29日,著名社会党人爱德华·伯恩斯坦（Eduard Bernstein）对一份预算法案投了反对票。他表示,自己不能支持一个想把美国变成敌人的政府。[3]

"德国从未有过哪怕一丝进攻美国的想法,现在也不会有这样的想法,"帝国首相特奥巴尔德·冯·贝特曼-霍尔韦格（Theobald von Bethmann-Hollweg）答道,"它从未渴望过对美作战,今天也不会有这样的渴望。"[4]

持反战观点的社会党人胡戈·哈泽认为,激怒美国是毫无意义的。此后,外交部长阿瑟·齐默尔曼为他的那封恶名昭彰的、提议与墨西哥结盟对付美国的电报辩护。"我的意思很明确。尽管我们启动潜艇战,但我们仍希望美国保持中立……哈泽先生声称这将大大激怒美国。当然,一开始这件事将引发美国人的反德情绪,但风暴会慢慢平息,冷静、理智的政治家,以及大部分美国人民将会意识到,我们的要求没什么不可接受的。"[5]

社会民主党人古斯塔夫·诺斯克（Gustav Noske）要求立即与

俄国缔和。首相承诺德国不会干涉俄国的国内事务。保守党人库诺·冯·韦斯塔普伯爵（Count Kuno von Westarp）告诉国会："许多人相信德国会紧随俄国的脚步，进入民主国家行列。但所有的论点皆以为不应将本国与敌国相比。"他声称，德国已经证明了自己比对手更优秀，这证明了"强有力的君主政体"是政府组织的合理形式。他补充道："我们很乐意与新俄国尽快达成和平协议，如果协议允许我们与它和睦共处的话。"

第二天，《芝加哥论坛报》驻柏林通讯员詹姆斯·奥唐奈·本内特（James O'Donnell Bennett）在一篇新闻稿中引述了一位未提到姓名的德国官员的话："我们带着几分惊讶，饶有兴趣地关注着战争狂热在美国出现的方式，但在我们看来，这仍是一种不自然的兴奋情绪。我们觉得，威尔逊总统并没有持续投入备战工作，而是任由自己被报纸和华尔街缔造出来的潮流推着走。无论真相如何，我们绝不会后退一步。就算美国正在陷入疯狂，德国无疑也不会惊慌失措。"[6]

几天后，《泰晤士报》驻荷兰记者将他从"荷兰社交圈"搜集到的消息散布了出去，这些消息的大意为："在俄罗斯和美国发生的大事的影响力，开始以一种令（德国）封建贵族感到极度震惊的方式体现出来。"新闻稿引用了《法兰克福报》的说法："我们已被民主国家包围，如果我们不想落伍，那就必须实现国家制度民主化。"[7]

直到3月24日，可读性极强、立志成为伟大的国家级进步主义报刊的《费城纪事晚报》终于可以刊登一幅漫画了，这幅名为《春天的第一缕曙光》的漫画描绘了一只贴着"和平"标签高尔夫球将一枚炮弹甩在身后的情形。体育版则继续嘲笑棒球队老板用爱国主义包装球队（或许这要容易一些，因为费城人俱乐部没有这样做）。但在本月的最后一周，这家报纸开始以极大的热情筹划在独立大厅（Independence Hall）前举行一场盛大的爱国集会，并最终如愿以偿。3月31日的头版标题是这样的：

爱国群众让自由圣地的钟声为爱国演讲而喝彩

这篇文章的第一句把集会形容成"有史以来最为精彩的爱国主义集会"。晚报估计与会者多达两万人。"这是最棒的集会。参与人数之多，情绪之高，信心之足，是以往任何一场集会所不及的。对爱国主义的生动表达，也是前所未有的……这场集会不沾一丝党派主义，只有达到顶点的美国精神。"

这篇文章的刊登版面被标记为该报的"爱国版"。一幅在头版顶端占据四栏位置的漫画描绘了自由女神像吹响号角，威廉·佩恩（William Penn）和来自美国历次战争的士兵正在注意这次召唤的情景。这幅漫画中出现了一面迎着微风飘扬的美国国旗，以及独立大厅的尖塔塔顶，漫画的背景上题着两个大字：爱国。

头版侧栏新闻的标题为：

法国人将费城爱国集会视为世界大事，为之喝彩

反战派并未放弃努力。4月1日，紧急和平联合会在费城的南宽街剧院组织了一场旨在反战的"爱国集会"。3月29日，该组

织在《纽约论坛报》和其他报纸上刊登的一则占去半幅版面的广告中问道:"母亲们、女儿们和太太们——你们是群铁石心肠的人吗?你们是群瞎子吗?你们是群哑巴吗?我们正被飞速推往战争边缘——而你们压根就不想要战争。"联合会认为,这场战争其实是毫无理由的,妇女们不希望美国参战,中西部和西部的人们也是如此,但他们并未意识到这个国家离战争已近在咫尺。这则广告试图在接下来的12小时内筹集到20万美元的捐款,以唤醒美利坚民族。"如果人民的呼声被听到,就不会有战争。"废奴主义者威廉·劳埃德·加里森(William Lloyd Garrison)的女儿海伦·维拉德(Helen Villard)在广告上签下了自己的名字。她是铁路巨头、前《纽约邮报》的所有者亨利·维拉德(Henry Villard)的遗孀,曾为美国有色人种协进会的成立出过一分力。就在同一天,伊莱休·鲁特和他的盟友投放了一则篇幅较小的广告,朝威尔逊喊话:"一个伟大的民族……正焦急地等待着您的演说……别让我们缩手缩脚、不情不愿地走上战场。"

联合会开始组织"进军华盛顿"行动,时间定在4月2日,那天是国会会议召开日。参加活动者特地从纽约、费城和其他城市租来列车,单程价格为3.06美元。费城支线组织者在《费城纪事晚报》刊登了一则的广告,主张以某些体面的选择来代替战争——组建一个高级联合委员会,或是由总统发出和平呼吁,或是至少就战争问题举行一场全民公投。"我们没必要带着惊恐和悲伤,急急忙忙地加入战争。"广告词写道,"发声反对战争是每个爱国的美国人的庄严职责。我们不打必败之仗。如果你沉默不语,那战争就将到来。"

活动的组织者之一、纽约的路易斯·洛克纳给白宫发出消息,询问是否能让由活动参与者代表组成的委员会同威尔逊会面。但白宫助理托马斯·布雷黑尼指出:"无论如何,总统已经没什么耐心与和平宣传者打交道了。"[8]

信件继续成批涌入参议员拉福莱特的办公室。"如果这个国家的人民清醒地意识到这场灾难已真的到来,他们就会一齐站出来要求和平。但不幸的是,他们要么在沉睡,要么陷入疯狂。"艾奥瓦州滑铁卢(Waterloo)的R. C. 埃金写道。[9]"以主的名义,参议员先生,我声嘶力竭地恳求您。我们的领导人的心窍已经被愚蠢、残忍、嗜血的欲望给迷住了,请动用您职权范围内的一切手段阻止他们。"加利福尼亚州圣克鲁斯(Santa Cruz)的莫顿·亚历山大(Morton Alexander)写道。

"我们一定是被欧洲的外交官们利用了。"哈佛大学国际政治俱乐部主席布伦特·阿林森写道,"中立政策是美国的历史政策,若要放弃它,必须保证有更高层次的政策来取而代之。"

来自宾夕法尼亚州斯克兰顿(Scranton)的威廉·巴特利(William Bartley)写道:"在30个月的等待之后,我看不出任何要在30分钟内投入战争的原因。""用尽您的一切力量,别让我们的同胞被送到疾病蔓延的欧洲战壕去。"费城的富兰克林·布思写道。

印第安纳州莱巴嫩(Lebanon)的约翰·E. 布罗沙(John E. Broshar)在来信中表示(他写信时用的是自己独有的拼法):"您肯定是对的,我和一些在第61至65团服役的小伙子谈锅(过)了,发现塔(他)们中的反战者为数众多。又(有)个小伙子认为,如果宣传者们听(停)止鼓吹战争,而政府又号召人们入伍的话,那报名者连一个旅都凑不齐。"

"本地的宣传者们全部出动,在编辑的协助下,花了3天时间,才为布恩长官招到了4个小伙子。"

日后成为美国共产党领导人的厄尔·布劳德(Earl Browder)自堪萨斯州的奥兰西(Olathe)来信,敦促拉福莱特继续战斗下去。

"任何一个白人都不应被迫戴上英国的枷锁。"芝加哥的弗兰克·不伦瑞克(Frank Brunswick)在电报中称。"任何情况下,您都很有主见,"《妇女杂志》的主编艾丽斯·斯通·布莱克韦尔(Alice Stone Blackwell)写道。俄勒冈州波特兰市的一位民主党全国委员会成员发来一封电报,向这位共和党参议员表示支持。

"我担心行政机关尚未进入自然发展轨道,我们的民主政府就会被独裁政府取代。"弗吉尼亚州欧申维尤的哈罗德·蔡尔德(Harold Child)写道,"叛国贼们极力想把总统变成独裁者,想通过走军国主义道路,让帝国主义在美国得以确立。"

"一个沙皇已经被推翻,但另一个却在自由的土地上即位。"底特律的托马斯·克拉菲来信表示,"只要他开口,所有人都必须点头称是,否则就会被说成叛国者。"

"我有一个年轻漂亮的儿子,年方十九。"纽约妇女和平党的安妮·思鲁普·克雷格写道。她希望他不至于有朝一日发现,"战争就是谋杀,就是疯狂犯罪的狂欢"。

印第安纳州基督教妇女禁酒联盟的格特鲁德·坎贝尔(Gertrude Campbell)致信拉福莱特,说她仍旧希望美国能远离战争,但如果战争到来,征兵开始的话,她有一个提议:让富人负担战争费用。

"中产阶级愈发厌倦被超级富豪们作为利益工具。"她写道。

早在3月10日,波士顿百货公司巨头爱德华·法林(Edward

Filene）就提出过同样的建议。"若我国开战，那开销应由高收入者承担。"他告诉海军部长丹尼尔斯。他建议向富裕人家收取50%的收入税——或许收他们个100%更好些。[10]

和平活动家阿莫斯·平肖开始为此而忙碌。4月1日，他宣布，一个新的美国战时财政委员会已成立。[11]他指出，要阻止美国参战，最好的办法是让全国上下一致强烈要求富人阶层为战争买单。"如果要我们去打仗，那我们必须以一种得体的方式走上战场。"他说，"如今人们觉得这场战争从头到尾都是一场私利之战，我认为这种感觉相当合理。"他宣称，美国人应当确信，即使他们卷入战争，也是为了国家利益，而非某些特别人群的利益。"坦白地说，我们委员会是反战派那边的。我们曾试图阻止战争，现在仍在这样做。但如果美国真的参战，我们想要一场没有一个美国公民会觉得遗憾或羞愧的战争。"

拉福莱特一直待在华盛顿，等着特别会议的召开，他给19岁的儿子菲利普写了一封长信，后者已经回到威斯康星。他在家庭农场种植什么作物方面给儿子提了几个建议——主要是苜蓿和干草，并要他送几套衣服来。但最让他上心的问题自然还是战争危机。

"无论我的作为价值几何——我现在所能做出的贡献是前所未有的。"他写道，"它可能遏制不了战争，但它暂时阻止了它的到来，而且如果可能的话，它还能起到更重要的作用，即阻止了向拥有宣战权的总统屈服；对于民主和宪法自由而言，这是一次实实在在的贡献。"

他写道，自己希望"战争议案的每个阶段"的相关讨论都能尽量拖得久一点——"这样就能为更为理性、更为深思熟虑的行动争取到时间。"

他继续写道："没人知道总统究竟会让国会干些什么。"

"他可能……会要求当局动用'美国的武装部队'——包括陆军和海军强化我们对海洋的'权利'。"

"他可能会要求通过决议，宣布当前国家处于战争状态，然后要求宣战，或是要当局动用美国军队。"

"盖子一直被捂得紧紧的，没人会知道总统打算采取什么样的行动。他可能会突然制造几起新的轰动性事件——就像齐默尔曼在信中提到的那样……但我所能做的，只有在召唤到来时，动用我的全部力量，尽快做好为我国的现实利益效劳的准备。"

并不是只有拉福莱特这样想。威尔逊内阁的成员同样不清楚总统会在 4 月 2 日讲些什么。在 3 月 30 日的内阁会议上他就已开始含糊其词，他只告诉他们，自己不打算把任何情绪带到讲话中去——只是陈述事实。他婉言谢绝了请他在安纳波利斯海军学院的毕业典礼上发言的邀约。他担心自己说的每一句话都可能被曲解。海军部长丹尼尔斯代他出席典礼。"我去也行，因为我只会说些废话。"这个饶舌的北卡罗来纳人在他的日记里记录道。

星期六（3 月 31 日），美国以 2 500 万美元为代价，从丹麦手中取得维尔京群岛。中立国丹麦急于售岛，它害怕德国打算封锁，甚至征服巴拿马运河，因而进攻该岛。从安纳波利斯回来的丹尼尔斯负责监督让渡手续的办理。

在早上与伊迪丝打了一轮高尔夫球后，伍德罗·威尔逊给马里兰州的参议员约瑟夫·弗朗斯（Joseph France）送去一张短短的便条，以表对对方的赞赏。弗朗斯于数日前致信威尔逊，敦促他采取"具有侵略性"的武装中立政策。威尔逊还写信给内布拉斯加州的参议员吉尔伯特·希契科克（Gilbert Hitchcock），此人认为武装中立政策永远没有尝试的可能；4周以来的局势并没有发生实质性的变化，没有发动战争的必要；商业利益集团之所以罔顾美国人民的反对，力求开战，为的是他们自己早已"垂涎三尺"的目标。

威尔逊的答复是，他希望自己能与希契科克在观点上达成一致。"我希望，当我在国会演说时，我的发言能带有某些类似于说服力的东西，因此我强迫自己从心里接受与我立场相左的政策。"[12]

如今该是着手准备4月2日发表演讲的时候了。威尔逊和往常一样，先是用速写法完成了第一版草稿，接着以速写法和普通写法并用的办法进行修正。完成最终稿的时候，他在白宫住宅区楼上的一个房间，缓慢但一字不差地敲击着自己那台小小的哈蒙德打字机的按键。他的情绪很差。伊迪丝外出访友去了。工作人员小心翼翼地在周围走动。"如果总统随着自己的心情写作的话，那这篇国会演讲稿就会把德国骂得狗血淋头。"首席招待员艾克·胡佛对托马斯·布雷黑尼说，"我还是头一次看到他如此暴躁。他的心情不佳，身体不适，头痛欲裂。"[13]

第 21 章

"当人类世界因战争而疯狂的时候"

在1917年3月的31天时间内,美国的路线发生了翻天覆地的变化。月初的时候,威尔逊依然决意让美国继续远离战争。本土的劳资纠纷和粮食短缺占去了数百万人的全部精力。德国人的U型潜艇战威胁是可怕的,甚至是可恶的,但岸上居民几乎感受不到。海运对于英国而言是不可或缺的生命线,对于美国而言却只是生意而已。3月的时光在流逝,主战派和反战派的活动家们操着大嗓门,争得面红耳赤。美国人本着他们的特有风格,对战事的关注漫不经心。但先是关于齐默尔曼电报的新闻引得人们震惊万分,接着又有人为了反对美国总统提出的武装美国商船的提案,而在参议院发表冗长辩论,这个国家的人们越来越无法回避怎样抉择的问题。船只遭到鱼雷袭击。俄国爆发了革命——毫无疑问,这是迈向民主的一步。但是在短期内,如果美国无所作为的话,此事是否会导致胜利的天平倒向德国?报纸,特别是东海岸的报纸,有着强烈的主战倾向,它们很乐意挑起公众对大西洋彼岸德国阴谋的恐惧。当战争的阴影突然出现,战争似乎已无可避免时,一些美国人被弄得不知所措,与此同时,越来越多的美国民众却陷入一时的激情中,无力自拔。

威尔逊一直三缄其口,当本月结束的时候,几乎没人知道他打算采取什么样的行动。反战活动家相信自己仍有机会发动公众舆论反对美国参战。但一场场声势浩大的"爱国"集会——例如费城的那场——表明,他们的机会微乎其微。和平组织要求美国人集中精力思考美国该做什么,该走哪条路——但事到如今,狂热已经压倒了冷静的思考。

介入欧洲事务——建国140年来,美利坚合众国从未有过如此打算,这种做法将导致它的身份发生彻底的蜕变。一旦它真的这样做了,它还能全身而退,重返大西洋彼岸的本土吗?

这个问题将被放到4月的第一周决定。国会成员知道,担子末了是要落到他们肩上的。他们中的很大一部分人希望这个问题能消失得无影无踪——他们可不想开战,也不想承担拒绝开战的责任。蒙大拿女士珍妮特·兰琦面临的困境尤为严重。她的一个目标是为妇女争取到选举权。她对战争的厌恶真的可以让位于她对选举权的渴望吗?对她而言,4月的第一周是令人悲伤的一周,这一周将给她的漫漫余生刻上深刻的烙印。

她最终于4月1日中午左右抵达华盛顿。两天前,她最后一次现身艾奥瓦州的得梅因。"浑身上下一身黑,黑色的外套和衬衣,黑色宽边水兵帽,以及黑色的衬衣式连衣裙。一束紫罗兰构成了唯一的一抹淡色——在卧铺颠簸了五天五夜后,她看上去精神抖擞,沉着冷静。"《费城晚间纪事报》评论道。[1]

联合车站的记者将她团团包围,她对他们彬彬有礼,但并未发表任何有关战争或和平的观点。她谈到选举权、禁酒令,以及妇女与儿童的福利。她承诺自己将暂时"不发表议论,用心观察"。

她在自己位于国会大厦的新办公室停了下来，正如《纽约时报》评论的那样，那是一间没有女性装饰点缀的空房，尽管她的两个秘书已经在那里工作了一个星期。众议院的席位几乎是等分的：民主党213人、共和党215人、进步党3人、社会党和禁酒党成员各1人。目前尚不清楚是来自密苏里州的民主党人钱普·克拉克（Champ Clark），还是来自伊利诺伊州的共和党人詹姆斯·曼（James Mann）当选议长，但克拉克看起来有优势些。民主党曾建议兰琦投票给克拉克，但兰琦在自己的办公室里与记者再度会面时表示，自己已被列入共和党候选人名单，因此会坚定地支持曼。

　　她很紧张。一个记者问她关于战争威胁的问题。她平静地答道："我相信总统即将提出某些建议，然后要求国会付诸行动。我必须参与行动，因此我宁愿不提前透露我该做的事。"[2]

　　她母亲已经同她的两名下属来到华盛顿，她们4个女人同住在一间公寓内。珍妮特的弟弟韦林顿自得梅因一路相陪，为的是出席她的宣誓就职仪式。

　　第二天，威尔逊一大早就把演讲稿的副本寄去印刷。稿子依旧处于严格保密状态。

　　兰琦迟到了。她和自己的一名秘书弗洛伦斯·利奇（Florence Leech）搭乘出租车前往位于第15和H大街的老肖尔汉姆酒店（Shoreham Hotel），出席一场为她举办的女性早餐会。当她们抵达酒店时，已经比预定时间晚了15分钟，她们的到来并未引起人们的注意。两人只好从酒店大厅内的人群中挤过去。

　　最后，在铺着玫瑰色地毯和挂毯的餐厅内，新朋旧友们朝她热烈鼓掌，掌声久久不息。《费城纪事晚报》报道，兰琦穿着"一件用炫目的黑色缎子和乔其纱制成的镶白边连衣裙，领口开得很低，露出优雅、浑圆的喉咙"[3]。卡丽·查普曼·卡特坐在她的身侧，另一侧则坐着艾丽斯·保罗。在选举权运动中，她们既是盟友，又是对手。钱普·克拉克的妻子是出席餐会的女性之一。兰琦起身讲话，但没有讲多久。"在未来的日子里，我将多次犯错。"她对她们说，"那时我需要你们的鼓励与支持。我知道我会得到的。我保证——我保证——"

她的嘴唇微微颤抖，她坐下了。

离开酒店后，她参加了一场为她举办的欢迎会。而后前往国会大厦，到那里后，她避难于议长的房间，尽管它依旧为上届国会议长、民主党人克拉克所占用。正午前5分钟，克拉克亲自护送她前往议院会议厅的共和党议席就座。

在走廊和议员席，男人和女人们朝她呼喊、鼓掌。这一次不是恶作剧了——来自蒙大拿的兰琦小姐真的来了——前来祝福的人们将她团团包围。伊利诺伊州的共和党人，80岁的"乔叔叔"坎农告诉她："如果你要给自己找一位祖父的话，你可以认我当祖父。"

点名开始了，一如既往地伴随着混乱喧闹、漫不经心的交头接耳。但书记员随即念到蒙大拿州议员的名字，他拍打自己的桌子吸引人们的注意。最后，会议厅渐渐安静下来，书记大声念出兰琦小姐的名字。议员们突然欢呼起来，兰琦脸红了，却仍面带微笑。最后，她站起身来，先是朝共和党议席鞠躬，接着朝民主党议席鞠躬。

第一项议程是推选议长，组建众议院领导层。两党均宣称现在不是搞党争的时候。来自明尼苏达的盲人议员托马斯·沙尔（Thomas Schall）喊道："只能有一个政党——美国党。"[4]他的情绪过于激动，竟忘了自己必须提名克拉克为议长的事。众议院书记员提醒了他,共和党人嘲弄地笑了。

克拉克以 217 票胜出。但此时曼开始提出要求:每进行到一项议程,就要点一次名。他还要求票选众议院领导层。下午的时光在一点一点地过去。众议院希望把开会时间定在 3 点,随即被延后到 4 点,然后又被推迟到 5 点。总统本来要登台演讲的,现在只好先等一等了。

当天早上,威尔逊与豪斯上校共进早餐,豪斯上校连夜乘火车从纽约赶来。只有豪斯知道总统的演讲方向。在他上次拜访华盛顿时,他已经于 3 月 27 日与威尔逊协商了一次,28 日又协商一次。第一次协商的时候,威尔逊一开始便问豪斯,自己是不是应该发布宣战声明,还是只是声明美国处于战争状态,接下来他又该怎么做?豪斯建议只声明美国处于战争状态,因为他担心战争决议会在国会引发一场不可预测的激烈争论。他告诉威尔逊,摆在他面前的危机与他在总统生涯中遇到的其他危机皆不一样,自己不确定威尔逊是不是"足够适合"[5]应对这场危机。威尔逊表示赞同。豪斯"认为他太有教养,太过文明,太过理智,太过文雅,以至于看不到战争的荒谬和不调和的一面"。当天晚上,他写道,这个国家"需要的是一个性格更粗犷的人"。他觉得威尔逊之前赌的是战争不会降临到美国头上,结果输了。现在,他的唯一选择是彻彻底底地投入战争。

当天晚上,威尔逊把他的想法写了下来。第二天,也就是 28 日,他们再度讨论战争问题。豪斯相信,总统已经采纳了他的一些意见。"除非他改变主意,否则即使演讲稿由我亲自操刀,也不可能比他自己写的更合我意。"[6]他们一致认为,威尔逊应当向德国人民发表讲话,以便把他们与德皇、德国政府区分开来。

接下来的四天，威尔逊肩上的压力很大，因为他之前从未遇到过这样的危机。豪斯知道他的想法，但总统仍旧没有表态。眼下战争已激烈到难以想象的地步。战争既是有意义的，又是毫无意义的。南北战争的爆发是不可避免的，对于南方而言，它是一场灾难。而这场战争是不可避免的吗？威尔逊年轻时，在美丽的故乡弗吉尼亚学过法律。如今他可以把数以百万计的别家年轻人送上战场吗？面对丑陋的政治，威尔逊畏缩了。那帮搞和平运动的人激怒了他。他一直主张和平，但如果和平可能让你付出任何代价，你还向往它吗？德国人的态度已经很明确：他们不愿改变现行政策。德皇在挑战美国总统。美国总统的意志体现了美国人民的意志，而美国人民的情绪已被点燃。

威尔逊的愿景一直没有改变，他想利用这次战争培育一个更好的世界，这依然是他的目标。唯一的问题在于实现它的手段。诉诸良知的办法已经试过了。如今，可能枪炮才是答案。兰辛与其他人没完没了地谈论俄国与革命问题。这只是个开始，没人能肯定将来不会出现什么意想不到的结果。但是，话说回来——独裁政权的倒台是件十足的大好事，民主的时代即将到来，浪潮可能蔓延到德国。这是否正是他所预言的民主的到来？民主俄国能否在独裁德国的敌视下生存下来？它能否支撑到美国人开始关心它的时候？如果德国趁着俄国虚弱无力的时候赢得了战争，那世界会变成什么样子？如果法国和英国崩溃，那美国将处于何等地位？如果德国崩溃，英法两国成为胜利者，而此时美国却在隔岸观火，那情况又会是什么样子呢？无论结果如何，都不是什么令人愉快的事。美国有可能在参战后被击败吗？答案很简单：美国是世界上最有钱、最强大的国家，所以这种情况是不会发生的。

威尔逊好似白宫的囚徒，而他自己也意识到了这一点。他的堂姐妹海伦·博恩斯曾经说过，他让她想起了"自己以前见过的一只强悍的孟加拉虎——从没有消停的时候，总是在活跃，总是不安分，对把它与上帝安排的自由人生隔离开来的栅栏怨恨不已"[7]。

如今，这一天已经来了。威尔逊外出打了几局高尔夫。豪斯则与国务院参事弗兰克·波尔克一起开车兜风。波尔克告诉他，无论是自己的顶头上司兰辛，还是其他任何内阁成员，都不知道将来会发生些什么。当豪斯回到白宫时，威尔逊的女婿兼财政部长麦卡杜打电话给他，拍他马屁，试图从他口中套出点什么。豪斯只告诉他一件事：自己预计演讲内容"将符合所有人的期望"[8]。

从高尔夫球场回来后，威尔逊除了等待外，什么也没做。他心里紧张得很。他先是告诉豪斯，如果众议院在组建领导层上拖得太久的话，那他绝不会在下午3点之后发言，因为他不想给人留下过于急迫的印象。演说可以等上一天。豪斯劝住了他。

种种消息在白宫与国会之间来回传递着。他们依然在等。豪斯问威尔逊，为什么他不把演讲内容告知内阁成员？"他的答复是，如果他那样做，那每个内阁成员都可能提出一些建议，倘若他听从他们的批评，那演讲稿就得推倒重写了。他表示，自己宁可秘而不宣，自担责任。我觉得他的做法对内阁不公平。他不应羞辱他们到这种地步。"

他们于6点30分吃晚饭。其后，宾夕法尼亚大道的另一头终于传来消息。国会允许总统在8点的时候登台演讲。

1 000余名抗议者聚集在国会大厦前方。当威尔逊到来的时候，他们占住台阶，试图堵住他的必经之路，但警察挡住了他们。最后，由警官、财政部工作人员和邮政检查员组成的联合队肃清了通往大厦的道路。

那天早些时候,来自马萨诸塞州的一小队和平活动家拜访了本州的参议员亨利·卡伯特·洛奇,要求这位支持战争的议员重新考虑自身立场。洛奇说自己已经考虑了3年,不会再继续考虑下去了。会面是在一道走廊内举行的,与会者的情绪越来越激动。一个叫亚历山大·班尼沃特(Alexander Bannwart)的来访者表示,支持战争的人是懦夫。洛奇反唇相讥,如果班尼沃特说他是懦夫,"那他就是个该死的骗子"[9]。随后,其中一人首先动手。在接下来的混战中,双方都动了拳头。但身为前职业棒球小联盟选手兼经理的班尼沃特流了血,他被一个路过的西部联合电报公司的小通讯员制服,并被逮捕。时年66岁的洛奇觉得自己干了件漂亮事。"考虑到我的岁数,我在这件事中的某些表现显得有些傻气,"他在一份致罗斯福的信中写道,"但我很高兴揍他一顿。参议员们似乎都觉得非常开心。"[10]

快到8点半的时候,当参议员们正朝众议院方向走去的时候,洛奇与他们会合,他脸上的红肿还没有消。他们缓缓鱼贯而入,大多数人手里都握着一面美国国旗。8点15分左右,威尔逊在伊迪丝和医生卡里·格雷森的陪同下离开白宫。数百人在东北门处唱着爱国歌曲。当总统的座驾驶过时,他们欢呼起来。宾夕法尼亚大道有人群聚集。然而为了安全起见,他们一行改为取道纽约大道。随后,他们经新泽西大道前往国会大厦。新安装的外部装饰灯第一次亮起,这栋建筑在夜幕中显得分外"苍白、庄严"[11]。8点32分,威尔逊走进众议院会议厅。

在演讲的前半段,众人报以沉默,以示尊敬。总统在讲话中谈到德国人攻击美国船只的问题,他认为此事证明美国正面对着一股冷酷的力量。但他并没有深入讨论这个问题的细节。"财产可以赔偿。但爱好和平的无辜民众的生命却是多少钱也无法挽回的。"他说。

"我们必须把狂热的情绪抛到一边。复仇不是我们的目标。"他宣称潜艇战违背国际法，他已逐渐意识到自己之前试图搞"武装中立"——给商船配备炮手——并非正确做法。"这样干不如直接参战来得有效，也无法给予我们参战国应有的权利，却几乎肯定会把我们拖入战争。"

换言之，这么做只会导致两面都讨不到好处：美国将被拖入战争泥潭，而在某种程度上，美国也无法获得塑造未来世界的地位。德国潜艇的袭击并不足以成为真正、充分的开战理由，但此事表明：德国实在太过顽固，要与它打交道，除武力外别无他途。

因此，他要求国会对德宣战，并号召本国"动用全部力量和资源，把德皇政府逼到谈判桌上去，结束这场战争"。

他宣称，自1月（他就是在那个时候提出"没有胜利的和平"的倡议的）起，自己的想法从未改变过。他依然一心想建立和平，成立一个"荣誉联盟"，它可以把民主国家联合起来，迫使和平实现。但他表示："当问题涉及世界和平与世界各国人民的自由时，中立便不再具备可行性或可取性。"

威尔逊随即要求开展普遍征兵工作，至少组建一支50万人的陆军，以及一支强大得多的海军。此时国会开始欢声雷动。他要求立法议员加税，所得收入用于支付征兵的一应开支，以免政府因举债而破产。

之后，他开始谈论俄罗斯。

不是每个美国人都觉得，过去几周内在俄国发生了些精彩绝伦、振奋人心的事，于是我们期盼的未来世界和平就多了道保险吧？凡是深入了解俄罗斯的人都知道，俄国实际上有着一颗民主心，这点从它的那些重要思维习惯中便可看出，在俄罗斯人民的亲密关系中亦有所体现，这种关系展现了俄国人的天性，以及他们对待生活的态度。尽管独裁制度在俄国政体中居于统治地位，尽管它历史悠久且确实拥有可怖的力量，但事实上，俄罗斯民族并非生来就是个独裁民族，它的民族性或目标也不带独裁色彩；如今独裁政府已被抛弃，伟大、慷慨的俄罗斯人民已被赋予朴素的崇高情怀，他们有可能成为一股为世界自由、正义、和平而战的力量。他们有资格成为荣誉联盟的伙伴。

"世界必须为民主创造安全。"他说。最初听众对这句妙语毫无反应，但来自密西西比州的民主党议员约翰·夏普·威廉斯（John Sharp Williams）领略了它的含义，开始郑重其事地鼓起掌来。[12]掌声很快就蔓延到整个会议厅。"我们毫无私利可图。我们不打算征服别国，也不打算统治别国。"总统说，"我们不过是人权保卫者中的一员。当世界各国的信仰与自由能最大程度地捍卫人类权利的时候，我们将心满意足。"

最后，他朝着结论靠拢："摆在我们面前的或许是旷日持久的严峻考验与惨烈牺牲。将我们这个爱好和平的伟大民族领入战争是件可怕的事，这场战争是有史以来最恐怖、最残忍的，就连文明本身似乎也因它而摇摇欲坠。但正义比和平更珍贵。"

他的演讲持续了36分钟，于晚上9点11分结束。几乎每个人都在尽情地欢呼，挥舞着小小的美国国旗。《纽约时报》的一名记者认出了拉福莱特，他一动不动地站着，"双臂紧抱，高举于胸前，这样就没人有理由弄错他的态度；他屹立于斯，嘴里嚼着口香糖，面带冷笑"[13]。

洛奇走向威尔逊，热情地与他握手。但在回白宫的路上，总统浑身颤抖，面色惨白。

白宫当晚的情况演绎出了一则传闻。10多年后，威尔逊的首席助理约瑟夫·塔马尔蒂披露了这则传闻。按照他的说法，曾竭力试图阻止美国卷入战争，想方设法倡导全面和平的总统，在提议对德宣战后不久便忍不住潸然泪下。学者们对这个传说表示怀疑。在20世纪20年代末，战争可不是什么特别光荣的事，塔马尔蒂可能是想让威尔逊受损的形象再度焕发光彩。

豪斯在日记里提到，当天晚上他与威尔逊、威尔逊的女儿玛格丽特一起聚在椭圆形的蓝厅内。他们"就像一家人经常做的那样，在某些大事过后坐下聊个究竟"[14]。豪斯告诉威尔逊，他觉得威尔逊正在走一条从未有其他政治家走过的路。总统听后感到惊讶。"在我看来，他对他所开辟的那条道路没有真正的概念。"豪斯写道。足智多谋的上校于10点30分离开，搭乘夜班车返回纽约。"我可以看出，总统如释重负，因为紧张的时候已经过去，一切已成定局。我知道这一天是会来的。"

在纽约的大都会歌剧院（Metropolitan Opera House）演出的歌剧《坎特伯雷朝圣者》（*The Canterbury Pilgrims*）第三次幕间休息期间，最新版的晚报开始发行。它们刊登了威尔逊发表演说的新闻，震耳欲聋的欢呼声爆发了。管弦乐队突然开始演奏《星条旗永不落》。新近卸任的驻柏林大使詹姆斯·杰勒德大声要求为总统欢呼三声，再为协约国欢呼三声，然后为陆军和海军欢呼三声。德国女低音歌唱家玛格丽特·奥伯（Margaret Ober）晕倒在舞台上，人们"费了些力气"[15]才把她抬走。

在电影院里，这条新闻在银幕上闪现，为的是博得更多的欢呼声和《星条旗永不落》的又一次奏响。在新阿姆斯特丹之巅（New Amsterdam Roof）的午夜欢场（Midnight Frolic），喜剧演员威尔·罗杰斯（Will Rogers）"声称他现在很乐意回到音乐厅去，因为在一到两年内，音乐厅的舞台上就会挤满德皇、沙皇、国王和他们的亲眷。他的发言引得现场欢声雷动"。

"您做了件伟大而崇高的事！"威尔逊的女婿威廉·麦卡杜于翌日用雄浑有力的圆体字写道，"我确信，是上帝的意志让美国为全世界人类立下这一殊勋异绩，而您就是他选中之人。"[16]

在纽约，沃尔特·李普曼在一篇写给《新共和》的专栏文章中盛赞总统，因为他把这场战争视为独裁与民主之争。"凭着他意识到了这一点，"他写道，"凭着他选择在问题变得无比清晰的时候出手，凭着他为了让问题清晰化而用一冬天的时间做了大量工作，我们和世界亏欠伍德罗·威尔逊的就已经太多太多了……只有像他这样堪称伟大的政治家，才能使美国的介入对世界的正义力量具有非凡的意义，能使不可避免的战争恐怖升华为一种充满意义的行为。"[17]

在罗马，一份由下议院68名议员签署的联合声明称："您的演说不仅仅是讲给美国听，也是讲给全人类听的，它唤醒了自由国家最为崇高的本能。您的演说是自由的赞歌。"[18]

法国总统雷蒙·普安卡雷（Raymond Poincaré）给威尔逊寄去一封温暖人心、发自肺腑的信。他写道："如果美国不曾卷入这场战争,那它的意义就是不完整的。"[19]

但是,当参议院开始讨论战争决议的时候,拉福莱特动用程序条例拖延讨论进程。在众议院,议长钱普·克拉克决定等参议院先采取行动。

而且,反战信件一如既往地纷至沓来。拉福莱特统计,他总共收到约1万封这样的信。例如,芝加哥的一个熟人来信说,本周他去了电影院,当拉福莱特的形象被投射到银幕上时,影院内的欢呼声压倒了嘘声。[20]

芝加哥紧急反战委员会领袖格蕾丝·阿博特(Grace Abbott)送来消息:4月3日,反战人士、社会党成员约翰·肯尼迪已从第27区当选为市参议员,尽管该城的所有报纸均"出于爱国立场"[21]而反对他。

在伊利诺伊州的其他地方,J. 奥格登·阿穆尔(J. Ogden Armour)命令他的肉类加工企业的5万名雇员"以各种各样的方式展现自己的忠诚和爱国精神"[22]。愤怒的阿瑟·赫默致信拉福莱特:"阿穆尔公司是什么时候开始忠心耿耿地遵守这个国家的法律的?"

4月4日,西奥多·罗斯福从佛罗里达来到华盛顿,冲动之下,他在白宫驻足,想要见见威尔逊,两人从未会过面。但威尔逊正在参加内阁会议,而罗斯福要赶火车,因此前总统与白宫招待员艾克·胡佛愉快地交谈了一阵,然后心满意足地上路了。

在国会大厦,参议院开始了持续13个小时的讨论。拉福莱特发表了一篇漫长而谨慎的辩论演讲。他指出,威尔逊完全改变了自己在武装商船问题上的立场——3月初的时候,总统称自己的对手为"一小撮别有用心之徒",而今却在战争演讲中委婉地承认拉福莱特是对的。这种行为将给美国招来战争,却无法给它带来任何利益。拉福莱特还认为，沙皇的倒台与美国的参战毫无关联。主战派以俄国作为介入战争的理由，这是一种虚伪的做法。

他问，如果美国的一个主要盟友是一个由世袭君主统治，设有贵族院，"工业环境令所有劳动者都难以忍受"的国家①，那这场战争怎么能称得上是一场民主之战？他说，威尔逊"可没建议我们以大不列颠授予爱尔兰，或是埃及、印度自治权，作为支持他的条件"。他断言，如果美国真的自1914年起就保持中立，而不是支持协约国的话，那它现在就不用面临与德国的战争了。

他知道自己不会成功，但他想在全国议员面前阐明自己的观点。另一名反战派参议员，内布拉斯加州的乔治·W. 诺里斯（George W. Norris）说："我觉得我们就要把美元的符号放到美国国旗上了。"在参议院的议会厅内，约翰·夏普·威廉斯斥诺里斯为叛国者。当天晚上，战争决议获得了通过。除拉福莱特和诺里斯外，还有4名参议员投了反对票。在6名反对者中，3人为共和党议员，另外3人则是民主党议员。

4月5日，众议院开始讨论战争决议。珍妮特·兰琦也收到了大量信件。在西雅图的华盛顿选举权联盟主席凯瑟琳·史密斯对卡丽·卡特支持威尔逊和战争的立场表示强烈反对。4月4日，她写信给兰琦，称妇女选举权事业正在全世界面前遭受考验，史密斯想让兰琦知道，在兰琦遭受考验的时候，自己是会支持她的。[23]

"当人类（男人）世界因战争而疯狂的时候，您是我们的希望。"布鲁克林的乔治·许廷格夫人（Mrs. George Schuettinger）于4月

---

① 指英国。

2 日写道。

"我们相信,一旦宣战,蒙大拿在物质和精神层面的最高利益就会受到不利影响。我们也相信,您将会尽最大的努力,来保护我们免遭灭世浩劫的伤害,不让东部的一些富裕公民把他们的腐败与贪欲强加到我们头上。"蒙大拿州斯科比卫理公会牧师 R. T. 库金安(R.T. Cookingham)写道。

"出于爱国的立场,我反对美国参与欧洲战争。"印第安纳波利斯的库尔特·冯内古特(Kurt Vonnegut)在电报中称。他的儿子后来著有《五号屠场》(*Slaughterhouse Five*),此书描写的是另一场战争。

蒙大拿东南角的卡特县(Carter County)的教育部门主管劳拉·布思·霍尔(Laura Booth Hall)来信称,自己认为兰琦是个反战派,尽管这位女议员仍未发表过任何有关战争的言论。把拉福莱特当作你的向导吧,霍尔写道。

兰琦以通函回复。"我应当努力去做正确的事。"她写道。

周四,她几乎一整天都待在家里。艾丽斯·保罗与来自蒙大拿比灵斯(Billings)的妇女选举权运动积极分子黑兹尔·亨金斯(Hazel Hunkins)来看她。兰琦告诉她们,由于选举权运动领袖支持美国参战,她感到压力很大,因此她不会阻碍这场运动。[24]她表示,自己在开始巡回演讲前,曾前往哈丽雅特·莱德劳位于纽约的住所赴宴,当时莱德劳没有给她施加任何形式的压力。她弟弟韦林顿本人持反战立场,尽管如此,他仍极力劝说她投票支持战争,以免葬送她的职业生涯。[25]

保罗告诉她,选举权运动在主战和反战立场的选择上是有活动空间的,她领导的全国妇女党不对这个问题表态。但她和亨金斯随后表明了自己的个人立场,并告诉兰琦,她们认为,第一位当选为国会议员的女性若是投票支持战争,那将是一件不幸的事。她们表示,女人是世界和平爱好者的半边天,给予妇女政治权利是降低发生战争可能性的一种办法。

当天晚上,当众议院的辩论久拖不决的时候,她终于露面了。民主党领袖,来自北卡罗来纳的议员克劳德·基钦(Claude Kitchin)反对战争决议,他宣称自己想让美国继续成为"世界和平、与人为善的最后希望"。他开始哭泣。兰琦一度离席,走向走廊,与保罗和亨金斯再度相商。时间从4月5日变成了4月6日,众议院仍没有任何动作。最后,在接近凌晨3点的时候,投票开始了。当书记员念到兰琦的名字时,她没有出声。书记员提高嗓门,再度念她的名字。大多数议员都转过头来看她。"兰琦小姐显然极为苦闷。这位女士看起来正处于崩溃边缘。她频频扼住自己的喉咙。有时她会把自己的头发拢向后方,仰望镶嵌彩色玻璃的天花板,神经质地揉搓眼睛和面颊。她双手时而紧握,时而松开。"[26]

"乔叔叔"坎农走向她,敦促她凭着自己的良心投票。"你代表着这个国家的女人。"他说。她依旧与其他人一样,一言不发。书记员开始念下一个名字。

随后,众议院书记员按照惯例进行第二次点名,为的是点到那些可能已经回到会议厅的缺席者的名字。"兰琦小姐。"书记员念道,然后又念了一次。

她站了起来,晃晃悠悠。她抓住前方一把椅子的靠背,让自己冷静下来。"我想站在自己的国家那边——但让我投票支持战争,我办不到。"她说。

这种做法显得与众不同。众议员们不会对自己的投票做出解释。走廊内的几个和平主义者鼓起掌来。随后，几个议员冲她大声叫喊："投啊！投啊！投啊！"

　　书记员和议长不明白这是怎么回事。"你打算投反对票？"书记员问道。

　　她点点头，坐回自己的座位上。第二天有报道称她随即开始啜泣，此后的许多年一直有类似的报道出现。她通常会予以否认，她声称自己已经哭了整整3天，到了4月6日，自己已经无泪可流。她指出，克劳德·基钦并不以当众掉泪为耻。"无论在精神还是肉体层面，宣战都不需要勇气，反正上战场的是别人。"他在辩论期间声称。

　　48人与他们一起投了反对票。但战争决议仍于耶稣受难日的清晨轻松通过，美国进入战争状态。

第22章

"历史会认为你是对的"

"我依然记得那时的情形,仿佛就在昨天一般。当美国国会宣战的消息顺着电报线,飞也似的传送到《巴尔的摩太阳报》的办公室时,现场先是一阵沉默,接着便欢声雷动。"玛格丽特·哈里森在回顾1917年时写道。[1]

狂热情绪席卷了这个国度。美国即将卷入一场空前致命的冲突,一场在西线僵持了近3年的战争。但美国人的反应却是欣喜若狂。4分钟演说活动在全国各地此起彼伏。战争起码起到了兴奋剂的作用,让人们的注意力从和平时期无聊的劳资纠纷和沉闷的日常生活中转移开来。

4月6日下午1点过后不久,威尔逊签署了战争决议。他没让记者或摄影师进场记录这一幕,原因是——用他的话来说——这样做显得不庄重。

卡丽·查普曼·卡特同其他选举权运动领袖声称,珍妮特·兰琦将投下忠于自身原则的一票,她们对此表示理解。"我本希望她投支持票的,"哈丽雅特·莱德劳说,投票表决时她也在走廊内,"但在经历了任何一个女人都从未经历过的最可怕的思想斗争后,她如她所认为的那样,尽到了自己的职责。"[2]

但卡特私下里很恼火。"顺带一提,我们的女议员果然是个小丑。"4月8日,她在给一个朋友的信中写道,"无论她在过去或将来的作为如何,总有人对她大摇其头。而她每应答一次点名,我们就要失去100万张选票。"[3]

可是,兰琦仍在收到支持信,其中包括一封来自罗杰·鲍德温的信,此人是圣路易斯的一名律师。"历史会认为你是对的。"他预言道。[4]

鲍德温依旧是个反战派,他对新国会制定的第一批法规中的两项忧心忡忡。1917年的《反间谍法》(它至今依旧有效)与一条用于设计征兵制度的法条让他萌生了建立后来的美国民权同盟(American Civil Liberties Union)的想法。

征兵开始后,美国几乎令所有人大跌眼镜,它在18个月内将200万军人送往法国。53 000余人战死,另有63 000人死于其他因素。负伤的美国人数量超过204 000。(相比之下,俄国的死亡人数超过300万,负伤人数达400余万。)当战争结束时,欧洲各地堆满了众多国家的遇难者遗体,这个世界似乎变得特别不安全,而民主阵营也不再占据上风。美国在这场战争中的开销达200亿美元(相当于今天的3 300多亿美元),老兵津贴、债券利息或给予盟国的援助还不算在内。

停战协定签订后,幻灭的年代随之而来,在那段日子里,俄国革命的发生时机,以及它对美国产生的影响受到的关注相对较少。

然而，1917年3月的时候，它在美国人心中的位置比日后回忆中的它要重要得多。这场革命为美国的参战打开了大门。在敏感的美国人看来，它暗示着全球民主化这一历史时刻即将到来。同样是这些美国人，选择在日后遗忘俄国革命在回忆中的刻痕，并不是什么令人惊奇的事。俄罗斯并没有如美国预想的那样，将战争继续下去。俄罗斯并没有成为一个民主国家。事实上，俄国成了孤家寡人，它自称革命的洗礼盆，希望把革命输出到资本主义的西方。那些支持战争的人在回忆时自然不会对他们误读俄国一事描述得太过详细。但在1917年3月，只有极少数人明白俄罗斯将走向何方——保守派罗森与革命派托洛茨基看得最为透彻。《春田共和报》在社论中表达了一些疑虑，而对这篇社论赞赏有加的威尔逊自己是否也怀有同样的疑虑？他从未明示过这一点。就这个问题的各个方面而言，许多对这个问题持不同立场的人认为他在那个月月底的时候，被无可抵挡的汹涌民意裹挟了，他已无力再掌控局势。无论如何，俄国革命使得为民主而战的讨论变得更加容易了。它让这些话题不再有明显的虚伪性。

美国人对1917年的俄国现实的无知体现在多个方面。美国人认为俄国有着深厚的民主传统，并对它寄予了极大的希望。他们问的问题离题千里，做出的预言压根不适用于俄国。他们以高高在上的姿态看待俄国人，并将他们那阳光的乐观精神投射到这个饱受重压的民族身上。当苏联于1991年解体的时候，他们再度表现出同样的态度。

豪斯上校曾表示，威尔逊无法同共和党人和睦相处，但到了5月，总统要求伊莱休·鲁特（他曾激动地谈到与俄国的新民主政权携手的事）率领一个专家代表团前往彼得格勒，评估俄国需要美国提供什么样的宝贵专业技术，美国可以以何种方式向俄国提供技术。正如小乔治·凯南于日后指出的那样，这项使命完全就是为了引发两国之间的不快。身陷绝境的俄国现在不得不设法应付一大群对它知之甚少的美国咨询师。鲁特的队伍在那里待了约一个月。这位前国务卿同罗森男爵会了面，并收到了一封口语化的信，它来自朱莉娅·斯佩兰斯基·格兰特，她在纽约参加父亲的共和党活动时知道了鲁特的名字。她仍在克里米亚，并为他们无法见面而遗憾。她希望鲁特能对真实的俄罗斯留下一个良好的印象，但她担心彼得格勒无法给他这样的印象。当鲁特来到俄国时，克伦斯基已经成为政府领导人。美国代表团于7月离开，他们刚动身不久，布尔什维克便发动起义，这场起义以失败告终。

尽管鲁特的委员会制备的报告在前言部分着重体现出一种乐观态度——俄国有意进行改革，也打算把战争继续下去——但无论是谁，只要读到各个具体的主题部分，就会产生一种深深的幻灭感。

美国参战后不久，联邦政府控制了美国铁路，建立了战时工业委员会（由"工业沙皇"伯纳德·巴鲁克领导）和由乔治·克里尔领导的公共信息委员会。美国像以往一样接近社会主义。

但社会主义有多种不同的形式，有些可接受程度较高一些。1917年，美国有两名白人被处以私刑，其中一人名曰弗兰克·利特尔（Frank Little），是世界国际工人协会（the International Workers of the World）的组织者，于当年夏天来到蒙大拿的比尤特。一场地下火灾致使许多矿工死于非命，当时逃生门没有开启，他们被困住了。这起事件引发了一场激烈的罢工，矛头直指阿纳康达铜业公司。矿工们成批加入世界产业工人联合会。那年夏天，该组织的会员数量达到顶峰。一天晚上，一群假扮警察的人将利特尔拽出寄宿处，在他们的车子后面拖行了一英里（或是更长的距离），然后将其吊死在一座桥上。罢工又持续了6个月，以矿工工会的失败而告终。达希尔·哈米特那年以一名私家侦探的身份为阿纳康达铜业公司工作，他于日后写了一部关于比尤特的长篇小说，名为《红色收获》(Red Harvest)，在小说中，他将那座小镇命名为"波伊森维尔"(Poisonville)。

1917年11月，美国人的态度来了个180度的大转弯。动荡的几个月过去后，彼得格勒的布尔什维克又一次尝试夺权，这次他们的对象变成了无能、不用心、不讨喜的临时政府。美国人怀疑这是德国人的阴谋，他们确信这帮激进分子会被立即扫出俄国的舞台。但事实并非如此。俄国很快就单独与德国人签订了和约。

俄国的新领导人创立了系统化的中央国家社会主义和世界革命意识形态。鲁特的报告离题万里。和约是在柏林签署的，根据和约，乌克兰——斯佩兰斯基家在布鲁姆卡的庄园也在其中——被德国人占领。当德国人于1918年末撤出后，乌克兰民族主义者、俄国白军和俄国红军相互争夺控制权，致使乌克兰化作一片焦土。红军最终获胜。

美国参战后，美国人爆发了，他们以歇斯底里的情绪对待一切与德国有关的事物。这一点在3月的时候已经体现得很明显。德裔美国人将自己的名字英文化，德语报纸停刊。H. L. 门肯的家乡是巴尔的摩的一座小镇，镇上有条街原名"德国街"(German Street)。在第一个巴尔的摩籍军官乔治·雷德伍德(George

Redwood）战死沙场后，它被更名为"雷德伍德街"（Redwood Street）。德国泡菜（Sauerkraut）被重新命名为"自由泡菜"（Liberty Cabbage）是一起令人难忘的事件。禁酒主义者们利用反德情绪，谴责国内的大型酿酒厂。

泰迪·罗斯福的远征军组建计划从未得到过批准。战争部长牛顿·贝克与他的往来信件变得越来越简洁。军方的高级将领认为这个方案愚蠢、业余，具有破坏性与潜在的灾难性。当年5月，罗斯福放弃了他的计划。他说他宁愿自己战死，也不愿看着他的儿子们死去。1918年的巴士底日（法国国庆日），罗斯福的幺儿昆廷（Quentin）在法国上空的近距离空战中丧生，享年20岁。前总统始终未能从伤痛中走出来。6个月后（1919年1月6日），他在长岛酋长山过世，此时他刚刚过完自己的60岁生日。

诗人乔伊斯·基尔默曾对战争给艺术带来的影响赞不绝口。他被提拔为第69作战分队的中士，后于1918年7月30日在第二次马恩河战役中被一名狙击手射杀。

巴斯特·基顿在法国服役，他遭受了永久性的听力损失。格鲁夫·克里夫兰·亚历山大进入炮兵部队，经历了一段艰难的岁月；战后他重新成为一名投手，但他患上了惊厥症，并开始酗酒。

当詹姆斯·里斯·尤罗普与他的哈莱姆团抵达法国时，军队不愿让他们与白人团并肩作战，因此他们被改配到法国第四集团军（French Fourth Army）。长期与殖民地土著部队打交道的法国人很快对他们产生了好感。这些来自纽约的人被称为"哈莱姆的地狱战士"（Harlem Hellfighters），他们参加了多场与德国人的恶战。尤罗普在同他的机枪班返回时吸入了毒气，但最后还是活了下来。

末了，德国还是无法依靠U型潜艇制服英国，也无法利用俄国退出战争的契机，更无法与涌入欧洲、生气勃勃的美国军队抗衡。大量用于战争的装备和物资从美国的工厂和造船厂倾泻而出。1918年11月11日，一纸停战协定为战争画上了句号。

在接下来的几个月，尤罗普的军乐团巡游法国，所过之处观者如堵。这个有力的开创性例子证明了美国文化对旧世界遭受重创的国度有着不可抵挡的吸引力。他的乐队经常被视为将爵士乐传入欧洲大陆的功臣。在登船回国的时候，第四集团军给码头上的宪兵下达指令，要他们让这帮黑人士兵好好尝点苦头，打掉他们的傲气——无论他们是否应当遭受这样的对待。此举意在提醒他们，不要忘了自己在故乡美国的地位。

一回到纽约，在第五大道的胜利游行结束后，尤罗普就带着他的大乐团举行了一场成功的巡回演出，他本可使美国爵士乐走上一条截然不同的道路。但在1919年，他在波士顿的一个演出后台与乐团的一名鼓手发生争吵，后者拔刀捅死了他。他的葬礼在哈莱姆区举行，吸引了大批人群到场。

毫不夸张地说，1919年夏，尤罗普关于非洲裔美国人的梦想在美国的多个地区化为泡影。在白人的愤恨情绪的驱使下，种族骚乱在全国各地爆发。这种情绪的针对对象是那些离开南方，以及渴望获得公民权的黑人。华盛顿有15人遇害，芝加哥有38人丧生。20世纪20年代，三K党进入全盛时期。数十年后，情况才开始有所改善。

门肯由于自己的亲德立场，在战争期间不得不暂时告别新闻业，他将时间用来撰写他的经典研究著作《美国语言》(The American Language)。战争一结束,他便再度在新闻界发声,此时他的文章有了新的讽刺效果和深度。他承认,这段中断期对他是有好处的。他成了20世纪20年代新闻记者队伍的领军人物,当他于1925年采访"猴子审判"(Scopes Monkey Trial)时,他对政客们的失利感到喜悦,并当众讥刺威廉·詹宁斯·布莱恩。他从未说过罗斯福上校和伍德罗·威尔逊的好话。

战争结束后,共产主义者立刻取代德国人,成为美国人盲目恐惧、仇视的对象。1919年,威尔逊政府的新任司法部长A. 米切尔·帕尔默(A. Mitchell Palmer)发动了一系列针对"赤色分子"的突袭行动。

朱莉娅·斯佩兰斯基·格兰特与她的家人逃出乌克兰德占区,前往彼得格勒。但当彼得格勒落入布尔什维克之手时,她将家传珠宝缝进衣服内。他们经芬兰逃往美国。她写了几本书,内容为革命爆发前田园诗般的俄国生活。她一直把革命归咎于德国人。

布尔什维克掌权后,威尔逊不再为俄国革命喝彩。最后,美军终于进入摩尔曼斯克(Murmansk)和海参崴。摩尔曼斯克的美军无心与由列昂·托洛茨基指挥的红军士兵作战。美国人不久便撤军,托洛茨基率领红军赢得了俄国内战的胜利。他证明了一件事:俄国人依旧斗志旺盛,只是不与西方盟友合作而已。将佩剑丢下船的高尔察克上将成了托洛茨基的一个主要对手;他率领白军在西伯利亚与红军作战,直到他于1920年被俘处决为止。

罗森男爵设法与妻子一道逃离俄国。他怀揣300美元来到纽约。他以翻译为生,其后,以他的经历为题材的小说(分为40章)在

《周六晚间邮报》(Saturday Evening Post)上连载,而他也获得了一些经济保障。1922年的一天,可能是思乡之情使他走神的缘故,罗森一头扎进第六大道的车流内,结果被一辆出租车撞倒,于11天后去世。

詹姆斯·霍特林从俄罗斯回来后不久便离开商务部,加入军队。1918年,他参加了发生在阿戈讷森林(Argonne Forest)的战斗。之后,他回到芝加哥,以商务专员的身份为《芝加哥每日新闻》工作,后又就职于《芝加哥每日时报》。后来,他重返华盛顿,担任移民归化局的局长。

玛格丽特·哈里森在巴尔的摩度过战争岁月,并写了一些关于后方的专题报道。她在一家钢厂担任轨道车操作员,这样她就能告诉自己的读者女操作员是怎么工作的。她从未失去对战争的热情。当战事结束时,她与军队情报机关签订了雇用协议,以新闻记者的身份为掩护,前往德国。很快,她来到苏俄,后被投入监狱。马里兰州的一个参议员跑到莫斯科,把她救了出来。几年后,她为了《时尚》杂志重返俄罗斯,并再度身陷囹圄。在此期间,她帮助过梅里安·库珀(Merian Cooper),他是波兰空军的美籍飞行员,在与俄国人的短期战争中被俘。他们建立了友谊,并合作拍摄了20世纪20年代的一部重要纪录片《草原》,它讲述的是里海地区的游牧民的故事。库珀最终进军好莱坞,制作了电影《金刚》(King Kong)。哈里森由于是女性,未能获准进入探险家俱乐部,她创建了女地理学家协会(Society of Woman Geographers)。

几乎所有关于战争的论点都被证明是错误的。战争并未像威尔逊希望的那样,让世界为民主创造安全,也没有引领世界走向新秩序。罗斯福错误地预言战争将粉碎德国的军国主义。尤罗普错误地期盼非洲裔美国人的地位能因战争而提高。门肯错误地预计胜负要过数年才见分晓。托洛茨基关于世界革命的预言落了空。豪斯错误地认为美国无法在短时间内组建一支军队远赴海外扭转战局。拉福莱特的错误在于认为U型潜艇的威胁无法被挫败。斯佩兰斯基·格兰特几近错误地以为俄国革命是由德国间谍发动的。同威尔逊、罗斯福一样，詹姆斯·霍特林对俄国民主的判断错得一塌糊涂。

可能只有罗森男爵对战争的判断是对的。但他错误地臆断，1917年那个岌岌可危的美国或许还会扮演它在1905年扮演过的，慷慨而公正的角色。

参议员杰拉德·奈（Gerald Nye）是个来自北达科他州的共和党人，奉行孤立主义，他领导的一个委员会于1936年试图证明J. P. 摩根与他在华尔街的盟友当年将美国推入了战争。委员会搜集的证据表明这批美国金融家向英国和法国提供了23亿美元的贷款，如果协约国战败，那么这笔钱就危险了。大银行家和其他人当时对这种风险心知肚明——佩奇大使在3月5日从伦敦发来的电报中明确了这一点。但听证会未能证明摩根有能力操纵威尔逊政府参战。总统认为他的做法出于更为高尚的动机。无论他是否情愿，席卷全国、日益高涨的激情最终裹挟了他。

伍德罗·威尔逊的事迹我们耳熟能详——当他下定决心参战时，他不允许任何人加以反对；他在1918年提出著名的"十四点原则"，阐述了他对民主未来的愿景，为数百万欧洲人带来了希望，赢得了他们真挚的感激；法国和英国在凡尔赛和平会议（Versailles Peace Conference）上阻挠他，他们同意威尔逊组建他所珍爱的国际联盟，但作为交换条件，他们把苛刻的和平条件强加给德国，并将它们的势力范围扩展至中东；其后，以亨利·卡伯特·洛奇为首的共和党参议员不让美国加入国联。

战争到来后，威尔逊将爱德华·豪斯逐出自己的核心集团；如果他继续任用他的老军师，或许他就能找到实现自己愿景的办法。但他固执、正直、偏狭。在参议院碰了钉子后，他确信自己可以鼓动全国上下要求美国成为国联成员，他开始在全国范围内进行短期巡回演讲。威尔逊在科罗拉多州的普韦布洛（Pueblo）发表了最后一次公开演说，把听众感动得潸然泪下。他宣称，要想让1919年的年轻人今后不必以军人的身份奔赴战场，唯一的希望在于国联。然后，他倒下了。

他的专列将他直接载回华盛顿，在那里，他得知自己患上了严重的中风。伊迪丝将新闻记者、内阁成员以及威尔逊的大部分助手拒之门外。总统的左半身瘫痪了；伊迪丝很好地扮演起办公室主任的角色，决定威尔逊应当签署哪份文件。尽管如此，1920年的时候，威尔逊仍考虑为自己争取第三个任期。但这是不可能实现的。共和党人沃伦·哈丁伴随着所谓的叛乱引发的歇斯底里情绪，以及激烈的争论，提出"回归常态"的口号，最终入主白宫。威尔逊于1924年在华盛顿过世，乘坐"皮尔斯箭头"（Pierce-Arrow）牌汽车兜风成了他在人生最后几年里的享受。

这场战争确定了美俄两国一个世纪的路线，也彻底改变了这两个国家。在美国，20世纪20年代的常态与以往截然不同。在第一次世界大战的硝烟中崛起的美国无疑是地球上最富有、经济最为发达的国家。妇女赢得了投票权。战争终结了欧洲的大规模移民，也引发了非洲裔美国人从南方移居北方城市的大迁徙浪潮。爵士乐传播到全世界，哈莱姆文艺复兴（Harlem Renaissance）将美国文艺带往新的、非白人风格的方向。好莱坞繁荣兴盛，成了美国文化的有力输出渠道。许多美国人猜想，战后美国将从世界的烦恼与纷争中抽身，但1941年12月7日的事实①最终表明，这是不可能的。

1917年3月，英国军队从奥斯曼土耳其人手中夺取了巴格达，随后又夺取了摩苏尔，大不列颠帝国的胜利所带来的某些后果一直延续至今。这场战争使得英国和法国的势力插入中东，为今天的暴力而狂热的冲突铺就了舞台。但不列颠和法兰西未能维持它们的帝国，在第一次世界大战及其余波的冲击下，它们崩溃了。美国因此担起了维持西方在这一地区的影响力的责任。当然，正如辛辛那提市的拉比所预言的那般，犹太复国主义并未在1917年灭亡。以色列国于30多年后诞生。

战争结束以后，200万美国人自欧洲返乡，他们中的许多人在被征召入伍前从未见过大城市。他们返回的那个国家即将遭受一场令人目眩的动乱——道德败坏，衣裙缩短，尽管颁布了禁酒令，但人们嗜酒如命，酷爱有组织暴力犯罪（原因在于禁酒令的颁布）。战争让美国更加都市化，更加现代化，更加沉湎于各种合法与非法的享乐。而美国人有办法将这种状况继续下去。乔治·克里尔后来评论道，美国政府创办了全世界最大的"广告公司"，它的业务是推销战争。它在当年学到的经验至今仍在塑造着市场营销的方方面面。20世纪第二个10年的美国人远离世界的中心，过着与今天截然不同的生活。20世纪20年代的美国人显然已成为今天美国人中

---

① 当天日本偷袭珍珠港，并于同日对美宣战。

的一员。

1917年的那个3月，奠定了俄国在下个世纪及其往后的历史进程。旧政权的终结，憧憬着混乱、崩坏的帝国能变成一个现代国家，并试图坚持梦想的自由主义者的不幸，彼得格勒苏维埃的崛起……均指向3月这一重大时刻。俄罗斯即将迎来一个动荡的未来；它以猜疑作为解决一切问题的手段。那年3月，俄罗斯人将投入第一次世界大战中的破坏力量转用于对付自己人。祸根就此埋下，引发的是具有俄国特色的悲剧。布尔什维克于11月发动政变，确立了苏维埃的统治，这一做法不过是对过去8个月发生的重大变化的巩固而已——托洛茨基视政变为成就。3月的事例让苏联政府明白了一件事：对于当权者而言，再也没有比下层民众的自发行动更危险的了。他们发誓不会再让历史重演。俄罗斯人的强大之处与虚弱之处源自数百年前，但直至今日，它们依然带有1917年的烙印。

珍妮特·兰琦在国会一直干到1919年，她将自己的余生投入和平事业。她认为这项事业要的是持之以恒。1940年,她东山再起，二次当选为众议员。1941年9月8日，她是两院中唯一投票反对与日本开战的议员。随后，她不得不躲进国会大厦里的一座公用电话间内。她表示，自己从未为这两次投票懊悔过。

她搬进了佐治亚州的一栋房子，那里的地板脏兮兮的。她始终是个爱车族，总要确保自己打扮得漂漂亮亮的。晚年她戴着一顶灰金色的假发。1968年，87岁的她率领数千名妇女，在华盛顿举行游行，抗议越南战争。她们自称"珍妮特·兰琦旅"（Jeannette Rankin Brigade）

"我们竭力在越南搞破坏，"她对《纽约时报》表示，"枪杀正派的好青年是解决不了纷争的。"[5]

但到了这个时候，威尔逊式的圣战精神已经深深地融合到美国人的灵魂中去。美国人理直气壮地告诉自己，正是因为他们的参战，对德战场的局势在1918年得以扭转。而正是对德作战的胜利激发了民族自决主义。在中欧、东欧和中东，一个个新的民族国家在帝国的废墟上诞生。1812年以来，美国人第一次发觉，本民族已处于外国势力的威胁下，大洋彼岸的恶人希望美国受到伤害。第一次世界大战催生了这样的想法：与其候敌来犯，不如御敌于国门之外。1917年的教训似乎告诉美国人，美国负有在境外拨乱反正的义务，以及随时随地保卫遭受威胁的民主价值观的高尚职责。在大萧条时期，无暇他顾的美国人往往将这一教训抛诸脑后。结果他们发现，自己还是被卷进了第二次世界大战。这个事实似乎只是为了强调这个教训的重要性，并在接下来的数十年内确认这一基本真理。实际上，经历了20世纪20年代和30年代的理想破灭与玩世不恭后，第二次世界大战令美国人的一战记忆重新散发出些许理想主义的光芒——尽管带有误导性。威尔逊主义的观点诞生于1917年，而二战以后的每一场战争——朝鲜战争、越南战争、波斯湾战争、伊拉克战争、阿富汗战争——都被这些观点定义、合法化、高尚化。它们是不会消亡的。

致　谢

　　1917年6月8日，21岁的费城第15区居民弗朗西斯·麦克劳克林（Francis McLaughlin）登记入伍。他中等身高，体格纤细，黑发棕眼。他有一份工作，是在鲍德温机车厂制造炮弹——毫无疑问，这份工作是通过他父亲帕特里克的关系得到的。他的父亲是个爱尔兰移民，在鲍德温机车厂干了几十年锻工。制造军火的工作并不能使他免服兵役。到了1918年，他和他的哥哥詹姆斯都穿上了制服，弗朗西斯在西线服役。

　　他们的姐妹伊莎贝拉（Isabella）是我的祖母。对于詹姆斯或弗朗西斯，我了解得不算太多，因为虽然我的曾祖父帕特里克不反对他的两个儿子参加一场使他们的国家与可憎的英国人结为同盟的战争，但他也不会支持他的女儿嫁给一个瑞典新教徒。她被赶出家门。爱尔兰人的民族伤痛并不久远，而他们遭受的暴行在一个世纪前就已深入他们的记忆。

　　在德国人发动的一波毒气攻势中，弗朗西斯的肺部遭灼伤。从小到大，我总是听到他回乡等死的事。然而，1930年的时候，有个户口调查员发现他还活着,尽管过得不好。他未婚,与几个兄弟姐妹住在一起。他不在工厂上班,而是在费城的税务部门当一名办事员。在他的档案中,标明"退伍老兵"的一栏里填的是两个字母"WW",表明他参加过世界大战。我不清楚他后来的情形。

因此,请允许我在这里向弗朗西斯·麦克劳克林·詹姆斯,以及200万其他男女致谢,这批为数众多,如今几乎被遗忘的人如他们所认为的一般,履行了自己的义务,推动美利坚合众国进入下一个世纪的最前沿,可以说这是他们自己付出的巨大代价换来的。他们的成就对今日美国人的生活的成形,起到了相当程度的作用。

本书的写作计划多年来变化甚大,时断时续——断的时候比续的时候多。感谢《巴尔的摩太阳报》的编辑将我的妻子凯西(Kathy)与我以通讯记者的身份送往莫斯科(不是一次而是两次),也感谢《华盛顿邮报》的编辑将我们再次送往那里。当我在本书成形的两年半(从乔治·W.布什最后一个任期末到巴拉克·奥巴马第一个任期初)里撰写有关白宫的部分时,《国家杂志》的编辑查理·格林(Charlie Green)和史蒂夫·格廷哲(Steve Gettinger)使我得以了解到华盛顿政府的情况和美国总统的历史。

叶莲娜·伊琳娜(Yelena Ilingina)用她的机智与坚持不懈帮助我了解俄罗斯人的思维方式。当我们在一起工作时,她发现身为外国人的我因无法掌握它而心生退意,便推着我前进。我在学习俄罗斯的美丽语言时举步维艰,令她大失所望,但她从未放弃我。我们一起云游四方。已故的德米特里·利哈乔夫对我讲述了他在圣彼得堡长大成人,之后在列宁格勒苟延残喘至今的经历。娜塔莎·阿巴库莫娃(Natasha Abbakumova)鼓励我不要终止这项事业,她成了我了解俄式思维的可靠渠道。沃洛佳·亚历山德罗夫（Volodya Alexandrov）在后勤方面给了我巨大的帮助。脾气古怪、能力非凡的安德烈·米罗诺夫（Andrei Mironov）坚持在俄国现实方面给予我指导，直到他于2014年，在乌克兰的战事中遇害为止，他都是我不可缺少的朋友。身为苏联最后一批政治犯之一的他，对历史与闹剧有着敏锐的感觉。他为人诚实，从无畏惧。

对于现今的许多可用的网上资料，我们几乎不做评价，但有几个网站还是值得特别致谢的。由美国国会图书馆（the Library of Congress）和美国国家人文基金会（the National Endowment for the Humanities）联合开办的"美国编年"（Chronicling America）网站已将1836年至1922年的大量报纸档案数字化，弄成了可搜索的形式。可用的档案达1 100万页。海西图书资料集团（HathiTrust）和互联网档案馆（Internet Archive）如今已将数百万本书籍上传至公共领域，它们同样可供搜索。对笔者尤为有用的还有由耶鲁大学图书馆上传至网络的爱德华·豪斯日记，以及由北卡罗来纳大学上传至网络的约瑟夫斯·丹尼尔斯日记。

不过，由活人担任的图书馆管理员还是很难被比下去的。我在普林斯顿大学、纽约的舍姆贝格中心（Schomburg Center）研究黑人文化时，在西棕榈滩公共图书馆（West Palm Beach Public Library）、在美国国会图书馆——我每造访这家机构一次，心中的爱国情操便增添一分——的档案阅览室求助时都受到欢迎。设在马里兰大学帕克分校（College Park）的国家第二档案馆（National Archives Ⅱ）的职员愉快地指导我查阅国务院档案，尽管我没有提前将我的到访通知他们。我要特别感谢斯沃斯莫尔学院和平运动藏品展馆（Swarthmore College Peace Collection）的温迪·赫梅莱夫斯基（Wendy Chmielewski）、弗吉尼亚州斯汤顿市的伍德罗·威尔逊总统图书馆（Woodrow Wilson Presidential Library）的伊丽莎白·肖特（Elizabeth Shortt），还有文斯·菲茨帕特里克（Vince Fitzpatrick），在他的帮助下，我得以查阅巴尔的摩市伊诺克·普拉特免费公共图书馆（Enoch Pratt Free Library）的《H. L. 门肯柏林日记》的原稿。

海伦娜的蒙大拿历史学会（Montana Historical Society）的档案保管员们坚持不懈地以富有创意的方式协助我。当我造访珍妮特·兰琦的故乡米苏拉时，前《华盛顿邮报》记者安妮塔·许斯林（Anita Huslin），以及前全国公共广播电台（NPR）记者，现任蒙大拿大学新闻学院院长的拉里·艾布拉姆森（Larry Abramson）殷勤地将我安顿在他们位于山腰的住所内。我与米苏拉的珍妮特·兰琦和平中心的执行董事贝齐·马利根－达格（Betsy Mulligan-Dague）进行了一次会谈，收获颇丰。我参观了比尤特劳工历史中心，结果大开眼界。詹姆斯·洛帕奇（James Lopach）和琼·卢科斯基（Jean Luckowski）友好地与我分享他们对兰琦的动机的看法。

更早时候，安德鲁·斯图尔特（Andrew Stuart）耐心地教给我一些关于图书行业的事。史蒂夫·拉克森伯格（Steve Luxenberg）为我的研究提供过建议，罗伯特·鲁迪（Robert Ruby）提醒我要侧重主题，戴维·布朗（David Brown）以讨人欢喜的语气请教了几个具体问题，斯科特·沙恩的写作经验令我受益不浅。斯蒂芬·亨特（Stephen Hunter）在老式枪支方面为我点拨一二。宾夕法尼亚州科利奇维尔（Collegeville）的布莱恩·托马斯（Brian Thomas）不吝使用他的时间帮助我。黛安娜·多诺万（Dianne Donovan）一直很乐意听我倾诉，并不止一次温和地劝说我不要采用那些不切实际的方法。她了解图书与写作，且坚定不移地支持我。琳达·卡伦（Linda Cullen）、科琳·乔丹（Colleen Jordan）、布莱恩·墨菲（Brian Murphy）、迈克尔·金博尔（Michael Kimball）和安娜·法菲尔德（Anna Fifield）在我需要时使我安心。我的经纪人盖尔·罗斯（Gail Ross）是那种高效干练、每个作者都需要的人。我在纽约诺顿出版公司（W. W. Norton）的编辑约翰·格洛斯曼（John Glusman）在很短的时间内就掌握了本书的思想，多亏了他，我才没有误入歧途，虽然他有时会很严厉，但通常情况下，他用的办法总是很巧妙。他的助手亚历克莎·皮尤（Alexa Pugh）以耐心与沉着的态度对待我提出的许多毫无经验的问题。负责审稿的弗雷德·维默尔（Fred Wiemer）为人严厉、严谨，令人印象深刻，是他使我避免犯下让我耻于承认的尴尬错误。

我女儿莫莉·英格伦（Molly Englund）用她的兴趣、洞察力和鼓励，给了我超出她认知范围的帮助。她的姐妹凯特（Kate）拥有一双对视觉资料特别敏锐的眼睛，对于就职于盖蒂图片社（Getty Images）的她而言，这不足为奇。凯特的丈夫，摄影师戴维·罗滕贝格（David Rothenberg）也给了我一些犀利的建议，是他激发了我对20世纪初的柏林的兴趣，他的家族就定居在那里。（此外，他至少有一位祖先在战争中为德国而战。）

对我帮助最大的那个人是谁？那当然是我的妻子兼数十年新闻生涯的搭档凯西·拉利（Kathy Lally）啦。她知道我什么时候会准备写作，会催着我动笔；她不让我涉足那些复杂混乱的领域（我曾想研究1916年以后的铁路统计资料）；当我在餐桌上思考那些有深度的东西（我希望是这样），一言不发时，她没有抱怨。我对她说，如果她发现我衣服上安着一个僵硬的可拆卸式衣领，那她就会明白，我已经钻研得太深了。幸运的是，这种情况从未出现过。我的作品她逐字阅读，然后用易懂到令人称奇的建议使我的原稿更上一层楼。我欠她的情。

| 1917年3月 | 致 谢 |

注 释

第1章 "上吧！"

1 Leon Trotsky, *My Life: An Attempt at Autobiography* (New York: Charles Scribner's Sons, 1930), 272.

2 Ibid., 273.

3 *Statistical Abstract of the United States 1917* (Washington: U.S. Government Printing Office, 1918), 353.

4 Roman Rosen, "Forty Years of a Diplomat's Life, Part 40," *Saturday Evening Post*, Feb. 26, 1921, 30.

5 Sinclair Lewis, *The Job* (New York: Harper & Brothers, 1917).

6 Trotsky, *My Life*, 278.

7 "Perkins Asks Rich to Halt Food Waste," *New York American*, March 4, 1917.

8 "Phillies Leave for Heat Belt," *Philadelphia Evening Ledger*, March 6, 1917.

9 "Mrs. Sanger Flays Miss Davis's Plans," *New York Times*, March 7, 1917.

10 H. L. Mencken, *Prejudices: Second Series* (New York: Alfred A. Knopf, 1920), 102.

11 "Negro Composer on Race's Music," *New York Tribune*, Nov. 22, 1914.

12 Interview with Malca Chall, Aug. 17, 1972; Regional Oral History Office, Bancroft Library, University of California, Berkeley.

13 *Record Book of Examinations: Grammar Department*, 52–53, Fort Missoula History Museum.

14 Joan Hoff Wilson, "Jeannette Rankin and American Foreign Policy: The Origins of her Pacifism," *Montana the Magazine of Western History*, Winter 1980, 31. Rankin's youthful diaries have apparently been lost or are in private hands. In her 1972 interview she said she couldn't remember writing this.

15 Lisetta Noukom, "Our First Congresswoman Is Dainty Bit of Femininity," *Los Angeles Sunday Times*, Nov. 26, 1916.

16 "Suffrage Bill Gains Support," *Helena Independent*, Feb. 2, 1911.

17 Atwater to Rankin, Nov. 11, 1916, Jeannette Rankin, Papers, MC 147, Box 2, Folder 11, Montana HistoricalOciet y Research Center, Archives.

18 Warder to Rankin, Nov. 16, 1916, Rankin Papers.

19 Rankin to Mrs. S. H. Souders, Feb. 24, 1917, Rankin Papers.

20 "Jeannette Rankin Cheered by 3,000 for Speech Here," *New York Tribune*, March 3, 1917.

21 James Lopach and Jean Luckowski, *Jeannette Rankin: A Political Woman* (Boulder: University Press of Colorado, 2005), 49.

22 "The Human Miss Rankin," *Daily Gate City and Constitution-Democrat*, March 23, 1917.

23 "Roosevelt Wants US to Send Army," *New York Times*, March 2, 1917.

24 Theodore Roosevelt to John Price Jones, Feb. 27, 1917, Theodore Roosevelt Papers, Manuscript Division, Library of Congress, Washington, D.C.

25 Marguerite Mooers Marshall, "First Congress-woman in U.S. Is Good Cook and Knows How to Make Own Clothes; Won't Commit Herself on War Question," *New York Evening World*, Feb. 26, 1917.

26 Joseph Bucklin Bishop, *Theodore Roosevelt and His Time Shown in His Own Letters* (New York: Charles Scribner's Sons, 1920), 2:417.

27 "Seize German Ships, Colonel's Advice," *New York Times*, Feb. 1, 1917.

28 Ibid.

29 "Connecticut's Military Census Stimulates Others," *New York Times*, March 18, 1917.

30 Jules Jusserand to Roosevelt, Feb. 23, 1917, Papers of Theodore Roosevelt.

31 Roosevelt to Robert Ferguson, Feb. 27, 1917, Papers of Theodore Roosevelt.

第 2 章 "反文明罪行"

1 As quoted in Alexander L. George and Juliette L. George, *Woodrow Wilson and Colonel House* (New York: J. Day Co., 1956), 25.

2 Stockton Axson, "A Sketch of the President's Private Life," *New York Times*, Oct. 8, 1916.

3 Chall interview with Rankin, 80.

4 *Yearbook of the Department of Agriculture*, 1917, 721.

5 Ibid., 768–769.

6 "Railway Trainmen's Earnings—1916," *Railway Review*, March 17, 1917, 383–384.

7 http://www2.census.gov/library/publications/1960/compendia/hist_stats_colonial-1957/hist_stats_colonial-1957-chQ.pdf.

8 "Locomotives," *Railway Review*, Jan. 6, 1917, 41.

9 "New Curtis Bay Coal Pier of the Baltimore & Ohio R.R., at Baltimore," *Railway Review*, March 27, 1917, 409.

10 "Locomotives," *Railway Review*, 43–44.

11 "More Shells Turned Out," *Wall Street Journal*, March 31, 1917.

12 "U.S. Government Placing Steel Product Orders," *Wall Street Journal*, March 20, 1917.

13 Marguerite Harrison, *There's Always Tomorrow* (New York: Farrar & Rinehart, 1935), 82.

14 H. L. Mencken, "'The Diary of a Retreat': Americans Near Panic," *Baltimore Sun*, March 12, 1917.

15 Wilson to Mrs. Edward Elliott, Sept. 26, 1915, Woodrow Wilson Collection,

Department of Rare Books and Special Collections, Princeton University Libraries.

16 Edith Bolling Wilson, *My Memoir* (Indianapolis and New York: Bobbs-Merrill Co., 1938–1939), 60.

17 George and George, *Woodrow Wilson and Colonel House*, 184.

18 Edith B. Wilson, *My Memoir*, 58.

19 Ibid.

20 Lansing Memorandum, Feb. 4, 1917, Robert Lansing Papers, Public Policy Papers, Department of Rare Books and Special Collections, Princeton University Libraries.

21 "Memorandum of an interview with the British Ambassador," Jan. 18, 1917, Robert Lansing Papers.

22 Page to Lansing, March 9, 1917, State Department Records, M580/118, National Archive II, College Park, Md.

23 Page to Lansing and Wilson, March 5, 1917, State Department Records, M580/118, National Archive II.

24 Diary of Edward Mandell House, Jan. 2, 1917, Edward Mandell House Papers, Manuscripts and Archives, Yale University Library.

25 Ibid.

26 Ibid., Jan. 3, 1917.

27 Ibid., Jan. 4, 1917.

28 Ibid., Jan. 11, 1917.

29 Ibid., Jan. 12, 1917.

30 Lansing Memorandum, Feb. 4, 1917.

31 House diary, Jan. 30, 1917.

32 Edith B. Wilson, 127.

33 Wiseman to Balfour, Jan. 26, 1917, Arthur Link, ed., *The Papers of Woodrow Wilson* (Princeton University Press, 1983), 41:26–27.

34 "The President to the Powers," *The Commoner* (Lincoln, Nebr.), Feb. 1917, 7.

35 Wilson to House, Jan. 24, 1917, *The Papers of Woodrow Wilson*, 41:3.

36 House to Wilson, Jan. 25, 1917, *The Papers of Woodrow Wilson*, 41:17.

第3章 "肥沃的泥土，腐败的落叶"

1 Princess Cantacuzène, *My Life Here and There* (New York: Charles Scribner's Sons, 1921), 226.

2 Ibid., 169.

3 Ibid., 11.

4 Roman Rosen, "Forty Years of a Diplomat's Life, Part 37," *Saturday Evening Post*, Oct. 30, 1920, 138.

5 This account draws heavily on Baron Rosen, *Forty Years of Diplomacy* (New York: Alfred A. Knopf, 1922), 253–273.

6 Roman Rosen, "Forty Years of a Diplomat's Life, Part 40," *Saturday Evening Post*, Feb. 26, 1921, 22.

7 Dmitry S. Likhachev, *Reflections on the Russian Soul* (Budapest: Central European University Press, 2000), 25.

8 Vladimir Nabokov, *Speak, Memory* (New York: Vintage International, 1989), 79.

9 Likhachev, *Reflections on the Russian Soul*, 25.

10 Ibid., 27.

11 Ibid., 14.

12 Nabokov, *Speak, Memory*, 43.

13 Ibid., 80.

14 Ibid., 116.

15 Ibid., 155.

16 Likhachev, *Reflections on the Russian Soul*, 22.

17 E. N. Burdzhalov, *Russia's Second Revolution*, trans. Donald J. Raleigh (Bloomington: Indiana University Press, 1987), 71.

18 Ibid., 43.

19 Ibid., 57.

20 Ibid., 70.

21 Robert Wilton, *Russia's Agony* (New York: E. P. Dutton & Co., 1919), 61.

第 4 章　"你们这帮家伙要蹲大牢了"

1 Thomas Quinn Curtiss, *The Smart Set: George Jean Nathan and H. L. Mencken* (New York: Applause Books, 1998), 116.

2 H. L. Mencken, "Berlin 1917 Diary" (unpublished manuscript), Feb. 2, 1917, Enoch Pratt Free Library, Baltimore.

3 H. L. Mencken, "Reminiscence," *Baltimore Evening Sun*, June 21, 1937.

4 Mencken diary, Feb. 1, 1917.

5 State Department Records, M367/31, National Archives II.

6 House to Wilson, Jan. 26, 1917, *The Papers of Woodrow Wilson*, 41:24–26.

7 Bernstorff to Zimmermann, Jan. 27, 1917, *The Papers of Woodrow Wilson*, 41:52.

8 Gerard to Lansing, Jan. 31, 1917, State Department Records, M567/141, National Archive II.

9 House diary, Feb. 1, 1917.

10 Lansing Memorandum, Feb. 4, 1917.

11 Mencken diary, Feb. 1, 1917.

12 Ibid., Feb. 2, 1917.

13 "Henry Mencken Cables Story of 'Ticklish Moments' in Berlin," *Baltimore Sun*, March 6, 1917.

14 Mencken diary, Feb. 10, 1917.

15 Walter Benjamin, *Berlin Childhood Around 1900* (Cambridge, Mass.: Belknap Press, 2006), 39.

16 Ibid., 70 –71.

17 Ibid., 117 and 83.

18 Ibid., 106.

19 Josephine Therese [pseud.], *With Old Glory in Berlin* (Boston: Page Company, 1918), 92–110.

20 Mencken diary, Feb. 26, 1917.

21 Therese, *With Old Glory in Berlin*, 61.

22 Mencken diary, Feb. 26, 1917.

23 Mencken diary, Feb. 2, 1917.

24 "Henry Mencken Cables Story of 'Ticklish Moments' in Berlin."

25 Therese, *With Old Glory in Berlin*, 78.

26 On all sides Mencken diary, Feb. 1, 1917.

27 "Henry Mencken Cables Story of 'Ticklish Moments' in Berlin."

28 Mencken diary, Feb. 1, 1917.

29 Ibid., Feb. 4, 1917.

30 Ibid., Feb. 1, 1917.

31 Ibid., Feb. 8, 1917.

32 Ibid., Feb. 1, 1917.

33 Ibid., Feb. 4, 1917.

34 Ibid., Feb. 6.

35 Ibid., Feb. 3, 1917.

36 Ibid., Feb. 7, 1917.

37 Ibid., Feb. 2, 1917.

38 Ibid., Feb. 6, 1917.

39 Ibid.

40 Roosevelt to A. L. Key, March 5, 1917, Theodore Roosevelt Papers.

41 Mencken diary, Feb. 4, 1917.

42 "Henry Mencken Cables Story of 'Ticklish Moments' in Berlin."

43 Mencken diary, Feb. 4, 1917.

44 Ibid., Feb. 7, 1917.

45 Ibid., Feb. 6, 1917.

46 Ibid., Feb. 11, 1917.

47 Ibid.

第 5 章　"我们必须在后面推啊推"

1 Rodney Carlisle, "The Attacks on U.S. Shipping that Precipitated American Entry into World War I," *Northern Mariner* (Ottawa), July 2007, 43–44.

2 "Captain Says U-53 Sank Housatonic," *New York Times*, Feb. 21, 1917.

3 Carlisle, "The Attacks on U.S. Shipping," 49–53.

4 "Lyman Law's Skipper Wished for 5-Pounder," *New York Times*, Feb. 19, 1917.

5 Roosevelt to Lodge, Feb. 20, 1917, Theodore Roosevelt Papers.

6 Tarbell to House, Feb. 8, 1917, Woodrow Wilson Papers, the Library of Congress.

7 "Railway Congestion," *Railway Review*, Feb. 17, 1917, 240.

8 "Lyman Law's Skipper Wished for 5-Pounder."

9 Lodge to Roosevelt, March 2, Theodore Roosevelt Papers.

10 Page to Lansing and Wilson, Feb. 24, State Department Records, M336/55, National Archives II.

11 "Plots in Mexico Seen," *Washington Post*, Feb. 5, 1917.

12 "German Blow from Mexico," *New York Times*, Feb. 9, 1917.

13 "See German Activity in Cuba and Mexico," *New York Times*, Feb. 19, 1917.

14 *The Letters of Franklin K. Lane*, ed. Anne Wintermute Lane and Louise Herrick Wall (Boston and New York: Houghton Mifflin Co., 1922) 239–241.

15 Address to a joint session of Congress, Feb. 26, 1917, *Journal of the Senate of the*

United States of America (Washington: U.S. Government Printing Office, 1917), 194–195.

16 Frazier to House, February 16, 1917, Woodrow Wilson Papers, Library of Congress.

17 Robert La Follette to Belle La Follette, March 5, 1917, La Follette Family Papers, Manuscript Division, Library of Congress.

18 Roosevelt to Lodge, Feb. 20, Theodore Roosevelt Papers.

19 "A Serious Business in Prospect," *Baltimore Sun*, March 1, 1917.

20 "Staggered by Intrigue," *Baltimore Sun*, March 2, 1917.

21 Jean Jules Jusserand to Aristide Briand, March 3, 1917, *The Papers of Woodrow Wilson*, 41:316.

22 Lodge to Roosevelt, March 2, 1917, Theodore Roosevelt Papers.

第 6 章 "他们认为：革命到来之日，即是尸山血海之时"

1 Florence MacLeod Harper, *Runaway Russia* (New York: Century Co., 1918), 10.

2 Ibid., 16.

3 Ibid., 19.

4 James L. Houghteling, Jr., *A Diary of the Russian Revolution* (New York: Dodd, Mead & Co., 1918), 3.

5 Ibid.

6 Ibid., 4.

7 Ibid., 5.

8 Ibid., 10.

9 Ibid., 12.

10 Ibid., 20.

11 Ibid, 18.

12 Harper, *Runaway Russia*, 21.

13 Ibid., 24.

14 Houghteling, 22.

15 Ibid., 19.

16 Burdzhalov, *Russia's Second Revolution*, 98.

17 Ibid.

18 Houghteling, 25.

19 Ibid., 28.

20 Ibid., 29.

21 Ibid., 30.

22 Ibid., 54–55.

23 Ibid., 59–60.

24 Ibid., 44.

25 Ibid., 52.

26 Ibid., 47–48.

27 "Russia Is Menace to Europe's Peace, Open Forum Told," *St. Paul Dispatch*, March 4, 1917.

28 "If Germany Ruled the Sea," *Washington Post*, March 15, 1917.

29 Mikhail Tereshchenko, oral interview, June 7, 1917, in Semion Lyandres, *The Fall of Tsarism* (Oxford: Oxford University Press, 2013), 252.

30 Houghteling, 61.

第 7 章　"边缘地带"

1 "Staggered by Intrigue," *Baltimore Sun*, March 2, 1917.

2 *La Follette's Magazine*, March 29, 1917, as reprinted in the *Congressional Record*, April 11, 1917.

3 This and the letters that follow are all in the La Follette Family Papers.

4 "Zimmermann Defends Act," *New York Times*, March 4, 1917.

5 *The European War* (New York: New York Times, 1917) 11:52.

6 *Chicago Journal,* March 6, 1917.

7 This and the letters that follow are in the La Follette Family Papers.

8 "The Right Way for the President to Proceed Is to Protect the Rights of Congress and the Privileges of the People," *Chicago American*, March 6, 1917.

9 Robert to Belle La Follette, March 5, La Follette Family Papers.

10 "Filibusterers Rouse Anger of the Nation," *Philadelphia Evening Ledger*, March 6, 1917.

11 Lodge to Roosevelt, March 6, 1917, Theodore Roosevelt Papers.

12 Roosevelt to J. C. O'Laughlin, March 8, 1917, Theodore Roosevelt Papers.

13 Roosevelt to Henry White, March 7, 1917, Theodore Roosevelt Papers.

14 Lenroot to Roosevelt, March 12, 1917, Theodore Roosevelt Papers.

15 Extension of remarks of Hon. John M. Nelson, *Congressional Record*, April 11, 1917, 3.

16 "Await Inaugural in Solemn Mood," *New York Times*, March 4, 1917.

17 Diary of Thomas W. Brahany, March 4, 1917, National Archives and Records Service, Franklin D. Roosevelt Library, Hyde Park, N.Y.

18 House diary, March 4, 1917.

19 Edith B. Wilson, *My Memoir*, 130.

20 "50,000 See Inauguration," *New York Times*, March 6, 1917.

21 Inaugural address, March 5, 1917.

22 Louis Gregory to Wilson, Jan. 15, 1917, Race and Segregation, Woodrow Wilson Presidential Library, Staunton, Va.

23 James Shepherd to Wilson, Jan. 23, 1917, Race and Segregation, Woodrow Wilson Presidential Library, Staunton, Va.

24 "50,000 See Inauguration."

25 Ibid.

26 House diary, March 5, 1917.

27 Diary of Josephus Daniels, March 5, 1917, Josephus Daniels Papers, Southern Historical Collection, Wilson Library, University of North Carolina at Chapel Hill.

28 House diary, March 5, 1917.

29 *Baltimore Sun,* March 5, 1917.

第8章 "我不要,先生,老板"

1 "Officer Wounded by Negro Woman, Lynching Follows," *New Orleans Times-Picayune,* March 1, 1917.

2 "Lynchings: By Year and Race," http://law2.umkc.edu/faculty/projects/ftrials/shipp/lynchingyear.html, retrieved Dec. 11, 2015.

3 "Out of Chain Gang; Lynched," *Baltimore Sun,* March 2, 1917.

4 "Negro Killed Fighting Posse," *New Orleans Times-Picayune,* March 18, 1917.

5 "Joe Rout Caught by a Posse Near Scene of Murder," *New Orleans Times-Picayune,* March 26, 1917.

6 "Man with Negroes Held in Brookhaven," *New Orleans Times-Picayune,* March 17, 1917.

7 "Negroes' Side of Migration," *Christian Science Monitor,* May 12, 1917.

8 "Negro Shot Dead While Attempting to Escape Arrest," *Palm Beach Post,* March 8, 1917.

9 David Mannes, *Music Is My Faith* (New York: W. W. Norton & Co., 1938), 218.

10 Lawrence T. Carter, *Eubie Blake: Keys of Memory* (Detroit: Balamp Publishing, 1979), 75.

11 "The Great Royal Poinciana Hotel," advertisement in the *Palm Beach Post,* March 17, 1917.

12 Palm Beach Post, March 3, 1917.

13 "4,000 at Birthday Fete in Palm Beach," *New York Times,* Feb. 23, 1917.

14 "At the Movies," *Palm Beach Post*, March 13, 1917.

15 Rev. W. J. Carpenter, "Blinded Hero of Dardanelles Lectures on Meaning of War," *Palm Beach Post*, March 9, 1917.

16 "Social Notes," *Palm Beach Post*, March 19, 1917.

17 Irene Castle McLaughlin, "Jim Europe—A Reminiscence," *Opportunity*, March, 1935, p. 90.

18 Love to Noble Sissle, Jan. 28, 1920, James Reese Europe collection, Schomburg Center for Research in Black Culture, New York Public Library.

19 Noble Sissle, "Jim Europe—A Memoir" (unpublished manuscript), 27, James Reese Europe collection.

20 Grenville Vernon, "That Mysterious 'Jazz,'" *New York Tribune*, March 30, 1919.

21 Sissle, "Jim Europe—A Memoir," 27.

22 Gunther Schuller, *Early Jazz: Its Roots and Musical Development* (New York: Oxford University Press, 1968), 248.

23 Sissle, "Jim Europe—A Memoir," 36.

24 "That Mysterious 'Jazz.'"

25 Schuller, *Early Jazz*, 250.

26 *Chicago Daily Tribune*, July 11, 1915.

27 "That Mysterious 'Jazz.'"

28 Al Rose, *Storyville, New Orleans: Being an Authentic Account of the Notorious Red-Light District* (Tuscaloosa: University of Alabama Press, 1974), 84.

第9章 "一种令人身临其境的愉悦氛围"

1 H. L. Mencken, "Berlin 1917 Diary," Feb. 13, 1917.

2 Ibid., Feb. 15, 1917.

3 Ibid., Feb. 12, 1917.

4 Ibid., Feb. 15, 1917.

5 Frazier to House, Feb. 16, 1917, Woodrow Wilson Papers, Library of Congress.

6 Mencken diary, March 2, 1917.

7 H. L. Mencken, "'The Diary of a Retreat'; Headed for Sunny Spain," *Baltimore Sun*, March 19, 1917. The word "fugitives" was added when the *Sun* published excerpts of Mencken's diary.

8 Mencken to Ernest Boyd, Feb. 19, 1917, from Carl Bode, ed., *The New Mencken Letters* (New York: Dial Press, 1977), 70.

9 Mencken diary, Feb. 17, 1917.

10 Ibid., Feb. 18, 1917.

11 House to Wilson, Feb. 10, 1917, Woodrow Wilson papers, Library of Congress.

12 Langhorne to Lansing, Feb. 4, 1917, State Department Records, M367/31, National Archives II.

13 H. L. Mencken, "'The Diary of a Retreat'; Steaming Toward Home," *Baltimore Sun*, March 21, 1917. The sentence about doing the same sort of propaganda work was added when the *Sun* published excerpts of Mencken's diary.

14 Mencken to Boyd, Feb. 19, 1917, *The New Mencken Letters*.

15 Mencken diary, Feb. 21, 1917.

16 Ibid., Feb. 24, 1917.

17 Ibid., Feb. 23, 1917.

18 Ibid., Feb. 24, 1917.

19 H. L. Mencken, "'The Diary of a Retreat' Brought to a Conclusion," *Baltimore Sun*, March 22, 1917. The phrase "a lamentable business" to describe the sinking of the *Laconia* was added when the *Sun* published this excerpt.

20 H. L. Mencken, *Heathen Days* (New York: Alfred A. Knopf, 1975), 164.

21 Albert James Norton, *Norton's Complete Handbook of Havana and Cuba* (Chicago and New York: Rand, McNally & Co., 1900), 167.

22 "Bulk of Our Fleet Is in West Indies," *New York Times*, Feb. 3, 1917.

23 House to Wilson, Feb. 13, Woodrow Wilson papers, Library of Congress.

24 "Lansing Warns Cuba on Revolt," *New York Times*, Feb. 13, 1917.

25 "Call Volunteers to Quell Revolt in Interior Cuba," *New York Times*, Feb. 14, 1917.

26 "Wilson Will Uphold Integrity of Cuba," *New York Times*, Feb. 15, 1917.

27 Raoul E. Desvernine, "Cuba's Future," *New York Times*, Feb. 21, 1917.

28 "Wilson Will Uphold Integrity of Cuba."

29 "Watching Cuba Closely," *New York Times*, Feb. 17, 1917.

30 "Menocal and Gomez," *New York Times*, Feb. 23, 1917.

31 Claudia Lightfoot, *Havana: A Cultural and Literary Companion*, (Brooklyn, N.Y., and Northampton, Mass.: Interlink Book, 2002), 42.

32 "Cuban Rebels Want American Intervention," *New York Times*, Feb. 25, 1917.

33 H. L. Mencken, "Intervention Issue in Cuba," *Baltimore Sun*, March 12, 1917.

34 Mencken, *Heathen Days*, 171.

35 H. L. Mencken, "Blow Dealt Cuban Rebels," *Baltimore Sun*, March 13, 1917.

36 Menocal to Wilson, March 5, 1917, Woodrow Wilson papers, Library of Congress.

37 Mencken, *Heathen Days*, 174.

第10章 "我们正坐在火山口上"

1 "Dinner to Miss Jeannette Rankin," *New York Times*, Feb. 28, 1917.

2 Joan Hoff Wilson, "Jeannette Rankin and American Foreign Policy: The Origins of her Pacifism," *Montana the Magazine of Western History*, Winter 1980, 33.

3 Ibid.

4 American Federation of Labor Records, Manuscript Division, Library of Congress.

5 House diary, Feb. 24, 1917.

6 *Philadelphia Evening Ledger,* "Student Pacifism Alarms Columbia Faculty," March 6, 1917.

7 "Pupils Strike When Called on to Honor Flag," *New York Tribune*, March 8, 1917.

8 A. B. Poland to Calvin Kendall, March 17, 1917, Theodore Roosevelt Papers.

9 *Baltimore Sun*, "Another Won't Salute," March 10, 1917.

10 "A Woman Congressman," undated, Woman's Peace Party Records, Swarthmore College Peace Collection.

11 Wilson, "Jeannette Rankin and American Foreign Policy," 37.

12 "Our Busy 'Congresswoman,'" *Literary Digest*, Aug. 11, 1917, 43.

13 Samuel Gompers to Fred Fuillet, Feb. 3, 1917, AFL Records.

14 "Brotherhoods Declare Supreme Court's Delay Will Be Overt Act," *Railway Review*, March 3, 1917, 287.

15 "The Threatened Strike," *Railway Review*, March 17, 1917, 376.

16 Untitled, *Railway Review*, March 10, 1917, 336.

17 Untitled, *Railway Review*, March 24, 1917, 428.

18 "Freight Strike May Grow," *New York Times*, March 10, 1917.

19 *New York Evening World*, March 14, 1917.

20 William Wilson to Tumulty, March 15, 1917, *The Woodrow Wilson Papers*, 41:412.

21 Willard to Gompers, March 15, 1917, AFL Records.

22 Gompers to Fuillet, Feb. 3, 1917, AFL Records.

23 Hill to Stewart, March 16, 1917, Montana Governors' Papers, Box 17, Folder 2, Montana Historical Society Research Center, Archives.

24 "Hand of Germany Seen in Decision to Force Strike," *New Orleans Times-Picayune*, March 17, 1917.

25 Tumulty to Wilson, March 16, 1917, *The Woodrow Wilson Papers*, 41:414.

26 Brahany diary, March 17, 1917.

27 Wilson to the National Conference Committee of the Railways, March 16, 1917, *The Woodrow Wilson Papers*, 41:414.

28 Brahany diary, March 19, 1917.

29 Carlisle, "The Attacks on U.S. Shipping," 56.

30 Roosevelt to William Haggard, March 14, 1917, Theodore Roosevelt Papers.

31 *New York Tribune*, March 16, 1917.

第11章 "哥萨克们驱着马儿，到处横冲直撞"

1 Harper, *Runaway Russia*, 25.

2 David R. Francis, *Russia from the American Embassy* (New York: Charles Scribner's Sons, 1921), 56.

3 Jane McDermid and Anna Hillyar, *Midwives of the Revolution* (Athens: Ohio University Press, 1999), 128–129.

4 Burdzhalov, 85.

5 Petr Gerasimov, oral interview, May 9, 1917, in Lyandres, 90.

6 Burdzhalov, 107.

7 Aleksandr Chikolini, oral interview, May 5, 1917, in Lyandres, 72.

8 Burdzhalov, 113.

9 Ibid., 119.

10 Francis, 58.

11 Harper, *Runaway Russia*, 28.

12 Ibid., 29.

13 Burdzhalov, 126.

14 Burdzhalov, 126.

15 Burdzhalov, 127.

16 Mikhail Rodzianko, oral interview, May 16, 1917, in Lyandres, 108.

17 Burdzhalov, 147.

18 Harper, *Runaway Russia*, 38.

19 *The Russian Provisional Government 1917: Documents*, ed. Robert Paul Browder and Alexander F. Kerensky (Stanford, Calif.: Stanford University Press, 1961), 1:40.

20 Burdzhalov, 166.

21 Ibid., 169.

22 Houghteling, 63.

23 Ibid., 68.

24 Ibid., 76.

25 Ibid., 71.

26 Ibid., 72.

27 Browder and Kerensky, 1:42.

28 Francis, 83.

29 Burdzhalov, 201.

30 Gerasimov interview, in Lyandres, 91.

31 Nikolai Nekrasov, oral interview, May 25, 1917, in Lyandres, 148–149.

32 Houghteling, 74.

33 Ibid., 76.

34 Francis, 62.

35 Burdzhalov, 223.

36 Sergei Mstislavskii, *Five Days Which Transformed Russia* (Bloomington and Indianapolis: Indiana University Press, 1988), 31.

37 Houghteling, 80.

38 Matvei Skobelev, oral interview, May 29, 1917, in Lyandres, 188.

39 Leon Trotsky, *History of the Russian Revolution*, trans. Max Eastman (New York: Simon & Schuster, 1936), 138.

40 Roman Rosen, "Forty Years of a Diplomat's Life, Part 38," *Saturday Evening Post*, Nov. 20, 1920, 18.

41 Ibid., 108.

42 Burdzhalov, 295.

43 Ibid., 297.

第12章 "为了让全人类都能过上更好的日子"

1 "Russia the Democratic," *The Outlook*, March 28, 1917, 542.

2 "Revolt May Make Sloane Pro-Ally," *New York Times*, March 19, 1917.

3 Marguerite Harrison, "Symphony a Triumph," *Baltimore Sun*, Dec. 9, 1916.

4 Marguerite Harrison, "New York Symphony," *Baltimore Sun*, Feb. 8, 1917.

5 Marguerite Harrison, "Paderewski in Recital," *Baltimore Sun*, Jan. 19, 1917.

6 Marguerite Harrison, "Boston Symphony Orchestra," *Baltimore Sun*, Feb. 15, 1917.

7 House diary, Jan. 6, 1917.

8 House diary, Jan. 12, 1917.

9 House diary, Jan. 15, 1917.

10 Sir William Wiseman to Sir Cecil Arthur Spring Rice, March 6, 1917, *The Woodrow Wilson Papers*, 41:347.

11 House to Wilson, March 17, 1917, Woodrow Wilson papers, the Library of Congress.

12 Lansing to Wilson, March 19, 1917, Robert Lansing Papers.

13 "12,000 Cheer for Hard-Hitting War," *New York Times*, March 23, 1917.

14 "Root Predicts Fall of Central Rulers," *New York Times*, March 26, 1917.

15 Pou to Roosevelt, April 2, 1917, Theodore Roosevelt Papers.

16 Symmes to Roosevelt, April 7, 1917, Theodore Roosevelt Papers.

17 "Czar's Abdication Was Talked of Months Ago," *New York Times*, March 18, 1917.

18 "Hapgood Writes of Russia—A Land Come Into Its Own," *Baltimore Sun*, March 25, 1917.

19 George Kennan, "The Victory of the Russian People," *The Outlook*, March 28, 1917, 546–547.

20 "Russia, the Democratic," *The Outlook*, March 28, 1917, 542.

21 "10,000 Jews Here Laud Revolution," *New York Times*, March 21, 1917.

22 "Jewish People Rejoicing Over the New Russia," *Christian Science Monitor*, March

23, 1917.

23 "Jews in Favor of Allies, Says Oscar Straus," *Christian Science Monitor*, March 31, 1917.

24 "Sees Zionism's End in Russian Revolt," *New York Times*, April 5, 1917.

25 Wilson to Rosenwald, March 28, 1917, Woodrow Wilson papers, the Library of Congress.

26 Robert Lansing, "The Conduct of American Foreign Affairs, 1915–1920," Pt. 2, Chap. 7, 137 (unpublished and undated manuscript), Robert Lansing Papers.

27 John Reed, "Russia," *The Masses*, May, 1917, 6.

28 "The Russian Revolution," *The Outlook*, March 28, 1917, 545.

29 Kennan, "The Victory of the Russian People."

30 Samuel Harper to Richard Crane, telegram, March 16, 1917, Woodrow Wilson Papers, Library of Congress.

31 "Revolution in Russia," *Spring field Republican*, March 16, 1917.

32 "Russia and Peace," *Spring field Republican*, March 18, 1917.

33 Moreton Frewen to Roosevelt, March 22, 1917, Theodore Roosevelt Papers.

34 "Calls People War Weary," *New York Times*, March 16, 1917.

第13章 "除了不幸的生命外，再也没有什么可以失去"

1 C. P. Connolly, "The Fight for the Minnie Healy," *McClure's Magazine*, July 1907, 331.

2 Carrie Wallace to Rankin, April 3, 1917, Jeannette Rankin Papers, MC 147, Box 10, Folder 1.

3 John Doran to Rankin, July 3, 1917, Jeannette Rankin Papers, MC 147, Box 1, Folder 8.

4 Mrs. H. N. Kennedy to Rankin, June 23, 1917, Jeannette Rankin Papers, MC 147, Box 1, Folder 8.

5 Harold Livesay, *Samuel Gompers and Organized Labor in America* (Boston: Little,

Brown & Co., 1978), 11, 92.

6 Gompers to Executive Council, Feb. 28, 1917, AFL Records.

7 Woodson to Gompers, Feb. 10, 1917, AFL Records.

8 McGovern to Gompers, March 15, 1917, AFL Records.

9 Arthur Meyer to Gompers, March 19, 1917, AFL Records.

10 Marsden Scott to Gompers, March 28, 1917, AFL Records.

11 E. J. Buchet to Gompers, March 13, 1917, AFL Records.

12 W.A. Goode to Gompers, March 29, 1917, AFL Records.

13 Albert Gough to Gompers, March 9, 1917, AFL Records.

14 W. S. Morrow to Rankin, March 3, 1917, Jeannette Rankin Papers, MC 147, Box 10, Folder 1.

15 R. T. Cookingham to Rankin, April 2, 1917, Jeannette Rankin Papers, MC 147, Box 10, Folder 1.

16 Alpra L. Longley to Rankin, March 30, 1917, Jeannette Rankin Papers, MC 147, Box 10, Folder 1.

17 Coit to Rankin, Feb. 3, 1917, Jeannette Rankin Papers, MC 147, Box 10, Folder 1.

18 Cameron to J. H. Price, in Evelyn J. Cameron diary, 1917, MC 226, Box 6, Folder 5, Montana Historical Society Research Center, Archives.

19 from the King James Version of the Bible:

> Fret not thyself because of evildoers, neither be thou envious against the workers of iniquity.
>
> 2 For they shall soon be cut down like the grass, and wither as the green herb.
>
> 3 Trust in the Lord, and do good; so shalt thou dwell in the land, and verily thou shalt be fed.
>
> 4 Delight thyself also in the Lord: and he shall give thee the desires of thine heart.
>
> 5 Commit thy way unto the Lord; trust also in him; and he shall bring it to pass.
>
> 6 And he shall bring forth thy righteousness as the light, and thy judgment as the noonday.
>
> 7 Rest in the Lord, and wait patiently for him: fret not thyself because of him who prospereth in his way, because of the man who bringeth wicked devices to pass.
>
> 8 Cease from anger, and forsake wrath: fret not thyself in any wise to do evil.
>
> 9 For evildoers shall be cut off: but those that wait upon the Lord, they shall inherit the earth.

10 For yet a little while, and the wicked shall not be: yea, thou shalt diligently consider his place, and it shall not be.

11 But the meek shall inherit the earth; and shall delight themselves in the abundance of peace.

12 The wicked plotteth against the just, and gnasheth upon him with his teeth.

13 The Lord shall laugh at him: for he seeth that his day is coming.

14 The wicked have drawn out the sword, and have bent their bow, to cast down the poor and needy, and to slay such as be of upright conversation.

15 Their sword shall enter into their own heart, and their bows shall be broken.

16 A little that a righteous man hath is better than the riches of many wicked.

17 For the arms of the wicked shall be broken: but the Lord upholdeth the righteous.

18 The Lord knoweth the days of the upright: and their inheritance shall be for ever.

19 They shall not be ashamed in the evil time: and in the days of famine they shall be satisfied.

20 But the wicked shall perish, and the enemies of the Lord shall be as the fat of lambs: they shall consume; into smoke shall they consume away.

21 The wicked borroweth, and payeth not again: but the righteous sheweth mercy, and giveth.

22 For such as be blessed of him shall inherit the earth; and they that be cursed of him shall be cut off.

23 The steps of a good man are ordered by the Lord: and he delighteth in his way.

24 Though he fall, he shall not be utterly cast down: for the Lord upholdeth him with his hand.

25 I have been young, and now am old; yet have I not seen the righteous for- saken, nor his seed begging bread.

26 He is ever merciful, and lendeth; and his seed is blessed.

27 Depart from evil, and do good; and dwell for evermore.

28 For the Lord loveth judgment, and forsaketh not his saints; they are preserved for ever: but the seed of the wicked shall be cut off.

29 The righteous shall inherit the land, and dwell therein for ever.

30 The mouth of the righteous speaketh wisdom, and his tongue talketh of judgment.

31 The law of his God is in his heart; none of his steps shall slide.

32 The wicked watcheth the righteous, and seeketh to slay him.

33 The Lord will not leave him in his hand, nor condemn him when he is judged.

34 Wait on the Lord, and keep his way, and he shall exalt thee to inherit the land: when the wicked are cut off, thou shalt see it.

35 I have seen the wicked in great power, and spreading himself like a green bay tree.

36 Yet he passed away, and, lo, he was not: yea, I sought him, but he could not be found.

37 Mark the perfect man, and behold the upright: for the end of that man is peace.

38 But the transgressors shall be destroyed together: the end of the wicked shall be cut off.

39 But the salvation of the righteous is of the Lord: he is their strength in the time of trouble.

40 And the Lord shall help them, and deliver them: he shall deliver them from the wicked, and save them, because they trust in him.

20 W. Jobes to Roosevelt, Feb. 19, 1917, Theodore Roosevelt Papers.

21 "Trained Regiments of Volunteers to Be Ready in West," *New York Tribune*, Feb. 28, 1917.

22 "To Raise Army Through West," *Farmington* (Missouri) *Times*, March 30, 1917

23 "Arizonians to Be in Division Roughriders," *Arizona Republican*, April 9, 1917.

24 Butte Local No. 1 to Rankin, April 1, 1917, Jeannette Rankin Papers, MC 147, Box 10, Folder 8.

25 J. W. Gillette to Rankin, March 31, 1917, Jeannette Rankin Papers, MC 147, Box 10, Folder 1.

26 John Mattson to Rankin, March 21, 1917, Jeannette Rankin Papers, MC 147, Box 10, Folder 1.

27 Rankin to J. W. Hamblock, March 10, 1917, Jeannette Rankin Papers, MC 147, Box 10, Folder 1.

28 Rankin to James L. Kirby, March 26, 1917, Jeannette Rankin Papers, MC 147, Box 10, Folder 1.

第 14 章 "伟大的世界解放运动领袖"

1 Brahany diary, March 17, 1917.

2 Edith B. Wilson, 131.

3 Ibid., March 29, 1917.

4 Lansing to Wilson, March 17, 1917, Woodrow Wilson Papers, Library of Congress.

5 "Patriotism Holds Sway at Dinner of St. Patrick Society," *Brooklyn Daily Eagle*, March 18, 1917.

6 "America First to Recognize the New Russia," *New York Times*, March 25, 1917.

7 "Railway Strike Order Held Up 48 Hours," *Philadelphia Evening Ledger*, March 17, 1917.

8 "Ex-Czar Owns $50,000,000 Here," *Philadelphia Evening Ledger*, March 19, 1917.

9 House diary, March 17, 1917.

10 Ibid., March 9, 1917.

11 House diary, March 17.

12 Carlisle, "The Attacks on U.S. Shipping," *Northern Mariner*, July 2007, 57.

13 "Submarine Trailed Vigilancia's Boats," *New York Times*, April 2, 1917.

14 Lodge to Roosevelt, March 19, 1917, Theodore Roosevelt Papers.

15 Brahany diary, March 19, 1917.

16 Ibid., March 25, 1917.

17 Lansing to Wilson, March 19, 1917, *The Woodrow Wilson Papers*, 41:425.

18 Memorandum by Robert Lansing, March 20, 1917, Robert Lansing Papers.

19 Lansing to House, March 19, 1917, *The Woodrow Wilson Papers*, 41:429–430.

20 Daniels diary, March 19, 1917.

21 Lansing to Wilson, March 19, 1917, Robert Lansing Papers.

22 Memorandum by Robert Lansing, March 20, 1917.

23 Lansing Memorandum, March 20, 1917.

24 Brahany diary, March 9, 1917.

25 Lansing Memorandum, March 20, 1917.

26 Daniels diary, March 20, 1917.

27 Lansing Memorandum, March 20, 1917.

28 Daniels diary, March 20, 1917.

29 Lansing Memorandum, March 20, 1917.

30 Brahany diary, March 20, 1917.

31 "Attractions at the Washington Theaters," *Washington Post*, March 20, 1917.

第 15 章　"您衣兜里揣着一支小手枪是一点问题也没有的"

1 "Colonel at Flower Show: Urges Preparedness, Drinks Tea, and Has His Picture Taken," *New York Times*, March 21, 1917.

2 "War Call Sounded by Col. Roosevelt," *New York Times*, March 20, 1917.

3 "Present Medal to Roosevelt; Colonel Tells Geographical Society This Is No Country for Pacifists," *New York Times*, March 21, 1917.

4 "Would Strike at Once," *New York Times*, March 21, 1917.

5 Lodge to Roosevelt, March 20, 1917, Theodore Roosevelt Papers.

6 "Whose War?" *The Masses*, April 1917, 11.

7 Grace Abbott and Fred A. Moore to Woodrow Wilson, undated, Emergency Anti-War Committee (Chicago, Illinois) Collected Records, Peace Collection, Swarthmore College Library.

8 Edward F. Sanderson to Roosevelt, Feb. 21, 1917, Theodore Roosevelt Papers.

9 "Roosevelt Scorns Debate with Bryan," *New York Times*, March 5, 1917.

10 "Dr. Grant Challenges Col. Roosevelt's View," *New York Times*, March 25, 1917.

11 "Wall Denounces War Dog Menace," *Quincy (Illinois) Daily Journal*, March 6, 1917.

12 Louis Lochner to LaFollette, March 10, 1917, LaFollette Family Papers.

13 C. S. Eckert to LaFollette, March 12, 1917, LaFollette Family Papers.

14 Emergency Anti-War Committee (Chicago, Illinois) Collected Records, Peace Collection, Swarthmore College Library.

15 "A Message from the Religious Society of Friends (Quakers) in America," *Baltimore Sun*, March 20, 1917.

16 David Starr Jordan to Roosevelt, March 21, 1917, Theodore Roosevelt Papers.

17 Roosevelt to Jordan, March 23, 1917, Theodore Roosevelt Papers.

18 House diary, March 25, 1917.

19 "Socialists Conservative," *New York Times*, March 5, 1917.

20 Amos Pinchot, "For 'A Strongly Defensive Policy'" *New York Evening Post*, March 27, 1917.

21 Langdon Marvin to Theodore Roosevelt, March 19, 1917, Theodore Roosevelt Papers.

22 "Roosevelt to Hunt Florida Devilfish," *New York Times*, March 24, 1917.

23 Atlantic Coast Line Railroad Company confirmation, March 1, 1917, Theodore Roosevelt Papers.

24 Theodore Roosevelt, "Harpooning Devilfish," *Scribner's*, Sept. 1917, 301.

25 Coles to Roosevelt, Feb. 22, 1917, Theodore Roosevelt Papers.

26 Coles to Roosevelt, March 11, 1917, Theodore Roosevelt Papers.

27 Coles to Roosevelt, March 7, 1917, Theodore Roosevelt Papers.

28 Coles to Roosevelt, Feb. 28, 1917, Theodore Roosevelt Papers.

29 "Correspondence of Theodore Roosevelt and the Secretary of War," *Metropolitan*, August 1917, 23.

30 "Colonel Would Lead a Division in France," *New York Times*, March 25, 1917.

31 Theodore Roosevelt, "Harpooning Devilfish," *Scribner's*, Sept. 1917, 296–305.

第 16 章　"如同一条发洪水的河流一般"

1 Nekrasov interview in Lyandres, 150.

2 Burdzhalov, 303.

3 Houghteling, 113–119.

4 Trotsky, *History of the Russian Revolution*, 158.

5 Mstislavskii, 74.

6 Ibid., 64.

7 Burdzhalov, 256.

8 Trotsky, *History of the Russian Revolution*, 276.

9 Francis, 88.

10 Houghteling, 162–164.

11 Trotsky, *History of the Russian Revolution*, 239–241.

12 Ibid., 144.

13 Harold Williams, "War Council Runs Russia's Army," *New York Times*, March 28, 1917.

14 Helen Azar, *The Diary of Olga Romanov* (Yardley, Pa.: Westholme, 2014), 90.

15 This account is taken from Mstislavskii, 81–106.

第 17 章 "痛斥一场地震"

1 House diary, March 22, 1917.

2 House to Lansing, March 20, 1917, State Department Records, M367/31, National Archives II.

3 Brahany diary, March 21, 1917.

4 "Country's Call for War Before Congress April 2," *Philadelphia Evening Ledger*, March 24, 1917.

5 House diary, March 22, 1917.

6 Ibid., Jan. 6 and Feb. 1, 1917.

7 "12,000 Cheer for Hard-Hitting War," *New York Times*, March 23, 1917.

8 "Three Fights Mark Big Peace Meeting," *New York Times*, March 25, 1917.

9 Lee Keedick to Rankin, March 22, 1917, Jeannette Rankin Papers, MC 147, Box 9, Folder 8.

10 "Congresswoman Is Silent as to War," *St. Paul Daily News*, March 31, 1917.

11 Harriet Thomas to Jane Addams, March 24, 1917, Woman's Peace Party Records, Swarthmore College Peace Collection, mf reel 113:10, Wilmington, DE: Scholarly Resources, Inc.

12 "War Offer Causes War for the Suffs," *New York Sun*, Feb. 9, 1917.

13 Carrie Chapman Catt to Joseph Tumulty, Jan. 19, 1917. Carrie Chapman Catt Papers, Library of Congress.

14 Letter to *Dallas Evening Journal*, June 4, 1917, Catt Papers.

15 National Service Schools collection, Woodrow Wilson Presidential Library, Staunton, Va.

16 "Uncle Sam's First Woman Navy Officer Proudly Happy," *Philadelphia Evening Ledger*, March 22, 1917.

17 "Rose Pastor Stokes Quits the Pacifists," *New York Times*, March 18, 1917.

18 Byron DeForest to Rankin, March 26, 1917, Jeannette Rankin Papers, MC 147, Box 10, Folder 1.

19 Gertrude Sloane to Rankin, April 2, 1917, Jeannette Rankin Papers, MC 147, Box 10, Folder 1.

20 Swinnerton to Rankin, April 2, 1917, Jeannette Rankin Papers, MC 147, Box 10, Folder 1.

21 Welles to Rankin, March 26, 1917, Jeannette Rankin Papers, MC 147, Box 10, Folder 1.

22 Woods to Rankin, March 31, 1917, Jeannette Rankin Papers, MC 147, Box 10, Folder 1.

23 Wilson to Rankin, March 31, 1917, Jeannette Rankin Papers, MC 147, Box 10, Folder 1.

24 Sissle, "Jim Europe—A Memoir," 48–50.

25 Ibid., 51.

26 Du Bois to Moritz Schanz, Oct. 9, 1914, W. E. B. Du Bois Papers, Special Collections and University Archives, University of Massachusetts Amherst Libraries.

27 "Colored Folk Are Loyal, Says Leader," *Washington Post*, April 6, 1917.

28 "Says Negroes Are Loyal," *New York Times*, April 6, 1917.

29 "Loyalty," *The Crisis*, May 1917, 8.

30 "The World Last Month," *The Crisis*, May 1917, 8.

31 "Negro's Idea of Loyalty Called Rebuke to Whites," *Louisville Courier-Journal*, March 21, 1917.

32 J. W. Hudspeth to Roosevelt, March 9, 1917, Theodore Roosevelt Papers.

33 Charles W. Anderson to Roosevelt, April 4, 1917, Theodore Roosevelt Papers.

34 "Negro Loyalty in the Present Crisis," *New York Age*, March 29, 1917.

35 Joel Spingarn to Du Bois, Feb. 26, 1917, W. E. B. Du Bois Papers.

36 "Tells Negroes to Wage a Bloodless War for Their Constitutional Rights," *New York Age*, March 29, 1917.

第18章 "表面上装作很爱国"

1 "See Plot to Paralyze Pennsylvania R.R.," *New York Times*, March 11, 1917.

2 "Militia Assigned to Active Duty on River Front," *New Orleans Times-Picayune*, March 29, 1917.

3 "Proclamation," *New Orleans Times-Picayune*, March 30, 1917.

4 "Flag Insulter Jailed," *New Orleans Times-Picayune*, March 28, 1917.

5 "Woman Arrested as Spy Suspect," *New Orleans Times-Picayune*, March 24, 1917.

6 House diary, March 23, 1917.

7 "Rally to Your Country's Help," advertisement in *New Orleans Times-Picayune*, March 24, 1917.

8 "Bishop Prophecies War," *Baltimore Sun*, March 3, 1917.

9 *New Orleans Times-Picayune*, March 9, 1917.

10 Robert Maxwell, "Bill Killefer, Sailing with Phils, Defies Nor'easter in Low Shoes; Then is Seasick Hugging Boiler," *Philadelphia Evening Ledger*, March 8, 1917.

11 Robert Maxwell, "Paul Fittery, Salt Lake Rookie, Awarded 'P,' Standing for Pitcher, on Phillies' Squad," *Philadelphia Evening Ledger*, March 20, 1917.

12 "Perhaps Training in Military Tactics Will Assure Good Marching on Opening Day," *Philadelphia Evening Ledger*, March 24, 1917.

13 *Everyman at War*, ed. Charles Benjamin Purdom (London: J. M. Dent, 1930), 101, 105.

14 Ibid., 121.

15 H. L. Mencken diary, Feb. 16, 1917.

16 "Tells of War's Horrors," *Baltimore Sun*, March 3, 1917.

17 "G.A.R. Commander Calls Europe's War Wholesale Murder," *New Orleans Times-Picayune*, March 11, 1917.

18 Granville Fortescue, "Why America Must Fight if War Is Declared," *Washington Post*, March 18, 1917.

19 Joyce Kilmer, "How the War Changed a Vorticist Sculptor," *New York Times*, June 25, 1916.

20 Marguerite Harrison, *There's Always Tomorrow* (New York: Farrar & Rinehart, 1935), 66.

21 Ibid., 84.

22 Ibid., 82.

23 Ibid., 91.

24 Ibid., 85.

25 https://www.youtube.com/watch?v=O0AD8___Aq4.

26 George Creel, *How We Advertised America* (New York: Harper & Brothers, 1920), 84–98.

27 "Gerard Warns Public War Will Be Serious," *Baltimore Sun*, March 31, 1917.

28 Mencken to Joseph Hergesheimer, March 1917, in *The New Mencken Letters*, ed. Carl Bode (New York: Dial Press, 1977), 71.

29 H. L. Mencken, "Ludendorff," *The Atlantic*, June 1917.

30 H. L. Mencken, *A Book of Prefaces*, 3rd ed. (New York: Alfred A. Knopf, 1920), 198.

31 Ibid., 233.

32 Ibid., 236–237.

33 Roosevelt to Wilfred Osgood, Feb. 23, 1917, Theodore Roosevelt Papers.

34 Roosevelt to John Moffat, March 15, 1917, Theodore Roosevelt Papers.

35 "Inscription by Colonel Roosevelt," March 10, 1917, Theodore Roosevelt Papers.

第19章 "日子好过起来"

1 "Russian Radical Detained," *New York Times*, April 11, 1917.

2 Harper, *Runaway Russia*, 198–204.

3 Houghteling, 180.

4 Ibid., 172–173.

5 Princess Cantacuzène, *Russian People: Revolutionary Recollections* (New York: Charles Scribner's Sons, 1920), 164.

6 Ibid., 317.

7 Ibid., 234.

8 Ibid., 61.

9 Mark D. Steinberg, *Voices of Revolution, 1917* (New Haven, Conn.: Yale University Press, 2001), 138.

10 Cantacuzène, *Russian People*, 113.

11 Pauline S. Crosley, *Intimate Letters from Petrograd* (New York: E. P. Dutton & Co., 1920), 42.

12 Ibid., 181–182.

13 Ibid., 221.

14 "100,000 Siberian Exiles, Freed by Duma Government, Dashing Across the Snow to New Russia," *Washington Post*, April 4, 1917.

15 Steinberg, 86–87.

16 Skobelev interview in Lyandres, 195.

17 Steinberg, 107.

18 Russian government estimates in the report of the Root Commission, Elihu Root Papers, Manuscript Division, Library of Congress.

19 Rosen, "Forty Years of a Diplomat's Life, Part 38," *Saturday Evening Post*, Nov. 20, 1920, 110.

20 Skobelev interview in Lyandres, 204.

21 Maxim Gorky, essay for *Novaya Zhizn*, July 12, 1917, in Untimely Thoughts (New York: Paul S. Eriksson, 1968), 67.

22 Gorky, essays for *Novaya Zhizn*, May 1–6, 1917, in Untimely Thoughts, 6–16.

23 Houghteling, 194.

第 20 章 "盖子一直被捂得紧紧的"

1 This account is drawn from Elting Morrison, *Admiral Sims and the Modern American Navy* (New York: Houghton Mifflin Co., 1942), which in turn relied on "Hearings Before the Subcommittee of the Committee on Naval Affairs," United States Senate, 1920.

2 "Suffragists in U.S. Buoyed by British Action," *Washington Times*, March 29, 1917.

3 "Socialists Oppose Budget," *Baltimore Sun*, March 30, 1917.

4 "German Chancellor, Defending U-Boat War, Says That if U.S. Chooses to Enter Conflict German Nation 'Shall Also Overcome This,'" *Baltimore Sun*, March 30, 1917.

5 "Defends Attempt to Win Carranza," *New York Times*, March 31, 1917.

6 James O'Donnell Bennett, "Germany Sees War Act by U.S. as 'Foregone Conclusion,'" *Chicago Tribune*, March 31, 1917.

7 "Cry for Democracy Rising in Germany," *New York Times*, April 4, 1917.

8 Brahany diary, March 31, 1917.

9 This and subsequent letters are from the La Follette Family Papers at the Library of Congress.

10 Daniels diary, March 10, 1917.

11 "Pinchot Hopes Tax Will Prevent War," *New York Times*, April 2, 1917.

12 Wilson to Hitchcock, March 31, 1917, Woodrow Wilson Papers, the Library of Congress.

13 Brahany diary, March 31, 1917.

第 21 章　"当人类世界因战争而疯狂的时候"

1 "House Welcomes Woman Member," *Philadelphia Evening Ledger*, April 2, 1917.

2 "Miss Rankin Stands by the Republicans," *New York Times*, April 2, 1917.

3 "House Welcomes Woman Member."

4 "House Elects Clark Again," *New York Times*, April 3, 1917.

5 House diary, March 27, 1917.

6 Ibid., March 28, 1917.

7 Edith B. Wilson, 67.

8 House diary, April 2, 1917.

9 "Pacifist Is Beaten Following Attack on Veteran Solon," *Washington Times*, April 2, 1917.

10 Lodge to Roosevelt, April 4, 1917, Theodore Roosevelt Papers.

11 Edith B. Wilson, 132.

12 "Must Exert All Our Power," *New York Times*, April 3, 1917.

13 Ibid.

14 House diary, April 2, 1917.

15 "Call for War Stirs All City," *New York Times*, April 3, 1917.

16 McAdoo to Wilson, April 3, 1917, Woodrow Wilson Papers, Library of Congress.

17 Lippmann to Wilson, April 3, 1917, Woodrow Wilson Papers, Library of Congress.

18 Nelson Page to Lansing, April 5, 1917, State Department Records, M367/31, National Archives II.

19 Poincaré to Wilson, April 5, 1917, State Department Records, M367/31, National Archives II.

20 M. K. Northam to La Follette, April 5, 1917, La Follette Family Papers.

21 Abbott to La Follette, April 4, 1917, La Follette Family Papers.

22 Hummer to La Follette, April 4, 1917, La Follette Family Papers.

23 This letter and those following are in the Jeannette Rankin Papers, Box 10, Folder 1, the Montana Historical Society, Research Center, Archives.

24 Amelia R. Fry, "Conversations with Alice Paul: Woman Suffrage and the Equal Rights Amendment," 1976, Bancroft Library, University of California/Berkeley, Regional Oral History Office.

25 Oral history interview of Jeannette Rankin by Hannah Josephson, 1973, Bancroft Library, University of California/Berkeley, Regional Oral History Office.

26 "Seek to Explain Miss Rankin's 'No,'" *New York Times*, April 7, 1917.

第 22 章 "历史会认为你是对的"

1 Harrison, *There's Always Tomorrow*, p. 85.

2 "Suffrage Leaders Pardon Miss Rankin," *New York Times*, April 7, 1917.

3 Carrie Chapman Catt Papers, Library of Congress.

4 Baldwin to Rankin, April 6, 1917, Jeannette Rankin Papers, MC 147, Box 3, Folder 8.

5 Nadine Brozan, "Crusading Forerunner of Women's Lib," *New York Times*, Jan. 24, 1972.

参考书目

手稿和档案

Addams, Jane, Papers, Swarthmore College Peace Collection.

American Federation of Labor Records, Manuscript Division, Library of Congress.

Brahany, Thomas W., Diary, National Archives and Records Service, Franklin D. Roosevelt

Library, Hyde Park, N.Y.

Catt, Carrie Chapman, Papers, Manuscript Division, Library of Congress.

Daniels, Josephus, Papers, Wilson Library, University of North Carolina at Chapel Hill. Du Bois, W. E. B., Papers, University of Massachusetts Libraries, Amherst.

Europe, James Reese, collection, Schomburg Center for Research in Black Culture, New York Public Library.

House, Edward Mandell, Papers, Yale University Library.

La Follette Family Papers, Manuscript Division, Library of Congress. Lansing, Robert, Papers, Princeton University Libraries.

Mencken, Henry L., Papers, Enoch Pratt Free Library, Baltimore. Rankin, Jeannette, Papers, Montana Historical Society, Missoula.

———, Swarthmore College Peace Collection.

Roosevelt, Theodore, Papers, Manuscript Division, Library of Congress. Wilson, Woodrow, Papers, Library of Congress.

———, Papers, Princeton University Libraries.

———, Papers, Woodrow Wilson Presidential Library, Staunton, Va.

书 刊

Azar, Helen. *The Diary of Olga Romanov*. Yardly, Pa.: Westholme, 2014.

Badger, Reid. *A Life in Ragtime*. New York: Oxford University Press, 1995.

Benjamin, Walter. *Berlin Childhood Around 1900*. Cambridge, Mass.: Belknap Press, 2006. Berg, A. Scott. *Wilson*. New York: G. P. Putnam's Sons, 2013.

Bode, Carl, ed. *The New Mencken Letters*. New York: Dial Press, 1977.

Browder, Robert Paul, and Alexander F. Kerensky, eds. *The Russian Provisional Government 1917: Documents*. Stanford, Calif.: Stanford University Press, 1961.

Burdzhalov, E. N. *Russia's Second Revolution*. Translated by Donald J. Raleigh. Bloomington: Indiana University Press, 1987.

Cantacuzene, Julia Speransky-Grant. *My Life Here and There*. New York: Charles Scribner's Sons, 1921.

———. *Russian People: Revolutionary Recollections*. New York: Charles Scribner's Sons, 1920. Carlisle, Rodney. "The Attacks on U.S. Shipping that Precipitated American Entry into World War I." *Northern Mariner* (Ottawa), July 2007.

Carter, Lawrence T. *Eubie Blake: Keys of Memory*. Detroit: Balamp Publishing, 1979. Connolly, C. P. "The Fight for the Minnie Healy." *McClure's Magazine*, July 1907. Creel, George. *How We Advertised America*. New York: Harper & Brothers, 1920. *The Crisis*, "Loyalty," May 1917.

———, "The World Last Month," May 1917.

Crosley, Pauline S. *Intimate Letters from Petrograd*. New York: E. P. Dutton & Co., 1920. Curtiss, Thomas Quinn. *The Smart Set: George Jean Nathan and H. L. Mencken*. New York: Applause Books, 1998.

Feinstein, Elaine. *Anna of All the Russias*. New York: Alfred A. Knopf, 2005.

Fortescue, Granville. "Why America Must Fight if War Is Declared." *Washington Post*, March 18, 1917.

Francis, David R., *Russia from the American Embassy*. New York: Charles Scribner's Sons, 1921.

George, Alexander L., and Juliette L. George, *Woodrow Wilson and Colonel House*. New York: J. Day Co., 1956.

Gorky, Maxim. *Untimely Thoughts*. Translated by Herman Ermolaev. New York: Paul S. Eriksson, 1968.

Harper, Florence MacLeod. *Runaway Russia*. New York: Century Co., 1918.

Harper, Samuel N. *The Russia I Believe In*. Chicago: University of Chicago Press, 1945. Harrison, Marguerite. *There's Always Tomorrow*. New York: Farrar & Rinehart, 1935. Houghteling, James L. Jr. *A Diary of the Russian Revolution*. New York: Dodd, Mead & Co., 1918.

Kennan, George. "The Victory of the Russian People." *The Outlook*, March 28, 1917. Kennedy, David M. *Over Here: The First World War and American Society*. New York: Oxford University Press, 2004.

Kilmer, Joyce. "How the War Changed a Vorticist Sculptor." *New York Times*, June 25, 1916. Kittredge, William, and Annick Smith. *The Last Best Place: A Montana Anthology*. Seattle: University of Washington Press, 1988.

Knightley, Phillip. *The First Casualty*. New York: Harcourt Brace Jovanovich, 1975. Larson, Eric. *Dead Wake*.New York: Crown Publishers, 2015.

The Letters of Franklin K. Lane. Edited by Anne Wintermute Lane and Louise Herrick Wall.

Boston and New York: Houghton Mifflin Co., 1922. Lewis, Sinclair. *The Job*. New York: Harper & Brothers, 1917.

Lightfoot, Claudia. *Havana: A Cultural and Literary Companion*. Brooklyn, N.Y., and Northampton, Mass.: Interlink Books, 2002.

Likhachev, Dmitry S. *Reflections on the Russian Soul*. Budapest: Central European University Press, 2000.

Literary Digest. "Our Busy 'Congresswoman.'" Aug. 11, 1917.

Livesay, Harold. *Samuel Gompers and Organized Labor in America*. Boston: Little, Brown & Co., 1978.

Lopach, James, and Jean Luckowski *Jeannette Rankin: A Political Woman*. Boulder: University Press of Colorado, 2005.

Lyandres, Semion, ed. *The Fall of Tsarism*. Oxford: Oxford University Press, 2013. Mannes, David, *Music Is My Faith*. New York: W. W. Norton & Co., 1938.

McDermid, Jane, and Anna Hillyar. *Midwives of the Revolution*. Athens: Ohio University Press, 1999.

McLaughlin, Irene Castle. "Jim Europe—A Reminiscence." *Opportunity*, March 1935. Mencken, H. L. *A Book of Prefaces*. 3rd ed. New York: Alfred A. Knopf, 1920.

———. *Heathen Days*. New York: Alfred A. Knopf, 1975.

———. "Ludendorff." *The Atlantic*, June 1917.

———. *Prejudices: Second Series*. New York: Alfred A. Knopf, 1920.

Metropolitan, "Correspondence of Theodore Roosevelt and the Secretary of War," August, 1917.

Morrison, Elting, *Admiral Sims and the Modern American Navy*. New York: Houghton Mifflin, 1942.

Mstislavskii, Sergei. *Five Days Which Transformed Russia*. Translated by Elizabeth Kristofovich Zelensky. Bloomington and Indianapolis: Indiana University Press, 1988. Nabokov, Vladimir. *Speak, Memory*. New York: Vintage International, 1989.

Norton, Albert James. *Norton's Complete Handbook of Havana and Cuba*. Chicago and New York: Rand, McNally & Co., 1900.

Outlook. "Russia the Democratic." March 28, 1917.

The Papers of Woodrow Wilson. Edited by Arthur Link. Vol. 41. Princeton, N.J.: Princeton University Press, 1983.

Pinchot, Amos. "For 'A Strongly Defensive Policy.'" *New York Evening Post*, March 27, 1917. Purdom, Charles Benjamin, ed. *Everyman at War*. London: J. M. Dent, 1930.

Rankin, Jeannette. "Why I Voted Against War." Unpublished manuscript, 1972. Swarthmore College Peace Collection.

Reed, John. "Whose War?" *The Masses*, April 1917.

Rodgers, Marion. *Mencken: The American Iconoclast*. New York: Oxford University Press, 2005.

Roosevelt, Theodore. "Harpooning Devilfish." *Scribner's*, Sept. 1917.

Rose, Al. *Storyville, New Orleans: Being an Authentic Account of the Notorious Red-Light District*. Tuscaloosa: University of Alabama Press, 1974.

Rosen, Baron (Roman). *Forty Years of Diplomacy*. New York: Alfred A. Knopf, 1922.

Schuller, Gunther. *Early Jazz: Its Roots and Musical Development*. New York: Oxford University Press, 1968.

Slotkin, Richard. *Lost Battalions*. New York: Henry Holt & Co., 2005.

Steinberg, Mark D. *Voices of Revolution, 1917*. New Haven, Conn.: Yale University Press, 2001. Teachout, Terry. The Skeptic. New York: HarperCollins, 2002.

Therese, Josephine [pseud.]. *With Old Glory in Berlin*. Boston: Page Co., 1918.

Trotsky, Leon. *My Life: An Attempt at Autobiography*. New York: Charles Scribner's Sons, 1930.

———. *History of the Russian Revolution*. Translated by Max Eastman. New York: Simon & Schuster, 1936.

Williams, Harold. *The Baltimore Sun 1837–1987*. Baltimore: Johns Hopkins University Press, 1987.

Wilson, Edith Bolling. *My Memoir*. Indianapolis and New York: Bobbs-Merrill Co., 1938–1939.

Wilson, Joan Hoff. "Jeannette Rankin and American Foreign Policy: The Origins of her Pacifism." *Montana the Magazine of Western History*. Winter 1980.

Wilton, Robert. *Russia's Agony*. New York: E. P. Dutton & Co., 1919.